A Grande Mentira

Supervisão editorial: J. Guinsburg
Tradução: Nicolás Campanário e Luciana Pudenzi
Coordenação de texto: Luiz Henrique Soares, Mariana Munhoz e Elen Durando
Preparação de texto: Maria Angélica Ferreira Leite
Revisão: Luciana de Almeida Tavares
Capa: Sergio Kon
Produção: Ricardo W. Neves, Sergio Kon e Raquel Fernandes Abranches

José María Martínez Selva

A Grande Mentira

na mente dos fabuladores
mais famosos da modernidade

PERSPECTIVA

Título do original espanhol:
La Gran Mentira: en la mente de los fabuladores más famosos de la modernidad

© 2009 José María Martínez Selva e
© Edições Paidós Ibérica

CIP-Brasil. Catalogação na Publicação
Sindicato Nacional dos Editores de Livros, RJ

s469g

Selva, José María Martínez
A grande mentira: na mente dos fabuladores mais famosos da modernidade / José María Martínez Selva ; [tradução Nicolás Campanário e
Luciana Pudenzi]. – 1. ed. – São Paulo : Perspecitva, 2013.
408 p. ; 23 cm.

Tradução de: *La gran mentira: en la mente de los fabuladores más famosos
de la modernidad*
Inclui bibliografia
ISBN 978-85-273-0993-6

1. Veracidade e falsidade. 2. Comportamento humano – Aspectos
psicológicos. 3. Psicologia. I. Título.

13-06977

CDD: 138
CDU: 159.925.2

08/11/2013   11/11/2013

Direitos reservados em língua portuguesa à
EDITORA PERSPECTIVA S.A.
Av. Brigadeiro Luís Antônio, 3025
01401-000 São Paulo SP Brasil
Telefax: (11) 3885-8388
www.editoraperspectiva.com.br
2013

Sumário

Apresentação 11

1 AS GRANDES MENTIRAS 15

O Que é uma Grande Mentira? 17

A Fraude e a Mentira São Inevitáveis? 20

A Sociedade do Parecer e Aparentar 22

A Credulidade Coletiva 25

Enganando Muita Gente Durante Muito Tempo 32

2 GRANDES MENTIROSOS 47

Mentira Patológica: Fabuladores, Psicopatas
e Mitômanos 50

Pseudólogos, Mitômanos e Outros Mentirosos
Patológicos 56

Autoengano e Falsas Confissões 61

Impostores: Quando se Tenta Construir a Vida
Sobre uma Mentira 69

Mentirosos Profissionais 83

3

A MENTIRA NA POLÍTICA 97

Linguagem e Mentira na Política 100

Existem Mentiras Políticas Justificadas? 119

A Guerra do Iraque: A Mentira do Pretexto das Armas
de Destruição em Massa 124

Richard Nixon, o Vigarista 133

4

A MENTIRA JORNALÍSTICA 143

Mentiras nos Meios de Comunicação 146

Atitudes e Comportamentos Preocupantes 149

Casos Extremos 163

É Possível Melhorar a Qualidade da Informação
Jornalística? 174

5

A MENTIRA CIENTÍFICA 185

A Mentira na Torre de Marfim 187

Modalidades e Incidência da Fraude Científica 190

Por Que se Mente na Ciência? 194

Um Caso Atual Paradigmático: Hwang Woo-Suk 211

Medidas Contra a Fraude Científica 215

MENTIRAS ECONÔMICAS 225

6

Pequenos e Grandes Golpes: Das Ruas à Internet 227

Perfil do Grande Trapaceiro 235

Os Sucessores de Ponzi: Os Esquemas Piramidais 240

Ganância, Abuso de Poder e de Informação:
A Última Fornada de Delitos Empresariais, 2001-2006 252

O REINO DAS MENTIRAS 259

7

Mentiras Mais ou Menos Inócuas 261

Fraude na Rede: Roubo de Dinheiro, de Informações
e de Dados Pessoais 269

Os *Hackers* e sua Metamorfose 284

Hackers (Crackers) Lendários Arrependidos e Regenerados:
O Mito, o Delito e o Negócio 290

Medidas de Segurança 292

MENTIRA E FRAUDE NO ESPORTE 301

8

Por Que os Esportistas Cometem Fraudes? 302

O Grande Problema do *Doping* 311

Escassez de Fabuladores 324

Um Mundo Nebuloso: Espionagem, Apostas e Partidas
Arranjadas 330

Consequências e Medidas: Pessimismo Geral 334

TEORIAS DA CONSPIRAÇÃO:
UM MUNDO DE ENGANACÕES? 337

9

Do Mito ao Logos: Uma Viagem de Ida e Volta 340

Por Que as Teorias da Conspiração São Tão Abundantes? ..350

Ciclo de Rolando: A Morte do Herói ou da Heroína...........359

Ciclo da Távola Redonda: O "Governo Invisível" 364

Ciclo das Grandes Catástrofes e dos Grandes Atentados..... 374

Explicações Alternativas Para Acontecimentos Inexplicáveis
e Teorias da Conspiração...384

EPÍLOGO..391

Vivemos em uma Sociedade Mentirosa? 393

A Cultura da Sinceridade: É Possível uma Sociedade
Que Aspire a Ser Sincera? 398

O Papel dos Contrapoderes 402

Conclusão 403

Apresentação

Este livro, prosseguimento natural de *La Psicología de la Mentira*, trata das pessoas que mentem sistematicamente, que fazem ou têm a habilidade de fazer algo que é vetado à maioria dos mortais: mentir muito e em larga escala. Paralelamente a isto, o livro trata também das grandes mentiras, aquelas que afetam muitas pessoas, e de suas consequências.

Nesta obra, faz-se uma incursão na psicologia do fabulador, do fabricante de quimeras e ilusões, que age impulsionado pela necessidade, pelo afã de lucro, pela vaidade ou por vários destes motivos ao mesmo tempo, para saber como é sua mente e também a daqueles que nele acreditam. Investigam-se padrões e perfis comuns que permitam conhecer melhor como pensam e agem os fabuladores.

Histórias de grandes mentirosos e de grandes mentiras, de épocas passadas e atuais, servem de ilustração. Fala-se sobre alguns dos profissionais que mais mentem e de outros que, nos últimos anos, vêm proporcionando exemplos chamativos de fraudes e logros: cientistas, jornalistas, esportistas, entre outros. O livro oferece explicações para a ocorrência desses logros e fraudes em massa, e ajuda a saber como reconhecer as grandes mentiras e, até certo ponto, como proteger-se delas e atenuar seus efeitos quando isso for possível.

O livro se detém em dois perfis diferentes que surgem com nitidez nos diferentes âmbitos: por um lado, o fabulador, dotado de uma fantasia transbordante e rara, e que com frequência se torna um aproveitador que não consegue viver sem depenar os incautos com imaginação, criatividade e, ocasionalmente, um certo toque de genialidade; por outro lado, o esperto, o vigarista ou o trambiqueiro, o delinquente sem imaginação ou reincidente, às vezes uma pessoa transforma-se em uma grande mentirosa e desonesta devido a circunstâncias variadas, como sua posição social ou de poder, as pressões externas, o medo, o ressentimento ou a ambição. O primeiro tipo, o fabulador nato, dotado de habilidades para a dissimulação, pode se transformar em desonesto com facilidade. O segundo tipo é desonesto, mas, por carecer de talento, não pode nunca aspirar a ser um genuíno fabulador, por mais que seu *status* ou o meio em que se desenvolva lhe permita enganar muitos.

Recorrendo à intuição como critério para distinguir os fabuladores dos trapaceiros, identificamos sua presença em nossos círculos mais próximos, entre familiares e amigos, assim como nos meios de comunicação, repletos de exemplos que terminam impressos nos livros de história. Como psicólogo, tendo exercido minha profissão nos âmbitos mais variados, conheci uma ampla gama de fabuladores. Desde o amigo exagerado que todos temos e que dificilmente podemos levar a sério, até o colega mitômano que fabula sem cessar para conseguir ser o centro das atenções em seu pequeno círculo social. Também entrevistei psicopatas internados com crimes graves pesando-lhes sobre os ombros, assim como psicopatas socializados e temporariamente ocupados em assediar moralmente colegas de trabalho. Lidei com falsos assessores de investimentos que eram, na verdade, comerciantes ladinos e sem escrúpulos, especializados em adular dezenas de poupadores e investidores que buscam obter lucros mais elevados que o normal antes que ocorra esse tão inesperado golpe. Também tive oportunidade de travar contato com trapaceiros internacionais, em vários idiomas, por telefone, que tentaram me passar a perna. As atividades às quais dediquei mais tempo em minha vida, e às quais continuo entregue, a docência e pesquisa acadêmica, permitiram-me conhecer alguns – poucos – mentirosos mais trapaceiros e descarados que fabuladores. Mas foi o mundo da política que me possibilitou conhecer com maior intensidade o flerte, e até a paixão desenfreada, com a mentira de ocultação, com a manipulação – ou melhor, com a tentativa de manipulação – da informação, atitude cotidiana nesse ambiente. Todas essas pessoas e circunstâncias foram minhas fontes primárias de informação, mas nenhuma delas alcança, nem de longe, o nível da maioria das histórias, todas elas devidamente documentadas, expostas neste livro. O resultado é um mosaico que possui variedade suficiente para efeitos demonstrativos, mas cujas semelhanças conferem coerência ao conjunto.

Fiz o possível para verificar todos os dados e informações contidos nas histórias dos diferentes capítulos, dando preferência ao material publicado em livros e periódicos. Uma agência de notícias, um jornal respeitável, uma editora e, em último caso, um autor que assina um texto sempre oferecem uma garantia de que aquilo que narram é verdadeiro e, sobretudo, de que alguém lhe dá respaldo. Na internet, isso só ocorre em parte, pois ali a comunicação costuma ser unidirecional, sem que haja ninguém do outro lado para responder perguntas ou se responsabilizar pelos dados ou fatos referidos. Entre as páginas da rede utilizadas, recorri primeiramente àquelas especializadas e mais diretamente relacionadas com cada assunto e aos sites dos meios de comunicação, que são indicados ao longo do texto. A intertextualidade é inevitável: as notícias das agências são copiadas e difundidas pela internet e aparecem em dezenas de sites diferentes, tornando difícil a verificação. Peço desculpas pelas inexatidões e pelos erros que possam ter passado inadvertidamente.

Apresentação

As Grandes Mentiras

> O ser humano se propõe a ser, e, portanto, representa algo que não é, e se representa.
>
> José Luis López Aranguren, La Doblez, em C. Castilla del Pino (org.), *El Discurso de la Mentira*.

Tudo estava indo bem para María Jesús, que vivia em uma boa casa, tinha uma empregada para servi-la, um utilitário esportivo, sim, estava longe de sua cidade natal, Cacabelos, mas, apesar disso, possuía bons contatos com as autoridades dominicanas, acesso a hospitais e a clientes muito especiais, com os quais trabalhava. Subitamente, tudo mudou. De início, foi apenas um pedido de socorro de Nery González, presidente da ONG Fundación Nuevo Renacer, da República Dominicana, que desejava estabelecer contato com pessoas e jornalistas que pudessem conhecer e investigar María Jesús Landeira, que supostamente falsificara documentos de sua ONG. Nery cedera sua confiança a Landeira um tanto precipitadamente, nomeando-a responsável pelas relações entre a ONG e a União

Europeia. Pouco depois disso descobriu, consternada, que a espanhola aparentemente causara a perda de uma remessa de brinquedos para crianças dominicanas desfavorecidas. A falsificação dos documentos foi a gota d'água e logo veio à tona uma história surpreendente e inquietante.

María Jesús Fernández Landeira, mais conhecida como "La Coronela", pode vangloriar-se de ter conseguido enganar muitas pessoas, fazendo-as acreditar, segundo a ocasião, que estavam diante de uma mulher que era coronel médico do exército espanhol, membro dos capacetes azuis das Nações Unidas, coronel da Guarda Real, funcionária da embaixada espanhola em Santo Domingo, cirurgiã e pediatra ou chefe do corpo médico da ONG Médicos sem Fronteiras. Tudo isso com o respaldo dos respectivos documentos, identificações e atestados, além de ostentar um reluzente uniforme de coronel médico. E nada disso era verdade.

Durante meses, ela circulou por gabinetes influentes da República Dominicana, ao que tudo indica atendeu pacientes em hospitais e aplicou tratamentos. Um coronel da polícia dominicana apresentara "La Coronela" aos responsáveis pela Nuevo Renacer. A falsificação dos documentos da ONG disparou o alarme. As denúncias dessa entidade conduziram-na à prisão no final de 2006 e revelaram vários de seus esquemas, de tal envergadura que acabaram por torná-la famosa.

Os negócios de María Jesús não tinham nenhuma relação com o extravio de brinquedos, e sim com algo tão antigo, repudiável e rentável: o tráfico de seres humanos. Segundo relatos da imprensa espanhola e dominicana, ela fraudou dominicanos humildes, desejosos de ir à Espanha para trabalhar legalmente com contrato e documentos, com o pagamento prévio de cifras que chegavam a 6 mil euros, sendo metade desse montante pago adiantado. Na Espanha, especificamente na comarca leonesa de El Bierzo, a falsa médica fazia contato com empresários prometendo-lhes uma subvenção da embaixada espanhola em Santo Domingo para contratar os imigrantes. Essa oferta de subvenção, e precisamente contratos tão atípicos, também levantaram suspeitas nos empresários. Questionada pela imprensa, ela reconheceu que não possuía o título de médica, mas sim o de enfermeira, circunstância que não pôde ser confirmada.

Após sua detenção e soltura, María Jesús desapareceu da cena pública, mas não permaneceu ociosa. A esperta galega voltou a aparecer nos meios de comunicação no final de setembro de 2007, quando uma centena de dominicanos fizeram uma manifestação na frente da embaixada espanhola no país caribenho, alegando que "La Coronela" os enganara e espoliara em 540 mil dólares. Aparentemente, ela prometera que, depois que fizessem alguns cursos, eles seriam contratados na Espanha. Foi absolvida por falta de provas, vários meses depois.

Esse é um caso alarmante, mas de modo algum isolado, de crime de falsa identidade e tentativa de tirar proveito dos demais. Histórias como a de María Jesús ou a de José Manuel Quintía, o "Capitão Timo", do qual falaremos mais adiante, aparecem esporadicamente na imprensa. Dezenas de pessoas são fraudadas por sujeitos inescrupulosos, frequentemente sem estudos ou formação, mas com uma enorme capacidade de enganar as pessoas. Casos também de difícil investigação pela polícia.

Por que essas pessoas mentem? Como conseguem persuadir com tanta facilidade? Por que muitos acreditam em tudo o que elas dizem?

O Que é uma Grande Mentira?

Uma grande mentira é aquela que afeta muitas pessoas, estende-se por muitos anos ou causa dano a muitos, incluindo as pessoas próximas ao mentiroso. Ela toca temas dramáticos ou sensíveis para a opinião pública ou que têm uma grande repercussão na mídia. Mesmo em nossa vida cotidiana, há circunstâncias nas quais uma mentirinha pode se transformar em uma grande mentira. Para distinguir uma mentirinha, uma mentira cotidiana, social ou piedosa, de uma mentira, uma grande mentira, basta perguntar a si mesmo em que situação aquela mentira se torna intolerável ou preocupante.

Em primeiro lugar, quando o assunto é *importante*. Contudo, a importância que se atribui a um assunto ou acontecimento varia de pessoa para pessoa e de época para época. Por exemplo, um marido pode pensar que ter uma aventura com uma companheira de trabalho em uma convenção tenha pouca importância, ou que não se trate realmente de uma infidelidade, mas é bem possível que para sua mulher seja efetivamente uma infidelidade e, inclusive, constitua motivo suficiente para pedir o divórcio.

Uma mentira também pode ser intolerável ou preocupante pelas *consequências* que acarreta. As consequências costumam determinar a magnitude da mentira. Uma mentira cujas consequências não extrapolam seu âmbito estrito não é motivo de preocupação, e a verdade é que se mente diariamente por diversas razões. Muitas dessas mentiras – por exemplo, a respeito do que uma pessoa fez numa tarde em seu tempo livre – não extrapolam esses limites e provavelmente não terão nenhuma repercussão. Já no caso de uma pessoa importante, de um patamar social elevado ou com uma posição de poder especial sobre a qual recai a atenção do público e dos meios de comunicação, um assunto irrelevante, como aquilo que tal pessoa faz em seu tempo livre, quais lugares frequenta ou suas distrações prediletas pode ter repercussões importantes. Nesses casos, a magnitude da mentira é determinada, mais que por seu conteúdo substancial, por referir-se a um âmbito em relação ao qual há uma elevada sensibilidade pública. Por isso, um problema sanitário que possa afetar a população em geral ou os avanços em uma área científica de grande interesse chamam a atenção dos meios de comunicação tanto quanto as andanças de uma personalidade conhecida ou de um atleta famoso.

Outra circunstância que eleva a categoria da mentira é quando *provoca dano* a alguém. O dano pode ser maior ou menor quando contrastado com o benefício que pode proporcionar à vítima, como ocorre com algumas mentiras piedosas ou bem-intencionadas. Às vezes, uma mentira não provoca um dano importante a princípio, mas, caso se prolongue no tempo sem que seja corrigida ou descoberta, pode ser interpretada como uma mentira intencional, e, portanto, como um logro, e adquirir maior gravidade. Caso não se queira chegar a esta situação, deve-se prestar atenção à possibilidade de retificar ainda nas primeiras etapas, sobretudo se o assunto não for urgente e houver tempo de avaliar as consequências.

Uma mentira também adquire maior importância quando se *reitera* ou *prolonga* no tempo, mesmo que se trate de assuntos pouco importantes. Saber se uma pessoa mente em assuntos insignificantes mina sua credibilidade e faz com que adquira fama de ser pouco confiável e mentirosa.

Suas relações sociais são afetadas, tais pessoas perdem a confiança das outras e não recebem informações completas ou muito delicadas, ainda que não sejam necessariamente expulsas de seu círculo de amizades. São toleradas porque costumam ser pessoas muito sociáveis e sempre têm histórias para contar. Necessitamos saber coisas dos demais, gostamos de fofocar e, afinal, essas pessoas contam tudo, seja verdade ou não. Elas são uma fonte de informação, imprecisa, mas que, ainda assim, é informação. A persistência na mentira costuma agravar seu efeito negativo quando descoberta. Uma mentira que se prolonga no tempo é a adoção de uma falsa identidade ou a manutenção de uma ou mais vidas paralelas: a "vida dupla" que algumas pessoas levam.

Outro fator é se o *número de pessoas afetadas* é muito elevado, ainda que o assunto seja pouco importante ou afete unicamente a esfera íntima ou privada. Nesta categoria estariam tanto os logros ou fraudes que afetam muitas pessoas como, em sentido amplo, os que procedem de ideologias, religiões ou seitas, ainda que nestes casos frequentemente se trate de mentiras aceitas, pois a pessoa acredita e está aberta e receptiva àquilo que lhe dizem. A invenção literária se refere a fatos inexistentes, mas não engana. Todo literato é um fabulador, mas não mente: inventa, mas diz e sabe que inventa, e aqueles que leem seus escritos esperam essa invenção. Uma variante peculiar da qual trataremos é constituída pelas chamadas "teorias da conspiração", com origem em assuntos dramáticos em relação aos quais existe uma sensibilidade especial e que levam algumas pessoas a crer em quase qualquer coisa referente a sua origem e intencionalidade, hipóteses frequentemente salpicadas de aspectos absurdos e irracionais. Os teóricos da conspiração mentem quando pretendem fazer passar por verdade aquilo que não é.

Uma pequena mentira se transforma em uma grande mentira quando aquele que a comete é uma pessoa importante cujas ações afetam muitas pessoas. Na primavera de 2007, o lorde Browne, então presidente da empresa British Petroleum, viu-se obrigado a pedir exoneração quando se descobriu que havia mentido ao revelar as circunstâncias em que havia conhecido um amante. Ele não foi forçado a deixar o cargo por sua condição de homossexual nem por ter utilizado recursos da empresa para ajudar seu amigo, acusação que se mostrou infundada, mas pelo fato de ter mentido ao dizer que o havia conhecido fazendo *footing*, quando na verdade o conheceu através de uma agência de prostituição masculina. Lorde Browne, que perdeu a confiança de sua empresa e fez papel de mentiroso perante a opinião pública, não teve opção senão renunciar ao seu cargo[1].

As mentiras das quais se fala neste capítulo e nos capítulos seguintes são mentiras que reúnem uma ou mais das características anteriormente citadas.

A Fraude e a Mentira
São Inevitáveis?

A questão é se na vida pública ocorre o mesmo fenômeno que no dia a dia da vida privada e, portanto, se a burla impregna e contamina as relações sociais em geral. Há quem diga que sim, e nas páginas seguintes são oferecidas várias explicações de por que é assim e do que se pode fazer para evitar que se recorra à fraude e à mentira.

Periodicamente aparecem exemplos de logros coletivos. Dois controversos autores, um economista e um jornalista, Levitt e Dubner consideram que a mentira e o logro têm, na maioria dos casos, uma origem utilitarista e, acima de tudo, crematística. A introdução de incentivos em qualquer âmbito impele inevitavelmente ao logro e leva as pessoas desonestas, ou potencialmente desonestas, a mentir e aproveitar-se das demais.

A fraude e o logro são inevitáveis quando se oferecem ganhos extras por um trabalho que é remunerado. Em tais circunstâncias, muitas pessoas não podem evitar cair na tentação. Quando algo é atrativo e possui valor, para alguns indivíduos pode valer a pena enganar para consegui-lo. Segundo esta hipótese econômica, o logro e a fraude levam a conseguir mais por menos, ou a conseguir algo por nada. Às vezes, o objetivo tem uma natureza mais psicológica ou imaterial: queremos tentar parecer

---

1 Secrets and Lies, *The Economist*, 5 maio 2007.

mais sagazes do que realmente somos, ou não queremos parecer idiotas aos nossos próprios olhos ou aos dos demais. Levitt e Dubner afirmam que esse afã leva a situações de logro descomunal e disparatado. Em abril de 1997, nos Estados Unidos, quando se pediu que os pais identificassem seus filhos com um número da Segurança Social para que fossem feitas as deduções na declaração de renda, desapareceram de súbito sete milhões de crianças dos dados da Fazenda do país. Antes que os leitores se assustem é preciso ressalvar que muitos pais deixaram para o último dia a solicitação do número de Seguridade Social de seus filhos, de modo que um número elevado deles, ao que parece não sete milhões, mas cinco, não puderam ser incluídos. Um ano depois, dois milhões dessas crianças "reapareceram"[2] .

Em vários capítulos se investigará se a hipótese de Levitt e Dubner está correta: sempre que há um benefício em jogo, surge a tendência a mentir. Às vezes, tem-se a impressão de que 90% das pessoas querem algo em troca de nada. Mente-se para paquerar ou seduzir alguém, para conseguir uma vaga para nossa filha em um colégio público ou com financiamento público, para não pagar um imposto e por outros mil motivos. Muitos não sabem onde está o limite entre aproveitar-se um pouco das falhas do sistema ou vingar uma pequena injustiça e a fraude sem pudores.

Além da mentira "econômica" ou puramente instrumental, derivada do desejo de obter um ganho, ocorre também a mentira própria da índole. É preciso distinguir o mentiroso que busca um benefício e o mentiroso que mente por sua personalidade ou patologia. Há pessoas que tendem a mentir sempre, das quais nos ocuparemos no próximo capítulo. Em muitas ocasiões, esses dois fenômenos andam lado a lado: a tendência de uma pessoa a mentir e também o interesse que revela em obter benefícios com esse logro.

---

2 Cf. A. Rubinstein, Freak-Freakonomics, *Expansión*, 26 jan. 2007.

A Sociedade do Parecer
e Aparentar

Apesar da importância dos motivos econômicos, dos motivos ligados à índole e inclusive dos motivos patológicos, comete--se a imprudência de mentir a muitas pessoas por vaidade e por querer aparentar ser algo que não se é. Em uma sociedade baseada na imagem, em que se almeja ser mais do que se é na realidade, ter mais do que se possui, ter aquilo que os outros têm, não é de surpreender que se minta com frequência. Muitas pessoas almejam ser famosas, conhecidas, desejam que sua imagem possua um valor que lhes permita serem ricas ou terem acesso a certos contatos sociais. Atribui-se um grande valor à imagem, e tudo aquilo que a fomente, ainda que seja através de uma mentira ou de meios de honestidade duvidosa, pode parecer válido.

Um caso habitual, relativamente compreensível, ocorre quando uma pessoa se candidata a um emprego e tenta apresentar a melhor imagem de si mesma. Os responsáveis pelos setores de recursos humanos sabem muito bem quão frequente é que se falseie um currículo para conseguir um emprego. A tentação de fazê-lo é muito grande. Uma enquete com quinhentos universitários europeus revelou que 15% estariam dispostos a manipular seu currículo se isto favorecesse o acesso a uma vaga de trabalho. Segundo os participantes da pesquisa, as razões que justificariam esse comportamento seriam o desejo de ter esse cargo e a segurança de que, caso contratados, desempenhariam bem a função[3]. Quando chega a hora da verdade, mente-se muito mais: cerca de 37% dos espanhóis mentem tanto em seu currículo como nas entrevistas de emprego, em aspectos como salários e responsabilidades anteriores, e ocultam detalhes negativos[4].

Em uma entrevista de emprego, não deve causar surpresa que os entrevistadores apontem como um dos principais objetivos determinar a honestidade do candidato. Estes profissionais possuem instrumentos para comparar a informação apresentada e, sobretudo, para avaliar a atitude de um candidato. O habitual é "descontar" dados do currículo, como em

---

3   Cf. estudo da consultora inglesa Cubiks, *La Verdad*, 25 fev. 2007.
4   Cf. estudo de Kelly Services, <www.diariodirecto.com>, 10 jul. 2008.

geral a experiência profissional anterior e as funções desempenhadas, os conhecimentos de idiomas e de informática, que os candidatos utilizam para projetar uma imagem excessivamente positiva, apresentando o seu caso da forma mais favorável. No entanto, para a verificação de todos os dados relevantes, costuma-se exigir sempre o respaldo correspondente, seja por meio de questionários *ad hoc* na própria entrevista, seja por meio de documentos de empresas anteriores nas quais se trabalhou ou do próprio comportamento durante um período de experiência.

Isto ocorre em todo o mundo e nas instituições mais prestigiadas. Em abril de 2007, Marilee Jones, diretora do conceituado Instituto Tecnológico de Massachusetts (MIT – Massachusetts Institute of Technology), demitiu-se após reconhecer que, em 1979, havia falsificado seu currículo para ser contratada pela universidade. O que é surpreendente é que Jones era, no momento de sua demissão, a responsável máxima pela admissão de alunos no MIT, cargo que assumiu em 1997. Precisamente em 2006, Jones havia participado de uma ampla campanha em todo o país dando conferências e apresentando um livro no qual instava os estudantes a não exagerarem suas notas para serem admitidos nas universidades de prestígio. Além disso, o MIT havia outorgado a Jones a maior distinção concedida ao pessoal de administração e serviços[5].

O mais difícil de entender é que esse tipo de falsidade afete cargos públicos, pois o risco de que alguém procure averiguar a verdade é bastante alto. Não faltam casos notórios em que a pessoa já conseguiu seu "emprego" na Administração e mente para ter mais prestígio, para não ser menos que os demais ou para aparentar ser algo que não é.

Isso aconteceu com Luiz Roldán, ex-diretor da Guarda Civil, que só havia cursado o bacharelado, e, embora, ao que parece, tenha iniciado os estudos no curso de Ciências Econômicas na Universidade de Zaragoza, nunca chegou a concluí-lo. Luiz Roldán desempenhou vários cargos políticos: foi vice-prefeito da Fazenda da municipalidade de Zaragoza de 1979 a 1982, ano em que foi nomeado representante do governo em Navarra; em novembro de 1986 foi nomeado diretor geral da Guarda Civil. Denunciado pelo periódico *Diario 16*, fugiu da Espanha em abril de 1994

---

5   CNN, <www.cnn.com>, 27 jun. 2007.

e foi detido em Bangkok em fevereiro de 1995. Dentre outros delitos, foi condenado por apropriação e uso indébitos de fundos públicos. No julgamento, realizado em 1997, ficou provado que ele havia roubado mais de quatrocentos milhões das antigas pesetas e que havia recebido cerca de um bilhão e oitocentos milhões de pesetas em comissões de empresas com contratos públicos. Após nove anos de prisão em Brieva, Ávila, em 2004 foi-lhe concedido regime aberto em um centro de Zaragoza, onde trabalha. Não há vestígio do dinheiro subtraído, e Roldán acusa o ex-espião Francisco Paesa de ter ficado com ele.

Em seu currículo figurava que ele era licenciado em ciências empresariais e que tinha um mestrado em economia. Esses dados falsos foram fornecidos à imprensa em pelo menos duas de suas nomeações, sem o uso de nenhum mecanismo de controle ou verificação, e, a princípio, não chamaram a atenção de ninguém. Felizmente, nem todos aqueles que falsificam seus currículos fazem o que fez Roldán, mas, quando surge qualquer suspeita, conviria investigar.

Não faltam casos de ocupantes de cargos públicos, prefeitos, conselheiros de estados e ministros, cujos currículos apresentados à imprensa exageram, supervalorizam méritos ou apresentam como concluídos estudos universitários incompletos.

Depois que o cargo é assumido, esses currículos inflados só têm sentido como instrumentos da própria vaidade pessoal do sujeito ou do interesse do governo em demonstrar que dispõe de uma equipe suficientemente preparada. No melhor dos casos, um currículo inflado pode ser interpretado como o desejo da pessoa de melhorar. As razões psicológicas podem ser mais complexas, alguns pesquisadores relacionam esse tipo de mentira no currículo com a necessidade de tornar patente perante os demais a classe ou a posição hierárquica da pessoa e compará-las com as das outras. Uma das coisas que as pessoas, especialmente os homens, fazem ao entabular uma conversa com desconhecidos é averiguar dados relevantes do interlocutor ou interlocutores como a profissão, a classe social, o nível econômico ou acadêmico e também, o quanto antes, exibir a própria condição. Outros psicólogos relacionam essa conduta com a luta por *status* e por símbolos da posição hierárquica, luta que compartilhamos com outras espécies.

Retomando as palavras de José Luis López Aranguren, que iniciam este capítulo, muitas vezes nos definimos pelo que queremos ou pretendemos ser, em vez de por aquilo que realmente somos, de modo que, ao incorporar o desejo do que se quer ser,a identidade pessoal é, mais propriamente, uma construção. E, por definição, essa apresentação daquilo que nos propomos a ser se mostra falsa.

A Credulidade Coletiva

Não se pode compreender adequadamente a mentira sem conhecer seu destinatário. Não é completa a psicologia do mentiroso sem a psicologia do enganado. As grandes mentiras não existiriam se não houvesse quem as aceitasse. O ponto de partida deve ser admitir que existe uma parcela da sociedade que leva, ocasionalmente, a crer nas ideias mais absurdas ou nas mentiras mais descaradas.

A sociedade precisa da verdade, a sinceridade é um dos pilares que a sustentam. A maior parte das pessoas diz a verdade o tempo todo. Quando nos dizem algo, supomos que é verdade, e, quando contamos algo, esperamos que seja assumido como verdadeiro. As relações sociais, sejam comerciais, entre amigos, sexuais, matrimoniais ou profissionais baseiam-se na interação e na reciprocidade, no intercâmbio de informações que esperamos que sejam corretas.

É surpreendente a existência de uma enorme ambiguidade moral em relação à mentira. Somos educados para acreditar nos outros, para dizer a verdade e para pensar que os outros também estão dizendo a verdade, para repudiar a mentira e para reconhecer e confessar quando mentimos. Quase todos os sistemas religiosos, filosóficos e morais impelem a que se diga a verdade. Com frequência, vão além disso e defendem que sua principal missão é descobrir e propagar a verdade, mas, ao mesmo tempo, admitem que há ocasiões especiais em que as coisas não são inteiramente assim, especialmente em casos referentes à vida cotidiana, à cortesia, à mentira piedosa para evitar danos a alguém, à defesa da privacidade ou da intimidade e à proteção da imagem sem causar dano a ninguém. Esses sistemas especificam também quando é aconselhável ou inevitável mentir.

Há uma certa tolerância em relação ao ato de enganar, especialmente em relação à "mentira do fraco" perante as autoridades despóticas, os poderosos. Trata-se de uma mentira que é compreensível pela fraqueza da fonte, que gera simpatia. Com frequência, essa mentira tolerada é incluída na "luta pela causa", sobretudo quando se compartilha tal causa.

O mentiroso conta com a credulidade do outro, cuja profundidade aumenta em virtude da ira, do ciúme, da vaidade ou da soberba. Os preconceitos, as atitudes e a ideologia levam a crer em muitas coisas que não são corretas, mas que se encaixam na visão de mundo que se tem e no modo como se gostaria que fosse o mundo ou a história. A honra ou o orgulho nacional fazem com que se assumam como verdadeiros fatos históricos falsos ou muito duvidosos, incluindo teorias históricas disparatadas. Há guerras em que a mesma batalha é considerada ganha por ambos os lados.

Temos necessidade de acreditar que o mundo que nos rodeia, mutável, instável, quase caótico, é estável e coerente. A vida é dura, e nos predispõe a crer em todos e a contar coisas que não são reais. Tampouco estamos preparados para escutar toda a verdade sobre nós mesmos ou sobre as pessoas queridas. Temos necessidade de acreditar nos outros.

Jogos de Adultos: Credulidade, Confiança e Cooperação

E dizias muito bem, Berganza, pois não há ladrão mais sutil que o doméstico, e assim morrem muito mais os confiados que os reservados; mas o problema é que é impossível que as pessoas vivam bem no mundo sem fiar e confiar.

Miguel de Cervantes Saavedra, *Novelas Ejemplares*, 1613.

A vida social exige reciprocidade e intercâmbio de informações, mas também que se desconfie dos outros, especialmente dos desconhecidos. Cooperação e egoísmo, confiança e desconfiança, são motores da vida e da mudança. Ganhar a confiança dos outros exige intercambiar, dar e receber informações, mas, ao fornecê-las, principalmente as de caráter pessoal, a pessoa se torna vulnerável.

A origem da tendência de acreditar nos outros pode ser a necessidade de cooperação, imprescindível em comunidades reduzidas nas quais a divisão do trabalho obriga as pessoas a dependerem umas das outras para sobreviver. A cooperação, baseada no altruísmo recíproco, constitui um princípio central da vida social. Pode-se afirmar que é a base da divisão do trabalho. Paul Seabright defende que a vida social necessita da confiança. Graças a ela ocorre a *cooperação*, que inclui o cálculo racional dos custos e benefícios das condutas de intercâmbio com os outros, e a *reciprocidade*, que vem a ser a vontade de retribuir com a mesma moeda, ainda que não responda a um cálculo estritamente racional. Segundo este autor, possuímos uma tendência a cooperar com desconhecidos praticamente em qualquer lugar, mesmo quando não iremos voltar a encontrá-los. A desconfiança, ou o cálculo excessivo de benefícios, não inspira necessariamente confiança. Nossa desconfiança não cria confiança a longo prazo, e a outra pessoa responderá com a mesma moeda: desconfiando de quem desconfia. A cooperação, correspondida ou não, é uma constante das relações e intercâmbios sociais. Com o comportamento altruísta se espera, implícita ou explicitamente, que os benefícios aos quais se renuncia a curto prazo sejam compensados pelos obtidos a longo prazo. Com frequência, as pessoas fazem uma comparação entre o que esperam receber a curto e a longo prazo e contrastam com aquilo que elas mesmas oferecem.

À primeira vista, a reciprocidade é irracional: costuma-se aceitar os custos de fazer favores, ainda que se saiba que serão retribuídos. Na sociedade atual, não é possível verificar todas as circunstâncias de todas as transações e interações das quais participamos diariamente. Compramos de quem não conhecemos, respondemos perguntas de pessoas desconhecidas na rua, doamos nosso dinheiro a desconhecidos ou a instituições sobre as quais sabemos muito pouco para que o empreguem presumidamente em uma boa causa em um país distante. Em muitas dessas situações, sabemos que "perdemos": damos algo – nosso tempo, nossos conhecimentos, nossa experiência e até nosso dinheiro – plenamente cientes de que, materialmente, nunca o recuperaremos, ou que, se obtivermos uma correspondência, será nossa própria satisfação. Até mesmo ao adquirir um produto, pode ser que demore muito tempo para que comprovemos se corresponde às nossas expectativas ou se possui defeitos. Em último caso, porém não no dia a dia, pode-se recorrer a instituições como a justiça ou a polícia para compensar esses riscos. Para Seabright, a cooperação é uma estratégia evolutiva que proporciona segurança e oferece vantagens, permitindo a convivência com outras pessoas e a interação reiterada com elas ("se você fizer para mim, eu retribuirei"). A cooperação possibilita que enfrentemos conflitos ("hoje é você quem perde, amanhã, serei eu"), que dividamos o trabalho e que criemos normas e instituições que lhes deem respaldo. Ora, essa confiança que depositamos nos outros é a plataforma da enganação.

Em um âmbito próximo ao anterior, os pesquisadores chegaram a conclusões semelhantes. O ser humano tende espontaneamente a cooperar, a trocar informações ou bens com desconhecidos, mesmo quando não tem garantia de receber algo em troca. As últimas pesquisas sobre a tomada de decisões indicam que decidir não é um processo puramente racional, que consista em fazer um balanço dos custos ou benefícios de uma opção. Mais propriamente, aspectos irracionais interferem na decisão[6]. Psicólogos e economistas estudam, por meio da *teoria dos jogos*, a confiança nos demais, a cooperação e a capacidade de ceder, de que o outro ganhe algo para que, ao final, todos sejam beneficiados. Um dos objetivos dessa disciplina é a identificação de estratégias que podem ser cooperativas ou altruístas em oposição às atitudes não cooperativas ou egoístas. Os pesquisadores criam em laboratório situações que simulam comportamentos da vida real, nos quais os participantes tomam decisões. Em princípio, considera-se que o jogador deve seguir uma conduta guiada por princípios racionais, que busque seu próprio interesse. Segundo essa postura racional, fria, deveríamos nos deixar levar por nossos impulsos egoístas, mas, para surpresa dos pesquisadores, são abundantes os exemplos de cooperação: as pessoas tendem a dar algo, a criar uma relação, a cooperar. Em tais situações, as decisões nas quais a conduta de uma pessoa tem repercussões naquilo que a outra obtém ou ganha, como ocorre

6 Cf. A. Damasio, *El Error de Descartes*.

em uma negociação ou em uma transação comercial, nem sempre são racionais nem buscam interesses puramente egoístas.

Em um tipo especial desses jogos, os chamados jogos cooperativos, os jogadores atuam em turnos e tomam decisões econômicas, que têm um custo e que beneficiam ou prejudicam o outro ou os outros jogadores. Habitualmente, aquilo que um jogador ganha é perdido por outro. A conduta racional que visa o benefício próprio costuma excluir a cooperação, no entanto, em todos os jogos a cooperação aparece de forma reiterada. No mundo real há tanto egoísmo como altruísmo. A tomada de decisões nos jogos cooperativos é muito influenciada pelas emoções, pelo modo como antecipamos o comportamento dos demais. O resultado final é que a cooperação correspondida costuma levar a melhores resultados[7]. Alguns pesquisadores[8] constataram que a cooperação correspondida proporciona satisfação e ativa os centros cerebrais relacionados ao prazer e à recompensa. A hipótese desses autores é que o caráter gratificante da cooperação, derivado da ativação desses centros do prazer, torna possível a conduta altruísta. Dito de outra forma: as pessoas gostam de cooperar.

Transpondo isto para o campo de estudo da transmissão da verdade e da mentira, a confiança ou a credulidade, isto é, a aceitação como verdade daquilo que nos é dito, seriam uma reação espontânea do ser humano em sociedade, que contribui para criar e manter relações estáveis com os outros. Isso ocorre mesmo quando não há garantia absoluta de reciprocidade, retribuição ou sequer de um novo encontro com a pessoa em quem acreditamos ou confiamos. Esse tipo de comportamento faria parte de nossa herança evolutiva e seria uma garantia da manutenção de relações sociais estáveis.

O que, infelizmente, nos surpreende com muita frequência é que surjam grandes mentiras que mantêm muitas pessoas enganadas por muito tempo, que afetam uma pessoa que durante muitos anos leva uma vida dupla ou faz crer que é alguém diferente de quem é, que mente patologicamente, repetidamente, ou que utiliza a mentira para enganar muitas pessoas e obter benefícios fraudulentos. Este livro trata dessas grandes

---

7 Cf. C.F. Camerer, Strategizing in the Brain, *Science*, v. 300, p. 1673-1675.
8 Cf. J.K. Rilling et al., A Neural Basis for Social Cooperation, *Neuron*, v. 35, p. 395-405.

mentiras em diversos âmbitos, de casos em que o desprezo e a traição da confiança coletiva são desmesurados.

Abuso de Confiança:
Roubo de Identidade e Usurpação

A generalização da credulidade, da confiança e da cooperação é suscetível de abusos: a quebra dessa confiança geral está na base de muitos delitos. O excesso de confiança leva as pessoas a revelar dados pessoais a delinquentes, que usurpam a personalidade da vítima para cometer malfeitorias. O exemplo extremo é o roubo de identidade, que consiste na utilização de dados pessoais de outrem para cometer fraudes em seu nome. Habitualmente, a expressão "roubo de identidade" refere-se à ação de conseguir, sem conhecimento do sujeito afetado, seus dados de identificação pessoal – nome, domicílio, números de documentos de identidade, números de cartões de crédito, códigos ou chaves de acesso a suas contas bancárias ou outras – para utilização em transações comerciais. Muitas vezes, esses dados são capturados através da internet (ver capítulo 7), mas seu uso é muito mais antigo. A usurpação, a obtenção de dados de outras pessoas para cometer delitos, é muito frequente, especialmente nos países anglo-saxões, nos quais não existe um documento de identidade como tal. Essa usurpação foi popularizada em muitos filmes e há inclusive um grande repertório de livros e manuais que tratam de diversas maneiras de obter identidades de outras pessoas ou até identidades inteiramente novas.

Entre 1988 e 2003, 10 milhões de cidadãos dos Estados Unidos foram vítimas do roubo de dados pessoais com fins delituosos. Em 2002, descobriu-se nesse país uma rede de delinquentes que havia roubado 50 milhões de dólares de 30 mil pessoas fazendo compras com os dados de seus cartões de crédito, esvaziando suas contas correntes e solicitando créditos e hipotecas em seus nomes. Isto custou às vítimas meses e meses para esclarecer sua situação econômica, além de elevadas somas em gastos legais. Em 2008, descobriu-se uma rede criminosa que havia conseguido obter 41 milhões de números de cartões de crédito pertencentes a clientes de grandes estabelecimentos comerciais.

Esses delitos são facilitados por pontos vulneráveis na segurança das instituições financeiras, como os serviços de atendimento telefônico com frequência terceirizados. Os clientes costumam fornecer aos operadores dados importantes, como o número do documento de identidade, o número da Seguridade Social ou os códigos de acesso para realizar determinadas operações financeiras. Contudo, o ponto mais fraco de todos e o mais difícil de detectar reside no fator humano, o funcionário. Fazendo uso das palavras de Cervantes supracitadas, para uma empresa, é mais difícil proteger-se do abuso de confiança de seus próprios empregados que do dano que lhes possa ser causado por pessoas de fora. Na maioria dos casos, é muito difícil descobrir o delinquente infiltrado[9].

Na página privacyrights.org, na internet, podem ser encontrados testemunhos como o seguinte, juntamente com o de muitas vítimas de roubo ou usurpação de identidade:

> Resido fora dos Estados Unidos há quatro anos. Recentemente, quis vender minha casa na Califórnia e entrei em contato com vários corretores imobiliários para pôr minha casa à venda. Esses corretores me disseram que minha casa havia sido alugada a pessoas que não conheço, e com as quais não fiz nenhum acordo de aluguel. Alguém está cobrando esses aluguéis. Mais ainda: ao consultar os registros imobiliários municipais, descobri que certa pessoa utilizou meus dados e chegou a falsificar minha assinatura, outorgou poder a um advogado em meu nome e obteve empréstimos hipotecários utilizando minha casa como garantia, comprou um negócio em meu nome e acumulou uma grande quantidade de dívidas também em meu nome.

Histórias nesse estilo são abundantes. Em novembro de 2004, foi descoberta e detida em Gainesville, na Flórida, Eva Verner, de 67 anos, que conseguiu uma carteira de motorista com sua própria fotografia, mas com os dados de outra pessoa, Se'Belle S. Dymmek. Verner, junto com outros documentos, conseguiu roubar 2 milhões e meio de dólares ao hipotecar duas vezes a casa da senhora Dymmek. Eva Verner enviou a maior parte

9 Cf. T.L. O'Brien, Identity Theft is Epidemic, *The New York Times*, 24 out. 2004.

1. *As Grandes Mentiras*

do dinheiro para duas contas abertas em bancos das ilhas Cayman, em nome da senhora Dymmek. Por fim, Verner transferiu esse dinheiro para suas próprias contas, também em um banco das ilhas Cayman.

Esses esquemas delituosos se baseiam na confiança dos outros em que uma pessoa "é quem afirma ser" para cometer todo tipo de artimanhas. Em nossa sociedade, quem e o que uma pessoa é aos olhos dos outros dependem do que está dito nos documentos de que dispõe e que apresente. Não obstante, a validade dos documentos é algumas vezes posta em questão, bem como os conhecimentos, as habilidades ou a experiência que asseguram que seu titular possui. Mas não se trata unicamente do uso de documentos falsos, mas da usurpação da identidade de outrem. Como se verá adiante, a internet está elevando à enésima potência esse tipo de delito.

Enganando Muita Gente Durante Muito Tempo

Ocultar informações é mentir quando a informação que não se fornece é de interesse para a outra parte ou para pessoas que podem ser afetadas. A ocultação apresenta muitas modalidades: reter informação, desviar a atenção para não responder a uma pergunta comprometedora e não contar algo. Especialmente, quando quem escuta pode atuar de maneira diferente dependendo do conhecimento ou não de algo.

Quando a ocultação afeta toda a sociedade, causa estupor e desconforto generalizado a descoberta de um fato ou dado que foi deliberadamente ocultado de muitas pessoas, às vezes durante muito tempo.

Há algumas situações especiais nas quais uma pessoa oculta aspectos de seu passado que não deseja que os outros saibam. Entretanto, se a pessoa alcança fama ou notoriedade ou exerce algum cargo público ou de particular relevância, certos aspectos de seu passado podem passar a ter uma importância significativa. Poderíamos citar, por exemplo, o caso de Letizia Ortiz, uma jornalista divorciada, cuja vida anterior ao noivado com o príncipe de Astúrias não tinha importância especial fora de seu círculo pessoal, mas que, ao mudar sua vida, passou a ser objeto de interesse público. Se houvesse ocorrido uma ocultação de dados importantes para a opinião pública, a relevância poderia ter sido enorme, e muitas pessoas poderiam ter se sentido enganadas ou até fraudadas. Isso ocorreu com o escritor Günter Grass, cujo caso examinaremos a seguir. Um segundo exemplo de ocultação de toda a sociedade, neste caso, a dos Estados Unidos, foi a identidade do "garganta profunda" do caso Watergate. Ambos os casos apresentam interessantes paralelismos.

A Ocultação de Günter Grass

O escritor alemão Günter Grass, ganhador do prêmio Nobel de Literatura e do prêmio Príncipe de Astúrias de Letras em 1999, confessou, em 12 de agosto de 2006, em uma entrevista ao jornal alemão *Frankfurter Allgemeine Zeitung*, que havia pertencido às Waffen-ss do exército nazista. As Waffen-ss eram um corpo de elite, considerado pelo tribunal de Nuremberg uma organização criminosa. Até o momento se pensava que Grass havia atuado como artilheiro de uma bateria antiaérea em uma base de submarinos em Gdansk, quando, na realidade, foi chamado às fileiras no final de 1944 e se incorporou à divisão de tanques Jörg von Frundsberg das Waffen-ss. Meses depois, em abril de 1945, foi detido em Dresden pelas tropas dos Estados Unidos.

Grass fez essa declaração pouco antes da publicação de sua autobiografia *Beim Häuten der Zwiebel* (Descascando a Cebola), em que narra que aos dezessete anos juntou-se à máquina de guerra nazista. Nesse livro, ele conta suas recordações entre os anos de 1939 e 1959, data de publicação de seu famoso romance *O Tambor*, que marcou o início de sua carreira literária.

Em sua autobiografia, Grass relata as experiências dos nove meses em que esteve mobilizado. Em 1943, quando tinha quinze anos, apresentou-se como voluntário para alistar-se na Marinha. E o fez em parte por seu desejo de fugir do domicílio familiar, cansado de brigar com o pai, conflito que Grass qualifica de edipiano. Diga-se de passagem que essa relação edipiana chegou a um desenlace bastante habitual. A longo prazo, o teimoso e inconformista escritor acabou desfrutando da mesma predileção que tanto criticava em seu pai: cozinhar. Rejeitado como tripulante de um submarino, ele foi, por fim, chamado às fileiras junto com os jovens de seu grupo para incorporar-se a uma unidade das Waffen-ss, e instruído como canhoneiro de um tanque. A missão da unidade era intervir em zonas da frente que haviam sido rompidas pelo inimigo. Logo a frente oriental foi-se rompendo e o avanço russo tornou-se irrefreável. Grass reconhece que não chegou a disparar nem um único tiro e que isto alivia a vergonha que ainda sente. Assegura que durante anos também renunciou, por vergonha, a enfrentar o uniforme com o duplo S. Desde então, sente que, embora não tenha sido responsável pelo que ocorreu, participou da guerra nessa unidade e com esse uniforme.

A declaração de Grass teve um profundo impacto na opinião pública, além de causar uma grande polêmica nos círculos culturais e progressistas. Seus leitores se perguntavam por que ele havia se calado por tanto tempo. Foi acusado no mínimo de covarde, inclusive de hipócrita, e de manter uma atitude desdenhosa e arrogante com referência ao assunto.

Várias circunstâncias cercam o caso da surpreendente declaração de Grass. A primeira é que, na posição de referência e consciência crítica da esquerda alemã forjada ao distribuir lições de moral esquerdistas, Grass pontificou sobre assuntos sociais dos mais variados. Inumeráveis temas polêmicos da atualidade receberam suas opiniões e comentários, acompanhados de perto por incontáveis partidários dentro e fora da Alemanha. Essa confissão tardia levou-o a perder de certo modo esse revestimento de autoridade moral que possuía para a esquerda alemã e europeia.

Para muitos, o que causou mais indignação foi seu prolongado cinismo. Durante anos, perseguiu políticos suspeitos de ter colaborado com os nazistas, atacando sistematicamente todos aqueles que, depois de colaborar com o regime de Hitler, prosperaram no pós-guerra alemão de Adenauer. Em 15 de julho de 1969, Grass escreveu uma carta ao então ministro da Economia da República Federal Alemã, Karl Schiller, na qual lhe pedia que reconhecesse seu passado nazista, insistindo em que seria uma *libertação* para ele reconhecer publicamente seu erro. Em 1985, criticou a visita de homenagem do chanceler Helmut Kohl e do presidente Ronald Reagan ao cemitério militar de Bitburg, no qual haviam sido enterrados 49 membros das

Waffen-ss, seus companheiros de armas, e onde depositaram uma coroa de flores para comemorar a aliança das democracias ocidentais. Grass qualificou o ato de "insulto" e "violação da história".

Outro fator que torna mais surpreendente e polêmica sua confissão é o fato de que não reconheceu culpabilidade alguma nem por ter pertencido ao exército nazista, nem por ter se calado por tanto tempo, nem por ter ocultado seu passado enquanto revelava o de outros. Talvez tenha sido impelido pelo ressentimento, que explicaria sua perseguição contra os nazistas das classes poderosas que escaparam das depurações que se seguiram à derrota do país alemão, enquanto as pessoas mais humildes eram perseguidas por seu passado nazista[10]. Um caso muito conhecido foi o de Hans Filbinger, que chegou a ser presidente do *Länder* de Baden-Württemberg e foi obrigado a renunciar em 1978 devido ao seu passado nazista ativo. Um processo semelhante ocorreu na França, quando, uma vez apuradas as responsabilidades de um bom número de colaboradores nazistas, alguns dos quais foram executados, caiu um manto de silêncio, esquecimento e dissimulação. Muitos colaboracionistas passaram a ocupar cargos públicos na administração sem que ninguém os perturbasse. Um caso notável foi o de Maurice Papon, que, de Bordéus, colaborou com os alemães no envio de centenas de judeus a campos de extermínio. Após a guerra, Papon continuou ocupando cargos até alcançar o ministério em 1981. Posteriormente, foi detido, julgado e condenado a dez anos de prisão. Talvez Grass tenha desejado impedir situações similares na Alemanha, contudo, esta explicação não justifica seu silêncio.

Acrescentou-se a isso a suspeita de interesses comerciais por trás da confissão. O fato de, em pouco tempo, terem-se esgotado várias edições da obra foi visto como um dos fatores que o impeliram a essa confissão tão assombrosa. Grass foi acusado de ter manipulado e dosado a informação-chave de sua vida como uma mera técnica de vendas.

No livro e em suas declarações, Grass mostra sentimentos de culpa, mas não de arrependimento. Fala da culpa por ter guardado silêncio e analisa seu caráter indelével, encapsulado nas camadas da cebola que constitui a memória. A culpa só pode ser esquecida por um breve período

---

10 Cf. I. Buruma, Guerra y Memoria, *Letras Libres*, n. 62, p. 8-12.

de tempo, mas, aos poucos, reaparece e está ali. Só se percebe quando, com lágrimas, vão sendo removidas as camadas da cebola, na difícil tarefa de recuperar as recordações. Não reconhece uma culpa ativa, mas que resta dela um resíduo que não se apagou e ainda sofre. Entretanto, o sentimento dominante é a vergonha. Uma vergonha que surgiu depois, mas que ainda lhe dói. Ele demonstra culpa pelo fato, mas não culpa por mentir, por ocultar seu passado em um corpo de elite do exército nazista. Disse que lhe "pesava muito", que por todo esse tempo havia sentido vergonha, e que a vergonha crescente impediu-o de falar, como contou a Hermann Tertsch em uma entrevista publicada no jornal *El País*.

A publicação, em 2007, de um livro de poemas de Grass, *Dummer August* (jogo de palavras entre *Agosto Estúpido*, mês em que confessou, e *Augusto, o [Palhaço] Tonto*) não consertou muito as coisas, pois trata-se de um ajuste de contas com seus críticos. O autor alemão queixava-se de ter sido submetido ao "julgamento sumário dos justos", perante o qual compareceu vestido como um palhaço de antigamente – opinião que se percebe ser mais ou menos similar àquela a que o próprio escritor alemão há anos submetia outras pessoas. Neste novo volume, Grass não se livra da vergonha, ou da culpa, e espera certa compreensão do leitor ("ou pedir ao leitor que abra de golpe o livro / assim me encontrando perdido em um tempo / que não quer terminar?"). Ele apresenta a pretexto de desculpa sua própria vergonha e opróbrio ("no pelourinho", "rodeado pela matilha"), sem aludir ao dano causado por seu silêncio.

Os críticos de Grass[11] veem uma relação entre sua reiterada afirmação de que todos os alemães são culpados, de que não houve antinazistas na Alemanha, e sua ocultação, deixando patente uma alegação de álibi do tipo "somos todos culpados", que, no mínimo, reduz a nobreza e força moral de suas denúncias, sem falar de sua atitude ambígua e pouco amistosa em relação aos judeus, evidenciados sistematicamente na literatura e nas denúncias de Grass. Não obstante, ele se desculpou perante os judeus por meio de uma carta publicada no jornal *Haaretz*, dirigida ao Instituto Universitário de Natanya, na qual explicava as circunstâncias de seu pertencimento ao exército nazista, que tinha consciência das feridas

---

11 Cf. B. Probst Solomon, Dr. Jekyll & Mr. Grass, *Letras Libres*, n. 62, p. 14-16.

que reabria em muitos habitantes de Israel e que levaria até o fim de seus dias esse estigma. Mostrava, mais que arrependimento, culpa.

Todos estão de acordo em que Grass não pode ser culpado por uma decisão infantil, que nem sequer chegou a tomar, já que seu recrutamento foi obrigatório. Essa circunstância limita a exigência de arrependimento, mas reforça a atitude de cinismo e desdém a ele atribuída. Essa confissão tardia também não anula o valor literário do ganhador do prêmio Nobel e do prêmio Príncipe de Astúrias. Os críticos e especialistas apontam que, com certeza, ele não teria ganho o Nobel caso se conhecesse seu passado e a persistente ocultação do mesmo. Em resumo, Grass nunca revelou por que ocultou a verdade por tanto tempo nem por que confessou mais tarde, e isto aviva as suspeitas de cinismo e de interesses puramente comerciais. Em declarações posteriores em meios de comunicação, o prêmio Nobel alemão manifestou-se a favor de discutir sobre o passado, sobre as recordações, por mais dolorosas que sejam, mas continua sem responder à pergunta de por que ocultou uma parte breve, porém relevante, de seu passado.

Uma grande enganação ofende e gera reações contrárias – especialmente nesse caso, que envolve circunstâncias ainda não esclarecidas – que ficarão para sempre ligadas, quanto ao resto, à brilhante produção literária do escritor alemão.

O Garganta Profunda (*Deep Throat*)
no Caso Watergate

O segundo caso de ocultação que abordaremos, o "garganta profunda", foi, durante trinta anos, um dos mais bem guardados enigmas e um dos segredos mais célebres de fontes jornalísticas.

Sob a inspiração de Richard M. Nixon (ver capítulo 3), E. Howard Hunt, ex-agente da CIA, organizou, junto com G. Gordon Liddy, a invasão, na madrugada do dia 17 de junho de 1972, aos escritórios do Partido Democrata dos Estados Unidos, situados no edifício Watergate, em Washington, com a intenção de obter informações confidenciais que pudessem ser úteis nas eleições presidenciais de novembro daquele mesmo ano. Como se soube posteriormente, Hunt e Liddy já haviam realizado vários atos ilegais do mesmo tipo. Nixon buscava sua reeleição a todo custo, e não hesitou em utilizar meios ilegais para isso. A princípio, ninguém pensou que Nixon houvesse instigado a invasão. As pesquisas lhe eram muito favoráveis, e, apesar de já ser de conhecimento público o envolvimento de pessoas próximas a ele na invasão, Nixon foi reeleito numa vitória esmagadora em novembro de 1972.

Os jornalistas Bob Woodward e Carl Bernstein, do *The Washington Post*, divulgaram o escândalo e desencadearam o processo que levou Nixon a renunciar em 8 de agosto de 1974. Uma peça importante do trabalho jornalístico foi a intervenção de uma fonte anônima, chamada "garganta profunda" (*deep throat*), que foi revelando aos jornalistas informações cruciais para deslindar a trama e chegar ao presidente.

Assegura-se que Nixon, em seus últimos anos, perdia a compostura quando, ao estudar novamente seus arquivos, punha-se a fazer listas de possíveis candidatos a "fonte", como ele chamava o "garganta profunda", pois sempre se negou a utilizar esta última expressão. Somente três pessoas conheciam a identidade de "garganta profunda": Woodward, Bernstein e Ben Bradlee, o então editor do *The Washington Post*. Ao que parece, o acordo era que seu nome só seria revelado depois de sua morte. Os jornalistas mantiveram sua palavra por trinta anos. Em 1974, publicaram o livro *Todos os Homens do Presidente*, em que relatavam o processo de investigação jornalística que revelou a trama e deu lugar, dois anos mais tarde, a um famoso filme com o mesmo título.

As revelações de "garganta profunda" não forneciam tantos dados, mas confirmavam determinadas suspeitas, e animaram os jornalistas a prosseguir e "disparar para o alto", insistindo sobretudo no apoio da Casa Branca a toda essa operação ilegal. Seus encontros com Woodward eram cercados de grandes medidas de segurança, realizados a altas horas da madrugada, e ocorriam no último patamar subterrâneo de uma garagem bem afastada que permitia uma fuga rápida. O informante anônimo concebeu o sinal de Woodward para indicar que queria reunir-se com ele: mudar de lugar um vaso de plantas na janela de seu apartamento.

Um dos grande enigmas da história recente dos Estados Unidos foi justamente a identidade daquele que se escondia atrás do pseudônimo "garganta profunda" (nome inspirado no famoso filme pornográfico, segundo Woodward). Inúmeros artigos e livros, sites da internet e programas de televisão fizeram esta pergunta durante anos.

Persuadido por sua família, aos 91 anos, o ex-agente do FBI Mark Felt autorizou que se divulgasse que ele era o famoso "garganta profunda", por meio de um artigo publicado na revista *Vanity Fair*, no dia 13 de maio de 2005, escrito por John D. O'Connor, advogado contratado pela família, a quem Felt confessou ser o "garganta profunda". A veracidade foi confirmada, dias depois, pelo *Post*. Em janeiro de 2000, Woodward havia entrevistado Felt, que na época tinha 86 anos, e, exceto por breves episódios de lucidez, segundo a família, apresentava já uma perceptível demência senil que o impedia de recordar a maior parte dos acontecimentos e das pessoas que conhecera no passado. Felt morreu em dezembro de 2008, aos 95 anos, em sua casa em Santa Rosa, na Califórnia.

Woodward e Felt conheceram-se, antes que o caso Watergate estourasse, em um encontro casual na Casa Branca, e Felt já havia fornecido informações a Woodward para algumas reportagens. Na década de 1970, Mark Felt era o número dois do FBI e estava encarregado de dirigir a investigação sobre a entrada ilegal nos escritórios do Partido Democrático no edifício Watergate. Graças à sua posição, dispunha dos meios para descobrir todas as artimanhas de Nixon e seus colaboradores. Era especialista em contrainteligência, havia sido caçador de espiões nazistas nos Estados Unidos durante a Segunda Guerra e, depois disto, trabalhou na contraespionagem contra os soviéticos. Ajudaram-no seus extensos conhecimentos próprios de um profissional da indagação e do segredo. Ele sabia, em primeira mão, que Nixon pensava em utilizar todo tipo de truques em sua campanha de reeleição, inclusive gravações clandestinas. Com acesso privilegiado a toda a informação do caso, teve, possivelmente desde o primeiro momento, dados que indicavam que tudo estava sendo organizado a partir da Casa Branca. Ele também estava ciente de todas as tentativas de Nixon de abafar o assunto. Segundo confessou a Woodward, estava indignado com os obstáculos à investigação, provenientes da Casa Branca.

Felt havia sido o braço direito de J. Edgar Hoover, e esperava ser nomeado chefe do FBI, mas foi preterido em duas ocasiões. Em fevereiro de 1973, Nixon nomeou como diretor do FBI Pat Gray, que já dirigia o FBI de modo provisório desde a morte de Hoover. Felt considerava Gray um intruso político no FBI, e nunca aceitou bem sua nomeação. Gray demitiu-se em 1973, quando se descobriu que ele havia destruído documentos comprometedores da investigação do FBI sobre o caso Watergate. Nixon nomeou então como diretor em exercício William D. Ruckelshaus, o que deixou Felt "desiludido" e "irritado". Ele se aposentou pouco depois, em junho de 1973.

Mark Felt havia aparecido em quase todas as listas de suspeitos junto com muitos outros nomes, mas sempre negou ser o informante. Mentiu a colegas, amigos e familiares, e continuou se escondendo-até o fim. Em 1979, publicou uma autobiografia na qual denunciou os esforços de Nixon para controlar o FBI. Seu nome foi sugerido em vários artigos sobre o assunto, e chegava-se até a asseverar que o informante era ele. Também se suspeitou dele no círculo imediato de Nixon, como atestam várias das famosas fitas da Casa Branca em que Nixon gravava suas reuniões e entrevistas sem avisar seus interlocutores. Em certa ocasião, Bob Haldeman disse: "Sabemos quem deixou vazar". "Alguém do FBI?", perguntou Nixon. "Sim senhor, Mark Felt", respondeu Haldeman. No início de 1973, a Casa Branca propôs-se a destituí-lo por suspeitar dele.

Outros candidatos a "garganta profunda" foram todos os assessores de Nixon, desde Fred Fielding, conselheiro adjunto na Casa Branca na época do escândalo de Watergate, até o próprio Henry Kissinger, Pat Buchanan, que redigia alguns dos discursos do presidente, e outros conselheiros da Casa Branca, como John W. Dean III ou Leonard (Len) Garment, um dos advogados de Nixon, que posteriormente escreveu um livro sobre a incógnita.

Trata-se de um enigma apaixonante, com uma série de indagações, parte delas sem uma resposta completa até hoje. Por que o informante falou? Por que calou-se por tanto tempo? Por que revelou que havia sido ele?

Apontou-se o ressentimento como um dos motivos mais importantes para a revelação, juntamente com outros fatores do contexto político da época nos Estados Unidos, como a luta pelo poder que ocorria no FBI entre as novas nomeações de Nixon, tentando controlar o poderoso órgão, e os funcionários "de toda a vida" que haviam trabalhado com J. Edgar Hoover, que Felt admirava, e que desejavam manter a independência do órgão. Após a morte de Hoover, em 1972, Felt almejava dirigir o FBI, mas viu-se marginalizado e relegado por Nixon. Depois de avaliar todas as opções, concluiu que o melhor que podia fazer era recorrer à imprensa. Preocupava-se muito e sentia-se muito pressionado pela ingerência da Casa Branca no FBI. Felt levou muito a sério seu trabalho de delator, a ponto de se irritar quando Woodward se equivocava em seus artigos. Ao ressentimento, é preciso acrescentar a indignação por ver as tentativas da Casa Branca, em casos extremos do próprio Nixon, de ocultar tudo e desbaratar a investigação. Felt queria proteger o FBI de tais intromissões, provocar uma mudança e denunciar Nixon. Considerava que Nixon era uma ameaça ao FBI, instituição que tentava controlar a partir de cima e manejar aos seus caprichos. Felt queria reafirmar a independência do FBI e sua liderança, e para isso utilizou o caso Watergate.

Felt ocultou sua identidade porque o risco era muito alto para ele, razão pela qual optou por uma via clandestina, ilegal, de contar o que havia nos arquivos do FBI e, assim, pressionar Nixon de modo público e político. As investigações do FBI mostravam que havia muitas outras coisas no assunto Watergate. Felt temia que o considerassem delator, desonesto ou traidor.

Como veremos a seguir, a descoberta, por motivos similares, poderia ter prejudicado Felt em sua relação com a justiça.

O fato de ter trabalhado no mundo do serviço de inteligência, perseguindo espiões, sem dúvida o ajudou a manter o segredo. Todavia, à medida que os anos se passavam, Felt se sentia atormentado pelo que havia feito, oscilando entre defender a integridade do FBI perante a Casa Branca e a desonra de ser um delator anônimo. Não confessou o feito à sua família até 2002. Defendeu-se dizendo que fez aquilo que acreditava que devia fazer e que não estava tentando derrubar Nixon.

Entre os motivos aduzidos por Felt e sua família para revelar sua identidade estão os econômicos, necessidades tão prosaicas como o pagamento da educação de seus netos, além da progressiva deterioração da saúde do ex-agente do FBI.

Woodward reconheceu posteriormente que o papel de Felt foi superestimado, possivelmente em virtude do silêncio e do mistério em torno de sua identidade. O trabalho de investigação dos jornalistas foi intenso e houve intervenção de numerosas fontes, mas nenhuma delas tão determinante nem com tanto carisma. Ao trabalho dos repórteres somaram-se as

1. *As Grandes Mentiras*

investigações das comissões do Senado e as famosas fitas da Casa Branca. Felt, mais propriamente, confirmava a informação que os jornalistas iam descobrindo, fornecia-lhes perspectivas para que fossem encaixando os dados e os encorajava em suas pesquisas.

Felt perpetrou um ato desleal, e deveria ter seguido os canais oficiais. De acordo com Woodward em seu livro *O Homem Secreto*, publicado pouco depois da revelação de Felt, este se encontrava "animicamente destroçado, e até indeciso sobre se nos ajudar era o caminho certo, atormentado pelo desejo de fazê-lo e de não fazê-lo". Embora sua conduta fosse eticamente reprovável, sua repercussão foi de tal intensidade que muitos consideram seu ato justificado. É possível que as traquinadas de Nixon e de seus colaboradores não viessem a ser conhecidas em pormenores senão por suas informações. Se não tivesse denunciado a situação aos jornalistas e estes não tivessem feito seu trabalho, não se teria descoberto nada, tal era a profusão de obstáculos interpostos por Nixon. Na opinião de Woodward, ganharam o FBI e Felt. Ambos sobreviveram, e Felt manteve seu segredo. Woodward concorda com Len Garment em que o anonimato permitiu que Felt mantivesse sua vida, não chamasse a atenção nem fosse atacado, que não se pusesse em dúvida sua honestidade e que levasse a vida que queria levar.

Neste sentido, o comportamento de Felt coincide com o conceito de "máscara" descrito pela historiadora Carmen Iglesias[12], que permite que as pessoas desempenhem vários papéis sociais, que não interferem entre si e salvaguardam a privacidade. Iglesias retoma uma ideia já apontada por Ortega y Gasset que surge do contraste entre a vida burguesa e a do Antigo Regime. Na sociedade feudal e do Antigo Regime, os direitos correspondiam aos nobres, por seu nascimento ou por tê-los conquistado em combate. Pelo contrário, o homem existe, hoje, na qualidade de cidadão. Antigamente, a vida pública era vida privada, o senhor e o nobre eram sempre eles mesmos e não necessitavam ser outra coisa. Eram eles em todos os lugares e não precisavam de nenhuma entidade que lhes outorgasse um grau ou reconhecimento. Em contraposição, o cidadão, o burguês, possui direitos na medida em que faz parte de uma coletividade, de um Estado que os reconhece. O burguês desempenha diferentes papéis e porta diferentes

---

12 La Máscara y el Signo, em C. Castilla del Pino (org.), *El Discurso de la Mentira*, p. 61-125.

"máscaras", públicas e privadas: o profissional ou o trabalhador remunerado, o cliente, o marido, o pai de família, o amante, o vizinho do bairro, o eleitor, o jogador. A vida é plural e ambígua, e nela desempenhamos papéis distintos e um jogo de diferentes representações, nas quais domina o preestabelecido, o que se espera de alguém em função da máscara, ou a máscara em função do papel que se espera de alguém.

A ocultação está vinculada a uma sociedade que valoriza a aparência e na qual a opinião dos outros é muito importante. Destas circunstâncias surge a necessidade de proteger a individualidade, e uma das consequências disso, segundo Iglesias, é que a privacidade opõe uma certa resistência à uniformização por parte da sociedade. A privacidade e as "máscaras" que as pessoas usam permitem que uma série de papéis sociais sejam exercidos, mantendo uma separação nítida entre eles sem interferências que perturbem seu desenvolvimento. Neste sentido, a mentira possibilita a liberdade, mas, ao mesmo tempo, mostra uma certa incapacidade de adaptar-se e aceitar uma realidade complexa. A ocultação permitiu que Felt permanecesse livre e prosseguisse com sua vida, desempenhando seus papéis sociais sem sobressaltos.

As repercussões da descoberta do caso Watergate foram enormes. Do ponto de vista jornalístico, justificaram o uso de fontes anônimas e sua proteção, inclusive com medidas de caráter legal. Reforçaram a imprensa perante o poder político e, nos Estados Unidos, o poder legislativo perante o poder executivo. Deixaram claro que o presidente dos Estados Unidos é responsável por sua atuação perante os cidadãos. Levaram à diminuição do poder do presidente em favor do poder legislativo, que pode investigar amplamente o presidente, como ocorreu em várias ocasiões desde então, e cujo exemplo mais notório foi a investigação sobre Bill Clinton e suas relações com a estagiária Monica Lewinsky. Também foram aprovadas distintas leis para limitar as ações dos presidentes.

A imprensa cresceu a partir do caso Watergate, e, desde então, desenvolveu-se o jornalismo investigativo. Ocorreram casos nos quais se interromperam campanhas presidenciais por investigações jornalísticas, como foi o caso do democrata Gary Hart. A investigação do assunto Watergate é um caso exemplar que é estudado nas faculdades de jornalismo em todo o mundo.

1. As Grandes Mentiras

Os franceses dizem que a vida é ridícula, estranha, engraçada (*drôle*). Os espanhóis dizem que ela dá muitas voltas. O fato é que o destino pôs Mark Felt numa situação similar à de Nixon. Precisamente em 1972, Felt e seu colaborador Edgard S. Miller haviam, afinal, autorizado invasões e escutas ilegais em casas de amigos e parentes de supostos terroristas "antissistema", com o propósito de obter provas e tentar detê-los. Essa operação ilegal foi descoberta em 1976 e fez com que Felt e Miller fossem acusados formalmente em 1978 e julgados em 1980 por delitos quase idênticos àqueles ordenados pelo presidente que Felt tanto odiou. Em outubro de 1980, durante o julgamento de ambos, Richard Nixon testemunhou a favor de Felt sem saber que ele havia sido um, e provavelmente o mais famoso, de seus delatores. Felt foi condenado por suas escutas ilegais e, por fim, perdoado por Ronald Reagan.

Vimos os casos de duas pessoas que chegaram a ocultar aquilo que foram e que o fizeram durante décadas, Felt e Grass – este último, pelo dobro do tempo do primeiro: mais de sessenta anos. Com biografias totalmente diferentes, ambos deixam transparecer, porém, traços muito semelhantes. Na origem e em associação direta com a ocultação do fato, podemos ver sem dissimulação alguma o ressentimento e a raiva. Avivados, no caso de Felt, pela ideia de vingar a ofensa de seus superiores por terem-no relegado profissionalmente. Com o tempo, ambos desenvolveram sentimentos de vergonha tanto por algo que fizeram como, em menor medida no caso de Grass, por tê-lo ocultado durante anos. A vergonha e a culpa são emoções próprias do mentiroso, embora nenhum deles chegue a falar da culpa em nenhum momento, talvez porque fazer isto exigiria admitir culpabilidade e, em certa medida, uma sanção, qualquer que seja ela. Por último, aparece explicitamente no caso de Felt e implicitamente no caso de Grass o desejo de lucro, mais poderoso que o sentimento de vergonha, este último possivelmente atenuado pelos anos.

Grass e Felt viram-se obrigados a mentir por circunstâncias diferentes, em círculos muito rígidos. Por um lado, o final da guerra e a queda de um regime, e, por outro, uma luta impiedosa pelo controle de uma entidade muito poderosa, o FBI. Há casos, porém, em que as pessoas mentem porque sua maneira de ser, sua personalidade ou sua psicopatia os impelem a isso, sem mediação de nenhuma pressão externa. Outros fazem da mentira sua profissão, e seu governo lhes paga por isso. Examinaremos alguns desses casos no próximo capítulo.

Referências
e Leituras Adicionais

BERNSTEIN, C.; WOODWARD, B. *Todos los Hombres del Presidente*. Barcelona: Inédita, 2005.

BURUMA, I. Guerra y Memoria, *Letras Libres*, n. 62, nov. 2006.

CAMERER, C.F. Strategizing in the Brain, *Science*, v. 300, n. 5626, 2003.

CARO, L. Günter Grass Pide Perdón a los Judíos por Haber Sido Miembro de las SS. ABC, 10 nov. 2006.

CASTILLA DEL PINO, C. (org.). Introducción. *El Discurso de la Mentira*. Madrid: Alianza, 1988.

DAMASIO, A. *El Error de Descartes*. Barcelona: Crítica, 1998.

ESTAFADOS en España. *Cambio 16/Cambio República Dominicana*, n. 40, 15 dez. 2006.

GONZÁLEZ, M.S. La Estrafalaria Historia de "La Coronela". *El Mundo*, 3 dez. 2006.

GRASS, G. *Dummer August*. Göttingen: Steidl, 2007.

_____. *Pellando la Cebolla*. Madrid: Alfaguara, 2007.

GRAUBARD, S. *The Presidents*. London: Penguin, 2006.

GULLÓN, G. Pelando la Cebolla: La Mala Memoria de Günter Grass. *El Cultural*, 7 set. 2006. Disponível em: < http://www.elcultural.es/version_papel/LETRAS/18559/Pelando_la_cebolla_La_mala_memoria_de_Gunter_Grass >.

IGLESIAS, C.. La Máscara y el Signo: Modelos Ilustrados. In: CASTILLA DEL PINO, C. (org.), *El Discurso de la Mentira*. Madrid: Alianza, 1988.

LEVITT, S.D.; DUBNER, S. *Freakonomics*. London: Penguin Books, 2005 (trad. esp., *Freakonomics*, Barcelona: Ediciones B, 2006).

LÓPEZ ARANGUREN, J.L. La Doblez. In: CASTILLA DEL PINO, C. (org.), *El Discurso de la Mentira*. Madrid: Alianza, 1988.

MORENO, U.; ORTEGA BARGUEÑO, P. El Referente Moral se Tambalea. *El Mundo*, 13 ago. 2006.

O'BRIEN, T.L. Identity Theft is Epidemic. Can it be stopped?, *The New York Times*, 24 out. 2004. Disponível em: <http://www.nytimes.com/2004/10/24/business/yourmoney/24theft.html>.

PROBST SOLOMON, B. Dr. Jekyll & Mr. Grass. *Letras Libres*, n. 62, nov. 2006.

RILLING, J.K. et al. A Neural Basis for Social Cooperation. *Neuron*, v. 35, 2002.

ROLDÁN, C.A. Grass Exigió a un Ministro que Confesara su Pasado Nazi. *El Mundo*, 30 set. 2006.

RUBINSTEIN, A. Freak-Freakonomics. *Expansión*, 26 jan. 2007.

SEABRIGHT, P. *The Company of Strangers*. Princeton: Princeton University Press, 2004.

SECRETS and Lies. *The Economist*. 5 maio 2007. Disponível em: <http://www.economist.com/node/9122851?zid=298&ah=0bc99f9da8f185b2964b6cef412227be>.

VON DREHLE, D. FBI's nº 2 was "Deep Throat". Mark Felt Ends 30-year Mistery of The Post's Watergate Source. *The Washington Post*, 1 jun. 2005.

WHAT Deep Throat Did. *The Economist*, 2 jun. 2005.

WOODWARD, B. *El Hombre Secreto*. Barcelona: Inédita, 2005.

Grandes Mentirosos

Toda mentira traz consigo um desejo.

Juan David Nasio

Em janeiro de 1993, o médico Jean-Claude Romand, uma pessoa aparentemente pacata, assassinou sua mulher, seus dois filhos, seus pais e o cachorro destes. Em seguida tentou suicidar-se, mas não conseguiu. Logo se soube que Romand levava uma vida dupla em segredo, estivera mentindo para sua mulher, sua família e seus amigos por dezoito anos. Fingia ser médico e afirmava trabalhar há anos como pesquisador e alto funcionário da Organização Mundial da Saúde em Genebra. No dia 2 de julho de 1996 foi condenado à prisão perpétua com direito a condicional, pena da qual presumivelmente cumprirá vinte anos. O caso teve grande repercussão pública e inspirou um livro, *El Adversario*, de Emmanuel Carrère, e dois filmes, um deles filmado na Espanha em 2002, com o título de *La Vida de Nadie*, protagonizado por José Coronado. O livro de Carrère é uma biografia com toques jornalísticos, um relato inquietante baseado em uma densa correspondência com Romand, testemunhos das pessoas que o conheceram (?) e uma entrevista realizada com o criminoso na prisão. Juntamente com o sumário de culpa, constitui a principal documentação sobre o caso.

Aqueles que o conhecem afirmam que, desde pequeno, Jean-Claude possuía uma personalidade introvertida e retraída. Era bom aluno, inteligente, mas pouco sociável. Iniciou seus estudos de medicina em Lyon e, em certa ocasião, já no segundo ano do curso, não compareceu a um exame. Afirmou que não se atreveu a confessar o fato a seus pais por medo do fracasso, e então começaram suas primeiras grandes mentiras: que frequentou todo o curso e o completou. Na realidade, o que fazia era comportar-se como os demais estudantes, assistir às aulas regularmente, vestir o jaleco, passar o dia na faculdade, indo à biblioteca, carregando livros, anotações e fotocópias de um lado para outro. Simulava comparecer aos exames aparecendo no início e no final deles. Quando chegou o momento, passou a dizer que havia concluído o curso e obtido um emprego.

Algumas vezes em sua vida afirmou sofrer de câncer, o que atraía o interesse e a compaixão daqueles que lhe eram próximos. Na primeira ocasião serviu para conquistar sua mulher, e na segunda para evitar perguntas e mascarar seu estranho comportamento. Fingia sua ocupação de modo convincente, incluindo a simulação periódica de viagens ao exterior (na verdade, na maioria das vezes hospedava-se perto do aeroporto) e afirmando conhecer muitas pessoas em virtude de seu trabalho, das quais fornecia detalhes convincentes. Durante anos ninguém suspeitou do falso médico, mas verdadeiro pai e esposo, embora seu comportamento estranho algumas vezes tenha chamado a atenção de sua mulher, segundo se soube depois, não obstante Jean-Claude tivesse explicações para tudo.

Com o tempo, havia conseguido extrair quantias significativas de dinheiro de seus pais e da família de sua esposa. Dava a entender que sua posição como funcionário de um órgão internacional lhe permitia aplicar fundos a uma alta rentabilidade, com isenção de impostos, na Suíça. Outros parentes e agregados também lhe confiavam somas substanciais, pensando que teriam um moderado aumento no refúgio helvético, mas que na verdade Romand ia gastando para fingir que ganhava a vida em seu privilegiado emprego.

A misteriosa morte de seu sogro, que também aparece no currículo criminal de Romand, ocorreu semanas depois que pediu a devolução de parte dos fundos para comprar um automóvel. Ele morreu, supostamente, ao cair de uma escada quando estava sozinho em casa com seu genro. Romand também se aproveitou ilicitamente de um parente, doente terminal de câncer, para oferecer-lhe, em troca de uma considerável soma em dinheiro, um fármaco "experimental" que não aliviou em nada sua doença. Por último, tirou dinheiro também de sua amante, para "investi-lo", mas, quando ela o exigiu de volta, teve início o desastre. Romand fracassou na tentativa de assassinar sua amante, e, vendo que sua descoberta estava próxima, cometeu o crime quíntuplo.

Assassinou primeiramente sua mulher e seus dois filhos pequenos, na hora do café da manhã, ao meio-dia, foi comer na casa de seus pais e os matou, e também seu cachorro, à noite, pôs fogo em sua casa. Tentou suicidar-se, mas com pouca intenção: começou o incêndio de madrugada, mais ou menos no horário em que passavam os lixeiros, e iniciou o fogo no desvão a partir do qual demoraria mais para propagar-se e onde era mais visível, colocou o pijama e tomou soníferos com validade vencida. Quase asfixiado, foi resgatado a tempo e levado ao hospital, onde se recuperou pouco depois.

O relatório dos psiquiatras revelava descrições frias dos fatos, desprovidas de emoção, um esforço para apresentar uma imagem favorável e desejos de agradar o interlocutor, calma e controle excessivos e preocupações com temas menores (por exemplo, se os soníferos que lhe ministravam provocariam dependência). Gerou dúvidas nos especialistas sobre se os sentimentos que exibia eram reais. Como veremos adiante, trata-se de um quadro próximo da psicopatia. Durante o julgamento, pediu perdão à família de sua esposa, e assegurou que seu problema havia se originado em sua incapacidade de assumir uma primeira mentira e, depois, todas as outras.

O que há na mente das pessoas que mentem continuamente, como Jean-Claude? Como podem chegar a esses extremos? Os próprios pesquisadores, psiquiatras, psicólogos e criminologistas ainda estão longe de compreender todas as chaves de seu comportamento. Não obstante, existem numerosos dados a respeito de sua forma de agir que esclarecem um pouco aquilo que passa pela cabeça dos fabuladores.

2. Grandes Mentirosos

Mentira Patológica: Fabuladores, Psicopatas e Mitômanos

Este capítulo trata dos fabuladores, daqueles que são mentirosos por seu caráter, às vezes patológico, dos mentirosos em série. Das pessoas que sentem prazer em mentir sem que ninguém, aparentemente, as obrigue a isto, das que enfeitam suas mentiras, que se destacam por sua originalidade e audácia. Às vezes, levam uma vida dupla, sentem-se atores e costumam ter um senso estético e teatral: atuam e interpretam um papel quando mentem, o que às vezes ocupa todo o seu tempo. O mundo é, para eles, um teatro no qual representam suas invenções no seio de um drama ou de uma tragédia permanentes.

Em alguns casos de natureza patológica, as mentiras fazem parte de um quadro mais geral, muitas vezes perigoso para as pessoas com quem o indivíduo se relaciona, que é o transtorno da psicopatia.

Além dos fabuladores patológicos, há os descarados, e ainda se pode falar de um terceiro grupo, resultante da coincidência de ambos os traços na mesma pessoa.

O descarado, trapaceiro ou golpista é aquele que se aproveita da mentira em benefício próprio. Aquele que engana para conseguir algo que não lhe pertence ou que o consegue por meios que não são socialmente aceitos. Beira a ilegalidade, ou cai em cheio nela, e extrai da mentira benefícios econômicos ou de outro tipo. Em virtude de suas habilidades, de sua ambição ou ousadia, ou do cargo que exerce, alcança uma posição na qual pode influenciar muitas pessoas. Alguns são delinquentes profissionais, e outros veem-se impelidos a enganar por circunstâncias variadas (cobiça, pressões, medo). Sabem o que estão fazendo e por que o fazem, e, embora finjam muito bem, não chegam a acreditar nas coisas que dizem. O descarado carece da engenhosidade, da criatividade e da fantasia do fabulador. É difícil enganar muitas pessoas, mas, mesmo sendo algo que ocorre todos os dias, consegui-lo não significa que o indivíduo tenha personalidade ou dotes de persuasão excepcionais.

Um fabulador pode se transformar em delinquente. É quase inevitável que tente se aproveitar de sua habilidade para enganar outras pessoas.

Às vezes, os ganhos que obtém não são diretamente econômicos, mas de natureza social: ser o centro das atenções, ter prestígio ou reconhecimento daqueles que o rodeiam. Um delinquente raramente é um fabulador, para isto, são necessários determinados dotes. É possível que consiga imaginar e pôr em prática tramas de uma certa complexidade para conseguir seus objetivos, mas ele carece da criatividade necessária.

Não obstante, às vezes se mesclam os dois tipos de mentirosos mencionados e surge o terceiro grupo: o daqueles que, além de mentir continuamente e sentir prazer em enganar os outros, beneficiam-se disso econômica e socialmente por meio do dinheiro, de reconhecimento social, influência, prestígio, distinções e prêmios. É o caso dos delinquentes que realizam golpes grandes e engenhosos. Alguns golpistas lendários pertencem a esta categoria. Em outros casos, chega-se a construir, durante anos, uma vida baseada na mentira e em falsas recordações fabricadas e exploradas ao máximo sem nenhum pudor. São fabuladores transformados em descarados.

Em suma, um fabulador pode se transformar em um delinquente. Um delinquente engana, mas dificilmente chega a ser um fabulador, pois seu logro é instrumental, limitado e pouco criativo. E, finalmente, há fabuladores delinquentes.

Além de abordar algum caso de mentira por necessidade, no final do capítulo falaremos dos espiões, cuja profissão é a mentira e a dissimulação, muitas vezes alcançando, seja por seus dotes ou pela necessidade de sobreviver e não serem descobertos, a reputação extrema de lendas.

Os fabuladores não costumam ser doentes mentais. A fabulação patológica ou as mentiras patológicas são relativamente raras. Entretanto, há certas patologias que se caracterizam pela mentira e também há outras, como a psicopatia, que com frequência incluem a mentira patológica. Para completar o quadro, há casos de mentirosos persistentes, os pseudólogos ou mitômanos, que beiram o transtorno psicológico. Começaremos recorrendo à psiquiatria, à psicopatologia e à neurologia, que nos apresentam uma variedade de transtornos nos quais o traço principal, ou ao menos um deles, é a mentira compulsiva ou a fabulação. Examinaremos a seguir alguns dos quadros psicopatológicos mais conhecidos.

Psicopatia

A psicopatia é um transtorno que se caracteriza pela carência de sentimentos em relação aos outros. Os psicopatas são incapazes de experimentar emoções apropriadas em suas relações com outras pessoas. Dois de seus traços distintivos derivados dessa característica são o distanciamento emocional e o comportamento antissocial. Eles tratam os outros como objetos e se servem deles para alcançar suas metas. Não se importam em mentir e não se sentem mal por isso. Não manifestam remorsos nem sentimentos de culpa, e, quando os exibem, são simulados ou inconsistentes. São incapazes de experimentar ou apreciar o significado dos acontecimentos emocionais que ocorrem na vida cotidiana. Sempre parecem ter razão e sempre atribuem aos outros a responsabilidade de tudo de mau que ocorra. Não sentem nada em relação aos outros, nem pedem desculpas por seus atos.

O intenso trabalho científico realizado durante anos pelo professor Robert D. Hare, da Universidade da Colúmbia Britânica, no Canadá, permite conhecer os traços distintivos do psicopata[1]. Essas pessoas carecem das qualidades básicas que permitem a vida social: confiança nos outros, reciprocidade, compreensão dos sentimentos dos outros e capacidade de colocar-se em seu lugar. Há psicopatas muito violentos (nem todos), e há alguns muito hábeis em mentir e enganar (nem todos) para alcançar seus objetivos sem se importar com o dano causado a outros ou com a impressão que produzem. São manipuladores e mentem com facilidade. Sua mentira é instrumental, para tentar conseguir algo. Divertem-se em enganar e apreciam a facilidade com que conseguem isto. Não pensam que serão descobertos, nem lhes importa.

São muito sociáveis e podem ser atraentes, sedutores, dotados de uma imagem encantadora. Todavia, um observador meticuloso pode perceber que sua expressão é demasiadamente polida, mecânica, como se seguisse um roteiro. Comportam-se como se não compreendessem o significado emocional das palavras, que utilizam como se fossem desprovidas deste: falam de afeições ou expressam-nas sem sentir nada. Tudo isto os leva a

---

1 *Sin Conciencia.*

relações interpessoais anômalas: comportamento irresponsável, sem dar, atenção às consequências, especialmente aos sentimentos dos outros e ao dano que podem causar, razão pela qual seus laços afetivos são escassos ou inexistentes. Por exemplo, os psicopatas podem confessar amor eterno a seu companheiro ou a sua companheira e se comportar de acordo para depois, em pouco tempo, desaparecer sem dizer nada, levando consigo todo o dinheiro e os objetos de valor que possam carregar. São capazes de voltar em pouco tempo como se nada tivesse acontecido, reafirmando seu interesse sentimental pela pessoa e fornecendo qualquer desculpa inacreditável.

Seu comportamento social é guiado por impulsos na direção de metas imediatas, a curto prazo. O afeto que demonstram é superficial. Carecem de *empatia* ou capacidade de colocar-se no lugar das outras pessoas, e, em geral, de mecanismos que controlem seus impulsos violentos, como os sentimentos de culpa ou de medo da punição ou penalização que possam sofrer por seus atos. Não aprendem com as experiências negativas, mostram-se presunçosos, arrogantes, insensíveis, dominantes, superficiais e, como se disse, manipuladores. Muitos deles são viciados em experiências ou esportes de risco, emoções intensas ou comportamentos que ponham em risco sua vida ou a dos outros.

Não se sabe bem quais são as causas ou origens da psicopatia. Ela parece obedecer a uma combinação de fatores genéticos e ambientais (parto, enfermidades, criação, educação). Não se pode falar de uma causa única, mas a biologia (genética, lesões cerebrais, vícios) desempenha um papel importante. Os psicopatas crescem tanto em lares pobres como em lares com recursos econômicos suficientes, boa educação e pais carinhosos. Embora muitos autores apontem principalmente a genética, em última instância, os genes necessitam de um ambiente para que se expressem.

Nem todos os psicopatas são mentirosos patológicos, mas certamente são pouco confiáveis. Os que mentem o fazem sem receio, já que, como se disse, não sentem culpa nem remorso. Mentem com frequência, pois usam as outras pessoas como ferramentas para alcançar seus objetivos, manipulando-as sem se preocupar com o dano emocional que provocam.

Pode-se afirmar que um fabulador é um psicopata quando as mentiras e os logros são reiterados, estendem-se durante anos e afetam tanto desconhecidos como pessoas próximas. Quando o fabulador se aproveita dos outros e os usa em benefício próprio, sem se importar com seus sentimentos e com uma finalidade exclusivamente egoísta. Contudo, em termos estritamente psicopatológicos, só se pode falar de um psicopata quando um profissional especializado, psicólogo ou psiquiatra, tenha realizado uma análise exaustiva que inclua uma entrevista aprofundada, o emprego de um questionário específico e um exame minucioso do histórico ou dos antecedentes documentados do suposto psicopata.

Algumas lesões cerebrais provocam transtornos do comportamento similares aos da psicopatia. Nesses casos, os pacientes sofrem de psicopatia adquirida por causa da lesão, e manifestam impulsividade, ignorância das metas e dos objetivos para os quais orientam seu comportamento, conduta criminosa flagrante e recorrente e más ações em geral. Esse comportamento, que é às vezes chamado de *desinibido*, resulta de lesões na área frontal do cérebro. O córtex frontal, propriamente o mais anterior, denominado região pré-frontal, exerce uma função reguladora do modo como as emoções são interpretadas e utilizadas no comportamento.

Diversos pesquisadores exploraram o papel da região frontal do córtex cerebral na conduta social de muitos pacientes. As lesões em certas regiões frontais do cérebro provocam um transtorno similar à psicopatia, denominado personalidade pseudopsicopática, caracterizado pela impulsividade e pela agressividade, mas esses pacientes não tendem a mentir. Antes, exibem certa dureza nas relações sociais, e uma sinceridade que costuma ser ofensiva aos outros, pois carecem de sensibilidade no modo de lidar com aqueles que os rodeiam. Ora, a mentira compulsiva caracteriza as pessoas que sofreram lesões nas regiões frontais do cérebro nos primeiros meses de vida. Esse modo patológico de mentir está associado a graves problemas no comportamento social, como a incapacidade de ter um trabalho estável mesmo que se disponha de oportunidades para tal, a incapacidade de estabelecer amizades ou de levar uma vida independente. Especialmente quando alcançam a adolescência, essas pessoas se tornam pouco confiáveis, seu comportamento é antissocial, e não demonstram empatia nem remorso por suas más ações[2].

2 Cf. S.W. Anderson et al., Impairment of Social and Moral Behaviour Related to Early Damage in Human Prefrontal Cortex, *Nature Neuroscience*, n. 2, 1032-1037.

Em psicopatas que apresentam a mentira patológica como traço principal de seu comportamento encontraram-se anomalias nessa região do cérebro, entre elas um predomínio de substância branca e uma redução da substância cinzenta, ou seja, um menor número de neurônios e uma maior quantidade de conexões entre eles em comparação com pessoas normais e com psicopatas não mentirosos[3]. Essa condição pode prejudicar a capacidade de utilizar as emoções e levá-las em consideração nas relações com as outras pessoas e nos processos decisórios[4]. O doutor Yang e seus colegas da University of Southern California constataram também que os mentirosos patológicos revelavam mais inteligência verbal que os outros dois grupos de sujeitos de seus experimentos, talvez a maior fluidez verbal leve a mentir mais. Poder-se-ia dizer que aquele que fala muito mente muito.

A deterioração do córtex frontal do cérebro parece estar também na origem de outras condutas patológicas relacionadas. Um transtorno neurológico caracterizado pela fabulação, pela invenção de recordações, é a chamada síndrome de Korsakoff, que costuma acometer pessoas com um longo histórico de alcoolismo. Muitos desses pacientes representam, juntamente com outros problemas como a desorientação, transtornos severos da memória acompanhados de fabulação. Esquecem-se do que acaba de acontecer e inventam recordações que preencham tais lacunas. Não tentam enganar deliberadamente, pois acreditam que aquilo que contam realmente aconteceu. Nesses pacientes, o alcoolismo crônico e a dieta deficiente, especialmente a carência de vitamina B1 (tiamina) podem provocar anomalias no córtex frontal. A atividade dos lóbulos frontais é que permite, nas pessoas normais, a distinção entre recordações reais e imaginárias. Em resumo, parece que as lesões ou o volume reduzido de substância cinzenta na região frontal (pré-frontal) do cérebro leva a uma tendência à desinibição, ao comportamento social e à mentira patológicos.

---

3 Cf. Y. Yang et al., Prefrontal White Matter in Pathological Liars, *British Journal of Psychiatry*, v. 187, p. 320-325.
4 Cf. J.M. Martínez y Selva; J.P. Sánchez Navarro, Decision Making and the Emotional Brain, T.E. Lynch (org.), *Psychology of Decision Making in Medicine and Health Care*, p. 103-141.

Pseudólogos, Mitômanos e
Outros Mentirosos Patológicos

Há muito tempo os psiquiatras se ocupam das formas patológicas da mentira, que não ocorrem somente nos psicopatas, mas também em portadores de outros transtornos. Em 1891, o psiquiatra suíço Anton Delbrück falou pela primeira vez no transtorno que denominou "pseudologia fantástica", um dos vários nomes que a mentira patológica recebe na psiquiatria. Em pacientes com esse transtorno, a fantasia chega a predominar sobre a realidade. A pseudologia fantástica estaria presente na personalidade psicopática e em vários transtornos mentais. O pseudólogo de Delbrück vive suas fantasias, e a realidade passa para o segundo plano, ele não pretende enganar, pois conta o que acredita ser a verdade. Diverte-se em suas invenções, que passam a ser uma fonte de satisfação e adquirem realidade e verdade subjetivas cada vez maiores[5].

Os pacientes contam histórias que parecem críveis, mas cuja falsidade é fácil descobrir. Quando são confrontados com os fatos, recorrem a novas invenções para demonstrar que o que haviam dito antes estava certo. Em uma ou outra ocasião podem terminar por reconhecer que aquilo que dizem é falso. É mais frequente que contem suas histórias por razões psicológicas, sem motivação de ganância nem por pressão externa, mas para apresentar-se favoravelmente perante os outros, por exemplo, mostrando-se como um erudito ou como uma pessoa com talento em várias áreas do saber. Ocasionalmente, podem recorrer ao exagero na fabricação de acontecimentos para não reviver fatos traumáticos. Aqueles que os tratam, sentem-se atraídos por sua alta fluência verbal, seu vocabulário extravagante e chamativo. Um exame mais detalhado daquilo que dizem revela que, além de seu encanto superficial, não há nada verídico, mas não dão atenção a comentários sobre suas histórias, e fogem de qualquer pergunta relativa às suas mentiras. Como apontava o famoso psiquiatra Emil Kraepelin, muitos deles se tornam enganadores reiterados e se transformam no tipo misto de fabulador descarado de que falamos anteriormente.

5 Cf. V. Sommer, *Elogio de la Mentira*.

O psiquiatra francês Ernest Dupré, por sua vez, cunhou, em 1905, o termo *mitomania* referindo-se à "tendência constitutiva de certos indivíduos a mentir, a fabular". Dupré descreve a mitomania como um transtorno psíquico em que o mentiroso acredita, ou parece acreditar, em suas próprias mentiras. Pode estar associada a outras patologias, e afeta gravemente as relações com as outras pessoas.

Os mitômanos exageram e mentem de forma sistemática e tendem a acreditar em tudo o que dizem. Na maior parte das ocasiões, sabem que aquilo que dizem é mentira, mas brincam de acreditar, sem avaliar as consequências de seu comportamento. Segundo os especialistas, é muito difícil estabelecer o grau de lucidez de um mitômano, ou seja, até que ponto acredita em suas próprias mentiras.

Este transtorno vem acompanhado de crises de angústia, pois o mitômano não está satisfeito consigo mesmo nem com sua maneira de ser. Esta desconformidade com sua vida atual une-se com sua insegurança e certa superficialidade ou frivolidade. Atribui-se à insegurança essa necessidade de buscar a atenção dos outros, de deformar a realidade para melhorar a imagem ou percepção que as outras pessoas têm dele. Quando é confrontado com sua mentira, cria outra. Quer ser conhecido pelo que não é, e, para ele, o real e o fictício são, na prática, equivalentes.

Dupré distinguia vários tipos de mitomania. Assim, a *mitomania vaidosa* corresponde ao fanfarrão, charlatão ou exagerado. Todos conhecemos alguém, em nosso entorno próximo, que é um "exagerado", que mente ou exagera habitualmente contando histórias sem muita relevância. Quando o faz, dá a impressão de que chega a acreditar no que diz. Aqueles que o conhecem bem recebem seus relatos com um "desconto", porque intuem que tudo o que relata, em todos os detalhes, pode não ser verdadeiro. Essas pessoas não costumam sofrer rejeição ou isolamento total, mas talvez tenham uma credibilidade diminuída.

No âmbito literário, Henry James descreveu magistralmente a mitomania na personagem do coronel Capadose em *O Mentiroso*, 1888. O coronel é uma personagem mundana, simpática e sociável que simplesmente não consegue dizer a verdade. É inofensivo, pois sua maldade termina no trabalho artístico de adornar qualquer história ou acontecimento para torná-lo mais interessante e chamar a atenção de seus interlocutores. Não rouba nem busca qualquer ganho com suas mentiras, sempre relacionadas a temas de menor importância. Nas palavras de James, ele pinta a realidade, colorindo-a, como se fosse um artista, para torná-la infinitamente mais bela e interessante.

Dupré também falava da *mitomania maligna*, própria da maledicência, das denúncias maldosas, que, segundo ele, afetavam a honra e a fama de outras pessoas, e da *mitomania perversa*, dirigida para a coletividade, "envenenando a existência de seres inofensivos ou de coletividades inteiras"[6]. Atualmente, a pseudologia fantástica e a mitomania não são consideradas doenças mentais. Entretanto, vale a pena tratar brevemente dos transtornos psicopatológicos diretamente ligados à mitomania: o transtorno histriônico da personalidade e a síndrome de Münchhausen.

Transtorno Histriônico da Personalidade

O transtorno histriônico de personalidade afeta as pessoas superficiais, absorventes, que buscam ser o centro da atenção dos outros, ao ponto de exigir o apoio e até o elogio daqueles que as rodeiam. O transtorno se caracteriza por uma expressão exagerada das emoções e pela tendência a chamar a atenção através de condutas chamativas e espetaculares. Está a meio caminho entre a psicopatia e o simples exagero. Essas pessoas podem apresentar explosões de raiva ou perda de controle de seu comportamento. Em casos extremos, quando sofrem uma ofensa ou uma desgraça, podem chegar a reagir com uma simulação de suicídio.

Tais pacientes não se sentem confortáveis quando não são o centro das atenções. Eles não possuem controle sobre seus comportamentos manipuladores. Suas expressões emocionais, exageradas e superficiais, alteram-se rapidamente. Sua forma de falar, acompanhada de uma gesticulação desmesurada, é excessivamente subjetiva, sem admitir matizes. Consideram suas relações pessoais mais íntimas do que realmente são, e querem e necessitam agradar fisicamente.

---

6 Cf. P. Antón, Psicología de la Mentira, *Información*, 8 out. 2005.

A desmedida exigência de atenção foi interpretada pelos especialistas como um reflexo de sua própria insegurança. Paradoxalmente, a expressão exagerada de suas emoções faz com que essas pessoas pareçam pouco convincentes, pois, ao narrar as coisas que lhes acontecem de maneira trágica, fazem-no também com orgulho e satisfação, reduzindo assim a importância do fato e revelando a superficialidade de seus sentimentos.

A maioria dos casos de mentira patológica pertencem à categoria dos atualmente chamados "transtornos factícios", caracterizados pela atitude de produzir ou fingir sintomas físicos ou psicológicos de modo intencional. Esses sintomas podem ser inventados, autoinfligidos ou exagerados. Com frequência, o paciente assume o papel de doente, mas o transtorno factício se distingue da simulação pelo fato de que, nesta última, existem um ou mais incentivos externos, como ter um ganho financeiro, evitar uma remoção forçosa ou receber uma dispensa médica. Nos transtornos factícios, em contraposição, o que aparece é uma *necessidade psicológica* de sentir-se enfermo, sem pressões nem incentivos externos: é o caso da síndrome de Münchhausen e de outras a ela relacionadas.

Síndrome de Münchhausen e Outras
Patologias

Uma forma peculiar de mentira para atrair a atenção e, sobretudo, os cuidados dos outros é a síndrome de Münchhausen. Esta denominação foi cunhada pelo psiquiatra inglês Richard Asher em 1951, tomando-a de Karl Friedrich Hieronymus, barão de Münchhausen, militar aposentado famoso por enfeitar suas recordações da guerra com detalhes fantásticos. Suas fábulas foram coligidas em várias obras e ele passou a ser o protagonista lendário de contos fantásticos alemães. Muitos psiquiatras já haviam descrito este transtorno, no qual o paciente, que costuma trabalhar em ambientes de saúde ou possui formação nesta área, finge ou provoca sintomas próprios de uma doença que conhece bem com o objetivo de receber assistência e cuidados. Tais pacientes são hipocondríacos que não sofrem de uma enfermidade real e vão de médico em médico buscando provas diagnósticas, tratamentos, cuidados, incluindo a internação hospitalar e inclusive grandes cirurgias. A escolha das enfermidades é seletiva, de difícil diagnóstico, centrada naquelas que requerem explorações minuciosas ou provas diagnósticas complicadas.

Às vezes, os pacientes simulam ou provocam sintomas em seus próprios filhos ou em pessoas próximas para confundir os profissionais. Em casos extremos, chegam a infectar feridas para que não se curem, a trocar os medicamentos para confundir os médicos e enfermeiros e até a administrar venenos para adoecer o paciente ou piorar seu estado. O paciente de Münchhausen tem plena consciência do ato de enganar, é inteligente, bem preparado e detalha minuciosamente os sintomas, mas resiste em revelar seus antecedentes clínicos.

Uma enfermidade próxima à de Münchhausen é a *síndrome de Ganser*, descrita pela primeira vez por Sigbert Ganser em 1898. Um de seus principais sintomas é o das "respostas aproximadas", caracterizado por respostas incorretas para perguntas simples que, no entanto, entende corretamente, por exemplo: "Quantas patas tem um cavalo?", a que o paciente responde: "Três"; ou "De que cor é a neve?", a que o paciente responde: "Preta". Este sintoma pode vir acompanhado de confusão, alucinações visuais e auditivas, episódios de amnésia e sintomas somáticos como paralisias histéricas. Não se conhece a origem da síndrome, e muitos psiquiatras discutem se efetivamente se trata de uma enfermidade. Está associada ao estresse psicológico ou físico, inclusive a lesões na cabeça, aparece em pessoas que querem fingir uma doença mental e que simulam sintomas típicos da esquizofrenia. Aos comportamentos citados, somam-se comentários absurdos. A finalidade de tais atos seria evitar responsabilidades ou fugir de uma situação estressante como a guerra ou a prisão. Pode também acompanhar a psicopatia ou o transtorno histriônico da personalidade.

A mentira patológica é rara. Algumas das histórias de fabuladores narradas neste livro correspondem a mentirosos patológicos, outras, embora não se possa concluir por falta de estudo clínico, poderiam corresponder a psicopatas.

Autoengano
e Falsas Confissões

O fabulador acredita em suas mentiras? O autoengano, a capacidade de acreditar naquilo que a própria pessoa inventa e que, originalmente, sabe que não é verdadeiro, é mais disseminada do que parece, e nem sempre é patológico. O autoengano é uma estratégia mental bastante útil para todas as pessoas. Consiste em não aceitar a realidade, em querer ver o que não é e fixar-se somente naqueles aspectos que nos interessam, seja em nós mesmos ou em outras pessoas, minimizando-os, maximizando-os ou ignorando-os. Pode ocorrer que, em certo momento, já não se chegue mais a reconhecer outra realidade senão a própria representação.

Enfrentar e reconhecer a realidade pode ser muito duro e cruel. O autoengano torna a vida mais tolerável e oferece benefícios psicológicos. Ajuda a aceitar uma realidade que não é agradável, que pode ser inesperadamente desfavorável ou que gera descontentamento. Ignorar a realidade e olhar para outro lado para viver melhor torna a existência mais suportável. Aceitar algo que é absurdo ou irreal evita danos maiores, como a tristeza, a solidão e a falta de sentido da vida. Desenvolve-se um enviesamento da atenção que leva a pessoa a fixar-se somente naquilo que apoia suas próprias atitudes, opiniões e desejos. Trata-se não apenas de não ver algo desagradável, mas de substituí-lo por outra coisa mais tolerável e até prazerosa. Isto se torna mais intenso quando as tentativas de alterar essa realidade são infrutíferas, ao menos a curto prazo. Acreditar que temos o controle da situação, que somos bons, alivia sofrimentos e favorece o otimismo. A negação da realidade permite a realização de atividades que a pessoa não conseguiria realizar se estivesse excessivamente preocupada com ameaças reais[7].

Miguel Catalán enfatiza o papel da fuga através da fantasia como forma de autoengano. O abuso da fantasia permite fugir de um mundo inaceitável. A fuga fantástica, o distanciamento, faz com que nos sintamos

---

7 Cf. M. Catalán, *El Prestigio de la Lejanía*; V. Sommer, op. cit.

melhor. Nesta fuga, recorremos não apenas à nossa fantasia, mas também à de outras pessoas: à criação literária, à vida dos famosos, muitas vezes também inventada, aos relatos de viagens ou sobre terras distantes. A fabulação conduz, como a ficção literária, a outra realidade, diversa e muito mais interessante, que compensa as frustrações da vida do fabulador e de suas vítimas. Mario Vargas Llosa atribui a ficção literária ao anseio universal por viver outras vidas, inventar histórias e contá-las a outros, mas o fabulador vai um passo além, almeja que os outros acreditem nele, de modo que, durante certo tempo, esses sonhos são realidade tanto para seus interlocutores como para ele mesmo. Ele ultrapassa os limites do prazer compactuado e relativamente efêmero entre escritor e leitor proporcionado pela leitura, outorgando, em troca de um alto custo psicológico – quando não monetário ou de outro tipo –, realidade à fantasia.

A origem do autoengano estaria na necessidade de convencer as outras pessoas de nossos sentimentos. Convencemos melhor quando acreditamos nas coisas que dizemos. Quanto melhor representamos nosso papel, mais fácil se torna a tarefa de convencer. Pode-se chegar a convencer a si mesmo pelo hábito, praticado e aprendido, depois de tentar durante anos convencer outras pessoas[8]. Ocorre que, se alguém repete muito uma mentira, pode terminar por pensar que é verdadeira. Quando a pessoa acredita no que diz, é capaz de enganar com mais convicção. Pode acabar sendo uma mentira sincera, como acontece quando narramos acontecimentos que vivemos, mas que, com o passar do tempo, fomos modificando[9].

No caso do fabulador, ocorrem não apenas essas condições de insatisfação com a realidade, mas também um aspecto instrumental do engano, de maneira que ele não procura apenas melhorar seu estado mental, mas conseguir algo: chamar a atenção, ou obter vantagens financeiras ou de outro tipo. Quando a mentira se transforma em hábito ou em modo de vida, os sentimentos de temor e de culpa que acometem as pessoas quando mentem desaparecem, o que as leva a mentir com maior naturalidade e convicção. O fabulador chega a não atribuir nenhuma relevância à questão de se aquilo que diz é verdade ou mentira. Ele realmente tem cuidado: o importante é o efeito que causa nos outros e em sua imagem externa.

8 Cf. V. Sommer, op. cit.
9 Cf. S. Lemos, Simulación, Engaño y Mentira, *Papeles del Psicólogo*, v. 26, n. 92, p. 57-58.

Todos tendemos ao autoengano, especialmente em circunstâncias adversas. Evitamos os julgamentos negativos sobre nós mesmos, pensamos que somos melhores do que somos e não queremos enxergar nossos defeitos nem ouvir falar deles. O autoengano faz com que nos sintamos melhor, mais seguros, mais orgulhosos de nós mesmos. Assim, nossos filhos são os mais bonitos, os que andam e falam mais precocemente, ou os mais inteligentes, ou tudo isto ao mesmo tempo; nosso time de futebol é o melhor, o partido político em que votamos também é o melhor, o mais justo e o que sempre tem razão.

O autoengano está relacionado à necessidade de oferecer a melhor imagem possível: se acreditamos que temos o melhor caráter e que somos os mais simpáticos, talvez seja mais fácil fazer os outros acreditarem também. Frequentemente, o autoengano aparece unido àquilo que os psicólogos denominam "desejabilidade social", que se refere à intenção de causar uma boa impressão nos outros, em resposta a pressões ou normas sociais. Segundo o psicólogo J.F. Salgado, o autoengano é a "tendência não intencionada de descrever-se de um modo favorável, e que se manifesta em autodescrições enviesadas positivamente, mas nas quais sinceramente se acredita. [...] Não se trata de uma manipulação deliberada, embora possa conduzir a distorções na percepção que os outros têm de nós"[10].

O autoengano exagerado, a atitude de repetir continuamente "somos os melhores" é preocupante. Consiste em olhar sempre para o próprio umbigo, como ocorre, por exemplo, em grupos sociais nos quais as pessoas ficam o tempo todo repetindo para si mesmas que são melhores que seus vizinhos, que a sua terra é onde as coisas são melhores, que são os mais ricos, ou que a sua cidade é a melhor para se viver. Muitas pessoas se alimentam dessa espécie de *"junk food"* emocional, que pretende, no limite, convencer também as outras pessoas. O mesmo ocorre em muitas empresas quando se quer fomentar o espírito de equipe ou a identificação do empregado com a entidade.

Uma forma de pensar que contribui para o autoengano é o chamado *wishful thinking*, ou pensamento desiderativo, que leva as pessoas a se convencerem de que algo é como desejam ou vai ocorrer segundo desejam.

10 Personalidad y Deseabilidad Social in Contextos Organizacionales, *Papeles del Psicólogos*, v. 26, n. 92, p. 115-128.

O que as impele é o anseio ardente de que seja assim, levando-as a deixar de lado os dados objetivos que possam contrariar sua ideia e a buscar somente aqueles dados que alimentem ou apoiem seu desejo. Nesse estado mental, vivem distanciados da realidade, e só levam em consideração e comunicam aquilo que querem que ocorra, quer seja real ou não, quer tenha ou não tenha base ou fundamento. Agem como se as coisas que desejam já fossem reais, e isto leva essas pessoas a mentir e equivocar-se. Nessas circunstâncias, a tomada de decisões se baseia no desejo de que algo ocorra, não em sua possibilidade real, sem que sequer se considere a possibilidade de que ocorra algo diferente. Consequentemente, transmite-se aos outros como certo algo que é apenas provável e até duvidoso, mas em que a pessoa acredita fervorosamente.

Em outras ocasiões, o autoengano obedece a motivos mais sérios. Perante uma acusação grave ou uma possível acusação grave, uma forma de defender-se é não admitir categórica e reiteradamente o que se fez, negando-o, de maneira que se constrói com insistência uma nova realidade subjetiva e se rejeita a versão e a recordação autênticas.

Não ver os aspectos negativos da realidade pode levar à desilusão mais extrema e às mais desastrosas decisões. Não reconhecer os próprios erros ou exagerar nossos méritos pode nos deixar temporariamente mais felizes, ainda que aqueles que nos rodeiam tenham plena consciência de nossa perspectiva enviesada. Por outro lado, somente um masoquista impenitente ficaria todo dia deleitando-se com seus defeitos. É possível que a paz mental requeira uma certa dose de autoengano.

Como se vê, algumas formas de autoengano podem encaixar-se no comportamento normal cotidiano, mas há situações extremas de autoengano que podem prejudicar muito quem as exerce. Por que alguém deliberadamente diz algo que não é verdade e que irá prejudicá-lo? Um exemplo desta atitude são as falsas confissões.

Falsas Confissões

Algumas pessoas chegam a confessar delitos que não cometeram. Sem que sejam requeridas ou impelidas a isto, apresentam-se voluntariamente perante as autoridades para confessar crimes, às vezes graves, com os quais não têm nenhuma relação.

As confissões falsas não são infrequentes. Ocorrem por muitas razões: para proteger uma outra pessoa, para evitar ou findar torturas e interrogatórios violentos, ou para fugir da acusação por crimes mais graves e livrar-se, assim, de consequências ainda piores. Há confissões falsas forçadas quando alguém se encontra diante de um dilema terrível: reconhecer sua inocência, o que implica provavelmente continuar na prisão à espera de um julgamento que pode permitir ou não provar sua versão, ou a outra opção, que seria declarar-se culpado, o que leva a aceitar um acordo judicial com reconhecimento de culpa, mas com liberdade imediata e algumas perdas consideráveis, porém mais suportáveis que a prisão. Em certas ocasiões, a confissão e o arrependimento manifesto podem levar a uma pena menor, tolerável, que constitui uma forma rápida de encerrar o assunto. Na Espanha, é frequente que supostos piromaníacos se autoacusem, apresentando-se à polícia como autores de incêndios nos quais não se envolveram. Costumam buscar notoriedade e apresentar transtornos psicológicos. Em 1932, ocorreu nos Estados Unidos o sequestro e assassinato do filho do famoso aviador Charles Lindbergh, protagonista do primeiro voo transatlântico solitário. Quase duzentas pessoas declararam-se espontaneamente como autoras do crime.

Os pesquisadores Kassin e Gudjonsson expuseram as diferentes razões que levam algumas pessoas a confessar crimes que não cometeram: cessar um interrogatório brutal, desviar a atenção de outros fatos, proteger ou encobrir alguém e assim confundir a polícia, estados mentais alterados pelo álcool ou por drogas ou incapacidade de lembrar-se do que ocorreu em um dado momento[11]. Em certas ocasiões, as motivações psicológicas são complexas: incapacidade de distinguir a realidade da fantasia ou, em pessoas muito atribuladas, a necessidade consciente ou inconsciente de expiar a culpa de uma ação anterior. As razões para isso são variadas: poucos limites ao uso da pressão física e psíquica no interrogatório policial ou reduções consideráveis na pena em troca da confissão. A extensão

---

11 Falsas Confesiones, *Mente y Cerebro*, n.26, p. 70-76.

das falsas confissões é maior do que parece. No Japão, 90% dos suspeitos assinam declarações autoincriminatórias. Especialistas atribuem esse alto índice ao fato de que, no país nipônico, a confissão é considerada, em parte, um arrependimento.

Às vezes, encontramos pessoas fortemente impressionadas por um acontecimento chamativo que as leva a ficar obcecadas e a envolver-se de tal maneira que terminam por pensar que tiveram alguma relação com a questão, tomando posse mental das circunstâncias e admitindo sua participação. Quando, além disso, a pessoa tem necessidade de notoriedade social e possui uma personalidade psicologicamente anormal, com traços psicopatológicos, surgem casos como o de John M. Karr.

Uma Confissão Muito Falsa

Em agosto de 2007, John M. Karr, um cidadão de quarenta anos, dos Estados Unidos, foi detido em Bangkok por uma acusação de assassinato, sequestro e agressão sexual a um menor, delitos supostamente cometidos nos Estados Unidos. Ele era fugitivo da justiça norte-americana desde 2001, quando foi acusado de delitos relacionados com pederastia e pornografia infantil. Nos últimos anos, havia viajado cinco vezes à Tailândia, onde residia e havia trabalhado como professor. Ao ser interrogado pela polícia, confessou que em 1996 havia mantido relações sexuais e matado acidentalmente a menina JonBenét Ramsey, um crime sem solução que causara comoção nos Estados Unidos. A menina era famosa em todo o país por ter ganhado vários concursos de beleza infantil. Perante os agentes norte-americanos que viajaram à Tailândia, Karr confessou que havia drogado a menina e mantido relações sexuais com ela e que, pouco depois, a menina havia morrido "acidentalmente". O corpo sem vida da menina de seis anos aparecera em 26 de dezembro do mesmo ano, no sótão da casa de seus pais em Boulder, Colorado. Karr declarou que não tinha intenção de matar a menina, pela qual afirmou estar apaixonado, e que lamentava muito o ocorrido.

Rapidamente surgiram dúvidas sobre a declaração de Karr. Uma delas era se ele realmente estava no Colorado no dia em que a menina desapareceu e foi assassinada. A ex-mulher de Karr assegurou que naquele Natal ele estivera todo o tempo com ela no Alabama. A autópsia revelou que não havia indícios de drogas, tampouco havia sinais claros de estupro, pois não foram encontrados vestígios de sêmen, embora houvesse ferimentos vaginais. A morte ocorrera por estrangulamento, após um golpe na cabeça e uma fratura do crânio, o que dificilmente se encaixava numa morte acidental. Karr disse ter apanhado a menina na escola e a levado para casa, mas o assassinato ocorreu durante as férias de fim de ano. Por fim, os exames realizados com o DNA obtido de restos encontrados no corpo da menina não correspondiam ao DNA de Karr. Esses exames foram realizados quando Karr estava nos Estados Unidos, razão pela qual foi descartado como suspeito do crime. Pouco depois foi posto em liberdade.

Tudo isto lançou de repente uma nova dúvida sobre o caso. A principal delas, que continua sem solução, é quem cometeu o assassinato da rainha de beleza infantil e em que circunstâncias o crime foi cometido. A segunda incógnita, menos relevante para o assassinato, mas diretamente relacionada com a mentira, é por que John M. Karr confessou um crime que não cometeu.

No caso de Karr, poderia tratar-se da busca de notoriedade unida a um transtorno psicológico. Segundo sua ex-mulher, ele estava obcecado com o crime de JonBenét e por outro caso similar, o assassinato da menina Polly Klaas, em 1993, e queria envolver-se no crime e, de algum modo, participar dele psicologicamente, como se se sentisse partícipe do ocorrido, pretextando um carinho especial pela menina. A obsessão de Karr o havia levado a querer escrever um livro sobre o caso, segundo confessou a seu pai, e a tentar entrevistar os avós de JonBenét. Karr havia se correspondido por quatro anos sobre este caso com um professor de jornalismo no Colorado, que foi quem advertiu a polícia para que observasse expressões estranhas nas mensagens de Karr, entre as quais estava incluída uma confissão de estar envolvido no crime. Ao que parece, ele havia obtido documentos e dados sobre o caso que não haviam se tornado públicos.

Em uma situação normal, a declaração autoincriminadora acerca de um crime grave provoca um prejuízo considerável, porém limitado para o declarante. Ele sabe que não foi ele, que, com o tempo, se descobrirá que não teve relação com o caso e que será posto em liberdade. Ganha notoriedade e depois o desprezo público, ainda que inadvertidamente. Neste caso, contudo, havia algo mais: segundo os peritos forenses e as autoridades judiciais, John M. Karr realmente acreditava, sem nenhuma dúvida, ter matado a pequena JonBenét, apesar de saber que todas as provas disponíveis apontavam para outra pessoa, até então desconhecida. A obsessão pelo caso e o conhecimento minucioso dos detalhes haviam provocado esse convencimento, falso, de ser o assassino. Encontramo-nos aqui nessa situação de claro-escuro na qual os especialistas reconhecem a dificuldade de saber com certeza o convencimento final na mente do mitômano, até que ponto ele mesmo acredita no que está dizendo, algo que só ele próprio sabe e que, em muitos casos, possivelmente, nem ele próprio sabe[12].

Um ano após sua detenção, Karr concedeu uma confusa entrevista à jornalista Erica Hill na rede de notícias CNN. Não quis responder diretamente à pergunta de se matou ou esteve envolvido no assassinato. Insistiu em que não havia mentido em suas declarações anteriores: "Não voltarei a isso, minha resposta está gravada", "Já respondi a essas perguntas". Acrescentou que havia mais pessoas envolvidas e que sua declaração poderia prejudicar inocentes. Assegurou ter conhecido a pequena JonBenét e tê-la visto muitas vezes sem querer esclarecer mais coisas. A declaração categórica de culpa de um ano antes contrastava com seu distanciamento e com a alusão a outras pessoas. Dava a impressão de querer minimizar não meramente sua participação no crime, mais que duvidosa, mas sua autoincriminação anterior.

A sensação era de que se tratava de uma espécie de reabilitação de Karr, que também declarou que sua vida havia mudado drasticamente. Estava sentimentalmente ligado a uma mulher de 23 anos com a qual desejava iniciar uma nova vida. Parecia seguro de si e com o caráter teatral e cênico com que se mostrara perante a mídia no ano precedente. Sua confusão e a pretensão de criá-la nos outros e de ganhar fama persistiam – era como se tivesse dito: "Não menti quando disse o que fiz, mas agora não digo o que fiz, porque já disse, e não digo agora porque que não quero prejudicar outros inocentes que o fizeram ou não fizeram"[13].

12 Cf. D.A.: Karr Believes He Killed JonBenét, CNN, 30 ago. 2006.
13 Cf. <www.cnn.com>, 17 ago. 2007.

Impostores:
Quando se Tenta Construir
a Vida Sobre uma Mentira

De quando em quando, surgem casos de pessoas que fingem ser quem não são, e o fazem com diversas finalidades. Nesses casos, quase sempre se assume a identidade de outra pessoa para escapar de algo ou obter um benefício. O impostor nem sempre se sai bem, pois as mentiras, especialmente as de falsificação, que exigem que se invente uma história, são relativamente fáceis de descobrir e, quando isto ocorre, não há possibilidade de escapatória, e costumam terminar mal. Tampouco podem se prolongar por muito tempo, pois alguém sempre descobre a verdade, às vezes por acaso e, outras vezes, mediante investigações. À medida que os dias passam, conhece-se mais gente e trocam-se informações que constituem a base das relações sociais, e, assim, os cruzamentos de informações, associações e coincidências levam à descoberta. Um caso que terminou muito mal foi o de Iva Toguri, a falsa Rosa de Tóquio.

Usurpar a Identidade de Outra Pessoa:
Iva Toguri, a Falsa Rosa de Tóquio

Iva Toguri d'Aquino, cujo nome de nascimento era Ikuko Toguri, veio ao mundo em 1916 no seio de uma família de emigrantes japoneses residentes na Califórnia. Durante seus estudos, adotou o nome de Iva e licenciou-se na Universidade da Califórnia, em Los Angeles, em 1940. Em 1941, a explosão da guerra surpreendeu-a no Japão, onde estava visitando seus parentes e de onde não pôde regressar. Iva foi tratada como uma inimiga no Japão, já que realmente tanto sua língua como sua forma de se comportar eram estrangeiras. Ela mesma se sentia totalmente norte-americana, nunca renunciou à sua cidadania e se viu obrigada inclusive a frequentar cursos para aprimorar seus conhecimentos do idioma japonês.

Entretanto, suas desgraças sucediam-se. Em 20 de fevereiro de 1942, o presidente Franklin Delano Roosevelt, admirado por muitas outras coisas, ordenara que fossem removidos e detidos cerca de 120 mil japoneses ou norte-americanos de origem nipônica (um terço deles eram legalmente cidadãos norte-americanos, como Iva Toguri) que viviam na costa Oeste. Roosevelt pensava que eles poderiam representar uma ameaça à segurança nacional. A mãe de Iva faleceu quando, junto com seu pai, era transportada para um campo de concentração situado no estado do Arizona.

Em 1943, Iva foi obrigada a trabalhar na Rádio Tóquio em emissões de propaganda dirigidas contra o inimigo norte-americano, no programa *Hora Zero*. Simultaneamente, até 24 jovens interpretavam, no mesmo programa, a sugestiva personagem da Rosa de Tóquio, que falava carinhosamente com os soldados norte-americanos que lutavam no Pacífico. Tratava-se de um programa eminentemente musical, no qual se intercalavam notícias dos Estados Unidos e mensagens supostamente dirigidas a minar a moral dos combatentes. A personagem se chamava "a órfã Ann", mas os soldados norte-americanos a chamavam sempre de "a Rosa de Tóquio".

Ao que parece, Iva esteve mais envolvida em redigir roteiros inócuos do que em proferir discursos inflamados para desmoralizar os combatentes norte-americanos.

Ao terminar a guerra, muitos soldados quiseram conhecer a autêntica Rosa de Tóquio. Em meio à febre de busca de criminosos de guerra iniciada no Japão pelas tropas norte-americanas ao fim da batalha, dois jornalistas encontraram Iva Toguri, que, com necessidades financeiras prementes e decidida a viajar para os Estados Unidos, que era afinal sua terra natal, assinou um documento declarando ser ela mesma a Rosa de Tóquio. Iva recebeu uma gratificação monetária substancial e ganhou publicidade, até que, em 1945, foi detida e acusada de traição por ser cidadã norte-americana. Deportada para os Estados Unidos, foi posta em liberdade pouco depois, quando se demonstrou que ela não era a Rosa de Tóquio. Os analistas do exército norte-americano manifestaram que o programa não teve nenhum efeito negativo sobre a moral de seus soldados, e chegaram até a admitir que poderiam tê-la elevado.

Em 1949, novas acusações de traição fizeram com que fosse novamente detida, julgada e condenada a dez anos de prisão. A motivação havia sido uma campanha nos meios de comunicação, liderada por aqueles que hoje chamaríamos de ultraconservadores norte-americanos, que conduziu à abertura de um novo processo por traição. Um dos jornalistas que a encontrou conseguiu que um antigo contato seu testemunhasse falsamente contra ela, como se veio a saber mais tarde. Iva passou sete anos na prisão, e, em 1956, foi libertada e deportada para o Japão. Por fim, em 1977, foi indultada pelo presidente Gerald Ford, que a perdoou e reconheceu que havia sido falsamente acusada e condenada. Apesar de ter trabalhado na Rádio Tóquio, parece claro que ela não era a Rosa de Tóquio, e o conteúdo de suas emissões não havia tido nenhuma relação com o objetivo de desmoralizar os soldados norte-americanos. Às vezes, fazer-se passar por outra pessoa pode não terminar bem.[14]

O caso de Iva Toguri pode ser considerado como uma mentira por necessidade ou mentira do fraco. Terminou por ser muito arriscada nas circunstâncias em que ocorreu. A mentira para sobreviver é muito frequente. Por mais que se insista nas razões de caráter moral para não mentir, por mais importância que se dê à atitude de manter a palavra e abraçar a honestidade, há uma necessidade ou valor básico para a grande maioria das pessoas: sobreviver. Para isso, pode ser necessário mentir em algumas situações. Em todo o mundo, muitas pessoas se encontram em situações de risco imediato, e uma mentira pode ser a diferença entre a vida ou a morte, entre passar dificuldades – a própria pessoa e sua família – e ver-se obrigado a subsistir em condições miseráveis ou, pelo contrário, conseguir a aceitação social e um posto de trabalho que permitam levar uma vida mais digna.

Não me refiro aqui aos exageros e às mentiras que um aspirante a um emprego possa inserir em seu currículo, mas a circunstâncias que podem ocorrer em muitos países. Um protótipo desses casos pode ocorrer em lugares que tenham regimes pouco democráticos, por exemplo, onde algumas pessoas devem ocultar suas ideias políticas ou sua fé religiosa para poder ter acesso a um trabalho e desfrutar de condições de vida dignas, quando não para sobreviver. É natural que muitas pessoas mintam, sacrificando seus princípios com o fim de obter um benefício para si e os

14 Cf. "Iva Toguri", *The Economist*, 7 out. 2006; "Iva Toguri d'Aquino" and "Tokyo Rose", em *FBI*.

que lhes são próximos, caso a alternativa seja o repúdio social, a morte, a prisão, a pobreza ou o desterro.

Para aqueles que pensam que essas são condições remotas, é preciso recordar que na Espanha, há não muito tempo atrás, para muitos atos e trâmites se exigia a adesão implícita, e frequentemente explícita, verbal ou escrita, a um conjunto de ideias e a uma fé religiosa com os quais muitos não estavam de acordo. Cumprir essa formalidade era socialmente tolerado e aceito como um trâmite necessário, porém insignificante, como um mal menor. Hoje em dia, em alguns países e regiões, muitas pessoas veem-se obrigadas a dissimular ou silenciar suas opiniões políticas, não mais para salvar a vida, mas para não sofrer represálias ou isolamento social. E isto ocorre não somente em países em desenvolvimento, como também na velha e "tolerante" Europa, na qual muitas pessoas não podem expressar livremente suas ideias políticas.

Trata-se de um tipo de mentira muito tolerada, aparentada com as condutas conhecidas como "restrição mental" ou "reserva de consciência", atualizada periodicamente por muitos políticos – em circunstâncias, é preciso dizer, muito diferentes –, como quando se agrega a uma promessa ou juramento a ressalva "por imperativo legal". Essa atitude pode ser desencadeada quando se pergunta a alguém sobre seu pertencimento a um grupo político ou religioso e, para se proteger, a pessoa responde com uma negativa que entende não constituir uma mentira porque a pergunta ou a resposta, ou ambas, carecem de precisão suficiente. Um "não" como resposta é, na verdade, "não por toda a vida", ou "não sempre", e de modo algum uma negação absoluta do tipo "não, nunca", e, portanto, não sendo uma negação absoluta, não se mentiu. Este ardil verbal pode ser interpretado como uma forma de "mentira do fraco contra o forte", que costuma ser bem vista, protege de uma injustiça real ou aparente, não causa dano a ninguém além dos próprios princípios morais e do sistema que se tenta combater, que ataca o indivíduo e contra o qual este não tem meios de reagir.

Temos um exemplo cotidiano de mentira por necessidade nos imigrantes que chegam em pirogas ou canoas à costa espanhola: 60% dos jovens imigrantes detidos ao chegar nas ilhas Canárias mentem ao dizer que são menores de idade, pois os maiores de idade são conduzidos a um centro de detenção para que se proceda à sua expulsão. Se são menores de idade, são levados para um centro de acolhimento e passam a ser tutelados pela administração regional, que se ocupa da solicitação de seus vistos de residência. O desespero por fugir de seu país e de seu continente os leva a mentir para que não sejam forçados a regressar.

O Falso Prisioneiro Enric Marco

Há pessoas que chegam a construir toda a sua vida ou grande parte dela sobre uma mentira, como é o caso de Enric Marco.

O republicano espanhol fez com que acreditassem, durante anos, que era um sobrevivente do campo de concentração nazista de Flossenbürg. Entretanto, os trabalhos do historiador Benito Bermejo, especializado nessa obscura etapa da história, revelaram que seu relato era falso. Com base em sua biografia inventada, Marco havia desenvolvido uma importante atividade sindical na central anarquista CNT, sindicato do qual chegou a ser secretário geral entre 1978 e 1979, época em que se chamava Enrique Marcos. No final da década de 1970, com sua mudança de nome e com a potencialização da ficção biográfica, ele presidiu durante anos a associação Amicale Mauthausen, que congregava sobreviventes dos campos de concentração nazistas. Havia proferido inúmeras conferências sobre sua suposta estada no campo, incluindo intervenções em assembleia parlamentar. Também havia desempenhado funções de direção em várias associações importantes. O ciberespaço conserva os ecos eletrônicos de muitas de tais conferências e do impacto que causavam em suas crédulas audiências.

> Quando chegávamos aos campos de concentração nesses trens infectos, para gado, nos despiam, seus cães nos mordiam, suas lanternas nos cegavam. Nós éramos pessoas normais, como vocês. Gritavam para nós em alemão: *Linke, Recht* – "esquerda, direita". Não entendíamos nada, e não entender uma ordem podia custar-lhe a vida.
>
> Palavras de Enric Marco na Câmara dos Deputados, 27 de janeiro de 2005.[15]

15 Cf. <http://barcelona.indymedia.org>.

Seu trabalho criativo e fabulador, assim como a necessidade de mentir mais para que não o descobrissem, levaram-no inclusive a elaborar um falso relato de seus cativeiros e de seus sofrimentos. Eduardo Pons Prades e Mariano Constante editaram, em 1978, o livro *Los Cerdos del Comandante: Españoles en los Campos de Exterminio Nazis*. O testemunho pseudobiográfico de Enrique Marco Batlle está compilado no capítulo dedicado ao campo de Flossenbürg, do qual extraímos dois parágrafos:

> Em 1942, mediante o suborno de um "carabineiro" do porto, consegui embarcar em um daqueles navios de transporte de frutas que iam para a França e desembarquei em Marselha. Eu já havia contatado militantes de nossa organização no exílio, quando, em um controle policial, os falangistas franceses me detiveram. Após vários interrogatórios, em oito dias entregaram-me à Gestapo alemã. (p. 88)

> Estive pouco tempo em Flossenbürg, e, como me levavam de um lado para outro sem qualquer possibilidade de comunicação, não conseguia entrar em contato com ninguém. Onde comecei a respirar um pouco – por assim dizer – foi no campo de Neumünster, perto de Hamburgo, onde vivemos os terríveis bombardeios ingleses com bombas de fósforo, nos quais morreram centenas de milhares de alemães. (p. 89)

Com estas credenciais, Marco conquistou respeito, admiração geral e inclusive condecorações como a Cruz de Sant Jordi, que lhe foi outorgada pela Generalitat Catalã em 2001, condecoração esta que lhe foi retirada. Em suas intervenções, dava detalhes completos e minuciosos de suas punições e das punições das demais vítimas. Mas, quando um dos pesquisadores da história dos campos de concentração quis saber detalhes mais concretos, respondeu com evasivas.

Uma vez descoberto, afirmou que fez tudo isso para denunciar o horror dos campos de extermínio e para que lhe dessem mais atenção. Perguntava-se por que seu sofrimento seria diferente das penúrias vividas por aqueles que autenticamente estiveram internados nos campos de concentração. Ele encaixava tudo isto no lema "Tudo é válido pela causa", com a esperança de que o nobre fim que visava diminuísse o castigo ou a sanção moral por ter mentido e ter sido descoberto. Marco confessou que sabia que tudo seria descoberto cedo ou tarde. Sua atitude suspeita suscitou desconfiança entre os sobreviventes dos campos de extermínio, pois ele se negava a entrar em detalhes concretos.[16]

Independentemente das verdadeiras razões que impeliram Marco a mentir, neste caso pode-se destacar o seguinte:

- A mentira é tão inacreditável que acaba dando certo. Ninguém pode supor que alguém minta acerca de um tema tão sensível e escabroso, relacionado às vítimas de um dos episódios mais vergonhosos do século xx. Pensar na alternativa de que a pessoa esteja mentindo é algo tão infame que apenas imaginá-lo provoca rubor. Tudo isso levando em conta seu relato no livro citado e suas múltiplas aparições públicas narrando sua história.
- Por outro lado, e segundo disse Marco, ele foi detido, encarcerado e torturado pela Gestapo na Alemanha durante a Segunda Guerra Mundial. Talvez ele tenha pensado que esteve muito próximo de ser condenado a um campo de concentração, como foram tantos espanhóis, que era quase o mesmo, ou que merecia algum tipo de reconhecimento paralelo ou similar ao que desfrutam as autênticas vítimas dos campos de concentração nazistas. Depois de descoberta a mentira, quem acreditará nele? Como diz Fernando Arrabal: "O mentiroso não tem história. Ninguém se atreveria a contar a crônica da mentira nem a propô-la como uma história verdadeira. Como contá-la sem mentir?" Tornando válida esta frase, o escritor peruano Mario Vargas Llosa escreveu, em um artigo a respeito da dificuldade de conhecer a autêntica vida de Enric Marco: "Provavelmente nunca se conhecerá a sua verdadeira história [...]. Será muito difícil separar, em sua biografia, o que corresponde a cada um destes âmbitos".
- Certos detalhes tornam o caso grotesco. Como se viu acima, a biografia inventada dizia que, terminada a guerra civil, Marco teria ido para a França para participar da resistência antinazista. Na realidade, Marco partiu para a Alemanha em 1941 para trabalhar como voluntário em fábricas

---

16 Cf. *El Mundo*, <www.elmundo.es>, 2 maio 2005; *La Nueva España*, <www.lne.es>, 22 maio 2005; nota de imprensa da CNT, <www.cnt.es>; <www.memoriahistorica.org>.

2. Grandes Mentirosos

de armamentos. A infração das normas de censura foi o que o levou a ser detido pela Gestapo.

No contexto anarquista, na verdade radical, em que o mentiroso se desenvolvia, a credulidade foi intensificada por existirem princípios universalmente aceitos por todos sem discussão, de maneira que qualquer aspecto ou questão "menor", incluindo as mentiras, foram aceitos sem maiores questionamentos, sobretudo se fossem favoráveis aos propósitos do partido, sindicato, instituição ou tribo. A ideologia, os preconceitos e as atitudes radicais são um bom meio de cultura para a credulidade, a aceitação sem crítica, sem a exigência de dados que apoiem ou sustentem a história e sem uma discussão de tudo o que confirme um preconceito. Os outros são os maus, nós os bons. Qualquer argumento é válido, seja ele verdadeiro ou não.

O caso de Marco tampouco é o único que tenha sido descoberto. Há pessoas já falecidas que afirmaram falsamente terem sido confinadas em campos de concentração nazistas durante a Segunda Guerra Mundial. Em consequência disso, toda organização, incluindo as mais nobres e aquelas que buscam os objetivos mais elevados ou mais universalmente aceitos, se quiser se ver livre desse tipo de situação, deveria fazer o mesmo que qualquer pessoa: adotar uma atitude de desconfiança saudável e munir-se de mecanismos mínimos de transparência e prevenção de fraudes.

Uma mentira exposta à opinião pública não é fácil de sustentar. Quanto maior o número de pessoas que recebem uma mensagem, mais difícil é enganar. Isso é o que ocorre com os jornalistas e os políticos. Para eles, é muito difícil mentir, especialmente apresentar mentiras de falsificação ou de fabulação, pois sempre haverá alguém que tentará buscar a comprovação do que dizem. A pessoa que sabe o que realmente ocorreu aparece, o dado oculto é descoberto, a falsidade fica à vista e toda a história vem abaixo.

Um caso excepcional de mitomania, aparentado com o de Enric Marco, é o mais recente, da barcelonense Alicia Esteve Head, também conhecida nos últimos anos em Nova York e em todos os Estados Unidos como Tania Head. Alicia/Tania dizia ser uma sobrevivente do 11 de setembro, que estava em um andar acima do ponto de impacto na torre sul do

World Trade Center. Ela trabalhava ali para a empresa Merrill Lynch, e foi uma das dezenove sobreviventes dos andares superiores ao ponto de impacto. Milagrosamente, salvou sua vida, e teve apenas a sequela de ficar com um braço inválido. Seu namorado, Dave, com quem se casaria em breve, trabalhava na torre norte, e morreu no ataque. Alicia/Tania afirmava ter estudado em Harvard e Stanford, e ser filha de diplomatas. Era presidente da rede de sobreviventes do World Trade Center e, além disso, atuava como guia voluntária para os visitantes da zona zero. Dizia estar dominada por um espírito altruísta, já que chegou a afirmar ter sido colaboradora na Indonésia após o *tsunami* de 2004 e em New Orleans após o furacão Katrina.

Em 27 de setembro de 2007, o jornal *The New York Times* revelou o caso, difundindo contradições e dados inexatos nos relatos de Alicia/Tania[17]. Ao que parece, ela havia mentido em tudo. Em 11 de setembro, encontrava-se em Barcelona, assistindo a um curso em uma escola de negócios. As universidades de Stanford e Harvard não tinham nenhuma informação sobre ela. Os pais do falecido Dave ignoravam tudo a respeito de Alicia/Tania. Sua lesão no braço, segundo o testemunho de várias pessoas que a trataram durante anos, era mais antiga. Aqueles que a conhecem relataram ao jornal *La Vanguardia* que era uma pessoa fantasiosa e que gostava de chamar a atenção contando histórias inverossímeis sobre si mesma. É fato que não há informações de que tenha se aproveitado financeiramente de suas mentiras, embora tenha conseguido, por meio delas, colocar-se no foco da atenção de milhares de pessoas.

Existem semelhanças e diferenças entre esses dois extraordinários fabuladores. Marco ganha prestígio e acesso a cargos relevantes, enquanto Alicia alcança um degrau a mais em sua longa carreira de fabulações e consegue uma audiência transbordante. Nas diferenças, Alicia deleitava-se morbidamente em sua falsa desgraça, em seus minuciosos detalhes, enquanto Marco, ou Marcos, pisava em ovos a respeito de sua estada no campo de concentração. E isso porque o atentado às torres gêmeas foi televisionado, seguido muito de perto pela imprensa, e sobreviveram muitas testemunhas. Um aspecto comum é a mudança de nome que, por fim, não consegue

17 Cf. D.W. Dunlap, In a 9/11 Survival Tale, The Pieces Just Don't Fit, *The New York Times*, 27 set. 2007.

2. Grandes Mentirosos

enganar ninguém. Pode ser um estratagema rudimentar, mais dirigido a realçar o ego do que a qualquer outra coisa, um adorno, uma negação de si mesmo, de parte da identidade, aumenta a ocultação e, com pouca probabilidade, a impunidade. Marco se assemelha mais a um descarado aproveitador, enquanto Alicia é uma autêntica fabuladora. O arrependido Marco dificilmente voltará a ter a oportunidade de mentir dessa maneira, mas isto já é mais difícil de afirmar a respeito de Alicia.

Por trás dessas atuações há um desejo desmedido por notoriedade, combinado com uma impressionante desfaçatez, da qual se aproveitam esses protagonistas. O filósofo Arthur Schopenhauer, em sua obra *Aforismos de Filosofía Práctica*, estabelece uma distinção entre a fama obtida pelas façanhas ou grandes feitos e aquela obtida por meio das obras. Ele assinala que uma das desvantagens das primeiras é a sua dependência da oportunidade, acrescentando que são as circunstâncias que outorgam importância e esplendor. Além disso, como ocorre nos relatos de proezas bélicas, as façanhas costumam ser puramente pessoais e dependem da declaração de algumas poucas testemunhas. Estas nem sempre estão presentes, e suas declarações também nem sempre são corretas ou imparciais. Algumas pessoas entendem que quando surge a ocasião propícia, não se pode deixar passar a oportunidade de se tornar famoso e ganhar muito dinheiro. Não observam, então, nenhum critério moral, nem mostram nenhum respeito, como nesses casos, pelas verdadeiras vítimas de acontecimentos tão desventurados. A falta de piedade e consideração transforma esses fabuladores e descarados em desumanos.

O Camaleão

O francês Frédéric Bourdin é considerado o rei dos impostores. Nascido em 1974, o "Camaleão de Nantes" especializou-se, durante quinze anos, entre 1990 e 2005, em se fazer passar, em dezenas de ocasiões, por um garoto ou adolescente estrangeiro, abandonado e vítima de abusos, que buscava apenas abrigo, afeto e o calor de um lar. Com esta história, desenvolvida com centenas de variantes, Bourdin foi usuário de inumeráveis albergues infantis, casas de acolhimento, centros de educação especial e hospitais infantis em toda a Europa. E, ao final, também de delegacias, centros de detenção e prisões.

De origem marginal, aluno problemático e fabulador precoce, Frédéric ingressou aos doze anos em um centro para jovens com problemas. Ao que parece, sua vida de impostor teve início aos dezesseis anos, quando fingiu ser um garoto com amnésia. Bourdin, que com o tempo refinou e aperfeiçoou seus papéis, é um verdadeiro ator, excelente imitador e consumado artista da dissimulação, capaz de mudar a roupa, a voz, a aparência, os trejeitos e o porte de acordo com suas ensaiadas representações. Sua intenção confessa, que desarmava a maioria das pessoas que se relacionavam com ele, era conquistar a simpatia, o afeto e o interesse para ser acolhido.

Bourdin viu-se envolvido em um episódio sórdido em outubro de 1997. Encontrava-se em Linares e, para escapar da justiça espanhola, fez-se passar por um jovem norte-americano desaparecido. Nesse momento, deixou de inventar uma personalidade e passou a usurpar a de outra pessoa. De maneira audaz e inacreditável, como ele mesmo relata e como registrou a brilhante reportagem de David Grann no *The New Yorker*, conseguiu os dados de um garoto de treze anos, chamado Nicholas Barclay, desaparecido em 1994 nos Estados Unidos. Por meio de uma série de artimanhas, Bourdin levou a crer que era esse garoto, e, em poucos dias, com passaporte norte-americano, apresentou-se perante sua falsa família, que conseguiu enganar. A família Barclay, de um ambiente também marginal, desenraizado e com sérios problemas com drogas, acolheu-o de imediato em San Antonio, Texas. Poucas semanas depois, levantou suspeitas das autoridades. Ao mesmo tempo, a atitude dos membros de sua suposta família deixava entrever que poderiam estar ocultando algo a respeito do desaparecimento do jovem Nicholas. Bourdin foi logo detido e por fim julgado em 1998. Confessou-se culpado, alegando que tudo o que buscava era afeto. Foi condenado a seis anos de prisão e posto em liberdade em 2003.

Ao regressar à França, já mais velho, continuou representando o papel de adolescente e, também em 2003, tentou usurpar a identidade de um menino de quatorze anos, desaparecido havia oito anos. Um ano depois, na Espanha, já aos trinta anos, simulou ser órfão de uma vítima do atentado de 11 de março e, além disso, como era de se esperar, ter sofrido maus-tratos. Em 2005, fez-se passar por um jovem espanhol de quinze anos, vítima de abusos, que havia fugido para a França. Um mês mais tarde, foi reconhecido: Bourdin já era famoso em todo o país. Desta última prisão derivou-se uma condenação a seis meses de prisão. Escreveu-se um livro sobre ele e, enquanto escrevo estas linhas, está sendo produzido um filme sobre sua vida.

Manipulador hábil, não possuía objetivos financeiros, mas queria apenas enganar as pessoas e ganhar sua simpatia e seu afeto. Ele mesmo costumava revelar sua verdadeira identidade quando estava prestes a ser descoberto, e apreciava verificar o efeito causado. Bourdin repetia um padrão similar, em um tom vulgar e mórbido (sem nenhuma similaridade com o *glamour* de nossa Alicia/Tania Esteve Head), reinventando-se e aperfeiçoando-se, aproveitando aqui e ali, ao ver que os outros aceitavam como real o papel que criava e desempenhava.

Uma personagem difícil de qualificar, de grande inteligência e habilidade, entre a mitomania, personalidade histriônica e algum traço antissocial (reiteração dos logros, menosprezo pelo dano emocional e pelos sentimentos das muitas pessoas que enganou, justificativas inacreditáveis e falsas para suas atuações). Como Enric Marco e Alicia/Tania, Bourdin utiliza de modo desenfreado os sentimentos de afeto e simpatia mais arraigados: em seu caso, a ternura, a compreensão e a proteção para com a criança maltratada e sem família. Trata-se de um autêntico predador emocional. É óbvio que sua necessidade de afeto pode ser satisfeita de outras maneiras que não causem dano aos outros. Os remorsos reiterados mostraram-se falsos, no mesmo número de vezes que seus logros. Vários vídeos e entrevistas na internet permitem conhecer a personagem, sua grande amplitude vocal, sua facilidade com os idiomas e seus dotes de imitador.

Em um *ranking* mundial da impostura, e próxima de Bourdin, encontra-se Christian Gerthartsreiter, o "camaleão alemão". Sua longa lista de usurpações inclui ter-se feito passar por um Rockefeller. Está agora em uma prisão nos Estados Unidos, implicado, ao que parece, em um misterioso assassinato.

Sem chegar à extraordinária habilidade de Bourdin, e descendo na escala de gravidade e consequências, os fabuladores e sem-vergonhas reles são abundantes.

Sonhos de Grandeza:
Saurabh Singh, o Menino Astronauta

Um exemplo de mentira ingênua, simplista e infantil, de pernas curtas, é a de Saurabh Singh, um menino hindu de dezessete anos, residente no distrinto de Ballia, uma região pobre do estado hindu de Uttar Pradesh. Saurabh chegou a convencer milhões de pessoas em seu país de que havia sido selecionado pela NASA para se formar como astronauta. Afirmava ter sido o melhor colocado em um exame internacional, organizado pela citada agência espacial, aplicado em 200 mil aspirantes de todo o mundo. Apresentava um falso certificado de ingresso na NASA, com notórios erros de ortografia. Seus compatriotas acreditaram, e a bola de neve foi crescendo pelos meios de comunicação locais, nacionais e digitais, até que a NASA o desmentiu, justamente, ao que parece, quando Saurabh iria ser recebido pelo primeiro ministro da Índia.

Ele havia inventado que um professor, (que realmente existia) o preparara para passar num exame da NASA na Universidade de Oxford (inexistente nessa universidade), onde o prestou depois de voar até Londres pela companhia Indian Airlines (impossível). Em seu povoado, não apenas acreditaram na história infestada de mentiras como também, após ter sido revelada sua falsidade, resistiam a acreditar que fosse mentira o que o rapaz lhes dissera e mostrara.[18]

Essa credulidade persistente de seus concidadãos, contra tudo e todos, frente a dados reais, está ligada à mentira do fraco de que falamos anteriormente. Com frequência, esse apoio incondicional vem acompanhado da crítica aos poderosos.

Casos diferentes, menos ingênuos, porém não mais elaborados, são as tentativas de alcançar notoriedade criando histórias falsas, de caráter enigmático e misterioso. De quando em quando aparecem impostores que fingem ser uma pessoa com traços ou comportamentos estranhos ou exóticos. As personalidades exóticas chamam a atenção e desencadeiam a credulidade popular, acentuada pela apresentação da notícia nos meios de comunicação. Um caso relativamente recente foi o de "Piano

18 Cf. M. Bayón, El Astronauta Imaginario, *El País*, 27 fev. 2005; Doubt over Nasa Boy Exam Triumph, BBC *News*, 23 fev. 2006.

Man", um jovem que apareceu em 2005, vagando sozinho por uma praia do condado de Kent, na Inglaterra, encharcado e sem documentos, fingindo não entender ninguém e pretendendo ser um excelente pianista. Esta habilidade e a singularidade do caso conferiram notoriedade mundial ao "Piano Man". Devido ao seu estado de confusão e à sua recusa em se comunicar com as pessoas, foi submetido a tratamento psiquiátrico. Não falava nem parecia entender ninguém, e se comunicava somente através de desenhos e tocando piano. Várias semanas depois, descobriu-se a impostura, quando ele, de repente, começou a falar e lhe deram alta imediatamente. Ele era um jovem alemão de vinte anos, de nome Andreas Grassi, que pretendia se suicidar depois de ter perdido seu emprego em Paris como cuidador de doentes mentais. Os médicos que o atenderam acreditavam que ele estava fingindo o tempo todo. Sua família assegurou que ele sofria de problemas psiquiátricos. O "Piano Man" não pretendia usurpar ninguém, e seu caso parece ser mais patológico que qualquer outra coisa.

Podem ser rastreados antecedentes do "Piano Man" no século XIX. Caraboo, princesa de Javasu, na verdade Mary Baker, uma criada nascida em Devonshire, mancomunou-se com um marinheiro, em 1817, para aparentar ser uma princesa raptada por piratas de Sumatra cujo barco naufragara na costa da Inglaterra. Com essa história e falando uma língua estranha, apresentou-se à porta de uma rica mansão em Gloucester. Conseguiu enganar a família que a acolheu, e viveu durante um ano com todas as mordomias, até que foi identificada por um conhecido, que leu a descrição de uma cicatriz que percorria o ombro da princesa desconhecida. Diferentemente de nosso contemporâneo "Piano Man", Mary Baker e seu comparsa pretendiam se aproveitar da situação.

Periodicamente, repete-se a história do sem-vergonha, do grande maquinador interesseiro, mas poucos alcançam a glória do grande fabulador. No final do ano de 2007, John Darwin, bronzeado e com excelente aparência física, compareceu a uma delegacia londrina afirmando ser uma pessoa desaparecida havia muito tempo, mas que não se lembrava de nada do que lhe acontecera nos últimos anos. A polícia comprovou que se tratava, de fato, de um homem desaparecido em 2002, que havia sido visto pela última vez quando remava em uma canoa no mar do

Norte. Pouco tempo depois, a canoa apareceu destruída e sem vestígio do senhor Darwin. Sua esposa recebeu o seguro de vida e a pensão de viuvez, quando ele foi declarado oficialmente morto, em 2005.

Darwin, batizado pela imprensa de "Canoeman", foi detido pouco depois de sua apresentação na delegacia, sob a acusação de fraude. Ele havia aparecido, na imprensa, em uma fotografia tirada no Panamá, onde, ao que parece, havia vivido durante algum tempo com sua esposa. A imobiliária que lhes vendera um apartamento nesse país havia publicado a fotografia na internet. Os Darwin haviam cometido sua fraude para fugir dos credores e cobrar o prêmio do seguro. Tempos depois, a senhora Darwin vendeu sua casa e partiu para o Panamá para reunir-se com o marido. No processo, "esqueceram" deliberadamente de contar a verdade a seus filhos, que reagiram com estupor perante a série de acontecimentos que se sucediam desde a "ressurreição" de seu pai. Segundo a imprensa, a volta de Darwin ao mundo dos vivos era uma vingança contra sua mulher, que, em dado momento, decidira trilhar um caminho diferente. Por fim, "Canoeman" reconheceu perante o juiz que sua fraude havia sido motivada pelo recebimento do dinheiro do seguro. Em 2008, ele e sua esposa foram condenados a seis anos de prisão.

Nesses casos, o fabulador, um criativo inconformado, nega parte da realidade e constrói outra que, para ele e para muitos, é mais interessante e conveniente, com a qual pretende esquivar-se de dificuldades e tribulações ou ganhar algo, sem importar-se com o prejuízo que causa. Isso ocorre com certa frequência.

Mentirosos Profissionais

Dentre as pessoas a quem se paga para mentir, à exceção dos atores, é possível que o caso dos espiões seja o mais explicável e justificável. Contudo, a ocultação prolongada da identidade, das intenções e das atividades tem, até mesmo para profissionais especialmente preparados, um imenso custo psicológico.

O segredo e as mentiras requeridas para mantê-lo são o manto protetor do espião, que deve mentir sempre e a todo custo. Se o manto for erguido, o agente do serviço de inteligência perde todo o valor profissional e até sua própria vida. Grande parte de seu ofício é conservar ocultas sua verdadeira identidade, suas intenções e seus atos. A capacidade de ficar calado por tanto tempo não é uma qualidade que todas as pessoas têm ou podem adquirir. O silêncio prolongado cria um pesado ônus ou custo psicológico[19].

O outro traço importante do espião, ligado ao engano, é a desonestidade. Levando em consideração que boa parte da profissão é abusar da confiança dos outros, há uma completa falta de honestidade em tudo e todos: não confia em ninguém e não pode confiar em ninguém. Todo trabalho de espionagem supõe a quebra da confiança que outros depositaram no espião. Ele conquistou o respeito e a confiança das pessoas que lhe facilitam o acesso à informação e aos segredos que procura. A relação criada é um logro completo, um instrumento para alcançar um fim, a maioria das vezes ilícito ou, no mínimo, de legalidade duvidosa. Em casos extremos, é uma traição para outras pessoas. O espião leva uma vida solitária e de engano. É um ofício que é mal visto, inclusive para aquelas pessoas e instituições para as quais trabalha. De qualquer maneira, sempre contém algo mau em si mesmo.

O espião cria, no curso de sua vida, seja ela longa ou curta, relações superficiais com os outros. Suprime e mascara suas emoções, ao mesmo tempo em que utiliza os sentimentos de outras pessoas. Ganha a confiança de outros para violá-la. As relações pessoais estão subordinadas ao êxito da missão, e não significam nada em si mesmas. A longo prazo, o custo psicológico desse modo de proceder é enorme. Os princípios morais e as relações com os outros, que se baseiam na confiança mútua, se desvanecem e ficam relegados ao segundo plano. Por tudo isso, para levar uma vida dupla, especialmente durante muito tempo, é preciso uma dose de cinismo. Não é um trabalho para pessoas ingênuas, ternas ou fracas. A vida do espião é uma vida solitária, na qual é difícil ter relações estreitas com outras pessoas.

19 Cf. H.H.A., Cooper; L.J. Redlinger, *Making Spies*.

Segundo os especialistas Cooper e Redlinger, o espião deve possuir um controle emocional muito forte, que lhe permita assumir durante muito tempo esse papel duplo. Além disso, na maior parte dos casos, a vida de espião é para sempre: nunca sai da profissão. Por isso, o agente de espionagem deve ter um sistema de crenças, sejam ideológicas, como o patriotismo, ou profissionais ou de ambição, fortes e satisfatórias, que lhe sirvam de proteção e nas quais se apoie nos momentos de fraqueza. O resultado de qualquer sistema de crenças é sempre uma boa dose de autoengano, necessária para as atividades de mentir, enganar e trair, ligadas ao trabalho do espião, que vive em um estado de relaxamento dos princípios morais mais ou menos frouxos do que aqueles que possuía antes de exercer suas atividades.

Vejamos dois casos prototípicos de espiões que conseguiram ocultar suas atividades durante anos e que ilustram os processos mentais anteriormente descritos.

Anthony Blunt, o Traidor

Licenciado em línguas modernas em Cambridge e famoso especialista em história da arte, especialmente em pintura francesa, diretor do Instituto Courtauld e professor do Trinity College, Anthony Blunt entrou para a história como espião e traidor da Grã-Bretanha.

Na década de 1930, o mundo do entreguerras vivia uma crise econômica severa e prolongada, à qual se acrescentava a convulsão do auge do fascismo europeu, que, junto com a Guerra Civil Espanhola, levou numerosos universitários ingleses, membros de famílias conhecidas, educados em colégios rígidos e prestigiados, a tornarem-se militantes comunistas. Muitos intelectuais, impelidos pelo desânimo e pelo desespero, ingressaram no Partido Comunista da Grã-Bretanha, e alguns foram cooptados pelo serviço de espionagem soviético, então denominado NKVD, antecessor da famosa KGB. Eram jovens idealistas, que se opunham ao sistema de classes e queriam atuar politicamente para modificar a situação. Pessoas abastadas e de boas famílias encontraram uma explicação para o que ocorria, ou melhor, para o que pensavam que ocorria (o colapso do capitalismo), além de uma ocasião para lutar contra o fascismo, no marxismo e na União Soviética, que se apresentavam para eles como os salvadores da humanidade. O marxismo explicava tudo, e o fim do capitalismo, previsto pela teoria marxista, parecia estar próximo.

No caso de Anthony Blunt, ocorria a circunstância de seu repúdio a uma educação recebida sob autoridade e moralidade estritas, seguidas de um período em um rígido internato. À típica rebeldia juvenil contra o classismo das gerações precedentes, uniu-se a luta contra a crueldade dos colégios privados. A morte de seu colega John Cornford na Guerra Civil Espanhola influiu em sua decisão de abraçar a causa comunista. Em 1928, Blunt foi eleito para fazer parte da Sociedade dos Apóstolos de Cambridge, uma espécie de clube secreto e seleto de intelectuais, alguns deles marxistas, entre os quais encontravam-se também personalidades como Bertrand Russell, John Maynard Keynes e Ludwig Wittgenstein. Em sua juventude, também teve relações estreitas com o grupo literário e artístico de Bloomsbury.

Ingressou no Partido Comunista da Grã-Bretanha em 1935, e, cooptado por seu amigo e antigo amante Guy Burgess, em 1937, começou a trabalhar como espião para o NKVD, primeiramente como recrutador de outros possíveis espiões e, pouco depois, já como informante privilegiado. Passou a fazer parte do que posteriormente viria a ser chamado de "círculo de espiões de Cambridge", no qual se incluíam Kim Philby, o próprio Guy Burgess, Donald MacLean e outros universitários, como James Klugmann, John Cairncross e Michael Straight, estes dois últimos recrutados pelo próprio Blunt. Em 1951, Burgess e MacLean escaparam para a União Soviética.

Blunt alistou-se no exército britânico e conseguiu entrar no MI5, o serviço de contraespionagem, no qual trabalhou durante a Segunda Guerra Mundial. Dessa situação privilegiada, conseguiu enviar informações de alta qualidade a Moscou, o que dificultou durante anos o trabalho de contraespionagem do MI5. Com o passar dos anos, muitos amigos universitários dos espiões do "círculo de Cambridge" haviam ascendido tanto nos serviços secretos como na administração britânica, e essas conexões estreitas com altos cargos políticos e com o serviço de inteligência lhes proporcionavam material de grande interesse. Segundo sua biógrafa, Miranda

Carter, que consultou a documentação procedente dos arquivos da KGB, Blunt entregou 1.771 documentos aos serviços soviéticos entre 1941 e 1945. Não obstante, a verdadeira vocação de Blunt era a história da arte. Em 1944, comunicou a seus superiores soviéticos que queria abandonar sua atividade como espião e se dedicar à pesquisa e à docência.

Foi nomeado diretor do Instituto Courtauld de História da Arte, o qual, com o tempo, foi transformado por Blunt em um centro prestigiado. Em 1945, abandonou definitivamente o MI5 e começou a trabalhar também para a rainha Isabel II, como assessor e supervisor das coleções reais, incluindo sua coleção privada. Tornou-se um especialista em arte de fama internacional. Em 1956, recebeu o título de Sir pelos serviços prestados à Coroa. Foi nomeado professor do Trinity College de Cambridge e alcançou seu apogeu profissional no início da década de 1970. Desde 1956, esforçara-se por ocultar seu passado e reivindicar sua imagem, deixando entrever certo distanciamento do comunismo. Entretanto, manteve sua relação com os soviéticos e, ao que parece, continuou colaborando com eles ocasionalmente.

As suspeitas sobre Philby, o famoso "terceiro homem", e Blunt começaram a surgir após a deserção de seus colegas. Supõe-se que Blunt alertou Guy Burgess e preparou sua fuga, pois mantinha boas relações com antigos companheiros do MI5. Também poderia alertar Philby acerca de quais eram as suspeitas e as averiguações sobre ele. Todavia, a denúncia que levou Philby a escapar em 1964 parece ter tido origem nos próprios companheiros do MI6, o serviço de espionagem exterior.

Blunt conseguiu passar despercebido durante muito tempo, devido à sua categoria intelectual e seu prestígio nacional e internacional como historiador da arte e à relevância de seu cargo, próximo da Coroa. Outra razão de não ter sido descoberto durante muito tempo foi que uma das grandes falhas do serviço de contraespionagem britânico era sua falta de profissionalismo na seleção e no controle de segurança, pelo fato de todos os chefes e altos oficiais conhecerem-se uns aos outros, por pertencerem à elite britânica, tratando-se como cavalheiros e não desconfiando uns dos outros. Segundo os historiadores do serviço secreto britânico, na década de 1930 recrutavam-se ex-oficiais do exército como agentes, e, no processo, pesavam mais os sobrenomes e antecedentes familiares

2. Grandes Mentirosos

que qualquer outra consideração. Em sua maioria, eram membros da classe alta educados em colégios de elite, como Eton, e nas universidades Oxford e Cambridge. O procedimento de seleção era informal e os dados reunidos sobre os candidatos eram superficiais.

O pessoal do serviço de inteligência se comportava como se pertencesse a um clube distinto, e uma boa prova disso foi a frouxidão com que se abordou o caso de Philby, quando já se sabia que era um agente duplo, o que facilitou sua fuga. Ao mesmo tempo, todos os diretores dos serviços secretos buscavam e gozavam de muita proteção: ninguém queria assumir a responsabilidade de indagar as atividades de pessoas importantes e bem relacionadas. O MI5 mostrou, durante anos, uma impotência palpável em tudo o que dizia respeito ao círculo de Cambridge: carecia de provas e tinha muito interesse em esconder suas falhas. A sucessão de deserções, algumas do mais alto nível, acabou sendo escandalosa.

Blunt, perfeitamente integrado em uma vida burguesa, com um enorme prestígio social, próximo à casa real britânica, havia decidido ficar em Londres e não desertar para a União Soviética. Apesar de sua fama de professor esquerdista, confessava-se burguês, vivia para a arte, rodeado de comodidades, e era incapaz de abandonar a vida que levava, mesmo consciente de que, cedo ou tarde, cairia. Ele também foi protegido pelo círculo de amizades esquerdistas de Cambridge, que conhecia muitos segredos entre eles e ao qual não interessava mexer no passado. Após a fuga dos diplomatas Burgess e MacLean, começou-se a suspeitar de Blunt, que foi interrogado pela primeira vez em 1952, devido à sua estreita e antiga relação com aqueles. Quando seus superiores soviéticos lhe ofereceram a possibilidade de abandonar o país, negou-se, dizendo que não conseguiria viver na União Soviética.

Em 1964, foi descoberto e identificado como o "quarto homem" do círculo de espiões de Cambridge. Até esse momento, havia apenas provas circunstanciais contra ele, e os interrogatórios eram mais propriamente entrevistas com colegas nas quais negava tudo. As revelações dos antigos agentes Cairncross e Straight o acusavam com clareza. Blunt confessou imediatamente, e lhe foi oferecida imunidade em troca de sua colaboração. Blunt já não trabalhava como espião, e se queria evitar um escândalo a todo custo – ainda era recente o provocado pela fuga de Philby –, o que podia ser muito pior para o prestígio do serviço secreto britânico: uma nova deserção. Por outro lado, pensou-se que ele poderia oferecer informações valiosas sobre outros espiões, algum dos quais poderia estar ainda ativo.

Durante vários anos, Blunt foi interrogado por membros do MI5. Peter Wright, que chegou a ser diretor adjunto do MI5, interrogou Blunt ao longo de seis anos em entrevistas que mantinham mensalmente. Em seu livro *Caçador de Espiões*, Wright descreve Blunt como uma pessoa elegante, culta, encantadora e um tanto efeminada, de caráter forte mas, ao mesmo tempo, vulnerável. Ainda estava afetado pela recordação de Guy Burgess, que morrera havia já vários anos. Durante os interrogatórios, que eram muito corteses e nos quais ambos costumavam tomar um copo de alguma bebida alcoólica, Blunt manifestava-se como uma pessoa muito inteligente, capaz de desempenhar diferentes papéis: o de intelectual especialista em história da arte, de burocrata, de espião, de homossexual malicioso... Em suma, possuía um caráter ao mesmo tempo reservado e histriônico.

Sua biógrafa ressalta sua capacidade para compartimentar e separar as distintas facetas de sua vida: espião, homossexual, *bon-vivant*, professor prestigiado[20]. Blunt era uma pessoa reservada, que reprimia suas emoções e estava acostumado a levar uma vida dupla. Era muito discreto e tentava sempre passar despercebido. Ao contrário de outros espiões do círculo de Cambridge, Blunt tinha um mundo próprio, separado na história da arte, que, com o tempo, passou a ser mais importante para ele do que fazer espionagem para os soviéticos, assunto que, segundo seus superiores, ficara relegado ao passado, a algo que fez por seus ideais durante a Segunda Guerra. Emotivo e sentimental, ele também tinha consciência de sua grande capacidade intelectual, e gostava de se sentir superior aos demais, o que manifestava com atitudes intransigentes e intolerantes com aqueles que não pensavam como ele academicamente. Tinha necessidade de reconhecimento social, o que nunca lhe seria proporcionado pela espionagem, que abandonou em favor de sua verdadeira profissão, historiador da arte, à qual dedicou toda a sua vida.

20 Cf. M. Carter, *Anthony Blunt: El Espía de Cambridge*.

Não obstante, Blunt parece não ter dito a verdade a Wright nem aos demais inquiridores. Assegurava que a espionagem havia ficado para trás, mas não estava disposto a dar detalhes sobre os espiões soviéticos nem sobre suas atividades de espião. Não colaborava muito nos interrogatórios, e se negava a delatar outros agentes, queixando-se de que era incapaz de trair seus amigos, apesar de ter traído seu país.

Em 1978, seu nome circulava entre os jornalistas como sendo o do "quarto homem" de Cambridge. Finalmente, em novembro de 1979, Margaret Thatcher revelou no Parlamento a identidade de Blunt como espião. Ele foi imediatamente destituído do título honorífico concedido pela rainha, que já o havia perdoado. Demitiu-se do Trinity College antes que o expulsassem. Foi alvo do desprezo social como traidor, mas permitiu-se que vivesse na Grã-Bretanha até a sua morte, em 1983.

Blunt sentia dor por ter enganado muitos amigos, pelo que havia tido de fazer, mas não sentia, em qualquer circunstância, culpa pelo que poderia ter evitado: a traição e possivelmente a morte e o desaparecimento de agentes britânicos. Em uma declaração pública, afirmou lamentar muito o que havia feito, mas afirmou que havia agido de acordo com sua consciência e que percebia ter-se equivocado. Estava aliviado, como se lhe tivessem tirado um peso das costas. Blunt arrastava consigo o peso dos segredos que muitas pessoas haviam depositado nele, e que se via obrigado a respeitar.

Blunt não pode ser considerado um verdadeiro espião no sentido de outros profissionais como Philby, mas revelou-se um mestre da ocultação que manteve seu segredo durante muitos anos, amparado em seu prestígio como historiador. Sua grande inteligência, suas qualidades pessoais, a capacidade de reserva e a discrição a que sua condição de homossexual o forçava facilitaram a tarefa.

Apesar de lamentar ter enganado muitas pessoas, suas convicções ideológicas, matizadas pela rejeição de última hora à União Soviética, proporcionaram-lhe uma justificação que diminuiu seu sentimento de culpa, o qual, nesse caso, tinha menor intensidade que o mal-estar por trair os amigos.

O Bem-Sucedido Espião Pham Xuân Ān

Pham Xuân Ān, jornalista e espião na Guerra do Vietnã, não é um caso conhecido na Europa, mas foi um dos mais curiosos e bem-sucedidos. Ele chegou a ser um espião quádruplo no final da guerra de independência contra os franceses, servindo a quatro organizações diferentes: o exército norte-vietnamita, o serviço de inteligência francês, o dos Estados Unidos e o do governo do Vietnã do Sul. Na Guerra do Vietnã, ele foi correspondente da revista *Time* por onze anos, até 1976, e atuava, ao mesmo tempo, como informante qualificado para o Vietnã do Norte. Ān nasceu em 1927, e morreu em Saigon (Cidade de Ho Chi Minh) em setembro de 2006.

Educado no Vietnã colonizado pela França, abraçou a causa do comunismo que, diga-se de passagem, era a única que havia em seu país para lutar pela independência. Aos dezesseis anos já era mensageiro da guerrilha vietnamita que lutava contra a ocupação japonesa no país. Pouco tempo após ingressar no Partido Comunista, foi recrutado como espião e conseguiu trabalho como censor do serviço do Deuxième Bureau francês nas oficinas dos correios, onde se dedicou a dificultar as comunicações de outros "jornalistas", incluindo o impedimento da difusão de informes enviados do Vietnã por Graham Greene, quando este trabalhava para o serviço secreto britânico. Em 1954, Ān conseguiu trabalhar para a CIA, à qual esteve vinculado até a retirada dos Estados Unidos do Vietnã, e ingressar no Serviço Secreto que estava sendo criado na época em que se constituía o país do Vietnã do Sul, com a retirada dos franceses e o início da crescente presença norte-americana. Na verdade, a formação mais completa que recebeu como espião, e que utilizou durante anos para o Vietnã do Norte, foi a da CIA, como reconheceu seu antigo companheiro jornalista Thomas A. Bass.

Em determinado momento, seus superiores o enviaram para estudar jornalismo nos Estados Unidos. Em 1957 chegou à Califórnia, onde ingressou no Orange Coast College. Viajou pela América do Norte com recursos de uma associação financiada pela CIA. Dois anos mais tarde, foi chamado ao Vietnã por seus chefes comunistas. Embora sua estada nos Estados Unidos tenha despertado nele o amor por esse país e pela democracia, seu patriotismo e seus ideais impeliram-no a obedecer ao

Partido e voltar ao Vietnã em 1959, retomando sua carreira de espião. Ao retornar, conseguiu ser novamente empregado pelo Serviço Secreto do Vietnã do Sul, que era ainda patrocinado pela CIA. Ān tinha acesso a todo tipo de fontes, especialmente a militares e agentes da CIA, e a todas as bases e todos os chefes militares sul-vietnamitas. Poder-se-ia dizer que sabia tudo o que acontecia nas altas esferas do Vietnã do Sul. Os informes que transmitia tanto a seus chefes do Vietnã do Norte como aos do Vietnã do Sul costumavam ser os mesmos. A quantidade de informações que forneceu ao Vietnã do Norte foi enorme. De fato, todo o aparato governamental do Vietnã do Sul estava infiltrado por agentes comunistas.

Profissionalmente, todos os colegas de Ān o consideravam um excelente jornalista. Sua formação era semelhante à de qualquer colega norte--americano, e ele era uma pessoa extraordinariamente bem informada, com acesso aos altos escalões militares norte-americanos e vietnamitas, e que intercambiava histórias com outros colegas jornalistas incautos. Ān foi correspondente do *Herald Tribune* antes de ter sido correspondente da revista *Time*. Formava e instruía os novos correspondentes norte-americanos que chegavam ao Vietnã para cobrir a guerra.

Como espião, de 1952 até a queda de Saigon, em 30 de abril de 1975, enviara informações continuamente aos norte-vietnamitas. Realizava seu trabalho clandestino preferencialmente à noite. Inclusive, deslocava-se de quando em quando para reunir-se com altos chefes da guerrilha e planejar operações. Tais ausências levantaram algumas suspeitas, mas ninguém jamais o denunciou.

Ao fim da guerra, seus superiores pensaram em enviá-lo aos Estados Unidos para que, aproveitando seus contatos, prosseguisse com suas atividades. Com efeito, sua mulher e seus quatro filhos deixaram Saigon e se instalaram em Washington para esperá-lo. Entretanto, precisamente pelo amor que Ān professava pelos Estados Unidos, por sua crença na democracia e em que a imprensa deveria ser objetiva, as autoridades comunistas decidiram não enviá-lo, por receio de que desertasse, e fizeram com que sua família retornasse um ano depois. Como forma de mantê-lo sob disciplina militar e controlá-lo até o final, Ān foi mantido no serviço ativo do exército até se aposentar, aos 74 anos.

Ān nunca foi descoberto, embora sempre tenha pensado que algum dia seria. De fato, numerosos informantes e colaboradores seus foram detidos. Trabalhando, em certas ocasiões, para até quatro serviços diferentes, teve de fazer esforços ímprobos para compartimentar suas atividades. O trabalho de jornalista lhe proporcionava um disfarce quase perfeito, que justificava entrevistas, contatos com diferentes pessoas e viagens frequentes. Terminada a guerra, Ān foi promovido à patente de general e condecorado em numerosas ocasiões.

A psicologia de Ān era muito especial. Sentia carinho tanto por seu país como pelos Estados Unidos, onde aprendera a profissão de jornalista e onde viviam muitos amigos seus. Amava seu país e lutava pela liberdade, com a ideia de que, uma vez que o Vietnã se tornasse independente, ele e os Estados Unidos seriam nações amigas, coisa que, por outro lado, não está longe de ocorrer no momento em que escrevo estas linhas. Quando trabalhava como jornalista e como espião, Ān considerava que não estava mentindo para ninguém. Confessou a seu antigo colega Bass que via a si mesmo como um homem dividido, mas completamente íntegro: a mesma informação que fornecia à revista *Time* era a que chegava aos norte-vietnamitas. Vivia uma mentira, mas sempre dizia a verdade. Quase todos os seus antigos colegas demonstram uma atitude compreensiva frente à atitude de Ān: ajudou seu país e defendeu seus ideais, ao mesmo tempo em que foi um bom jornalista. Peter Arnett, um correspondente de guerra veterano, é uma exceção notável, pois confessou se sentir jornalisticamente traído por Ān e, durante certo tempo, tomou o assunto como algo pessoal.

Em ambos os casos, o de Blunt e o de Ān, a convicção ideológica e patriótica se impõem ao sentimento de culpa. Lamentam o fato a amigos, mas não às instituições, ou a seu próprio país, no caso de Blunt. Esse tipo de espião carece parcial ou completamente de sentimentos de culpa: isso faz parte de sua profissão, no caso de Ān, ou de sua maneira de ser, reservada e dissociada, no caso de Blunt. Também nos deparamos aqui com dois grandes profissionais, um do jornalismo e outro da história da arte, aspectos difíceis de encontrar habitualmente nos espiões, mas que sem dúvida facilitaram muito seu trabalho de ocultação.

Como se vê, para o espião impulsionado por razões ideológicas que constituem seu principal sistema de crenças, é mais fácil deixar de lado os sentimentos pessoais e realizar as ações próprias de seu trabalho e manter o segredo, com menor custo moral e psicológico do que isto poderia causar a outras pessoas. Chega a ser uma honra inestimável servir à causa na qual se acredita, pela qual se luta, e cometer, em seu nome, todo tipo de deslealdades e traições sem ofender os princípios morais da própria pessoa, submetidos, o tempo todo, à causa. E tudo isto é acentuado porque já não se trata apenas de acreditar, mas de fazer, agir e ser protagonista de algo que é aquilo em que mais se acredita e se confia. É o compromisso dos convictos o que os leva a querer fazer qualquer coisa pela causa.

Em contraposição aos descarados movidos por interesses econômicos e aos casos patológicos vistos anteriormente, observamos que nossos dois espiões não eram movidos por dinheiro, mas por ideais, fosse pelo propósito de lutar por um mundo melhor ou pelo patriotismo e pelo desejo de ver seu país livre de invasores, mas os grandes mentirosos encontram-se em muitos lugares. Robert H. Hare assegura que, em sua maior parte, os psicopatas não são assassinos, mas se encontram no mundo da política e dos negócios. Afirma também que é muito difícil detectá-los, entre outras coisas porque são eles que ditam as normas. No capítulo seguinte, veremos se o mundo da política é efetivamente um mundo repleto de mentirosos.

Referências
e Leituras Adicionais

ANDERSON, S.W. et al. Impairment of Social and Moral Behaviour Related to Early Damage in Human Prefrontal Cortex. *Nature Neuroscience*, n. 2, 1999.

ANTÓN, P. Psicología de la Mentira. *Información*, 8 out. 2005.

BASS, T.A. The Spy Who Loved Us. *The New Yorker*, 23 maio 2005.

BAYÓN, M. El Astronauta Imaginario. *El País*, 27 fev. 2005. Disponível em: <http://elpais.com/diario/2005/02/27/sociedad/1109458803_850215.html>.

CARRÈRE, E. *El Adversario*. Barcelona: Anagrama, 2000.

CARTER, M. *Anthony Blunt: El Espía de Cambridge*. Barcelona: Tusquets, 2004.

CATALÁN, M. *El Prestigio de la Lejanía: Ilusión, Autengaño y Utopía*. Barcelona: Ronsel, 2004.

COOPER, H.H.A.; REDLINGER, L.J. *Making Spies: A Talent Spotter's Handbook* Boulder, Colorado: Paladin Books, 1986.

D.A.: KARR Believes He Killed JonBenét, CNN, 30 Aago. 2006. Disponível em: <http://edition.
cnn.com/2006/LAW/08/29/karr.da/>.

DEACON, R. *Historia del Servicio Secreto Británico.* Barcelona: Picazo, 1973.

DOUBT over Nasa Boy Exam Triumph, BBC *News*, 23 fev. 2006. Disponível em: <http://news.
bbc.co.uk/2/hi/south_asia/4283733.stm>.

DUNLAP, D.W. In a 9/11 Survival Tale, The Pieces Just don't Fit. *The New York Times*, 27 set.
2007. Disponível em: < http://www.nytimes.com/2007/09/27/nyregion/27survivor.
html?_r=2&oref=slogin&>.

GRANN, D. The Chameleon: The Many Lives of Frédéric Bourdin. *The New Yorker*, ago.
2008. Disponível em: < http://www.newyorker.com/reporting/2008/08/11/080811fa_
fact_grann>.

HARE, R.D. *Sin Conciencia: El Inquietante Mundo de los Psicópatas Que Nos Rodean.* Barcelona:
Paidós, 2003.

HEVESI, D. (2006). Pham Xuan An dies at 79; Reporter Spied for Hanoi. *The New York Times*,
22 set. 2006 Disponível em: < http://www.nytimes.com/2006/09/22/world/asia/22an.
html>.

"IVA TOGURI", *The Economist*, 7 out. 2006.

"IVA TOGURI d'Aquino" and "Tokyo Rose". FBI. Disponível em: <http://www.fbi.gov/about-us/
history/famous-cases/tokyo-rose >.

KASSIN, S.M.; GUDJONSSON, G.H. Falsas Confesiones. *Mente y Cerebro*, n. 26, 2007.

LEMOS, S. Simulación, Engaño y Mentira. *Papeles del Psicólogo*, v. 26, n. 92, 2005.

MARTÍNEZ Y SELVA, J.M.; SÁNCHEZ NAVARRO, J.P. Decision Making and the Emotional Brain.
In: LYNCH, T.E. (ed.). *Psychology of Decision Making in Medicine and Health Care.* New York:
Nova Science Publishers, 2008.

PONS PADRES, Eduardo; CONSTANTE, Mariano. *Los Cerdos del Comandante: Españoles en los Campos
de Exterminio Nazis*, Barcelona: Argos Vergara, 1978.

SALGADO, J. Personalidad y Deseabilidad Social en Contextos Organizacionales: Implicaciones
para la Práctica de la Psicología del Trabajo y de las Organizaciones. *Papeles del Psicólogo*,
v. 26, n. 92, 2005.

SOMMER, V. *Elogio de la Mentira: Engaño y Autoengaño en Hombres y Otros Animales.* Barcelona:
Círculo de Lectores/Galaxia Gutenberg, 1995.

VARGAS LLOSA, M. Contar Cuentos. *El País*, 29 jun. 2008.

_____. Espantoso y Genial. *El País*, 15 maio 2005.

WRIGHT, P. *Cazador de Espías.* Barcelona: Ediciones B, 1987.

YANG, Y. et al. Prefrontal White Matter in Pathological Liars. *British Journal of Psychiatry*,
v. 187, 2005.

A Mentira na Política

> *A definição da mentira é transformar a utilidade em verdade. O império da política é, portanto, o império da mentira.*
>
> José Ortega y Gasset

Traidor, impostor, desleal, desprovido de escrúpulos, "dissimulado e falso ao tratar dos assuntos públicos", maligno e nefasto para seus concidadãos – estes são alguns dos qualificativos pouco carinhosos dirigidos pelos historiadores ao general e político ateniense Alcibíades, que, mesmo sendo um bom militar em terra e mar, conduziu sua pátria a algumas de suas maiores desgraças.

Alcibíades nasceu aproximadamente em 450 a.C., era filho de Clínias, general do exército ateniense, e pertencia a uma das famílias mais nobres e ricas de Atenas, os Alcmeônidas. Ele era muito jovem quando seu pai morreu em combate e foi educado por Péricles e por seu irmão. Alcibíades tinha boa aparência e desde criança revelou-se insolente e ambicioso. Dotado para a oratória, entrou na política muito jovem. Vaidoso e sempre rodeado por admiradores, apreciador de banquetes e orgias, levou uma vida de libertinagem.

Discípulo, amigo e amante de Sócrates em sua juventude, escolheu este último, já velho, deixando de lado outros amantes mais jovens e ricos. Entretanto, os ensinamentos de seu mestre não foram totalmente incorporados por Alcibíades, por mais que tenham enfrentado juntos numerosas vicissitudes. De acordo com Plutarco, um salvou a vida do outro. Em uma ocasião, na batalha de Potideia, Sócrates colocou seu corpo à frente de Alcibíades ferido, protegendo-o. Na batalha de Délio, Alcibíades, a cavalo, salvou Sócrates na retirada e o defendeu dos ataques dos inimigos. Contraiu matrimônio com uma mulher que também pertencia a uma das famílias ricas e nobres de Atenas, que, sofrendo com suas infidelidades, não demorou em pedir divórcio, algo insólito na época.

Depois de tomar parte nas primeiras batalhas da Guerra do Peloponeso, Alcibíades foi nomeado estratego (general) em 420 a.C., sucedendo o prudente Nícias. Rapidamente se distinguiu por sua política demagógica e belicista, subvertendo a paz com Esparta, a chamada "paz dos cinquenta anos". Forjou com outras cidades uma aliança contra Esparta e, em 419 a.C., organizou uma expedição ao Peloponeso que conduziu a uma derrota frente aos espartanos, também chamados lacedemônios, guiados pelo rei Ágis.

A guerra na Sicília entre as colônias gregas Selinunte e Egesta (Segesta) obrigou os habitantes desta última a pedir a ajuda dos atenienses. Em 415 a.C., Alcibíades, firme partidário da intervenção nessa ilha, organizou uma frota para socorrer as colônias sicilianas aliadas contra Siracusa, cidade que passara a liderar as colônias protegidas por Esparta. Certa manhã, pouco antes da partida da frota, os atenienses, extremamente supersticiosos, estremeceram ao encontrar as estátuas de Hermes derrubadas e mutiladas. Os inimigos de Alcibíades acusaram-no de participar do sacrilégio após sair de uma orgia e de parodiar os ritos de Elêusis. No entanto, não se atreveram a seguir adiante porque ele estava rodeado e amparado por seus soldados. Apesar disso, quando a frota já estava navegando, Alcibíades foi acusado abertamente, e tomou-se a decisão de enviar um dos barcos para a Sicília para repatriá-lo e submetê-lo a um processo judicial em Atenas.

Durante a viagem de volta, Alcibíades, com receio de enfrentar uma condenação e morte tão injustas quanto certas, conseguiu escapar e por fim refugiar-se em Esparta, sendo acolhido sob a proteção do rei Ágis. Tomado por um espírito de vingança, revelou aos espartanos os planos de Atenas na Sicília e, desse modo, instigou uma expedição espartana em defesa de Siracusa, aliada de Esparta e sitiada pelos atenienses, o que acabou fazendo com que estes últimos sofressem uma humilhante derrota. Os lacedemônios fizeram 7 mil prisioneiros e executaram muitos deles, incluindo os generais Demóstenes e Nícias. Tucídides narra que, antes mesmo de partir, Alcibíades teria revelado aos messênios, aliados de Siracusa, os planos dos atenienses. Como se isso não fosse o suficiente, aconselhou Esparta a fortificar Decélia, vila situada muito perto de Atenas, o que permitiria que os espartanos controlassem a Ática.

Os generais espartanos desconfiavam de Alcibíades, que inacreditavelmente ousou seduzir Timeia, a mulher de seu protetor, o rei Ágis, com a qual parece ter tido um filho. Ao saber que se conspirava o seu assassinato, fugiu de Esparta para Mileto e dali para a Pérsia, onde se refugiou na corte de Tisafernes, sátrapa da Ásia Menor, em 412 a.C. Instigou os persas a explorarem a inimizade entre Atenas e Esparta, convencendo-os a apoiar Atenas. Como resultado dessas intrigas, Dario II rompeu sua aliança com Esparta. Ao mesmo tempo, Alcibíades nunca deixou de conspirar para retornar a Atenas. Ofereceu aos atenienses e aos seus aliados de Samos a amizade de Tisafernes para protegê-los dos lacedemônios. Alcibíades foi chamado em Samos, onde o Partido Democrata subiu ao poder; sendo então nomeado estratego, derrotou a frota espartana em 411 a.C. Empreendeu campanhas para reconquistar Bizâncio e Calcedônia, cidade que tomou em 409 a.C. Firmou um armistício com o sátrapa Farnabazo, até então aliado de Esparta, retomou Bizâncio e, por fim, entrou vitorioso em Atenas em 407 a.C., onde o haviam perdoado e novamente nomeado estratego.

Esparta se aliou com Ciro, irmão do rei da Pérsia, que favoreceu o general espartano Lisandro. Este último derrotou os atenienses na batalha naval de Nócio, na qual a frota ática era comandada por Antíoco, segundo de Alcibíades. Em virtude desse fracasso, toda a classe política se uniu para destituí-lo em 406 a.C.

Caindo novamente em desgraça, Alcibíades se exilou. Após a derrota de Atenas e sua submissão aos espartanos em 404 a.C., ele decidiu ir para a corte do rei persa Artaxerxes Mnemon, com o qual queria estabelecer uma aliança e a quem, ao que parece, pretendia revelar os projetos de Ciro. No entanto, nesse mesmo ano, Alcibíades foi assassinado por sicários na Pérsia, quando estava com seu amante. Acredita-se que foi o sátrapa persa Farnabazo que ordenou o assassinato, embora Plutarco lance algumas dúvidas sobre se os instigadores teriam sido os espartanos, o próprio Ciro ou os irmãos de uma mulher persa que havia sido seduzida por Alcibíades.

A Guerra do Peloponeso (431-404 a.C.) coincide com o apogeu de Atenas em todas as esferas: cultural, econômica e na esfera do pensamento, inclusive na democracia como forma de governo. O conflito debilitou tanto Esparta como Atenas e abriu o caminho para a conquista pelos macedônios, liderados por Filipe, que, em 380 a.C., acabou com a era das cidades-estado gregas.

Alcibíades foi um bom exemplo do casamento entre psicopatia e política, que tanto preocupa Robert D. Hare e que deveria deixar todas as sociedades em alerta. Embora a personalidade antissocial possa ser apropriada para as proezas bélicas, é pavoroso o que um psicopata pode fazer quando chega ao poder.

O século xx foi tingido de vermelho pelas atrocidades de diversos governantes loucos e, no século xxi, ainda há lugares em que, a partir do poder político, são incitados e animados os atos mais selvagens, inclusive contra os próprios compatriotas.

Começaremos falando de aspectos mais leves e cotidianos da mentira na vida política, como os que podem ser encontrados na linguagem e na forma de comunicação dos políticos.

Linguagem e Mentira na Política

A perspicaz afirmação de Ortega que encabeça este capítulo propõe que não se confunda o verdadeiro com o que é útil. A primazia do útil, a instrumentalização da mensagem, conduz à mentira. O pensador espanhol não está sozinho ao considerar os políticos como mentirosos, isto é, que os políticos sejam mentirosos já é um lugar--comum. Eles costumam liderar as listas de pessoas nas quais menos se confia. O Eurobarômetro, sistema de medição da opinião pública europeia, diz que apenas 15% da população confiam nos políticos. Quando o prestígio e a imagem dos políticos são comparados com os de outras profissões, eles ganham a avaliação de 2,2 em uma escala de 1 a 5, ficando atrás de jornalistas e de advogados, que obtêm um honroso 3,1[1].

O político mais oculta que inventa. A política, assim como o jornalismo, se baseia na administração da informação, no dom da oportunidade: fazer ou dizer as coisas no momento adequado. A mentira de fabulação será difícil devido à grande quantidade de pessoas que estão atentas àquilo que um político diz ou faz, mas a ocultação e o controle da informação por interesse fazem parte de suas ferramentas.

Uma crença amplamente disseminada, que se encaixa nestes dados, é a de que a linguagem política é uma linguagem de mentirosos. Considera-se a mentira como um patrimônio do comportamento, da linguagem e do modo de comunicação dos políticos. Identifica-se sua forma de expressão com a do sedutor, uma vez que políticos e sedutores usam a palavra para disfarçar a realidade, criar uma ilusão e conquistar as vontades. A linguagem política também é utilizada para defender as próprias posturas e atacar as contrárias. Em razão disso, os políticos costumam ocultar e dizer somente a parte da verdade que condiz com seus interesses[2]. Isso explica a desconfiança frente ao conteúdo das mensagens dos políticos e, em geral, explica também por que se faz um "desconto" ao receber promessas nelas contidas.

O político busca adesão, compreensão, filiação, compromisso com suas ideias e votos. Em última análise, ele procura moldar a opinião pública e a vontade dos cidadãos, obter o controle do comportamento das demais pessoas, levá-las a fazer o que ele quer por meio da linguagem e, se estiver no poder, através das normas e das leis. A linguagem política alcança muitas pessoas e o fato de que seus objetivos sejam atingidos ou não afeta milhões de pessoas. A mentira se encaixa com facilidade na linguagem política, na

---

1 Cf. Tercera Encuesta Nacional sobre Percepción Social de la Ciencia y la Tecnología (2006): Resultados Generales, *Percepción Social de Ciencia y la Tecnología en España*, 2006, p. 247.
2 Cf. M. Grondona, La Mentira, ¿Siempre Tiene "Patas Cortas"?, *La Nación*, 24 jun. 2007.

qual é mais importante o que se consegue através dela do que aquilo que é realmente dito. A verdade perde seu valor substantivo e adquire um outro, de tipo formal, que, no longo prazo, é depreciado ou repudiado.

Guardadas as devidas proporções, a linguagem instrumental se assemelha à dos publicitários e ao aspecto mais perigoso da linguagem técnica do profissional, que utiliza seu conhecimento e sua fala obscura para transformá-los, no pior dos casos, em medo. Isto pode ocorrer com profissionais com os quais lidamos habitualmente: o médico, o advogado, o encanador, o técnico em informática, o mecânico ou o contador, quando nos dizem que se não seguirmos suas recomendações poderemos ter problemas sérios. Costumam basear-se em um jargão, deliberadamente obscuro, que serve para que se entendam bem entre si, mas que os não iniciados, a maior parte das pessoas, não compreendem. A elaboração e recriação da linguagem e de termos próprios permitem uma comunicação fácil entre os especialistas, mas muito difícil com o resto da população, ao ponto de que o domínio da linguagem técnica identifica, e às vezes define, o especialista.

A base da autoridade profissional é a assimetria da informação e da experiência, que está sempre a seu favor. Muitos profissionais mantêm e acentuam essa assimetria e a fomentam com dados e notícias enviesadas, por exemplo, advertindo o cliente sobre o que pode acontecer caso ele seja mal aconselhado ou se não se colocar a tempo aos cuidados de um profissional. Esse comportamento faz com que o possível cliente fique em uma situação delicada e com que ele acredite que será estúpido, mesquinho ou desonesto se não aceitar seus conselhos. No pior dos casos, o profissional também pode ocultar informações, um exemplo disso é a mentira do médico, esperada e até mesmo desejada. A defesa frente a esse tipo de comportamento é pedir segundas ou terceiras opiniões, estar o mais informado possível e buscar aconselhamento em associações profissionais ou de consumidores. A internet ajuda a ficar bem informado, mas a rede é um instrumento quase sempre mudo e cego no qual a informação disponível nem sempre tem respaldo e tampouco costuma ter alguém que mostre seu rosto ou que responda por ela. Contudo, a reputação de um profissional depende amplamente de sua honestidade e de sua perícia.

O político também faz uso do medo: se não votarmos nele, se não o elegermos, se não aceitarmos o que nos diz, as consequências serão fatais.

Nessas condições, marcadas pela instrumentalização, não deve causar estranheza que se recorra à mentira em maior ou menor grau.

Mensagens do Poder: A Manipulação da Linguagem e das Pessoas na Comunicação Política

Uma primeira característica da linguagem do poder é seu caráter *manipulador*. O político realiza um grande esforço de comunicação para transmitir suas ideias e convencer. Foram muitos os que assinalaram o uso, a transformação e a manipulação que ele faz da linguagem, que permitem, como indicava Ortega y Gasset, que se fale de um estilo de comunicação essencialmente instrumental e manipulador, próximo ou idêntico à mentira. A linguagem do poder procura criar uma verdade própria, às vezes separada da realidade, para obter a aquiescência dos subordinados. De acordo com este ponto de vista, a tergiversação na linguagem e o uso do exagero e da mentira desempenham um papel crucial na comunicação política e no exercício do poder, mas não devemos esquecer que todas as pessoas cotidianamente fazem um uso instrumental da linguagem, que frequentemente serve para uma comunicação intencional voltada para a conquista das vontades e do favor dos demais.

No entanto, não estamos indefesos frente a esse uso manipulador, pois a linguagem é um instrumento que serve tanto para manipular como para evitar que nos manipulem. Na prática, a comunicação vinda de cima é posta sob suspeita pelos subordinados, que não estão alheios a esse caráter instrumental. Talvez, em uma primeira etapa de inocência virginal, uma pessoa adulta possa aceitar que o que se diz a partir da hierarquia é 100% certo, mas na maior parte dos casos a linguagem do poder é assumida formalmente como hipótese de trabalho.

Existem vias de comunicação paralelas, formais e informais, em todas as organizações e em todas as sociedades. Os sistemas de transmissão da informação costumam ser, em maior ou menor medida, bidirecionais, imperfeitos, frequentemente lentos, mas os subordinados dispõem de formas alternativas, independentes ou complementares de saber o que está acontecendo, sobretudo no longo prazo. O uso de piadas e de apelidos para enquadrar e ridicularizar os políticos é um exemplo do uso da linguagem por parte dos governados para se defenderem dos poderosos. O mau uso da linguagem pelos governantes a desvaloriza e pode abrir espaço para o aparecimento de novas formas de expressão, de novos termos populares mais autênticos e poderosos. O poder gostaria de conseguir moldar de forma mais eficaz as ideias dos subordinados, ou que fosse preciso levar em consideração tão somente a sua própria opinião. A dominação facilita a mentira, mas não é a única circunstância que a torna possível.

Usurpação da Linguagem:
Eufemismos e Clichês

A filósofa Victoria Camps tem a opinião de que a hierarquia cria a sua verdade e a sua linguagem a respeito da verdade: o que se diz é verdade porque o superior não mente[3]. Pelo que acabamos de ver, em nossas sociedades isso é parcialmente correto. Camps insiste em uma segunda característica da linguagem política: a criação, a apropriação e, frequentemente, a *usurpação* da palavra, de expressões e termos que adquirem um caráter de verdade por serem utilizados pelo poder.

Como observa García de Castro, a linguagem é a forma mais direta de aproximar-se da verdade, conhecê-la e interpretá-la[4]. Ela serve para avaliar e compreender o que acontece. O uso de termos específicos não é neutro, pois reflete a maneira como percebemos e avaliamos a realidade. A linguagem política tende a ser perspectivista, unidirecional e pretende transmitir intencionalmente uma forma de ver os acontecimentos ligada a sentimentos e a atuações concretas, alinhadas com suas intenções.

A tomada do poder por um grupo político geralmente requer a adoção ou a aprovação de uma ou de várias dessas ideias, as ideias-força que, expressas com habilidade, capturam a vontade das pessoas, as iludem e são mais poderosas que as contrárias a elas – desde o "conluio judaico-maçônico" de

---

3 La Mentira como Persupuesto, em C. Castilla del Pino (org.), *El Discurso de la Mentira*, p. 29-41.
4 El Secuestro de la Palabra o las Trampas Lingüísticas del "Proceso", *El Noticiero de las Ideas*, n. 30, p. 78-86.

Franco à ideia socialista da "sociedade sem classes", à ideia da "mudança" do Partido Socialista Operário Espanhol que o conduziu ao poder em 1982, do "capitalismo popular" de Margaret Thatcher e do "inimigo interno" de Robert F. Kennedy até as ideias também estadunidenses da "guerra nas estrelas", atribuída a Edward Kennedy, ou do "eixo do mal", de George W. Bush (no caso, estas duas últimas acabaram se voltando contra seus criadores). Na Espanha, o governo de Rodríguez Zapatero conseguiu transformar apenas em "irritação" o que quer que a oposição fizesse.

As ideias, amiúde, adotam a forma de um relato ou de uma narração simples que emociona, convence e ilude os eleitores. Uma breve história explica tudo e contém a solução para todos os problemas do momento. Essa narração fictícia pode substituir a realidade. Os acontecimentos que não são vistos, como é o caso dos que estão por vir, são mais propensos a sofrer uma elaboração linguística que os categorize e disfarce.

A apropriação de uma palavra ou de uma expressão feliz e sua inserção na linguagem cotidiana são de uma importância estratégica vital para o político, que desse modo consegue introduzir na discussão política e na opinião pública não mais um termo, mas sim uma forma peculiar de ver a realidade. Trata-se de conseguir que se discuta o que se quer discutir e nos termos escolhidos por ele próprio. Os vocábulos e expressões empregados, suas conotações, as ideias e as emoções que evocam são as únicas possíveis. O termo e o *slogan* descrevem a perspectiva, a forma de ver o presente e o futuro e a direção inequívoca para a qual se deve ir. O passo seguinte é a repetição das palavras ou das mensagens para que ocupem um lugar na mente das pessoas, para que façam parte de seu repertório linguístico habitual e, assim, desempenhem o papel de configurar as atitudes e o comportamento.

Essas expressões com frequência refletem conceitos indiscutíveis, utópicos, que parecem ter sido concebidos para suplantar o senso comum e a experiência. Ao mesmo tempo, devem conduzir à satanização do oponente, que ficaria parecendo insensato caso se opusesse a elas. Expressões típicas desse tipo em nosso país são:

Um futuro melhor para nossos filhos.
Quem não quer um futuro melhor para seus filhos? Como um político poderia trabalhar para conduzir os demais rumo a um futuro pior?

Melhorar a qualidade do ensino.

Quem é contra isso?

Não à guerra.

Quem realmente quer uma guerra?

Sim à Europa.

Quem diz não à Europa em nosso país?

Lutamos por um mundo melhor e mais justo.

Quem não luta? E, nesse mesmo sentido, quem se opõe a "acabar com a pobreza" ou a deixar de lado "a proteção da natureza"?

Um aspecto essencial da linguagem política são os clichês, palavras que englobam, com suspeitosa concisão e simplicidade, aspectos sociais complexos. Ortega dizia que "os credos políticos, por exemplo, são aceitos pelo homem médio não em virtude de uma análise e de um exame direto de seu conteúdo, mas sim porque se transformam em frases prontas [...] O homem médio pensa, acredita e avalia precisamente aquilo que não o obriga a pensar, acreditar e avaliar por si mesmo em um esforço original". O clichê consegue ao mesmo tempo facilitar a comunicação e obscurecer a realidade. Em um certo sentido, o clichê constitui a linguagem como ocultação.

Exemplos cotidianos de manipulação quase mentirosa, e em certas ocasiões totalmente mentirosa, são os eufemismos, circunlóquios ou rodeios para dizer algo que não se quer ou não se deve denominar diretamente. Embora o eufemismo procure apresentar os fatos de uma forma mais aceitável, seu uso instrumental, que oculta a realidade, transforma-o em uma autêntica mentira. São muito variados, e a criação de novas expressões para esconder ou dissimular a realidade é abundante. Os manipuladores buscam ou inventam palavras ou locuções que evoquem atitudes e sentimentos de maneira automática, de tal modo que as pessoas não tomem consciência de uma parte da realidade ou que a avaliem de outra forma, mediante a substituição dos termos que a designam. Trata-se de uma tentativa de transformar os fatos, de encobri-los ou de modificar em um sentido positivo ou negativo os sentimentos associados a eles ou a suas consequências por meio de sua nova denominação. A questão é se o poder muda somente as palavras ou se pode conseguir mudar, através delas, a própria realidade.

A ditadura franquista gerou uma boa quantidade dessas expressões. Um exemplo era a palavra "produtor" para não dizer "operário", "democracia orgânica" para referir-se à própria ditadura ou "contraste de pareceres" para ocultar discussões ou disputas políticas. Mais recentemente, usou-se "Aliança Atlântica", em vez de OTAN, para atenuar as conotações negativas que a organização internacional suscitava na esquerda, ou "situação de instabilidade" em vez de "guerra", ao falar do Afeganistão. Muito comum em certos ambientes é chamar os terroristas de "violentos", que enquadra na mesma categoria os membros do ETA, os ativistas da Al Qaeda e os *hooligans* ou torcedores de times de futebol. Outro exemplo é chamar de "processo de paz no País Basco" as negociações com membros do terrorismo nacionalista basco, quando é óbvio que não existe nenhuma guerra, e sim uma situação continuada de paz salpicada de episódios violentos protagonizados por um grupo terrorista. Nessa expressão está implícita a existência de uma situação de guerra que é falsa, pois a verdade é justamente o contrário: uma situação de paz posta à prova pelos atos criminosos de um grupo terrorista. Assassinatos e explosões respondidos com os instrumentos do estado de direito[5]. Sequelas desses eufemismos são o uso de "acidente" em vez de "atentado terrorista", "direito de decidir" em vez de direito de autodeterminação, "organização ilegal" no lugar de grupo ou organização terrorista[6]. Ainda mais recentemente e em outros âmbitos, encontram-se as expressões "condução pontual de água" para significar transposição de águas, ou também "forte desaceleração econômica" em vez de crise econômica. Esta última é uma pirueta linguística que lembra o estilo falangista do diário *Arriba* em um editorial que celebrava a mudança de governo em maio de 1941: "Aqui – neste regime – não há crise. Há – no máximo – etapas no caminho, no movimento, mas não há possibilidade de voltar atrás". Como vimos acima, esses são exercícios criativos para ocultar, dissimular ou relegar palavras com o objetivo de disfarçar a realidade e provocar reações favoráveis ou antagônicas, conforme o caso, frente ao fato em questão.

Do ponto de vista político, a efetividade relativa da inoculação dessas expressões na fala das pessoas comuns provém do fato de que toda palavra se emoldura em um contexto conceitual ou "marco" que, para os

5 Cf. J. García de Castro, op. cit.
6 Cf. A. Espada, Diccionario de las Palabras Afectadas, *El Mundo*, 13 jan. 2007.

3. *A Mentira na Política*

linguistas, como George Lakoff, provoca emoções e atitudes favoráveis ou desfavoráveis[7]. As palavras, locuções e frases não são neutras, elas geram sentimentos. O essencial na manipulação da linguagem voltada à persuasão não é tanto chamar as coisas por seus nomes, mas sim situá-las em um marco de referência, em uma perspectiva ou forma de ver o mundo que determina, em última análise, o que se faz ou o que é votado. Aceitar uma perspectiva ou um marco de referência específico pressupõe o uso de uma certa lógica e de uma certa linguagem.

A hipótese de Lakoff é a de que os fatos e os dados são interpretados e avaliados de acordo com esse marco conceitual, de tal modo que um fato verdadeiro que se oponha a um marco de referência determinado ricocheteará contra ele e será minimizado ou ignorado. Pelo contrário, um fato falso que se encaixe em um marco de referência pode ser admitido sem muita deliberação, por exemplo, se uma pessoa estava de acordo com a invasão do Iraque pelos Estados Unidos, não seria difícil para ela acreditar que Saddam Hussein possuía armas de destruição em massa, independentemente se existiam ou não provas disso (ver mais adiante). Por conseguinte, os marcos de referência e os sentimentos suscitados pelas palavras e expressões empregados podem ser mais poderosos que os próprios fatos. Isto permite que o político minimize e oculte dados que não lhe convêm e que sejam admitidos como verdadeiros acontecimentos ou fatos que não o são.

O marco de referência diz respeito ao que deveria ser, àquilo que o político e seus seguidores gostariam que ocorresse. Está no âmbito do verossímil e do desejável, não do verdadeiro. Ele abarca o que deveria ser verdade, pertence ao território ilimitado do desejo e da ambição, àquilo a que se chama de pensamento desiderativo (*wishful thinking*), sobre o qual falou o capítulo anterior, no qual o que é decisivo não é o que ocorre, mas sim o que pode ocorrer e o que, para alguns, *deveria ocorrer*. E quando ocorre algo diferente, isso é encoberto ou repudiado. Os marcos de referência são mutáveis, evoluem no tempo e, apesar de sua solidez, são influenciados por fatos notáveis: crises econômicas, guerras, grandes fraudes ou escândalos. As grandes mentiras ou as mentiras em cadeia também podem modificá-los ou passar por cima deles.

---

7 Cf. *No Pienses en un Elefante*.

O abuso da linguagem instrumental volta-se contra si mesmo. Para a historiadora Carmen Iglesias, a mentira institucional implica uma desvalorização da linguagem, o que com o tempo quebra a confiança das pessoas e acarreta a "perda da responsabilidade das palavras"[8]. Se o povo não voltar a usar habitualmente essas expressões, a linguagem política se ressentirá disso, se esvaziará de sentido e carecerá de valor.

O abuso de termos e a justificação excessiva tornam-se suspeitos e geram desconfiança nos destinatários. Desse modo, o excesso de argumentos e de propaganda oficial sobre um tema, sem que existam dados ou base real para respaldar a disseminação de mensagens, pode provocar um efeito contrário ao esperado. Pode provocar a diminuição da credibilidade da fonte e a desconfiança em relação a todas as mensagens transmitidas pelo poder. Isto pode ser observado nos excessos propagandísticos dos países totalitários, em que as expressões criadas pelo poder acabam não significando nada, como os lemas "unidade de destino no universal", o cubano "pátria ou morte" ou o maoísta "o grande salto para a frente". Pelo contrário, a aceitação de uma expressão na linguagem cotidiana é símbolo de um contrato de confiança entre governantes e governados.

Promessas e Desculpas

Ordenei a suspensão de todas as iniciativas de diálogo com o ETA.

José Luis Rodríguez Zapatero, *El País*, 30 dez. 2006.

Autorizei novos contatos com o ETA após o atentado da T-4 devido ao desejo de instâncias internacionais.

José Luis Rodríguez Zapatero, *El Mundo*, 13 jan. 2008.

As mentiras e os abusos de confiança se produzem com maior intensidade quando há um maior esforço de comunicação por parte do político, por exemplo, em épocas eleitorais, e se manifesta especialmente no descumprimento de programas e de promessas. Victoria Camps aponta

---

8 Cf. La Máscara y el Signo, em C. Castilla del Pino (org.), op. cit., p. 61-125.

para esse caráter vago e indemonstrável, especialmente nas promessas de longo prazo. Nestas últimas, o político fala de algo que não existe, como se fosse um pregador religioso, e faz isso por analogia[9]. Não deve causar espanto que 60% dos espanhóis considerem que os eleitos não se esforçam para cumprir suas promessas eleitorais, de acordo com uma pesquisa do Centro de Investigaciones Sociológicas (CIS) realizada entre janeiro e março de 2007.

De qualquer modo, a sociedade dá um desconto e tolera o descumprimento dos programas eleitorais sem que a confiança nos políticos se ressinta disso especialmente. Esse descumprimento é lendário, a seguinte frase é atribuída a Enrique Tierno Galván: "Os programas eleitorais existem para não serem cumpridos". As *promessas* dos políticos não são estritamente mentiras. Nestas, apela-se para melhorias e para ganhos futuros, frequentemente vagos e indemonstráveis, que se expressam na forma de ideias e de frases curtas, muitas vezes transformadas, durante anos, em *slogans* e clichês não apenas de campanhas eleitorais, mas também do partido que os sustenta.

As *desculpas* ou explicações de por que as promessas não foram cumpridas, estas sim, costumam cair abertamente no âmbito da pequena ou da grande mentira. Quando não se pode atingir um objetivo como a diminuição do desemprego ou da inflação, costumam ser ouvidas expressões como "isso se deve ao comportamento atípico do mercado" ou então "embora os dados conjunturais sejam negativos, a tendência dos últimos meses (semanas, anos) é positiva", "alta temporária" ou "aumento do desemprego de caráter temporário".

Como se disse acima, o político tende mais às mentiras de ocultação que às de falsificação. Ele não costuma mentir por falsificação porque está sujeito à exposição e ao escrutínio público. Há cada vez mais transparência, mais exposição, e desse modo é mais fácil descobrir as mentiras, principalmente as de falsificação, pois cedo ou tarde aparece alguém que pede ou apresenta provas. Quanto maior for a exposição pública, quanto mais pessoas escutarem suas mensagens, mais fácil e provável será que apareça alguém que se preocupe em questionar a história contada, que

---

9 Cf. V. Camps, op. cit.

conheça detalhes que possam comprometer a sua versão, que investigue as circunstâncias ou que induza outros a fazerem isso. O público interessado e inquisitivo é variado: as pessoas comuns, a imprensa, os sindicatos, a oposição política, os parlamentares ou inclusive o seu próprio partido.

Esta situação é comum aos profissionais submetidos a amplas audiências, como ocorre com os jornalistas, e a todas as pessoas que são objeto de atenção pública, como os esportistas, os artistas e alguns membros da comunidade científica, como veremos nos próximos capítulos.

Conclui-se que as mentiras habituais dos políticos são as de ocultação, razão pela qual tendem a não dizer tudo o que sabem, a dosar a informação, procurando com isso a melhor oportunidade para filtrá-la ou revelá-la, ou então para dar uma informação parcial com o fim de se preservar. A dosagem da informação também é uma prática habitual no jornalismo.

Ocultação de um Fato
Desfavorável

O anúncio do "cessar-fogo permanente" do grupo terrorista ETA ocorreu em 22 de março de 2006. Poucas semanas depois disso, alguns empresários navarros receberam cartas do ETA exigindo, sob ameaças, o pagamento do imposto revolucionário. Esta situação criava problemas para o governo, que tinha esperança de pôr um fim ao terrorismo. Dias depois, o presidente Zapatero compareceu diante de vários jornalistas em uma emissora de rádio, onde foi feita a pergunta de como era possível que, em plena trégua, o ETA prosseguisse com a prática habitual de chantagear empresários. A resposta do presidente foi uma tentativa de minimizar a atuação terrorista, sugerindo que as cartas poderiam ter sido enviadas antes da trégua. A resposta inicial de Zapatero foi: "Confirmar... Todos os dados de que dispõem as Forças e Corpos de Segurança do Estado confirmam que as famosas cartas são anteriores ao cessar-fogo... Esta é a informação de que disponho e, com relativo grau de segurança, a polícia aponta nessa direção". Surpreso, um dos jornalistas perguntou imediatamente: "Isso foi confirmado?" (que as cartas de extorsão aos empresários navarros foram enviadas antes do cessar-fogo permanente). Zapatero respondeu:

"Esta é a informação de que disponho". Naquele mesmo dia, a confederação dos empresários navarros desmentiu as afirmações do presidente. Já em sua resposta podiam ser observados indícios de evasivas, como a minimização e o distanciamento ao falar das "famosas cartas" ou "são anteriores", evitando o "foram enviadas". A atitude do jornalista não era precisamente de convencimento, quando perguntava pela "confirmação". O distanciamento e a minimização da verdade incômoda continuavam dias depois, quando a porta-voz do governo regional basco afirmava: "Falar dessas questões continuamente, discutir se foi uma remessa enviada antes do dia 22 de março não vai ajudar de modo algum a manter um clima de serenidade". Observe-se a minimização de chamar de "remessa" as cartas que exigem dinheiro com ameaças a uma pessoa e à sua família; entretanto, mais grave que isso é o ataque implícito a quem pergunta e a quem busca a verdade: a porta-voz acusa essa pessoa de perturbar "o clima" e praticamente a coloca no mesmo nível, ou até mesmo abaixo, dos terroristas. As extorsões de empresários continuaram durante todo o "cessar-fogo permanente", e depois disso.

A ocultação aparece em incontáveis expressões habituais. Desse modo, a expressão "não concordo com os termos dessa declaração" parece um desmentido, mas na verdade não é. Na verdade, diz-se que no fundo se está de acordo com o que foi dito pelo outro, mas não convém ou se teme dizer isso abertamente. "Minha demissão deve-se exclusivamente a motivos pessoais", também costuma ser uma mentira, já que tudo pode ser pessoal. "Comprometer-se com um projeto político" significa aceitar qualquer cargo que lhe seja oferecido. "Decisão política" é aquela que *prima facie* é incompreensível, não possui argumentos que a sustentem nem tampouco segue a lógica ou o senso comum e cuja única explicação ou justificação é a de que foi ordenada por quem manda.

Linguagem Obscura

Em dezembro de 2006, José Antonio Pastor, porta-voz do PSE no Parlamento basco, mencionou uma tentativa fracassada do governo de falar com a organização terrorista ETA no verão do mesmo ano. A resposta do secretário de organização do PSOE, José Blanco, foi a seguinte: "Há muitas pessoas que não sabem do que falam e nós, que sabemos, não falamos".

As evasivas, os silêncios e as manobras de distração são instrumentos habituais do político.

Os Números Como Linguagem Política:
Mentiras Estatísticas

Os números e estatísticas são um material de comunicação e, portanto, de mentira, na comunicação do poder com o povo. Os dados possuem um poder de convencimento, parecem objetivos, científicos, irrefutáveis, aparentam ser sólidos como as máquinas. Parecem difíceis de obter, mas na verdade são fáceis de maquiar. Nas campanhas eleitorais, sobretudo depois da contagem de votos, costumam ser oferecidos ou apresentados os que são mais convenientes: todos ganham. O dado, o indicador, é uma demonstração de boa ou de má gestão. São uma forma quase tangível e irrefutável de comunicar-se com a opinião pública que, por sua vez, pede números porque acredita neles. Na importância e na utilidade dos números também reside o interesse em sua manipulação.

Raro é o governo que não começa o seu mandato mudando o sistema de coleta de dados para acompanhar de perto os grandes indicadores sociais e econômicos do país: desemprego, inflação, criminalidade ou filas de hospitais. Como as próprias instâncias governamentais, na falta de organismos independentes reconhecidos, podem escolher quais indicadores são os mais representativos para seu trabalho, não causa surpresa que tendam a selecionar e divulgar os que sejam mais favoráveis para julgar sua administração. Se fosse preciso escolher um exemplo atual, o governo da República Argentina seria um modelo de criatividade estatística contumaz no tratamento das taxas de inflação.

O resultado disso é que as estatísticas oficiais carecem de credibilidade e devem ser comparadas com as de organismos independentes ou de outras fontes. Um político pode escolher em que dia apresentar um resultado negativo de um indicador para que passe desapercebido ou inclusive para ocultá-lo totalmente. Pode existir uma certa demora entre o momento em que se toma conhecimento de um dado e o momento em que ele é apresentado. Nesse intervalo de tempo, pode-se "jogar" ou fazer um uso político da informação, disfarçá-la para que seja apresentada como se desejar, misturada, por exemplo, com iniciativas que atenuem o dado negativo, ou pode-se inclusive passar previamente a informação a jornalistas amigos.

Durante anos, e ainda hoje em dia, um exemplo de mau uso das estatísticas é o dos números de mortos em acidentes automobilísticos, normalmente ruins, sem dados de referência em relação ao volume de tráfego, que pode ser conhecido indiretamente por meio de amostras ou de outros dados, como o combustível consumido ou por milhão de quilômetros percorridos pelos veículos em um período determinado. A variedade de fatores que incide sobre os acidentes nas estradas (volume de tráfego, clima, época do ano, dia da semana) torna muito difícil avaliar o efeito de determinadas medidas preventivas. Essas estatísticas não costumam ser úteis a não ser em grandes números, por exemplo, quando se consideram estatísticas anuais ou relativas a períodos de tempo, como o correspondente ao total das férias de verão, e sempre em séries temporais longas. Entretanto, são inúteis as comparações simples de mortes em um dado fim de semana com outros fins de semana anteriores ou de outros anos, informações que são de interesse jornalístico, mas que isoladamente não significam muito. Trata-se de um problema grave que vai além do fato de enganar ou não as pessoas e tem a consequência de que não se consiga saber se as medidas tomadas, muitas delas de custo elevado, são eficazes ou não.

Dois acontecimentos que ocorrem paralelamente, como o progressivo aumento do preço dos combustíveis e uma diminuição da velocidade média, ao fim de vários meses, podem conduzir à diminuição dos sinistros nas estradas. Se, ao mesmo tempo, forem instauradas ou acentuadas medidas punitivas, como um aumento qualitativo ou quantitativo das sanções por infrações, teremos que o resultado final – uma feliz queda no número de acidentes e de mortos – dificilmente poderá ser atribuído de modo exclusivo a um fator específico. Em razão disso, é difícil avaliar a eficácia de uma medida concreta como as campanhas, sempre de duração limitada, para intensificar o controle de velocidade, o uso do cinto de segurança ou o controle do álcool.

Naturalmente, os responsáveis pelo tráfego são mais políticos que cientistas e ficam contentes, como todos nós, com a queda das taxas de mortalidade por acidentes. Por razões parecidas, eles não dispõem de recursos materiais e humanos para controlar e estudar cada um dos fatores-chave que, individualmente ou em combinação com outros, permitiriam conhecer o peso isolado e em conjunto de todos eles. Ora, continua sendo verdade que um bom conhecimento desses fatores permite identificar a medida ou a combinação de medidas mais eficaz para prevenir mortes nas estradas. No mínimo, os números apresentados deveriam estar referidos a alguns desses fatores-chave. Boas estatísticas salvarão mais vidas. Estatísticas de baixa qualidade, embora às vezes sejam ou pareçam favoráveis (quando nos dizem, por exemplo, que um número menor de pessoas morreu em um determinado fim de semana do que "no mesmo" fim de semana do ano anterior), obscurecem o problema e, no fim das contas, acabarão por resultar em mais mortes.

Boas estatísticas permitem, logo de saída, saber quais medidas são efetivas e quais não são. Por um lado, as pequenas diferenças podem não ser significativas quando for considerado o volume geral de acidentes e vítimas e, por outro, as técnicas estatísticas que permitiriam descobrir uma tendência e lançar luz sobre esse grave assunto são complexas. Por isso, uma boa estatística é mais importante ainda devido aos muitos fatores que intervêm nos acidentes nas estradas, de natureza essencialmente complexa.

Algumas vezes, a forma de divulgar a estatística é duvidosa: "A metade dos falecidos não estava com o cinto de segurança". Na verdade, a frase diz que a outra metade estava com o cinto e pode surgir a dúvida a respeito da eficácia da medida que se defende: que todos ponham o cinto de segurança.

Um aspecto clássico das estatísticas é o seu uso criativo para apoiar as necessárias desculpas quando os planos não cumprem o que estava previsto. É tradicional "agarrar-se" a um número que indica que as coisas foram bem feitas, ou que não foram mal feitas, embora exista uma legião de outros indicadores contrários.

Propôs-se que a elaboração e a divulgação das estatísticas oficiais de especial importância para um país deveriam estar a cargo de um organismo independente. As Nações Unidas recomendam que cada país tenha a sua agência estatística nacional, independente do governo, para garantir sua autonomia e qualidade técnica; deste modo, os números-chave da situação de um país em suas múltiplas facetas poderiam chegar ao público livres da influência e da retórica política, sem tanta mentira.

Corrupção

E, em meio à vida política, entre empresários sem escrúpulos e altos cargos, presidindo a mentira e o engano, surge e prospera a corrupção generalizada em nosso país e em muitos outros. Os espanhóis percebem os políticos como um tanto corruptos e atribuem-lhes a nota 3,9 entre 1 ("nada corrupto") e 5 ("muito corrupto") no Barômetro Global da Corrupção da organização Transparência Internacional. De acordo com a pesquisa do CIS citada acima, à pergunta "Quantos políticos estão envolvidos em questões de corrupção?", 52% das pessoas responderam que "todos" ou "quase todos" e 26,2% disseram que "alguns deles".

Os cargos públicos oferecem mais oportunidades para se saber onde pode haver um bom negócio e capacidade de decisão sobre questões econômicas e sociais importantes. Os políticos/seus ocupantes sabem melhor que outros como funciona a maquinaria da administração pública ou são aconselhados por pessoas que a conhecem bem e sabem como evitar os controles. Além disso, quanto mais elevado o cargo, mais relaxados são esses controles: todos confiam no líder, que sabe tudo e que pode resolver tudo. Há normas contra a corrupção política, mas elas não são aplicadas. A ocasião propícia, a falta de controle, tudo favorece a fraude.

Durante anos existiu a possibilidade de ganhar imensas quantias de dinheiro com a requalificação de terrenos inicialmente adquiridos como áreas não edificáveis que posteriormente são vendidos a preços astronômicos. Os municípios ganham áreas para equipamentos urbanos e serviços, mas também podem se financiar direta ou indiretamente por meio de vendas ou permutas de terrenos. Existem diversas possibilidades de financiamento das secretarias da fazenda locais, sempre com necessidade de dinheiro, através de convênios urbanísticos nos quais as requalificações de terrenos são feitas em troca de fundos ou de ações do setor imobiliário. Os políticos municipais ganham comissões para si mesmos ou para seu partido em troca da requalificação dos terrenos. Os técnicos municipais que "trabalham" esses expedientes podem ganhar dinheiro vivo ou em espécie, como imóveis, facilidades máximas para adquiri-los a baixo preço ou então convites para participar de projetos. Às vezes, não se trata de fazer requalificações, mas sim de autorizar ampliações na área construída, como mais andares para um edifício, embora isso esteja em desacordo com a regulamentação, com o zoneamento ou com a autorização original.

A situação a que se chegou de cotidianidade da mentira política pode ser observada nas acusações de corrupção, especialmente de cobrança de dinheiro de empreiteiros, sobretudo de obras públicas, de tal modo que elas não apenas não são mais ocultadas, mas, além disso, fala-se delas com muita naturalidade.

Vocês Têm um Problema

Na primeira metade de 2005, a vida política catalã foi chacoalhada pelo afundamento de várias casas no bairro El Carmelo. No debate do Parlamento autonômico sobre o problema, o então presidente Maragall acusou implicitamente os governantes anteriores, pertencentes à Convergencia i Unió (CiU), de terem cobrado uma comissão de 3% das construtoras. Em vez de negar isso vigorosamente, a incrível resposta do acusado, representante da CiU, foi exigir que Maragall retirasse o que havia dito, para pouco depois dizer que caso não retirasse a acusação, sua coalizão não apoiaria a reforma do Estatuto da Catalunha. Esse é um exemplo de uma "grande evasiva", em ambiente parlamentar, e de que a tolerância social com a corrupção política consente e encobre tudo, inclusive confissões implícitas como esta. Pasqual Maragall reconheceu em suas memórias que ninguém, nem os membros de seu próprio governo (em forte conflito com a CiU neste tema) nem representantes da oposição, quis investigar esse assunto[10]. Não foram apresentados provas ou dados desses pagamentos à Promotoria da Catalunha, que não encontrou nenhum indício de irregularidade, salvo em um assunto menor relacionado ao pagamento de comissões indevidas por parte de uma empresa pública que envolveu vários funcionários da Generalitat catalã. Em 2003, um empreiteiro catalão pagou comissões de 20% (não de 3% como denunciara Pasqual Maragall) sobre o total de um contrato da Adigsa, empresa pública da Generalitat, que tem como missão a reabilitação de habitações sociais, para um intermediário da CiU. Em 16 de outubro de 2007, o jornal *El País* informou que um juiz considerou haver delito nesse pagamento. O periódico também publicou que, depois de perder o poder na Generalitat, o partido UDC perdera cerca de 60% das doações anônimas em 2005.

Em relação a essas questões, Javier Arzalluz, ex-presidente do Partido Nacionalista Vasco (PNV), reconhecia em sua autobiografia que seu partido recebia dinheiro de empreiteiras na forma de doações anônimas. Ao lado de uma descrição pormenorizada dos casos de corrupção de políticos socialistas, ele narrou muito superficialmente e com um certo distanciamento os casos que envolvem o PNV: "Tenho a convicção de que todos os partidos importantes receberam dinheiro das grandes empresas. Especialmente das empreiteiras" (p. 345). O ex-dirigente nacionalista admite que o financiamento do PNV por empresas era feito sugerindo-se ao ganhador do contrato da obra pública que o partido tinha necessidades (p. 346-347), e também que é fácil passar do financiamento do partido para o financiamento individual. E deve ser assim, pois, de acordo com o relatório do Tribunal de Contas relativo a 2003, as doações voluntárias ao Partido Nacionalista Vasco foram de 1,8 milhões de euros, metade disso em doações anônimas[11].

A corrupção política não é de modo algum uma questão de linguagem. Tampouco é suficiente recorrer a características pessoais, como a cobiça, para explicar o comportamento dos corruptos. Para esse tipo de comportamento, contribuem de modo decisivo as oportunidades e também a falta de controle, as atitudes sociais gerais tolerantes e inclusive favoráveis

---

10 Cf. *Oda Inacabada*, p. 270-271.

11 Cf. T. Aldapa, Arzalluz Admite Que el PNV Pedía Dinero a las Constructoras Que Licitaban en Concursos Públicos, *El Confidencial*, 11 ago. 2006.

à corrupção, dentre elas, o fato de que não seja algo mal visto aproveitar--se de certas circunstâncias como possuir um cargo público, uma posição de poder técnico ou político que permita favorecer uma terceira pessoa em troca de dinheiro ou outros bens. Somam-se a isso uma mentalidade de viver no dia a dia um certo relaxamento e relativismo morais, junto com uma desvalorização ou com a perda total do sentimento de culpa, paralelamente à tolerância social em relação a esse tipo de comportamento. Acrescenta-se a isso também que costuma haver admiração por pessoas que ganham dinheiro rápido e sem esforço, pois existe a ideia de que, sendo esperto, tendo amizades e influências, pode-se conseguir as coisas sem muito esforço, o que para muitas pessoas pode constituir um objetivo vital em si mesmo.

Existem Mentiras Políticas Justificadas?

As coisas que podem ser postas em dúvida não podem ser ditas senão a amigos muito particulares, ou aos discretos, que as recebem como o que são. Nem todos possuem a capacidade de ouvir coisas sérias. Verdades que podem escandalizar e inquietar os ânimos não devem ser ditas quando não for necessário.

Vicente Espinel, *Vida del Escudero Marcos de Obregón*, 1618.

A mentira ou o erro cometido pelo governante em benefício próprio ou de interesses espúrios sempre parecerão piores do que os que visam, segundo seu próprio critério, o benefício de toda a sociedade. Mentiras políticas necessárias ou inevitáveis são ocultações de fatos ou de dados que não devem se tornar públicos porque afetam diretamente a segurança nacional ou preocupariam ou deixariam a população alarmada. Platão, na *República*, já reconhecia que os governantes podiam, em favor do bem comum, mentir para os governados. Os países reconhecem e regulamentam os segredos oficiais. Pode-se não dizer a verdade em situações nas quais o conhecimento público de uma questão deixaria a população alarmada, seja pela gravidade do caso, seja porque o transtorno causaria, por razões de oportunidade ou outras, mais dano que o próprio problema. Um exemplo disso são decisões de cunho financeiro, como a desvalorização da moeda de um país, que não são anunciadas até que tenham sido tomadas as medidas oportunas. Procura-se com isso evitar o pânico da população. Pode-se dizer o mesmo de problemas de saúde pública, como ameaças de epidemia, sobre as quais não se fala antes de terem sido decididas e tomadas as medidas adequadas e quando já se sabe quais instruções é preciso transmitir à população. Essas mensagens são acompanhadas de pedidos de que se mantenha a calma para que não se espalhe o pânico e para que as consequências de transmitir a mensagem não sejam piores do que as de não fazê-lo.

A manutenção do segredo sobre doenças infecciosas é muito eficaz apenas para favorecer a disseminação dessas doenças, para aumentar o alarme social e atingir o efeito contrário ao pretendido. Em alguns casos, não são os políticos, mas sim as crenças religiosas que mantêm o obscurantismo e acabam por auxiliar a propagação de doenças como a poliomielite. Por exemplo, o fanatismo, os preconceitos religiosos e o forte sentimento antiamericano fizeram com que, em diferentes regiões de vários países majoritariamente muçulmanos (Paquistão, Afeganistão, Nigéria), os pais se negassem a vacinar seus filhos contra a pólio. Em 2004, a pólio reapareceu em diversos países africanos apesar de dezesseis anos seguidos de campanha da Organização Mundial da Saúde, com o panorama desanimador de um conjunto de bolsões dessa doença nas nações citadas, onde a pólio se tornou endêmica. Em alguns casos, afirmava-se que a vacina contra a doença era um "complô dos Estados Unidos para esterilizar crianças muçulmanas inocentes"[12]. Os muçulmanos do norte da Nigéria recusaram a vacina por acreditarem que havia sido contaminada com o vírus da Aids ou com um agente esterilizante, de acordo com o citado complô, o que corresponde a algumas teorias da conspiração de que trataremos no capítulo 9. A pólio se disseminou também para outros países fronteiriços que estavam livres da doença há anos. Já do lado cristão,

---

12 Cf. D. Walsh, El Fundamentalismo Dispara la Polio Infantil en Pakistán, *El Mundo*, 16 fev. 2007.

acusa-se uma seita fundamentalista do Canadá que se opôs à vacinação contra uma epidemia de papeira na região de Vancouver.

A tendência atual nas sociedades democráticas é a de contar tudo, porém antes garantindo-se o controle da situação para que não haja pânico. O segredismo nas sociedades democráticas não costuma produzir bons resultados. Nas ditaduras e em regimes pouco ou nada democráticos, não fornecer informações também causa efeitos indesejados, pois gera muita incerteza na população, como quando a saúde do velho dirigente se deteriora seriamente e começam a surgir rumores sem fim e se cria uma inquietação pública e uma desconfiança geral dos políticos. Ora, muitos acordos, pactos ou negociações de grande importância, habituais na vida pública, não podem ser alcançados em condições de transparência total, nas quais se revelam as concessões, possíveis trocas de garantias, consequências previsíveis no curto e no longo prazo das mesmas e inclusive planos de ação resultantes. Por outro lado, as sociedades democráticas toleram mal o segredismo. São muitos os agentes sociais que desejam ou que precisam conhecer a verdade, frequentemente com interesses contrapostos. O que é menos aceito é a "não discussão" pública ou a subtração de questões importantes do debate parlamentar. Qualquer medida de silêncio que seja adotada deveria ser discutida ou justificada em público. Em suma, a questão de ocultar ou não ocultar informações importantes, e até quando fazê-lo, produz dilemas cotidianos para os políticos.

Contos Chineses

A tendência de ocultar coisas é muito maior nas sociedades não democráticas. Na China, por exemplo, a ditadura comunista mantém a população em um desconhecimento praticamente completo sobre a Revolução Cultural, que começou em 1966 e acabou com a morte de Mao Tsé-Tung e a queda do chamado "grupo dos quatro" em 1976. O próprio Partido Comunista chinês condenou oficialmente a Revolução Cultural em 1981. Não se pode dizer que foi uma época particularmente feliz para os chineses. Morreram centenas de milhares de pessoas assassinadas, cifra que, segundo alguns, alcança 1 milhão de mortos. Alguns especialistas estimam que, sob o mandato de Mao, morreram 20 milhões de chineses. Várias centenas de milhões tiveram suas vidas reviradas quando seus filhos vigiavam e delatavam seus pais, e vice-versa. Foram fechadas escolas e universidades, e o atraso da China se acelerou em relação ao resto do mundo civilizado. Existe uma censura generalizada em todos os tipos de publicação sobre esse assunto, do qual não se pode falar em público. É perigoso possuir literatura sobre o tema, toda ela publicada no estrangeiro. Em 1986, publicou-se um livro sobre a Revolução Cultural que, pouco depois, foi proibido. Não existe nenhuma lembrança das vítimas. Não há discussão sobre o que ocorreu nem sequer a possibilidade de que haja uma.

A ocultação de dados no país asiático se estende a outros terrenos preocupantes para todo o mundo. O segredismo nos dados oficiais afeta a saúde pública: o primeiro caso de gripe aviária foi ocultado das autoridades sanitárias internacionais. O Ministério da Agricultura fez a primeira declaração de infecção em frangos pelo vírus H5N1 em janeiro de 2004. Em novembro de 2005, o governo chinês comunicou os primeiros casos confirmados de infecção de gripe aviária em humanos[13]. No entanto, um grupo de cientistas chineses comunicou ao *New England Journal of Medicine* que uma pessoa infectada falecera em razão dessa enfermidade já em novembro de 2003. Acredita-se atualmente que o surto do Sudeste Asiático tenha surgido na China e não no Vietnã ou na Tailândia.

Também no campo da saúde se encontra um dos acontecimentos mais graves ocultados durante anos da população chinesa e de todo o mundo. Trata-se dos "povos da Aids" na província de Henan, nos quais muitos de seus habitantes estão infectados pelo HIV devido a doações, ou, melhor dizendo, à venda forçada de sangue. Por razões culturais, não há tradição de doação de sangue na China. No começo dos anos de 1990, as autoridades locais incentivavam os camponeses a vender seu sangue, que era depois devolvido através de uma transfusão após a extração do plasma. Eles não foram informados dos perigos da extração e da transfusão remuneradas. Como não foram feitos testes para detectar o HIV, e

---

13 Cf. Organização Mundial da Saúde, <www.who.int>.

como o sangue de vários doadores se misturava antes da transfusão, os riscos eram enormes.

O controle da Aids pelo governo chinês não começou senão em meados dos anos de 1990. Em 2004, estimava-se em 170 mil o número de doadores infectados e em 130 mil o número de pacientes hospitalares infectados pelas transfusões. Outras estimativas, segundo as Nações Unidas, indicam que, no fim de 2005, havia apenas cerca de 50 mil doadores infectados. Esse assunto foi encoberto pelas autoridades de Pequim, que proibiam, até pouco tempo atrás, a visita de estrangeiros a essas aldeias. A censura da imprensa sobre o tema foi completa, e impediu-se a publicação de informações sobre esse assunto tenebroso. Ninguém foi punido por esses fatos, nenhum médico, nenhuma autoridade local ou provincial[14]. Somente com as Olimpíadas de 2008 houve uma certa abertura e foram feitas campanhas para incentivar a população a doar sangue.

Outro caso grave, no qual se suspeita que houve ocultação de dados, foi o que ocorreu na China, em agosto e setembro de 2008, quando milhares de crianças foram afetadas ao tomar leite contaminado por melamina. Na China e em outros países foram detectados até 50 mil doentes afetados por pedras renais e problemas no trato urinário, dos quais seis morreram. Afirmou-se que a publicação dessa notícia foi adiada para não prejudicar o transcurso dos Jogos Olímpicos de Pequim naquele ano[15]. A ocultação sistemática permitiu que as autoridades chinesas se comportassem com desenvoltura em situações difíceis, apesar de todas as mortes que esse modo de proceder poderia causar aos seus compatriotas.

Esse mal não afeta apenas as sociedades não democráticas ou totalmente fechadas. Às vezes há questões de orgulho nacional cuja ocultação é mantida através de severos princípios legais. Desse modo, na Turquia, a história oficial pretende ocultar que, em 1915, pouco antes do fim do Império otomano, procedeu-se ao deslocamento de centenas de milhares de armênios e que muitos deles (fala-se de 1 milhão a 1 milhão e meio) foram assassinados. Nesse país, tornar público esse assunto pode ser objeto de processo penal como "insulto aos turcos", ainda que uma resolução do parlamento turco de abril de 2008 tenha suavizado a norma.

14 Cf. Blood Debts, *The Economist*, 20 jan. 2007.
15 Cf. *The Economist*, 25 out. 2008.

A Guerra do Iraque: A Mentira do Pretexto das Armas de Destruição em Massa

A existência de armas de destruição em massa no Iraque e sua possível utilização por Saddam Hussein foram uma das razões aduzidas para a desastrosa intervenção internacional liderada pelos Estados Unidos no citado país em 2003, intervenção esta que foi apoiada por outras nações, dentre elas a Espanha. Descobriu-se posteriormente que essas armas não existiam. O relatório final dos inspetores de armas dos Estados Unidos, datado de outubro de 2004, apresentado à correspondente comissão no Senado, concluiu que Saddam Hussein não possuía armas de destruição em massa e que ele constituía uma ameaça cada vez menor.

Tudo indica que a afirmação de que essas armas eram reais não era nada além de um pretexto, falso, para invadir o país e derrubar o ditador iraquiano. Esse pretexto foi utilizado para convencer a opinião pública a respeito da benignidade de uma invasão que já estava decidida de antemão. Afirmou-se que a invasão era necessária porque Saddam Hussein possuía arsenais de gás neurotóxico, armas biológicas e programas secretos de armas e mísseis nucleares, que acabaram não aparecendo. Um segundo pretexto foi o de que o país árabe estava desafiando as sanções internacionais que impunham estritos limites ao seu rearmamento.

Relatórios atribuídos ao governo britânico situam a intenção de entrar em guerra com o Iraque oito meses antes de sua invasão, isto é, em julho de 2002. Os citados relatórios indicavam que a decisão de ir à guerra já estava tomada e que as ações e a informação disponibilizada estavam sendo ajustadas a essa decisão. Ora, tanto o presidente Bush como o primeiro-ministro britânico Tony Blair negaram a autenticidade desses relatórios[16]. Algumas fontes asseguram que a decisão de apoiar os Estados Unidos na invasão remonta a abril de 2002.

---

16 Cf. <www.cnn.com>, 7 jul. 2005.

No caso britânico, foi divulgado em setembro de 2002 um relatório do Comitê Conjunto de Inteligência, baseado nos dados proporcionados pelos serviços de espionagem, que foi utilizado para justificar a invasão frente à opinião pública. Era o chamado Relatório Scarlett, escrito por John Scarlett, chefe do Comitê Conjunto de Inteligência, posteriormente nomeado diretor do MI6. Uma das conclusões que mais chamam a atenção é a de que o "Iraque possui armas químicas e biológicas e também a capacidade de utilizá-las no prazo de 45 minutos".

Meses após a invasão, e enquanto uma equipe militar especial procurava em todo o Iraque pelas supostas armas de destruição em massa, Tony Blair continuava afirmando: "Não tenho absolutamente nenhuma dúvida de que encontraremos provas de programas de armas de destruição em massa"[17].

Tudo É Descoberto: Os Relatórios Oficiais

Diante do fato de que as armas não apareciam e que a opinião pública estava se tornando mais crítica em relação à invasão do Iraque e também ao desenvolvimento do pós-guerra, o governo britânico encomendou um relatório, em fevereiro de 2004, que foi concluído em 14 de julho do mesmo ano, sobre a possível existência de armas de destruição em massa no Iraque, o papel dos serviços de inteligência e o processo seguido na decisão de invadir o país árabe.

Os resultados do Relatório Butler, que recebeu esse título devido a Robin Butler, presidente do comitê, foram demolidores para a credibilidade do governo britânico[18]. Os serviços de inteligência haviam exposto, em seus relatórios e conclusões, quais eram as limitações e a confiabilidade dos dados, mas as reservas e expressões de precaução a esse respeito haviam sido eliminadas ou não haviam sido levadas em consideração ao se apresentar a justificativa da guerra para a opinião pública. A informação utilizada pelo serviço de inteligência não era de boa qualidade e, em certas ocasiões, provinha de uma cadeia de informantes que repetiam

17 Em 8 de julho de 2003.
18 Cf. <www.butlerreview.org.uk>

dados sem valor ou sem qualquer base. Dentre as conclusões, avalia-se que as relações entre o governo do Iraque e a Al-Qaeda eram inexistentes ou marginais. Não existia nenhuma informação recente corroborada que indicasse que o Iraque constituía um perigo imediato para outros países. Embora o Iraque procurasse obter urânio enriquecido e retomar seu programa nuclear, estava muito longe de obter êxito nessa empreitada. Sua capacidade de produção de armas químicas e biológicas foi superestimada. Ele não dispunha de estoques de armas biológicas e químicas em condições de uso, nem tampouco planos concretos para fabricá-las. O relatório de setembro de 2002 teria sido manipulado pelo governo britânico. A sua base era constituída pelo trabalho de um estudante obtido na internet e por vários artigos de 1997.

Em suma, os relatórios utilizados para justificar a guerra foram além do que os serviços de inteligência indicavam, de tal modo que os dados apresentados ao público ultrapassavam os limites da informação disponível e foram enviesados e orientados de acordo com os interesses da intervenção militar.

O primeiro relatório do Comitê de Inteligência do Senado dos Estados Unidos também se tornou público em julho de 2004 e foi seguido por outro em setembro de 2006[19]. As conclusões são paralelas às dos britânicos. O Iraque não possuía armas de destruição em massa, nem programas ou sequer a intenção de desenvolvê-las. Saddam Hussein não mantinha nenhuma relação com a Al-Qaeda. O governo americano estava há anos tentando demonstrar o contrário, já que, de acordo com a confissão de um de seus assessores antiterroristas, pouco após os ataques do 11 de Setembro às Torres Gêmeas e ao Pentágono, o presidente Bush ordenou a investigação de possíveis conexões entre Osama bin Laden e o governo iraquiano. Algumas informações indicam que a obsessão de Bush de invadir o Iraque se manifestara até mesmo antes dos atentados[20].

Em julho de 2004, o comitê do Senado americano concluiu que a maior parte das informações relativas à posse de armas de destruição em massa por parte do Iraque e a avaliação das mesmas realizada pelos serviços de inteligência tinham sido superestimadas ou não eram apoiadas

19 Cf. <http://intelligence.senate.gov/phaseiiaccuracy.pdf>
20 Cf. S. Graubard, *The Presidents.*

por informações confiáveis. Os erros deviam-se principalmente à análise da qualidade da informação disponível. A CIA manipulou dados e relatórios, e a documentação que forneceu era errônea e desprovida de base objetiva. A agência afirmou que Saddam Hussein acumulara armas químicas e biológicas, e que em breve poderia construir uma arma nuclear. Todas essas afirmações careciam de fundamento. O relatório concluiu que informações de baixa qualidade foram usadas para justificar a invasão, e acabou provocando a demissão de George Tenet de seu cargo de diretor da CIA. Um dado concreto que chamava a atenção era a afirmação, que por fim revelou-se falsa, de que o país árabe dispunha de armas biológicas e de dispositivos móveis para sua fabricação e utilização, dado que foi apresentado pelo secretário de Estado Colin Powell em sua intervenção nas Nações Unidas em fevereiro de 2003, pouco antes da invasão. Ao que tudo indica, as armas existentes haviam sido destruídas em 1991 e as instalações haviam sido desmanteladas em 1996.

No que diz respeito aos relatórios da ONU, seus inspetores de armamentos foram autorizados a voltar ao país árabe em novembro de 2002, após vários anos de ausência, e continuaram ali até 17 de março de 2003, quando ocorreu o ultimato dos Estados Unidos a Saddam Hussein. O então chefe de inspeção Hans Blix concluiu que o programa de armas de destruição em massa teria sido abandonado muito tempo antes pelo Iraque, embora esse país tenha escondido certas informações relevantes sobre esses projetos. Blix, contrário à invasão, também opinou que os serviços de inteligência americano e britânico teriam utilizado informações pouco objetivas ou exageradas. Chama a atenção o fato de que Blix tenha confirmado que não houve nenhuma cooperação ou tentativa de colaboração por parte do regime iraquiano. Isto constitui um enigma de interesse relativo: se não tinha nada a esconder, por que se recusou a colaborar com os inspetores da ONU e criou todas as dificuldades que pôde? Na opinião de Blix, uma atitude diferente poderia ter adiado ou impedido a guerra, mas Saddam agiu como se tivesse algo a esconder.

Um detalhe que acrescenta uma dose de humor negro a essa história pavorosa é que parte das informações cruciais utilizadas pela CIA a respeito das armas de destruição em massa era falsa e provinha das declarações de um exilado iraquiano na Alemanha. O informante, que tinha o codinome

"Curveball", era um engenheiro químico que pediu asilo político em 1999. Ao que tudo indica, os serviços secretos alemães puseram essa informação à disposição da CIA sem que ninguém verificasse nada. De fato, os agentes norte-americanos nunca tiveram acesso direto a "Curveball". O informante parecia ter um profundo conhecimento de armas químicas e biológicas. Acreditaram nele porque ele disse exatamente o que seus interrogadores queriam ouvir. Parte dessa informação, totalmente falsa, serviu inclusive para a vergonhosa argumentação realizada por Colin Powell a favor da invasão em sua intervenção na sede das Nações Unidas.

Em conjunto, os relatórios indicam que os respectivos governos estavam reunindo dados e relatórios para justificar uma decisão que já havia sido tomada. Colin Powell, então secretário de Estado norte-americano, reconheceu, em abril de 2003, que os dados apresentados por ele ao Conselho de Segurança da ONU em fevereiro do mesmo ano baseavam-se em informações equivocadas[21].

É fácil encontrar precedentes desse tipo de comportamento na história dos Estados Unidos. Um deles é a misteriosa explosão no navio de guerra *Maine* quando estava no porto de Havana em 15 de fevereiro de 1898, que serviu de pretexto para precipitar a intervenção norte-americana contra a Espanha na guerra de Cuba. A investigação espanhola sobre o incidente, realizada sem acesso direto ao barco ou a provas diretas, concluiu que ela não havia sido provocada por um ataque externo, mas sim por uma explosão interna, como hoje em dia se reconhece. Mais recentemente, há também a Resolução do Golfo de Tonkim, aprovada pelo Congresso em 7 de agosto de 1964, baseada em informações falsas e exageradas fornecidas pelo Pentágono e pela Casa Branca. Essa resolução deu carta branca ao presidente Lyndon B. Johnson para iniciar a escalada bélica no Vietnã que mobilizou mais de meio milhão de soldados norte-americanos. Pode-se dizer que as guerras desastrosas andam lado a lado com as maiores mentiras.

Em junho de 2005, Bush e Blair ainda defendiam que a invasão no Iraque era necessária porque Saddam menosprezara as sanções da ONU, que exigiam o abandono dos programas de armas de destruição em massa.

---

21   Cf. *El País*, 4 abr. 2004.

No entanto, indo ao âmago da questão, a posição desses dois dirigentes era insustentável ao defender que a guerra era necessária quando se pensava haver armas de destruição em massa... e quando já se sabia que estas não existiam.

Sendo generoso com eles, e no melhor dos casos, Bush e Blair teriam sido sinceros sobre o que pensavam e acreditavam ser verdade: Saddam Hussein era um homem perigoso, era provável que possuísse armas de destruição em massa e não se podia confiar nele, já que menosprezara reiteradamente sucessivas resoluções da ONU. Do mesmo modo, pode-se afirmar que eles mentiram ao ocultar que as bases que sustentavam suas crenças não eram sólidas, que consistiam em dados escassos, pouco confiáveis e careciam de provas que os sustentassem. Transformaram possibilidades perigosas em realidades definidas. Esses líderes foram castigados pela opinião pública. Nos Estados Unidos, de 52% dos norte-americanos que aprovavam a guerra no Iraque em novembro de 2004, passou-se, em novembro de 2006, para apenas 40% de aprovação da gestão de Bush, no momento em que o Partido Republicano perdia a hegemonia parlamentar nas duas câmaras. Quando Bush deixou a presidência, somente 34% dos americanos aprovavam sua gestão e, durante o último ano de seu mandato, sua popularidade era de cerca de 27%, cifras que atingiram um nível quase tão baixo quanto as de Richard M. Nixon (ver mais adiante). Por sua vez, Tony Blair abandonou em meados de 2007 o seu escritório em Downing Street, no momento em que apenas um em cada cinco britânicos pensava que ele era alguém em quem se podia confiar. Pouco mais de um ano depois, ele reconheceu a invasão do Iraque como um erro gravíssimo.

Nessa época, e em sua defesa, de pouco valeu alegar que durante os ataques terroristas de 11 de Setembro não se prestou atenção às advertências dos serviços de inteligência e que agora se prestara atenção demais. A gravidade de uma guerra e de suas consequências obriga a uma consideração mais demorada e a que sejam trazidas provas mais sólidas. No mínimo, deveriam ter exposto as dúvidas razoáveis sobre os dados obtidos pelos serviços de inteligência.

Nessa forma de pensar há elementos próprios do pensamento desiderativo (*wishful thinking*): quando se deseja muito algo, presta-se atenção a toda informação que apoia o desejo e rejeita-se qualquer prova contrária. De tanto repetir o que se deseja ("o Iraque apoia a Al-Qaeda, possui armas de destruição em massa e é um perigo iminente para a paz"), acaba-se por pensar que isso é verdade. Os assessores do presidente Bush selecionavam as informações que lhes eram passadas, escolhendo aquelas que se ajustavam ao que ele pensava e minimizavam ou descartavam o que não se ajustava às suas ideias. A pessoa que se alimenta dessa monodieta intelectual acaba pensando que as coisas são como deseja e que ninguém tem o direito de discuti-las. Donald Rumsfeld, secretário de Defesa, afirmou, em setembro de 2002: "Não há nenhum debate no mundo sobre se eles possuem essas armas [...] Todos nós sabemos disso. Um macaco treinado saberia disso. Tudo o que é preciso fazer é ler os jornais"[22]. O que todos puderam ler nos jornais e ver nas redes de televisão desde então foi algo muito diferente, que o hipotético macaco adestrado de Rumsfeld também teria corroborado sem dificuldade.

A descoberta do falso pretexto e a piora da situação no Iraque geraram consequências políticas que seguem seu próprio curso. A corrente de opinião contra a Guerra do Iraque pouco a pouco foi ganhando força nos Estados Unidos, ao mesmo tempo que a popularidade de George W. Bush desmoronava. Dada a magnitude do conflito, de pouco serve qualquer desculpa posterior. Até mesmo a intervenção espanhola, baseada na resolução *ad hoc* das Nações Unidas dirigida à reconstrução do país árabe, nunca pareceu justificada aos olhos da opinião pública. A resolução 1511, de 16 de outubro de 2004, apoiava a presença das tropas da coalizão no Iraque e instava a que se prestasse assistência ao país, inclusive com forças militares. Nada disso possui valor quando confrontado com a catástrofe desencadeada pela invasão.

Sendo bondoso, e também no melhor dos casos, a invasão do Iraque foi uma decisão impulsionada por dados falsos, mas que na época foram julgados verdadeiros. Segundo *The Economist*, de 28 de agosto de 2004, "[Bush] não mentiu diretamente sobre as supostas armas de destruição em massa no Iraque, mas tampouco disse a verdade sobre o que sabia ou não sabia". Dada a gravidade da guerra e de suas consequências ao longo

22 Cf. *The Economist*, 3 abr. 2004.

do tempo, pode-se afirmar que o simples fato de não confirmar esses "maus" dados é de uma irresponsabilidade evidente. A alternativa plausível é a de que os dados foram fabricados, de que a primeira informação de que se dispunha foi utilizada ou maquiada para tentar justificar politicamente uma das decisões mais graves já tomadas por nações ocidentais nas últimas décadas e cujas consequências se farão sentir durante muito tempo. Não convence ninguém a desculpa de que houve uma excessiva confiança na informação fornecida pelos serviços de inteligência, informação essa que, no fim, mostrou-se falsa.

As desculpas dos principais líderes envolvidos foram até agora frágeis. O máximo que se chegou a admitir foi a falta de provas sólidas ou erros de "inteligência". George W. Bush, entrevistado pela rede de televisão ABC, reconheceu que o maior erro de sua presidência foi acreditar que existiam armas de destruição em massa no Iraque. Tony Blair também reconheceu que a Guerra do Iraque foi um erro. Em janeiro de 2007, José Maria Aznar reconheceu publicamente que não havia armas de destruição em massa no Iraque. Mariano Rajoy reconheceu timidamente, mais de quatro anos depois, que a intervenção no Iraque poderia ter sido um equívoco, mas que se baseava nos dados disponíveis naquele momento e que, no fim das contas, mostraram não ser "sérios"[23], dizendo: "o que era determinante eram as armas de destruição em massa. Se não julgássemos que existiam, estou convencido de que nem eu nem o restante daquele governo teríamos apoiado a intervenção no Iraque"[24]. Parece que tudo ocorre tarde demais e com pouca força.

Para encerrar esta longa história de mentiras, cabe lembrar que a fragata *Álvaro de Bazán* da Armada espanhola apoiou o porta-aviões americano *Roosevelt* em operações bélicas conduzidas pela Marinha norte-americana no Golfo Pérsico contra supostos grupos da Al-Qaeda que atuavam na fronteira entre a Síria e o Iraque. O grupo de combate dirigido pelo *Roosevelt*, do qual participava a fragata espanhola, esteve em ação entre setembro e dezembro de 2004, muito depois da retirada das tropas espanholas do país árabe. Frente às perguntas da oposição parlamentar sobre a questão, o governo espanhol respondeu que o navio

23 Cf. *Expansión*, 21 jul. 2007.
24 Cf. *El Mundo*, 27 jan. 2008.

não estava em "uma operação de paz no exterior" e sim em "práticas de treinamento". A resposta do governo era nuançada: "Não participou diretamente de nenhuma operação bélica"[25]. O advérbio "diretamente" permite uma boa margem de interpretação.

Definitivamente, o pretexto ou os pretextos para invadir o Iraque evidenciam um completo exercício de desinformação e de má informação no qual se pode dizer acertadamente que seus perpetradores recebem a punição no próprio pecado cometido. Não estamos aqui diante de grandes fabuladores, mas, antes, diante de uma grande mentira, urdida e transmitida pelos meios oficiais de propaganda e amplificada por meios de divulgação em escala mundial. Aqueles que cometeram esse engano fizeram-no devido a interesses variados: luta contra o terror, interesses no petróleo ou geoestratégicos, dentre os quais os de tornar patente a superioridade dos exércitos e da política ocidentais, instalar bases militares de forma permanente na zona e controlar política e economicamente um país inimigo de Israel. Não se pode excluir o interesse em tirar proveito da reconstrução para beneficiar importantes empresas norte-americanas (ver o próximo capítulo). Eles puderam mentir porque ocupavam os postos que ocupavam. Esses estadistas, tão próximos de nós geográfica ou culturalmente, são, mais propriamente, mentirosos comuns. Não deram mostras de inventividade ou de criatividade excepcionais e, mesmo possuindo um bom repertório de qualidades positivas, que nem sequer vêm ao caso nem tampouco lhes serviram para qualquer coisa boa nesse assunto, cometeram um erro colossal, enganaram bilhões de pessoas e provocaram uma guerra e um pós-guerra sangrentos cujas consequências são ainda imprevisíveis.

---

25 Cf. *El Mundo*, 31 dez. 2005.

Richard Nixon, o Vigarista

É difícil para homens em cargos de grande responsabilidade evitar a doença do autoengano. Estão sempre cercados de pessoas que os adoram [...] vivem em uma atmosfera artificial de adulação e de exaltação que cedo ou tarde deteriora o seu bom juízo.

Calvin Coolidge, presidente dos Estados Unidos (1923-1929), citado por Robert Dallek, *Nixon and Kissinger*.

Biógrafos, historiadores e jornalistas foram quase unanimemente pouco benévolos com Richard M. Nixon: duro, astuto, mentiroso compulsivo, ladino, amante do segredo e da conspiração, ardiloso, maquinador, inseguro, desconfiado, amargurado, ressentido, estranho e complexo. Segundo o historiador Stephen Graubard, ele talvez tenha sido o presidente americano mais estranho e controverso. Somente a ele e a nenhum agente ou pressão externos pode ser atribuída sua ignominiosa demissão como presidente dos Estados Unidos da América devido aos seus esforços para encobrir sua responsabilidade e a de seus colaboradores no caso Watergate.

Nixon, *self made man* desde sua infância em um modesto ambiente rural, foi um eterno ressentido contra o *establishment*, fundamentalmente contra judeus ricos e intelectuais liberais, acrescentando-se a isso um feroz anticomunismo. Era muito inseguro, obcecado com a própria aparência e com a imagem que podia causar nas demais pessoas. Queria aparentar firmeza, força, alegria, mas a obsessão por ser o que não era o traía e fazia com que se mostrasse falso, insincero e pretensioso. Ele se cercava de publicistas e de publicitários. Tinha obsessão pela forma como suas qualidades eram transmitidas aos demais e pela forma como seus colaboradores faziam isso, o que acabava sendo incômodo para todos aqueles que trabalhavam com ele. Era extraordinariamente desconfiado, inclusive em relação aos seus colaboradores mais próximos. Foi proverbial a desconfiança mútua entre ele e Henry Kissinger, seu assessor de Segurança Nacional e posteriormente Secretário de Estado. Ambos se vigiavam mutuamente e sentiam ciúmes um do outro por seus respectivos êxitos.

3. A Mentira na Política

Richard Nixon nasceu em uma humilde família californiana e, devido ao esforço pessoal e à astúcia, chegou ao cargo de maior responsabilidade de seu país. Quando jovem, foi bom estudante e realizou uma excelente carreira de Direito na Duke University. Por seu período na Segunda Guerra Mundial ele é lembrado apenas como um consumado jogador de pôquer.

Nixon sempre teve uma grande ambição política. Já em sua primeira campanha eleitoral, em 1946, como candidato ao Congresso americano pela Califórnia, estreou com métodos pouco ortodoxos, com milhares de chamadas telefônicas anônimas para os eleitores acusando seu opositor democrata de "comunista" e com a distribuição de panfletos acusando o mesmo de ser porta-voz dos judeus e protetor de comunistas. Em 1950, concorreu ao cargo de senador pela Califórnia com Helen Gahagan Douglas. Novamente foram feitas milhares de ligações aos eleitores chamando-a de "comunista", algo que na época da Guerra da Coreia não era precisamente carinhoso. Ele repetiu, portanto, as táticas que lhe deram a vitória quatro anos antes e ganhou a eleição para senador. Desde essa época, passou a ser conhecido como "Dick vigarista" (*tricky Dick*), apelido que o acompanhou para o resto da vida. Anos depois, Nixon se arrependeu de ter agido daquela forma. Não muito tempo depois de sua eleição como senador, soube-se que um grupo de californianos ricos pagava-lhe secretamente para completar seu salário oficial. Nixon se apresentou na televisão assegurando que esses fundos não eram secretos e que visavam pagar gastos eleitorais.

Depois de ter sido vice-presidente de Eisenhower, em 1960 Nixon perdeu as eleições para John F. Kennedy por uma margem apertada, e sempre considerou que a vitória de seu adversário democrata em alguns estados havia sido fraudulenta. Pouco depois, perdeu as eleições para o governo da Califórnia. Essas duas derrotas afetaram-no profundamente, mas ele não desanimou. Em 1968, ganhou as primárias de seu partido para disputar a presidência frente ao democrata Hubert H. Humphrey. Na dura campanha, ele não titubeou em utilizar informações confidenciais, que o ainda presidente Lyndon B. Johnson nobremente lhe proporcionara, sobre o possível início de conversações de paz no Vietnã, para atacar seu rival democrata. Com base nessa informação e através de seus contatos, passou a pressionar o governo do Vietnã do Sul para que se opusesse a um acordo de paz. Esse possível acordo poderia ter dado um fim à guerra muito antes da derrota norte-americana em 1975, mas teria favorecido seu rival. Johnson, que tinha conhecimento dessa manobra suja, nunca atacou Nixon por esse motivo nem tampouco fez uso dessa informação. O presidente democrata ordenara que o FBI monitorasse a comunicação telefônica de Nixon e seu círculo, incluindo escritórios de seu próprio partido e de residências particulares. Ele fez isso por razões de segurança nacional, e, presumivelmente, teve acesso em primeira mão, se nos permitirem, em primeira orelha, a uma manobra desse calibre – bloquear conversações de paz no Vietnã – por parte do astuto candidato republicano.

Nixon alcançou a presidência em 1968 como um homem odiado por muitos, zangado e ferido, ressentido, sobretudo, pela perda da eleição para Kennedy oito anos antes, que sempre considerou injusta. Incorporou ao seu gabinete um grupo de antigos colaboradores como H. Robert Haldeman, John Ehrlichman e John Mitchell, este último como procurador geral (o equivalente ao ministro da Justiça), pessoas tão estranhas quanto ele e dispostas a tudo para proteger o presidente, e que, por indicação de Nixon ou com sua anuência, cometeram numerosas ilegalidades.

Após o vazamento para a imprensa dos chamados "Papéis do Pentágono", conjunto de relatórios militares críticos à política e às ações na Guerra do Vietnã, e com a disposição de que não se repetisse mais um escândalo similar (que as pessoas soubessem a verdade sobre assuntos importantes), constituiu-se, em 1971, sob a direção das referidas pessoas, um grupo especial de ação na Casa Branca, conhecido como "os encanadores", cuja primeira missão, seguindo as instruções que o próprio Nixon deu a Ehrlichman, foi impedir qualquer tipo de vazamento de documentos para a opinião pública. Deve-se entender a invasão aos escritórios do Partido Democrata no edifício Watergate – que deu origem ao famoso caso que conduziu Nixon à sua vergonhosa renúncia – no contexto de uma série reiterada de ações ilegais.

Os organizadores materiais da entrada no edifício Watergate foram os "encanadores" diretamente relacionados à Casa Branca, o ex-agente da CIA Howard Hunt e G. Gordon Liddy. Ambos foram condenados pelo fato. G. Gordon Liddy incorporara-se à equipe de "encanadores" da Casa Branca em 1971, e passou mais tempo na prisão que seus companheiros devido à sua recusa em colaborar com o juiz. Publicou suas memórias em 1980 e revelou, dentre outras coisas, a tentativa de assassinato que, em colaboração com E. Howard Hunt, foi elaborada contra o jornalista Jack Anderson, personagem incômoda para a Casa Branca e, em geral, para muitos organismos do governo norte-americano. Uma das anedotas mais conhecidas de Liddy foi a sua resposta ao juiz, em uma das sessões do Watergate: quando lhe perguntaram "Jura dizer a verdade, toda a verdade e nada mais que a verdade?", ele respondeu "Não".

No dia 23 de junho de 1972, seis dias depois da invasão do Watergate, Nixon disse a Haldeman que desse instruções à CIA para impedir qualquer investigação e que se alegasse para isso motivos de segurança nacional. Tratava-se de uma ordem ilegal, visando criar obstáculos à ação da justiça. De acordo com confissões posteriores, John W. Dean III, assessor da Casa Branca, liderou em nome de Nixon a sistemática obstrução à Justiça para encobrir a responsabilidade da Casa Branca no caso Watergate e em outras atividades ilegais, que incluíam entradas e registros sem autorização em domicílios particulares. Dean ordenou que os pedidos de investigação realizados pelo FBI na Casa Branca fossem autorizados por ele próprio. O próprio Dean estava presente em alguns interrogatórios do FBI feitos ao pessoal da Casa Branca a respeito do caso Watergate.

Também se deve a John Dean a contribuição ao léxico criminal da expressão "lavagem de dinheiro". O comitê para a reeleição do presidente começara a coletar recursos em 1971 sob a direção de John Mitchell, então procurador geral, e Maurice Stans, secretário do comércio. Alguns doadores eram milionários e empresários que, ao utilizarem recursos de suas empresas, tiveram de empregar mecanismos complicados para obscurecer as transações. Em abril de 1972, entrara em vigor uma lei que proibia as doações anônimas aos partidos acima de uma certa quantia, o que forçou a elaboração de um esquema mais complexo, via México, para que não fosse possível detectar a origem dos fundos. Foi esse dinheiro que financiou a entrada no edifício Watergate. As gravações da Casa Branca revelam uma conversa em que o assessor John Dean fez a famosa menção a "lavar dinheiro, conseguir dinheiro limpo"[26].

26 Cf. J. Robinson, *The Laundrymen*.

Por causa das descobertas do *The Washington Post*, os "encanadores" foram fundo e mandaram agentes de assuntos internos do FBI investigarem seus próprios companheiros para saber se entre eles se encontrava a fonte dos vazamentos à imprensa[27]. Além disso, Nixon e seus colaboradores concordaram em pagar em dinheiro os condenados no caso Watergate para que não falassem nada. Com o tempo, o presidente tornou-se mais desconfiado e paranoico, via-se cercado por inimigos e atribuía seus problemas à deslealdade e à traição de seus colaboradores.

Nixon, já na defensiva, conseguiu destituir o procurador que o investigava, Archibald Cox, o que piorou ainda mais sua situação frente à opinião pública. Com efeito, o resultado a longo prazo foi que a legislação posterior ao escândalo Watergate passou a proteger o procurador que investigava o presidente, concedendo-lhe um *status* especial, promulgado em 1978 pelo Congresso americano.

Apesar de sua esmagadora vitória sobre McGovern em 1972, Nixon já estava muito preocupado e afetado pelas revelações do caso Watergate. No dia seguinte às eleições, ele se apresentou diante de todo o seu *staff* da Casa Branca e, quando todos esperavam comemorar o resultado, ele os saudou friamente e, após uma fala de cinco minutos, foi embora. Pouco depois, Haldeman, seu chefe de gabinete, comunicou a todos que tinham de apresentar suas cartas de demissão. O nível de desconfiança em relação ao seu círculo próximo era completo. Buscou incansavelmente bodes expiatórios sacrificando sucessivamente seus colaboradores mais diretos: John Dean, Robert Haldeman e John Ehrlichman. Com efeito, todos foram para a prisão menos ele, que continuava insistindo em sua inocência, mentindo para todos.

Não é algo incomum que um político seja desconfiado, mas a desconfiança de Nixon era doentia. Em situações de aperto – quando há dificuldades ou quando o político esgota suas ideias –, seu esforço na comunicação e, por conseguinte, na manipulação e na mentira, torna-se mais evidente. Isto também ocorre no final do mandato. É frequente que o político inicie sua legislatura com boas intenções, confiando em um amplo grupo de pessoas, que inclui jornalistas amigos. Conforme são

---

27 Cf. B. Woodward, *El Hombre Secreto*.

recebidas críticas, cometidos erros, arbitrariedades ou fraudes, chega por fim o chamado "desgaste do poder". Pouco a pouco se passa a confiar em um grupo cada vez mais reduzido de pessoas, que configuram o núcleo duro, a célula ou camarilha, onde são tomadas as principais decisões. Essas pessoas são as únicas com acesso ao líder, que podem ter alguma influência sobre ele e através das quais conseguem-se favores ou informações. Os chefes de gabinete se desesperam, os rumores começam a aumentar, a credibilidade se debilita, aparecem traições e vazamentos, o círculo se fecha ainda mais e surgem dificuldades de comunicação que os políticos procuram compensar com mais manipulação ou inclusive, no caso de Nixon, com a demissão de seus colaboradores. A gravidade do caso Watergate e a eficácia dos jornalistas em descobrir o que havia ocorrido precipitaram esse processo em uma personalidade tão especial.

A preocupação com o caso Watergate e com aquilo que pouco a pouco se ficava sabendo fez com que Nixon descuidasse de suas tarefas de governante, de tal forma que passou a delegar cada vez mais para seus colaboradores, especialmente Henry Kissinger. Esta circunstância não passou desapercebida à opinião pública. No fim, os fatos se precipitaram.

O que acabou de afundar Nixon foi o sistema de gravações ilegais de suas conversas. Essas fitas mostraram que ele sabia de Watergate desde o primeiro momento. Ora, a utilização de sistemas de gravação na Casa Branca não era algo novo. Como já se disse antes, o presidente Johnson também utilizara um sistema de gravação e inclusive se valera do FBI para obter informações sobre seus rivais democratas em 1964. De fato, haviam sido instaladas escutas para espionar Nixon, tanto em embaixadas como em residências privadas[28]. Apesar disso, o sistema de gravações de Nixon na Casa Branca e em outras residências presidenciais foi o mais sistemático e completo até a data. Ele ordenou a gravação secreta de todas as suas conversas em fevereiro de 1971. Também ordenou que fossem grampeados dezessete jornalistas e colaboradores da Casa Branca[29]. Os ciúmes que ele sentia da popularidade de Henry Kissinger fizeram com que este último fosse um dos objetivos prioritários de suas gravações.

28 Cf. S. Graubard, op. cit.
29 Cf. B. Woodward, op. cit.

Nixon, inseguro, solitário e atormentado, desconfiava de todos, mas especialmente de Kissinger e do *establishment* da costa Leste, ao qual pertencia seu secretário de Estado. Invejava Kissinger pela expectativa que este gerava nos meios de comunicação. Uma das razões das gravações secretas era evitar que qualquer pessoa, especialmente Kissinger, se apropriasse de seus projetos e ideias e os apresentasse aos meios de comunicação como próprios.

Em 13 de julho de 1973, soube-se, através da declaração casual de um assistente, que na Casa Branca todas as conversas do presidente eram gravadas, algo que definitivamente acarretou o fim de Nixon. O juiz Sirica pediu ao presidente sete fitas das conversas com John Dean. Pressionado para que dissesse o que sabia, Nixon insistia em que ficara sabendo tarde demais de tudo o que dizia respeito ao caso Watergate. Ele se debatia em um dilema terrível, no qual, por um lado, culpava seus subordinados, mas, por outro, não queria pressioná-los demais para que não se voltassem contra ele. A descoberta das fitas deixou os altos funcionários de seu governo preocupados e na defensiva.

Em novembro de 1973, descobriu-se que haviam sido apagados dezoito minutos e meio de uma conversa com Haldeman e ninguém acreditou que isso fora um acidente ou um erro. Não apenas se descobrira a tentativa de impedir que se soubesse da verdade, mas também de destruí-la.

Em primeiro de março de 1974, abriu-se processo contra Haldeman, Ehrlichman e Mitchell, as pessoas mais próximas do presidente, por obstrução e ocultação de provas. Em 30 de abril de 1974, a Casa Branca entregou 1254 páginas de transcrições das fitas depois de terem sido pedidas novamente pela justiça. Em uma das fitas é possível ouvir como o presidente ordena que se encubra o caso Watergate em uma conversa com Haldeman, seis dias após a invasão. As gravações demonstravam que ele ordenara regularmente a execução de atos ilegais. Era evidente que ele se esforçara para burlar as leis e que abusara do poder e que o utilizara para ajustar contas com inimigos reais e fictícios. Por fim, seus colaboradores mais próximos, frequentemente sacrificados por ele, deram-lhe as costas. O ataque final à Casa Branca foi empreendido por toda a imprensa em maio de 1974. Havia uma extraordinária riqueza de informações e de confidências procedentes do governo de

Nixon e de outras agências governamentais, incluindo documentos do FBI e da CIA[30].

O Comitê de Justiça da Câmara de Representantes ordenou a abertura de um processo de impeachment contra Nixon por obstrução à justiça e por tentar encobrir o assunto Watergate. Finalmente, Nixon foi obrigado a renunciar em 9 de agosto de 1974.

Ele foi embora zangado e ressentido, julgando ter sido traído por outros, quando na verdade a responsabilidade por seus sucessivos atos foi dele próprio. Cometeu delitos e procurou sistematicamente ocultá--los, mentindo reiteradamente e sacrificando seus colaboradores, os quais, por outro lado, haviam cumprido fielmente suas ordens.

Depois de abandonar a presidência, Nixon tentou limpar sua imagem e recuperar sua credibilidade até o momento de seu falecimento, ocorrido em 1994, mas ninguém acreditou nele. Era dono de um caráter poliédrico, muito inteligente e com uma extraordinária capacidade de trabalho, mas ao mesmo tempo misantropo e possuidor de uma ambição desmedida que ocultou suas virtudes. A infâmia que o cerca eclipsou seus sucessos na política interna, como a criação da Agência de Proteção do Meio Ambiente, e, sobretudo, na política externa: a abertura e o estabelecimento de relações diplomáticas com a China em 1972, incluindo seu encontro com Mao em fevereiro de 1973, os avanços na limitação das armas estratégicas e a assinatura do tratado de mísseis antibalísticos SALT I com a União Soviética em 1973, que iniciou uma época de certa distensão na Guerra Fria em 1972, a redução notável da presença militar no Vietnã e a assinatura de um efêmero acordo de paz ou a eliminação do câmbio fixo do dólar, que passou para a atual situação flutuante. Ele aproveitou a inimizade entre soviéticos e chineses em benefício dos Estados Unidos e possivelmente de toda a Humanidade. Foi capaz de desenvolver, com a ajuda de Kissinger, uma hábil política exterior pragmática baseada mais em alianças que no sistema de clichês de bons e maus da Guerra Fria.

Em 8 de setembro de 1974, recém-chegado à presidência, Gerald Ford outorgou um perdão "total, livre e absoluto" a Nixon, por qualquer coisa que tivesse feito durante seu mandato. Ford confessou, anos depois,

---

30 Cf. S.M. Hersh, Watergate Days, *The New Yorker*, 13 jun. 2005.

quando Nixon faleceu, que fez isso para que as coisas se acalmassem e porque era seu amigo. Os norte-americanos nunca entenderam o perdão concedido a Nixon, um "mentiroso congênito que mentia até para si mesmo", mais digno de estudo psicológico que histórico[31].

Os meios de comunicação serviram para derrotar Nixon em duas ocasiões. A primeira delas foi o debate televisivo contra Kennedy na campanha eleitoral pela presidência em 1960. A partir de então, o comportamento dos políticos diante das câmeras, o modo como são vistos pelo público (como "aparecem" na televisão) e o seu poder de convencimento nos debates televisionados passaram a ser questões centrais em todas as campanhas. Às vezes, o debate gira em torno do fato de se um dos candidatos aceita o desafio de debater ao vivo com os adversários.

Na segunda ocasião, a imprensa desmascarou o mentiroso compulsivo e o conduziu à renúncia, algo inédito até então em um dos cargos mais importantes do mundo. Mas desmascarar mentirosos é um dos principais papéis da imprensa? A imprensa também é uma fonte de mentiras? É possível que os meios de comunicação mais prestigiosos difundam notícias falsas durante anos a fio? Como podem ser enganadas milhões de pessoas durante muitos anos a partir de um meio de comunicação? O próximo capítulo narra alguns casos e procura responder a essas questões.

Referências
e Leituras Adicionais

ALDAPA, T. Arzalluz Admite Que el PNV Pedía Dinero a las Constructoras Que Licitaban en Concursos Públicos. *El Confidencial*, 11 ago. 2006. Disponível em: <http://www.elconfidencial.com/noticias/noticia_16221.asp>.

ARZALLUZ, X.; Ortiz, J. (orgs.). *Así Fue*. Madrid: Foca, 2005.

CAMPS, V. La Mentira como Presupuesto. In: CASTILLA DEL PINO, C. (org.). *El Discurso de la Mentira*. Madrid: Alianza, 1988.

DALLEK, R. *Nixon and Kissinger: Partners in Power*. London: Allen Lane, 2007.

ESPADA, A. Diccionario de las Palabras Afectadas. *El Mundo*, 13 jan. 2007.

GARCÍA DE CASTRO, J. El Secuestro de la Palabra o las Trampas Lingüísticas del "Proceso". *El Noticiero de las Ideas*, n. 30, 2007.

31 Cf. S. Graubard, op. cit.

GRONDONA, M., La Mentira, ¿Siempre Tiene "Patas Cortas"?. *La Nación*, 24 jun. 2007. Disponível em: < http://www.lanacion.com.ar/920012-la-mentira-siempre-tiene-patas-cortas>.

GRAUBARD, S. *The Presidents*. London: Penguin, 2006.

HERSH, S.M. Watergate Days. *The New Yorker*, 13 jun. 2005. Disponível em: < http://www.newyorker.com/archive/2005/06/13/050613ta_talk_hersh >.

IGLESIAS, M.C., La Máscara y el Signo: Modelos Ilustrados. In: CASTILLA DEL PINO, C. (org.). *El Discurso de la Mentira*. Madrid: Alianza, 1988.

IGNORING the Past. *The Economist*, 20 maio 2006.

KISSINGER, H. *Mis Memorias*. Buenos Aires: Atlántida, 1979.

LAKOFF, G. *No Pienses en un Elefante*. Madrid: Universidad Complutense, 2007.

MARAGALL, Pasqual. *Oda Inacabada*. Barcelona: RBA, 2008.

MENAND, L. Chaos Under Heaven. *The NewYorker*, 12 mar. 2007. Disponível em: < http://www.newyorker.com/arts/critics/books/2007/03/12/070312crbo_books_menand >.

MINISTERING to the Truth. *The Economist*, 3 mar. 2007.

ORTEGA y GASSET, J. *El Espectador*. Madrid: Salvat, 1969.

ROBINSON, J. *The Laundrymen*. London: Simon & Schuster, 1994.

TARÍN, S. *Viaje por las Mentiras de la Historia Universal*. Barcelona: Belacqua, 2006.

TERCERA ENCUESTA Nacional sobre Percepción Social de la Ciencia y la Tecnología (2006): Resultados Generales. *Percepción Social de la Ciencia y la Tecnología en España*. Disponível em: <www.fecyt.es/fecyt/docs/tmp/345032001.pdf>.

TUCÍDIDES. *Historia de las Guerras del Peloponeso*. Madrid: Cátedra, 1988. Trad. e edição de Francisco Romero Cruz.

VALCÁRCEL, A. Mentira, Versiones, Verdades. In: CASTILLA DEL PINO, C. (org.). *El Discurso de la Mentira*. Madrid: Alianza, 1988.

WALSH, D. El Fundamentalismo Dispara la Polio Infantil en Pakistán. *El Mundo*, 16 fev. 2007.

WATERGATE'S Sphynx Speaks. *Time*, 21 abr. 1980, <www.time.com>.

WOODWARD, B. *El Hombre Secreto*. Barcelona: Inédita, 2005.

A Mentira Jornalística

> *"Não é ele", respondi, adotando a infalível estratégia Watergate pela qual, quando tudo o mais dá errado, é preciso mentir. Menti e insisti em que ele estava enganado. Lembro-me de que soletrei: E-N-G-A-N-A-D-O!*
>
> Bob Woodward confessa como enganou um colega que afirmava que Felt era o "garganta profunda"

Philip Chien, escritor independente (*freelancer*) especialista em temas de aeronáutica e espaço, publicou, em 2006, três artigos na revista *Wired News*, especializada em temas de alta tecnologia[1]. Chien tinha um amplo e extenso currículo em jornalismo que incluía numerosos artigos na imprensa especializada em temas espaciais, colaborações televisivas e um livro sobre a tragédia da nave espacial Columbia, publicado em 2003 com o título de *Columbia – Final Voyage*.

Seguindo a política de revisão das fontes citadas em seus artigos, a revista *Wired News* investigou o

---

1 Cf. <www.wired.com>.

último trabalho de Chien e descobriu que algo não se encaixava. Seu artigo se baseava em parte em informações fornecidas por Robert Ash, que figurava nesse e em outros artigos recentes de Chien como "historiador espacial" e "engenheiro aeronáutico e historiador espacial amador". Descobriu-se que Ash era um professor de engenharia aeronáutica da Old Dominion University of Norfolk, Virgínia, que participara de numerosos projetos da NASA. Quando a equipe da *Wired News* entrou em contato com ele, Ash afirmou que não era historiador espacial e que nunca havia falado com Chien.

O caso não terminava por aí. Outra fonte citada por Chien em seus artigos era Ted Collins, cujos dados pessoais ele também havia fornecido. Ao pesquisar a conta de correio eletrônico do Hotmail de Collins, descobriram que, a partir dela, fora enviada uma mensagem elogiosa a respeito do trabalho de Chien a um fórum de notícias do Google sobre exploração espacial. Pois bem: o endereço IP de Ted Collins e de Chien era o mesmo, ou seja, ambos – se é que Collins realmente existia – utilizavam o mesmo computador. O falso comentário de elogio enviado ao fórum pelo desconhecido Collins dizia o seguinte:

> Com toda essa conversa a respeito da nave Columbia, estou intrigado com o livro *Columbia – Final Voyage*.
>
> Li alguns textos on-line de Phil Chien e sempre gostei de suas perguntas inspiradas nas coletivas de imprensa, mas não sabia que ele havia escrito um livro. Examinei sua página na internet <http://www.sts107.info> e parece interessante, certamente tem excelentes resenhas e sugestões.
>
> O que acharam do livro aqueles que realmente o leram? O livro tem alguma informação que não tenha sido apresentada anteriormente ou é apenas uma coletânea de informações antigas? Fornece alguma informação nova a respeito dos astronautas?
>
> O CD-Rom é bom? Estou agora na Inglaterra e posso pedir o livro através da Amazon.co.uk, mas como posso conseguir o CD? Ele vale a pena? Algum comentário? [Ted Collins]

Em suma, tratava-se de uma descarada promoção de seu livro. Observe-se como o comentário situa Collins na Inglaterra e que dá o endereço da livraria on-line Amazon – algo sem dúvida fora de lugar no comentário –, oferecendo mais do que pistas para que consultem os dados do livro e o comprem. A página de Chien na internet, por sua vez, é dedicada, como não poderia deixar de ser, a seu livro *Columbia – Final Voyage* (no momento da consulta, a última atualização era de dezembro de 2006).

Um e-mail enviado à revista *Wired News* a partir da conta de Collins também tinha o mesmo endereço IP. A investigação posterior encontrou também outra conta do Hotmail, com o nome de Robert Stevens, que havia sido usada como endereço de contato do engenheiro Ash. Tudo conduzia ao mesmo local, o computador de Chien. O nome de Stevens e seu endereço de e-mail também haviam sido utilizados para redigir comentários elogiosos aos trabalhos de Chien. Em outras três publicações, ele utilizara Robert Stevens como fonte, algumas vezes como "engenheiro aposentado", outras vezes como "engenheiro da NASA" ou "astrônomo amador".

Quando pediram explicações a Chien, a tortuosa justificativa oferecida por ele foi a de que conhecia Collins, falecido em 1997, mas, como ele havia elogiado tanto seus artigos, decidira utilizar seus comentários de maneira póstuma. Disse também que se equivocou ao fornecer o endereço eletrônico de Stevens como sendo o de Ash, com quem havia tido uma discussão e rompido relações.

Tudo parece indicar que Chien queria realçar o valor de seus escritos com fontes e testemunhos falsos. Ao que parece, ele próprio havia compilado as informações, mas julgou que teria mais credibilidade se a apoiasse com declarações de especialistas inexistentes. Esse erro lhe custou o desmascaramento e o descrédito. Ele demonstrara certa criatividade ao mudar as fontes para diferentes artigos, embora os endereços de e-mail que fornecia fossem seus. A atribuição de personalidade a seu próprio endereço eletrônico no Hotmail, com nome falso, foi um artifício grosseiro, e indica que ele acreditava que nunca seria investigado, ou que as confirmações, se fossem feitas, seriam superficiais. Para sua desgraça, uma má experiência precedente obrigara a revista *Wired News* a colocar em prática sistemas de controle da veracidade e da qualidade das informações, que, nesse caso, evidenciaram as invenções de Chien.

Outras vezes, as mentiras que aparecem nos meios de comunicação não são tão aparentes nem estão tão limitadas à autoproteção. Pode-se falar de grandes mentiras de origem institucional, ideológica e empresarial, e também de grandes mentirosos individuais que, às vezes, agem movidos por fins puramente egoístas, de promoção pessoal, e, outras vezes, são autênticos fabuladores que encadeiam mentiras após mentiras.

Mentiras nos Meios de Comunicação

Um jornal é, essencialmente, um suporte publicitário.

Ramón Luis Valcárcel

No dia a dia, cabe esperar que os meios de comunicação transmitam a verdade e que a mentira seja, antes, um fato isolado, mas diversos fatos e argumentos provocam certa intranquilidade. *A priori*, entende-se e espera-se que os jornalistas busquem a verdade e a difundam, mas, por muitas razões, isso não ocorre. Por um lado, a classe dos jornalistas também possui sua quota de enganadores e de fabuladores, entre os quais pode-se encontrar o arrivista que quer prosperar às custas de boas histórias e que é excessivamente sensível a incentivos e promoções em sua carreira, mas também o mentiroso compulsivo, mais raro nesse meio, e o artista do enfeite. Além disso, a mentira jornalística se presta mais à criatividade, pois a profissão está mais ligada à literatura. Embora não haja nela mais fabuladores que nos outros ofícios, há maior capacidade de fabulação e mais ocasiões para fabular.

Pelo lado institucional, há importantes incentivos que podem levar o jornalista a mentir. A imprensa escrita e a televisão, junto com outros meios, como os digitais, possuem um importante papel na formação da opinião pública. Para o meio de comunicação, a tentação de se transformar em um agente de influência sobre a população geral e sobre os políticos é enorme. Junto com isto, está a atitude de ultrapassar ocasional ou sistematicamente as fronteiras da informação veraz.

Esse papel de formação da opinião pública é o que explica por que a política se transfere facilmente, e em vários sentidos, para os meios de comunicação. Alguns políticos desejarão utilizá-los para alcançar seus fins ou, ao menos, para que seu caminho não seja obstruído, de maneira que os jornalistas passarão a ser seus aliados ou seus adversários. Em outra conjuntura, um governo pode limitar a liberdade de expressão através de leis que persigam a difamação ou protejam a reputação, a privacidade ou a honra nacional. Por outro lado, o redator, locutor ou apresentador querem algo mais que comunicar notícias e opiniões. Eles querem influenciar, e, quando o fazem, é quase inevitável que seja em alguma direção. Um fenômeno frequente é que se "contaminem" com a linha ideológica do meio de comunicação para o qual trabalha ou que colaborem ativamente com os interesses do mesmo, por mais espúrios – entenda-se ideológicos ou comerciais – que sejam. Ainda que isto não ocorra de início, é fácil que o jornalista se sinta obrigado a acreditar naquilo que um meio de comunicação defende após trabalhar para ele durante certo tempo.

A profissão jornalística, na maior parte das vezes, se executa em organizações empresariais importantes, orientadas para o crescimento e a obtenção de lucros. A lógica da economia de mercado pode levar à melhora das contas às custas de baixos salários, demissões de funcionários e sobrecarga de trabalho, com a consequente redução da qualidade da informação oferecida. Por outro lado, a natureza da "grande empresa" da maioria dos meios de comunicação, com interesses comerciais e corporativos de grande peso e alcance, pode requerer, em dado momento, a tentativa de influenciar a política ou as decisões de outras grandes empresas, atendendo a fins diferentes de sua obrigação de informar. Disto pode resultar a propensão a ressaltar ou silenciar certas notícias ou a enfocar diferentes temas de um ponto de vista enviesado. Os meios de comunicação podem recorrer à tática do castigo e da recompensa com seus redatores para publicar trabalhos em consonância com tais interesses ou silenciar aqueles que não estejam de acordo com os mesmos. Não é raro que um jornalista que não concorde com esses interesses empresariais seja demitido ou convidado a se retirar.

Outras vezes, a tendenciosidade de um jornalista ou a atitude de tomar partido no momento de informar ou opinar obedecem a razões pessoais:

4. *A Mentira Jornalística*

pode-se tratar simplesmente de avidez de lucro, do desejo de se promover e ascender ou de puro compromisso ideológico.

A tudo isso soma-se o fato de que há características estruturais no mundo dos meios de comunicação que podem facilitar a mentira. Uma delas – e não a menos importante – é a existência de lutas entre grupos empresariais poderosos na área das comunicações. Há uma guerra não somente pela captação de clientes, pela "audiência" ou pelo poder político direto, mas também, como se disse, pela influência sobre ele. Os meios se alinham com partidos·políticos, a favor ou contra o governo, e essas relações estreitas atribuem um determinado viés às notícias divulgadas. Quase cotidianamente, travam-se batalhas ideológicas entre as empresas de comunicação, quando não embates diretos para conquistar leitores ou reivindicar um furo de reportagem ou uma entrevista exclusiva. À abundância de meios e à feroz competição entre os mesmos acrescenta--se a demanda social por informação imediata e a necessidade de continuidade no fluxo de fornecimento de notícias, 24 horas por dia, o que leva a estratégias que tentam captar a atenção do público e aumentar a quota de leitores e telespectadores, o que supõe maiores receitas diretas e provenientes de publicidade.

Os meios de comunicação podem estar também submetidos a pressões de caráter econômico, ligadas a anunciantes ou financiadores. A publicidade governamental permite um controle indireto da mídia. Também costuma haver relações estreitas entre grandes bancos e empresas de comunicação poderosas. Em outras ocasiões, o diretor ou editor converte seus interesses particulares em interesses da entidade. Segundo o Relatório Anual da Profissão Jornalística de 2006, a cargo da Associação da Imprensa de Madri, 59,2% dos redatores da imprensa diária afirmam ter sofrido pressões políticas e econômicas, e quem mais pressiona costuma ser a própria empresa e seus quadros diretivos. Do mesmo modo, os espanhóis valorizam a politização dos meios de comunicação em uma proporção de 7,3 sobre 10.[2] Tudo isso é terreno fértil para estratégias que captem a atenção do público e para o uso de estratagemas, alguns mais legítimos e profissionais que outros, acompanhados de verdadeiras fraudes.

2 Cf. <www.elconfidencial.com>, 1º dez. 2006.

Uma das consequências das circunstâncias supracitadas, que se reflete nesse mesmo relatório, é a perda de *credibilidade* de um determinado órgão de comunicação e, por extensão, dos demais. Os leitores perdem a confiança nos meios de comunicação, mas também a perdem os próprios jornalistas, que não têm uma imagem positiva de sua própria atividade. Em uma pesquisa realizada com mil jornalistas espanhóis, 53,9% opinam que a imagem da profissão é regular, e 22,9% afirmam que a imagem é ruim. Isto indica que pelo menos três quartos dos profissionais da informação preocupam-se com essa imagem; 5,4% dizem que mudariam de profissão por razões de prestígio.

O público rebaixa a credibilidade, e os jornalistas fazem parte, com os políticos, das profissões menos valorizadas. Na Espanha, a população inclui a imprensa entre os setores mais corruptos, em um desonroso terceiro lugar abaixo dos partidos políticos e das empresas[3]. E isso não acontece apenas na Espanha: a credibilidade dos jornalistas ingleses caiu cerca de 20% entre 2003 e 2007, o que se atribui aos efeitos da Guerra do Iraque e das circunstâncias pouco edificantes em torno dela, examinadas no capítulo anterior, e que incluem o papel desempenhado pela imprensa.

Uma peculiaridade que os jornalistas compartilham com os políticos é que, entre eles, não são frequentes as mentiras de falsificação, pois a exposição pública faz com que a falsificação seja descoberta mais precocemente. Não obstante, são expostos a seguir alguns dos casos mais escandalosos de falsificação de notícias.

Atitudes e Comportamentos Preocupantes

Muitos dos comportamentos dos jornalistas que podem perturbar seus leitores são legítimos no desempenho de seu trabalho, mas há outros que beiram a mentira, ou até que constituem

---

3 Pesquisa da Transparência Internacional, <www.elmundo.es>, 7 dez. 2006.

atividades ou táticas completamente fraudulentas. O exemplo mais chamativo é ocultar ou silenciar a notícia. Consiste em não publicar informações que contrariam o interesse do jornal ou sua linha editorial ou ideológica. Às vezes, não se silencia inteiramente, mas se reduz a informação a uma expressão mínima, relegando-a a locais e momentos que recebam atenção ínfima por parte do público.

É clássico também tomar notícias de outros órgãos de comunicação sem citá-los. Às vezes, acrescenta-se algo original à notícia roubada e se divulga como furo de reportagem, chegando-se, em alguns casos, ao plágio direto. Exemplos desses atos são abundantes. Em 2007, uma jornalista da agência EFE foi sancionada por copiar parte de um artigo da enciclopédia da rede *Wikipedia*. Rick Bragg, um famoso redator do *The New York Times*, ganhador do prêmio Pulitzer, abandonou o jornal em março de 2003 quando se descobriu que utilizara material compilado por um estagiário para uma reportagem sem incluir seu nome. O jornal considerou uma falta grave aproveitar-se do trabalho de outros sem dar o devido crédito, além do problema adicional de não trabalhar com dados ou impressões pessoais de primeira mão. Também nos Estados Unidos, Ron Borges, jornalista esportivo de *The Boston Globe*, teve seu emprego e salário suspensos por dois meses por plagiar outro periódico em parte de seu artigo[4]. Na Espanha, alguns periódicos digitais fazem o acompanhamento das notícias que afirmam ser "copiadas" por outros colegas virtuais ou reais[5].

Em outras ocasiões, o que se faz é enfatizar notícias, fabricar manchetes ou simplesmente exagerar. Afirma-se que os periódicos são comprados devido às suas manchetes, e que as notícias são lidas por seus títulos ou suas chamadas (*lids* ou *leads*) que precedem o texto. A tentação de "maquiar" a manchete é grande. Outras vezes, a tarefa consiste em publicar manchetes muito atraentes, mas com pouca relação com o conteúdo. Esta tática tem êxito limitado, uma vez que os leitores compram e são fiéis a periódicos específicos.

Uma das demonstrações do poder do jornalismo são a apropriação e a minimização da verdade: o verdadeiro e o importante não é o que efetivamente acontece, mas aquilo que a publicação, o rádio ou a televisão

4 Cf. <www.estrelladigital.es>, 8 mar. 2007.
5 Cf. <www.elconfidencialdigital.com>

dizem que acontece. Normalmente, as notícias que aparecem na primeira página são aquelas que supostamente interessam à maioria dos leitores, aquelas que o público deve saber. Por isso, em geral, as notícias que figuram nas primeiras páginas dos jornais nacionais costumam coincidir, ainda que o enfoque ou o tratamento dados a elas sejam diferentes. Pode ocorrer que, quando convém ao órgão de comunicação ou aos grupos empresariais com interesses comuns, determinadas notícias apareçam na primeira página com manchetes destacadas e bastante espaço, enquanto outras notícias, ao contrário, sejam relegadas às páginas internas com localização e formato que não facilitam que sejam encontradas e lidas. A técnica jornalística, assim como a comunicação política, inclui como estratégia a manipulação da informação e do momento de sua difusão – em outras palavras, o doseamento da notícia, com a finalidade de aumentar a audiência ou a venda de exemplares. A notícia chamativa é abandonada quando foi explorada o bastante, de modo que aquilo que hoje é a grande notícia de primeira página amanhã deixará de ser. Esta é uma tática habitual para manter o interesse e conseguir que a pessoa compre o periódico ou acompanhe os noticiários diariamente.

Uma característica da politização da imprensa é contrapor uma notícia da concorrência com outra oposta. Entra-se naquilo que se chama guerra da imprensa, mas não para alcançar a verdade, e sim para ver quem ajuda mais seu grupo político. O enfoque ideológico da notícia e a mescla dos dados com as opiniões fazem com que o órgão de comunicação ofereça uma realidade distorcida. Não se deve esquecer que as pessoas compram o periódico não tanto pela notícia quanto pela opinião, especialmente quando o órgão contém uma forte carga ideológica. Amplos segmentos do público tendem a se identificar com a linha editorial de um determinado órgão, mas, além disso, o leitor, ouvinte ou telespectador aprende a "fazer o desconto" da carga ideológica do jornal ou da rede de televisão para se informar dos acontecimentos. Quem tiver mais interesse e dispuser de recursos e tempo para tal poderá recorrer a vários órgãos para compará-los e tentar fazer com que a verdade surja em meio a tanta confusão e manipulação.

Diretamente, em ambientes competitivos, que, hoje em dia, são quase todos, e em âmbitos de grande imediatez, chega-se a fabricar e temperar, adornar ou "maquiar" notícias com dados exagerados ou detalhes falsos. A imprensa escrita, e em maior medida o rádio e a televisão, não são apenas provedores de informações e opiniões, já que assumem funções de formação e entretenimento. No afã de conquistar clientes, a concorrência faz com que alguns órgãos de comunicação valorizem a sensação ou o impacto emocional provocado pela notícia mais que o próprio conteúdo dos artigos. O argumento básico é que o órgão necessita de público, o qual pede entretenimento, e então muitas vezes se fornece mais entretenimento que informação. O jornalista deixa de ser jornalista, transformando-se em um *showman* que busca, acima de tudo, impressionar e surpreender seus leitores, e não informá-los.

Por estas razões, muitos jornalistas e não jornalistas descontentes com essa situação consideram que a liberdade de imprensa, a diversidade de órgãos e as novas tecnologias na chamada sociedade da informação não garantem que o público receba uma boa informação. Recebe-se mais informação do que nunca, mas possivelmente não de muito boa qualidade. Ora, as queixas desses críticos escondem também desejos, pois são as queixas de que o público não recebe a informação que eles acreditam ser boa ou não lê aquilo que eles gostariam que lessem.

Notícias Silenciadas

A ocultação ou minimização das notícias é um fenômeno relativamente frequente que obedece a numerosas razões e preocupa os próprios jornalistas. Com frequência, tem origem empresarial ou institucional, pelas razões anteriormente apontadas. Consiste em calar, dissimular ou ocultar acontecimentos desfavoráveis para o poder político ou econômico, incluindo os proprietários dos órgãos de comunicação. Estes, às vezes, procuram de todos os modos contemporizar, agradar e não incomodar o governo local, regional ou nacional.

Muitas veze, atribui-se a ocultação de notícias à influência de poderosos grupos econômicos de notícias que poderiam ter seus interesses empresariais afetados. Desenvolveram-se iniciativas interessantes para tentar neutralizar esses efeitos.

Um dos projetos que tenta evitar que notícias importantes sejam silenciadas é o Project Censored, iniciado em 1976 por Carl Jensen, professor de estudos de comunicação da Sonoma State University, nos Estados Unidos[6]. Este projeto se direciona a artigos que não foram publicados ou que passaram despercebidos. Pode ser que essas histórias tenham sido omitidas ou que tenham sido fornecidas sobre elas apenas informações superficiais ou tendenciosas. É frequente também que se produza a autocensura no próprio órgão ou por parte dos próprios jornalistas. Um dos principais objetivos desse projeto é publicar informações sobre temas que, embora importantes, não são valorizados como tais pelos órgãos de comunicação de maior difusão. Selecionam-se anualmente 25 histórias que são editadas em um livro. Os temas são variados: meio ambiente (incluindo pesticidas perigosos e substâncias cancerígenas e, em geral, danosas para a saúde), guerra nuclear, química e biológica, sexismo, direitos humanos e civis e desnutrição infantil. Jensen agrupava todas essas questões em três áreas: ações do governo dos Estados Unidos, especialmente em operações militares internacionais; fraude empresarial, sobretudo em grandes empresas, e ameaças à saúde. Ele também torna pública uma lista de "notícias-lixo", que são aquelas que recebem atenção excessiva da grande mídia, mas que possuem pouca ou nenhuma importância, a maioria delas pertencente à chamada "imprensa da emoção", que, se não fossem publicadas, deixariam mais espaço para temas de maior interesse para o público e a sociedade.

É digno de nota que o próprio Jensen considere que a principal razão para que essas histórias não sejam difundidas não provém de uma conspiração das principais empresas e grandes companhias[7]. Muitas vezes a história pode ir contra os interesses financeiros dos proprietários, editores, diretores, acionistas ou anunciantes dos órgãos de comunicação, mas há também muitos outros motivos:

- A história não é considerada confiável;
- O jornalismo investigativo consome muitos recursos e esforços pessoais, econômicos, de tempo e exige contatos dos quais nem sempre se dispõe;

6 Cf. <www.projectcensored.org>. Na Espanha: <www.censurado.es>.
7 Pode-se encontrar um artigo de sua autoria em <www.context.org>.

- Algumas histórias podem ser excessivamente complexas ou pouco interessantes para os leitores;
- Se a história não chama a atenção da grande mídia, os órgãos mais modestos também não querem publicá-la, em virtude do chamado efeito líder ou de imitação;
- O conteúdo pode atacar ou difamar uma pessoa, empresa ou instituição, e o receio de sofrer processos judiciais paralisa a publicação.

O Project Censored selecionou e premiou muitas histórias que vieram a ser grandes reportagens com um enorme impacto público que atraiu a atenção de órgãos importantes. Por exemplo, a informação das relações estreitas entre determinadas empresas e o Ministério da Defesa norte-americano, incluindo a empresa Halliburton, na qual Dick Cheney tinha interesses, ou a participação de trabalhadores "escravos" na construção de edifícios públicos no Iraque, por exemplo, a embaixada dos Estados Unidos em Bagdá. O caso da empresa Halliburton é especialmente grave. Esta companhia foi dirigida por Cheney de 1995 a 2000, e ganhou o contrato do governo dos Estados Unidos para reparar os campos de petróleo destruídos no Iraque pela guerra. A adjudicação, segundo informam os jornalistas de Censored, foi selecionada a dedo. É certo também que muitas outras notícias selecionadas por esses profissionais não passaram de hipóteses de trabalho chamativas, baseadas somente em dados circunstanciais, carentes de base sólida ou da chamada "pistola fumegante" (*smoking gun*), ou seja, de uma prova contundente, como reconhece o próprio Jensen. Um exemplo disso seria o suposto envolvimento da CIA no tráfico de drogas em Los Angeles. Algumas dessas histórias pertencem, por seu próprio mérito, ao âmbito das teorias conspiratórias, das quais trataremos no capítulo 9.

Notícias Tendenciosas

As notícias tendenciosas ocorrem quando se apresenta apenas um lado da realidade, o mais curioso, o que cause mais impacto ou que tenha maior apelo emocional, mas, com frequência, apenas aquele lado que interessa ao redator ou ao órgão de comunicação em função dos interesses de seus diretores, proprietários, acionistas ou anunciantes. A tendenciosidade pode ter diferentes motivos, como o fato de se ajustar a temas da atualidade em geral ou regional, ou a assuntos politicamente corretos.

Um exemplo diário disso são as manchetes dos periódicos ou as chamadas dos noticiários das rádios que, quando pertencem a órgãos politizados, apresentam o mesmo acontecimento de forma contraposta ou totalmente diferente. Muitas pessoas consideram isso desconcertante, e se perguntam como podem saber a verdade se as notícias são sempre apresentadas de forma tendenciosa. Não obstante, pior seria se todos os órgãos de comunicação apresentassem as mesmas notícias de modo uniforme. É possível que a melhor maneira de chegar à verdade seja levar em consideração que, a respeito de um mesmo acontecimento, há perspectivas diferentes, de modo que as avaliações que podem ser oferecidas conduzem a conclusões também diferentes. A comparação de opiniões distintas, em um contexto de liberdade de expressão e de pluralidade, juntamente com um público formado, atenua esta natureza parcial da verdade publicada.

Um caso de parcialidade bem-intencionada é a difundida nos anúncios das ONGS, junto com as notícias de muitos periódicos referentes à fome, à miséria ou a enfermidades que assolam *de maneira crônica* muitos países subdesenvolvidos. Esses anúncios e essas notícias visam provocar reações emocionais que levem a condutas favoráveis às ONGS e que se manifestem em adesões, contribuições financeiras ou de outro tipo. No entanto, nos textos e nas fotografias omitem-se números ou informes de como vivem e o que fazem os dirigentes de tais países. A impressão é que se tenta transferir a responsabilidade sobre o que ocorre permanentemente nesses lugares, e como solucionar o problema, a milhares de quilômetros, sem considerar quais atitudes estão tendo os dirigentes e os marajás apoltronados e situados muito mais perto das desgraças que afligem seus súditos e concidadãos. É quase certo que as atitudes e condutas dessas pessoas estão mais relacionadas com o que ocorre em seus países do que a dos cidadãos que vivem e trabalham bem mais longe. Essa forma de apresentar a notícia possui uma atribuição causal implícita um tanto tortuosa. Ao não revelar o que fazem os privilegiados do país em questão, alguns dos quais são territórios riquíssimos em recursos naturais, privam o leitor ou telespectador de um aspecto crucial do contexto. O outro lado desse tipo de notícia aparece quando se descobre que alguns desses dirigentes possuem vultosas contas bancárias em "paraísos" fiscais. Nesse momento, no qual se poderia estabelecer uma conexão entre as riquezas roubadas do país e as misérias que afligem seus habitantes, a imprensa costuma optar por uma descrição asséptica e distanciada do acontecimento, sem relacioná-lo com o contexto. Obviamente, o envolvimento emocional do leitor, que é o propósito de tais notícias e anúncios, será maior se ele for apresentado como culpado por omissão: se eu fizesse algo (apoiar uma causa, doar dinheiro), talvez as coisas se modificassem e as injustiças diminuíssem ou desaparecessem. Entretanto, se a oligarquia local, que vive na abundância, não fizesse nada mais do *que tem de fazer*, e que é, além disso, sua obrigação, por civismo, legalidade e proximidade, muito mais coisas mudariam e haveria menos injustiça no longínquo país. O que fica claro é que é mais fácil comover alguém que está a milhares de quilômetros do que alguém que está ali ao lado. Observe-se que essa atribuição de responsabilidade se refere apenas ao que há de mau, não ao que há de bom. Quando há notícias boas nesses países – pois elas existem –, não se felicita o leitor ou telespectador: pela mesma regra, sua passividade teria tido um efeito positivo ou, talvez, para ser mais realista, o que acontece é que algumas ou muitas pessoas atuaram corretamente nesses países. A atribuição causal é unidirecional e perversa: só se usa para o mau e... tem um preço.

Diante da notícia tendenciosa, valem a boa formação e a boa informação, de fontes diferentes, sempre que existam.

Notícias Condimentadas

Neste caso da notícia condimentada, o que se faz é acrescentar aspectos que a tornem mais interessante ou verossímil. Um exagero habitual, por excesso ou por defeito, como o número de pessoas que comparecem a uma manifestação, pode ser "descontado" pelos leitores, mas às vezes se vai longe demais.

O caso de Michelle Delio é um exemplo claro da atitude de adornar os artigos com fontes, no mínimo, duvidosas. Ela é uma escritora independente, autora de numerosos artigos, que publicou durante anos nas revistas *Wired News* e *Technology Review*[8]. Em 2005, descobriu-se que enfeitava seus artigos com fontes cuja verificação era impossível. A *Technology Review* removeu de seus arquivos dez artigos dessa colaboradora.

Nunca se conseguiu contatar nenhuma de suas fontes. Quando foi solicitada, Delio não foi capaz de identificá-las corretamente ou de fornecer mais dados sobre elas. Um exame minucioso dos artigos mostrou que as fontes citadas eram simples acréscimos que conferiam "cor", mas que não contribuíam para o conteúdo do texto. Ela foi entrevistada em pessoa e por e-mail por jornalistas das publicações afetadas e outros interessados em seu caso. Um deles foi Adam Penenberg, que interveio em outros casos famosos de fraude, como o de Stephen Glass, que veremos adiante. Delio afirma que, em alguns casos, pedia a seus amigos endereços eletrônicos de peritos e especialistas e chegava a utilizar algumas das opiniões contidas nas mensagens de resposta daqueles com quem conseguiu fazer contato, sem pedir maiores averiguações. Cerca de um mês depois de terminar o trabalho, apagava as mensagens, pois julgava que não precisaria mais guardá-las. Quando, em uma dessas entrevistas, pediu-se que cedesse seu computador portátil, Delio disse que não o havia levado, pois já fora averiguado. Ela admitia que era descuidada com suas anotações e que, como norma, não guardava notas nem listas de fontes. As entrevistas eram feitas por telefone ou e-mail e depois o material era descartado.

O caso Delio não teria sido descoberto se não fosse por um polêmico artigo que afetava uma grande empresa, a Hewlett-Packard, no qual a fonte anônima era um engenheiro húngaro, supostamente empregado na firma. A companhia protestou ao tomar conhecimento da pré-publicação on-line do artigo, assinalando que era possível que tal empregado não existisse. A partir daí começaram os trabalhos de investigação, mas não conseguiram localizar nenhum dos informantes[9]. Como no caso de

---

8 Revista do prestigiado Massachusetts Institute of Technology – MIT.
9 Cf. C. Bialik, What We Can Learn from Michelle Delio, *Gelf Magazine*, 19 maio 2005.

Philip Chien, ela pensou que incluir opiniões de terceiras pessoas, principalmente "técnicos" ou "especialistas", valorizaria seus escritos.

As fontes diretas dão vivacidade e realismo a um trabalho, ainda que não seja um perito quem se manifeste. A opinião do perito é a mais cotada, porque apoia o conteúdo com vigor, mas um simples comentário de uma pessoa da rua sobre um tema pode ser interessante. Contudo, a maneira como alguns jornalistas introduzem opiniões próprias em todos os tipos de órgãos de comunicação é adicionando fontes imprecisas: "fontes consultadas", "a opinião geral", "muitos consideram". Uma tática comum usada no rádio e na televisão é oferecer os "testemunhos da rua" ou de peritos ou especialistas que se alinham com o viés ou a perspectiva que se quer atribuir à notícia.

Os novos tempos trazem consigo não apenas inovações tecnológicas para o redator. A apresentação de notícias e reportagens audiovisuais não escapa à manipulação. Em um vídeo distribuído em novembro de 2006, a revista *National Geographic* havia utilizado maquetes de silicone para simular fetos de animais que supostamente estariam sendo filmados no ventre materno. No vídeo, apresentavam-se as gestações de três animais: um elefante, um cachorro e um golfinho. Afirmava-se ter conseguido a filmagem da gestação completa no útero materno, mas, no caso do elefante, havia sido usado, em algumas sequências, um modelo de silicone. Esta circunstância foi ocultada do público, embora posteriormente tenha sido reconhecido o emprego de "efeitos visuais", e também a realização da mesma operação em um vídeo anterior. O fato foi revelado pelos responsáveis pela empresa Artem, de afeitos especiais, que havia fabricado o modelo de feto de elefante. A denúncia foi feita quando comprovaram, com surpresa, que sua empresa não figurava nos créditos da reportagem[10].

A era do Photoshop e do retoque fotográfico introduziu uma nova dimensão na mentira acessível ao mouse de computador. Seu grande uso na fotografia publicitária estendeu-se a todos os âmbitos do jornalismo gráfico. Em agosto de 2006, durante a invasão israelense no Líbano, a agência de notícias Reuters difundiu fotografias editadas procedentes de um fotógrafo independente. O escândalo levou a conhecida agência

10 Cf. <www.elmundo.es>, 29 nov. e 3 dez. 2006.

de notícias a tomar providências, algumas imediatas, como a nomeação de um novo chefe de fotógrafos para o Oriente Médio, e outras mais de longo prazo, como a adoção de critérios editoriais mais estritos, a melhoria da formação da equipe em tratamento digital para detectar fraudes, o fortalecimento do código de conduta para seus fotógrafos e uma maior supervisão.

A Fabricação da Notícia: A Imprensa da Emoção e o Telelixo

A imprensa e os programas da emoção tornam notícia aquilo que não deveria ser: a vida privada das pessoas. Eles cumprem uma função múltipla de informação, entretenimento e fuga da realidade, mas consistem mais em entretenimento mórbido do que em informação real, ainda que os profissionais que deles vivam pretendam o contrário e afirmem ser tão jornalistas quanto os demais. Nem sempre o que se divulga é mentira, mas com frequência a notícia surge da hipérbole da irrelevância, de se transformar em notícia e em algo importante algo que não é. O infame e o indecoroso são elevados da inanidade à categoria de acontecimentos notáveis. Podem ser notícias insignificantes, mas são chamativas. A isto, une-se o mau gosto de divulgar assuntos escabrosos pertencentes à esfera da estrita intimidade. Na maioria das ocasiões, não se vai além da divulgação de rumores mórbidos, mas, às vezes, o problema é a fabricação da notícia, a geração de falsidades. Esses jornalistas recorrem à relevância da pessoa afetada e ao direito de informação, alegando que as notícias que difundem são de interesse público, mas, como assinalam as sentenças de alguns juízes, o fato de que o público queira saber coisas de determinadas pessoas não justifica que se conte "tudo", incluindo a intimidade de tais pessoas. Há uma confusão entre "interesse público" e "interesse do público", e, embora o público esteja interessado ou goste de saber de certas coisas, isto não é razão suficiente para divulgá-las. Por outro lado, se o fato de alguém ser uma pessoa pública ou famosa supusesse a livre divulgação de seus assuntos íntimos, se produziria a privação automática de um de seus direitos fundamentais, o que os juízes entendem não ser possível.

4. A Mentira Jornalística

Trata-se de um negócio em que há muito em jogo. No momento em que redijo estas linhas, há na Espanha 25 programas de televisão dedicados "ao coração", e são vendidos 3 milhões de exemplares semanais de revistas do ramo. Os programas de telelixo alcançam índices de audiência – majoritariamente feminina – espetaculares: *Gran Hermano* tem cerca de 4 milhões de espectadores, e *Aquí hay Tomate* alcança mais de 3 milhões e meio[11]. As receitas publicitárias acompanham esse mercado exorbitante – por exemplo, os 150 milhões de euros faturados anualmente por um desses programas de televisão.

A imprensa da emoção é animada por uma demanda insaciável, que tem origem em atitudes e sentimentos sociais complexos: inveja, competição, fascínio pela fama, atração pelo inacessível, pelo luxo, pelo escabroso, pelos comportamentos estranhos e não permitidos, os anseios e desejos que o espectador não se atreve a confessar mas reconhece em outros, aparentemente mais afortunados que ele. Em certa medida, a personagem real substitui assim a personagem literária. As pessoas leem literatura para, de certa forma, viver a vida de outros e ter acesso a suas experiências[12]. As pessoas em geral levam uma vida monótona e salpicada de contratempos e desgraças, e são curiosas e se interessam especialmente pelos aspectos mórbidos da vida dos outros. Ao ler esse tipo de imprensa e assistir a esse tipo de programa, as pessoas conseguem transcender a vida prosaica, o dia a dia, e o fato de não serem figuras importantes, por meio do conhecimento de detalhes reais da vida de outros que são ou pretendem sê-lo. Procura-se encontrar a estética literária na vida real, esquadrinhando os aspectos mais mórbidos da vida dos outros. Assim como ocorre na fabulação, o ofício literário se transmuta em um experimento real. A novela sentimental e o folhetim, que sempre tiveram um público ávido, ganham vida, personificando-se em seres reais. Conhecer dados íntimos de outras pessoas é como se algo delas nos pertencesse, como se tivéssemos algum controle, ainda que distante, sobre suas existências, como se pudéssemos entrar em suas mentes ou em suas recordações através de pequenas fendas.

11 CICM, sobre dados da TN Sofres, *El Mundo*, 3 dez. 2006.
12 Cf. J.M. Martínez Selva; F. Santana, Cuando nos Atrapa una Historia, *Psychologies*, n. 9, p. 76-81.

Os órgãos de comunicação possuem vantagens sobre a literatura. Falam de pessoas reais e de acontecimentos reais, ainda que nem sempre o sejam. Acrescentam ainda a velocidade e a perda de limites que caracterizam também outras esferas da vida atual. A intimidade tem um valor econômico e social – ela é vendida, paga e consumida. A imagem e a presença têm valor: se cobra por estar em algum lugar e por aparecer. Paga-se, e não somente em dinheiro, pela proximidade da figura famosa, para ser visto em sua companhia ou para ser visto no mesmo local que ela. Se figuras famosas prestigiam a inauguração de um local ou um espetáculo, muitos comparecerão, verão que os organizadores são importantes, que dispõem de dinheiro para comprar a presença e o tempo de tais personalidades.

Parte da atração consiste em ver a figura famosa atacada ao serem divulgados seus vícios e defeitos. Isto faz com que o leitor ou espectador se sinta aliviado e fortalecido. As pessoas famosas são iguais às outras pessoas. O ídolo tem defeitos (Quem não tem? Por que não os teria?), apesar de ser famoso e maravilhoso. Ele é semelhante àqueles que o admiram, padece das mesmas agruras: "Isso acontece com todos; todos têm os seus problemas e defeitos". Não somos tão ruins, podemos continuar vivendo essa vida anódina que levamos. O cidadão da rua confirma algo de que já suspeitava, mas que o enche de tranquilidade: os ricos e famosos são pessoas reais.

Parte do ofício é maltratar pessoas, expor sua vida íntima, explorar o sofrimento humano, falar de pessoas falecidas e fazer comentários sobre as coisas mais pessoais e desagradáveis. A enorme demanda de público, os anunciantes e os meios econômicos que sustentam essa forma de jornalismo fazem com que se faça qualquer coisa para aumentar a morbidez das notícias. Um exemplo disso é a incorporação de técnicas mais que duvidosas, como o polígrafo, mas também de câmeras e microfones ocultos ou instrumentos de análises de voz. Algumas dessas técnicas se apoiam, além disso, em seu caráter supostamente científico, de "máquinas", de tecnologias, de aparatos modernos, que se revestem de um aspecto mágico que faz com que qualquer dado que delas provenha adquira credibilidade e seja reverenciado. Atribui-se à tecnologia um poder ou uma certeza que ela não possui: a máquina disse, como se fosse um oráculo.

Esses programas visam obter a máxima exposição pública de pessoas famosas e menos famosas que costumam querer, em sua maioria, ser ainda mais famosas do que já são. Apresentam-se abertamente as emoções, revelam-se facetas da vida íntima; se possível, aspectos depravados ou viciosos. Tudo isso para conquistar o interesse do público e suscitar emoções. Algumas pessoas sem nenhum mérito especial apresentam-se voluntariamente nesses programas para revelar detalhes de suas vidas privadas, de grande conteúdo erótico ou de caráter escabroso. Fazem isto por vaidade, pelo desejo de se sentirem famosas, além do dinheiro que recebem. A fama, o fato de ser reconhecido, é um valor em si mesmo. Essas pessoas se assemelham ao fabulador descarado: a maior parte do que contam é falso ou irrelevante, e atuam por dinheiro ou para se tornarem conhecidas.

Os jornalistas que se dedicam a esse mister não somente investigam e até inventam, como também criticam, julgam e atacam pessoalmente todas as pessoas que se prestam a participar desse jogo e até as que não querem se envolver, mas cujas vidas possam ser de interesse para o grande público. Eles fomentam algo tão antigo e interessante como o boato, o mexerico, a maledicência. Esse é um terreno fértil para a mentira e para a falsificação.

Artifícios e logros típicos são as *encenações*, ou mentiras pactuadas, e as *emboscadas*. As encenações muitas vezes costumam funcionar com base na mentira. Nas palavras textuais de um jornalista da área, funciona mais ou menos assim: "Você diz uma mentira sobre mim. Dias depois, eu saio muito contrariado e desminto o que foi dito com dados e provas. Passeamos pelas emissoras de televisão, damos entrevistas e dividimos meio a meio o que conseguirmos". Outras variações dessa encenação são a *pose* e o *roubo*, próprios da reportagem fotográfica, dependendo de se o objetivo tiver sido combinado ou se a pessoa ignora o trabalho. Na emboscada, a pessoa vai a um órgão de comunicação no qual o jornalista esclarece que sua intenção é conversar e fazer perguntas sobre determinado assunto. No meio da entrevista, são feitas perguntas sobre um assunto totalmente diferente. Trata-se de uma enganação, embora os próprios perpetradores a considerem uma "técnica jornalística legítima". A *emboscada*, que é o truque mais perverso, consiste em provocar, chegando até a insultar a pessoa famosa e depois começar a filmar para que os espectadores vejam em suas reações coléricas o seu "verdadeiro" rosto, os seus modos e a maneira como trata os jornalistas aparentemente simpáticos e inocentes. Esta técnica foi denunciada pelos próprios jornalistas da "emoção" como imoral, apesar de terem ganho seu salário, durante anos, comentando imagens assim obtidas.

Quando vemos jovens jornalistas perseguindo, quase correndo, uma personagem pelas salas de um aeroporto, ou no trajeto da porta de um restaurante até o carro, proferindo, desfigurados, perguntas sobre assuntos íntimos e pessoais, nos perguntamos o que terão estudado na faculdade de jornalismo. No mínimo diríamos que isso não é jornalismo, e sim entretenimento, mas aqueles que o praticam querem desfrutar dos mesmos privilégios da profissão jornalística. Não obstante, essa é a mesma pergunta feita por alguém ao receber as chaves de um apartamento novo que, fazendo a lista das imperfeições e dos problemas de acabamento, pergunta-se o que se estuda nas escolas de arquitetura. Ou, ainda, o que nos perguntamos quando vemos estudantes ou bacharéis em psicologia como candidatos ao programa *Big Brother*. O que fazem os professores e os pesquisadores universitários? No caso de alguns, mentem tanto quanto os outros ou até mais, como veremos no próximo capítulo.

Casos Extremos

Minha vida era um longo processo de mentir e mentir novamente, procurando um modo de esconder as mentiras precedentes.

Stephen Glass

Os casos mais chamativos de mentiras jornalísticas estão ligados à invenção de notícias. Um caso clássico muito estudado é o de Janet Cooke, jornalista do *The Washington Post*, que ganhou o prêmio Pulitzer em 1980 com a história de um garoto heroinômano de oito anos. Essa reportagem teve tamanho impacto sobre a opinião pública que mobilizou a polícia para tentar localizá-lo. Averiguações posteriores levaram Cooke a confessar que havia construído a história com fragmentos daqui e dali.

Em 2003, descobriu-se que Jack Kelley, um redator veterano do USA *Today*, estivera inventando ele próprio partes substanciais de seus artigos durante anos. Em certa ocasião, ele utilizou a foto de uma empregada de um hotel cubano para ilustrar a história de uma mulher que fugiu de Cuba de barco e morreu antes de chegar aos Estados Unidos. A mulher da fotografia nunca havia tentado fugir de Cuba, e, além disso, estava viva. A equipe de jornalistas que examinou setecentos e vinte trabalhos publicados pelo jornalista nesse periódico entre 1993 e 2003 encontrou inexatidões em cerca de cem deles. A reportagem sobre um homem-bomba suicida que o jornalista afirmou ter visto antes de cometer um atentado ou falsas entrevistas com terroristas islâmicos foram algumas de suas histórias "originais". Apesar das numerosas provas contra si, Kelley negou-se a admitir os fatos, e reconheceu apenas ter cometido algum equívoco. Tentou dificultar a revelação apagando informações de seu computador e pressionando outras pessoas para que afirmassem que certas informações e contatos eram verídicos[13].

Apesar da gravidade dos casos precedentes, destacam-se, dentre todos, dois criadores de histórias falsificadas que, nos últimos anos, abalaram o jornalismo norte-americano. São exemplos muito ilustrativos dos aspectos abordados no início do capítulo, entre eles a intensa competitividade entre os órgãos de comunicação, a que se deve acrescentar a falta de escrúpulos e a mentira patológica.

O Mentiroso em Série:
Stephen Glass

Stephen Glass era um jovem jornalista que, aos 25 anos, já estava na folha de pagamento da revista norte-americana *The New Republic*, além de possuir contratos, como colaborador independente, com outras prestigiadas

---

13 Cf. B. Morrison, ExUSA TODAY Reporter Faked Major Stories, USA *Today*, 19 jan. 2004.

publicações, como *Rolling Stone, Harper's Magazine* e *George*. Em 1998, no curso de sua brilhante carreira jornalística, descobriu-se que, nessas publicações, sobretudo em *The New Republic*, ele escrevera dezenas de artigos nos quais chegara a inventar tudo: acontecimentos, protagonistas, fontes, dados, instituições, datas.

Glass inventava os artigos por completo. Segundo revelou ao programa de televisão *60 Minutes*, da rede CBS, começava por um acontecimento A, que podia ser verdadeiro, para em seguida passar ao acontecimento B, que era meio certo ou meio falso, até chegar ao acontecimento C, quase inteiramente falso, e daí chegar ao acontecimento D, que era já uma invenção completa[14].

Glass tinha uma imaginação desmedida e um afã insaciável de agradar aos outros e escrever coisas de que gostassem. Um dos artigos falava sobre uma convenção de vendedores de recordações e objetos relacionados à política, e, entre os artigos baseados no assunto Lewinski, dizia que eram oferecidos "monicondoms", preservativos inspirados em Monica Lewinski, desenvolvidos especialmente para a prática de sexo oral. Surgiram "monicondoms" à venda na internet, um curioso exemplo de como a vida imita a arte. Outro trabalho inventado foi uma reportagem sobre uma igreja evangélica na qual se cultuava George W. Bush.

Apesar do fato de que a *The New Republic* dispunha de uma pessoa para examinar os dados dos artigos, caso deslizassem falsas informações ou números inexatos, nunca se descobriu nada nos trabalhos de Glass. Ele não foi detectado porque fabricava, além do artigo, o material e os dados de apoio que constituíam a base do texto. Criava notas em *post-its* de supostas chamadas recebidas, enviava e-mails falsos para si mesmo, exibia falsos cartões de visita, boletins (*newsletters*) falsos, falsas mensagens de voz... Chegou a criar uma página na internet. Suas notas incluíam diagramas e projetos de lugares nos quais havia tido reuniões falsas com pessoas falsas sobre acontecimentos falsos. Essas habilidades não eram inteiramente estranhas a Glass, pois ele sabia o que os inspetores procuravam: ele mesmo já desempenhara a função de verificação de dados e fontes na revista. Por outro lado, ele nunca recebia críticas pela maneira

---

14 Uma lista dos artigos falsos de Glass pode ser consultada em < http://www.rickmcginnis.com/ otherwriting.html>.

como as opiniões dos entrevistados eram expostas em seus artigos, algo muito difícil de acreditar no jornalismo atual. Isso ocorria simplesmente porque as supostas pessoas entrevistadas não existiam, e, portanto, dificilmente poderiam se queixar[15].

O artigo que possibilitou que Glass fosse descoberto e que o levou a perder o emprego e ao total desprestígio intitulava-se "Washington Scene: Hack Heaven" (O Cenário de Washington: O Paraíso de um Hacker), e foi publicado em *The New Republic*, em 18 de maio de 1998. Esse artigo narrava a história de um *hacker* de quinze anos que conseguiu quebrar o código de segurança da rede da empresa Jukt Micronics e substituiu os conteúdos por fotografias de mulheres nuas e pela lista dos salários de todo o pessoal da companhia. A empresa decidira contratar o garoto em lugar de denunciá-lo. Mencionava-se também uma espécie de agente de *hackers* ou intermediário entre estes e as empresas que desejavam contratá-los. Falava-se também da realização de uma "Assembleia nacional de *hackers*". Embora a publicação citada tenha feito os artigos de Glass desaparecerem de seus arquivos na internet, este artigo, especificamente, ainda pode ser encontrado na rede (nettime.org, recuperado por Art Medlar). Reproduzo alguns excertos:

Hack Heaven

Ian Restil, um *hacker* de quinze anos, que parece uma versão ainda mais adolescente de Bill Gates [...] o garoto, que usa uma camiseta puída de Cal Ripken Jr. [famoso jogador de beisebol], esbraveja suas exigências [...]. É surpreendente que um garoto de quinze anos tenha conseguido fazer com que uma importante empresa de *software* se rebaixasse dessa maneira. O que é ainda mais surpreendente, no entanto, é a forma como Ian chamou a atenção de Jukt: invadindo seus bancos de dados. Em março, Restil (cujo nome de guerra é "Big Bad Bionic Boy") usou um computador da biblioteca de sua escola para o ataque a Jukt. Após ter conseguido superar o sistema de segurança on-line da empresa, publicou no website da companhia os salários de

---

15 Cf. *60 Minutes: Stephen Glass – I Lied for Esteem*, <www.cbsnews.com>, 17 ago. 2003.

todos os funcionários, juntamente com mais de uma dúzia de fotografias de mulheres nuas, todas elas com a legenda: "Big Bad Bionic Boy esteve aqui, *baby*".

Esse artigo chamou a atenção da revista *Forbes*, que, ao que parece, estava trabalhando em um tema similar. Os jornalistas dessa prestigiada publicação econômica não conseguiram confirmar sequer um único dado do conteúdo do artigo. Os redatores da *Forbes* advertiram aos da *The New Republic*, que começaram a investigar. Glass afirmava que tudo estava correto e fornecia anotações e números de telefones. O número do telefone da empresa Jukt Micronics era de um celular. Glass chegou inclusive a criar uma página na internet para empresa fictícia[16]. Por fim, ele confessou, e assim terminou sua carreira jornalística. Como foi dito anteriormente, é mais difícil detectar o mentiroso da própria casa do que o alheio.

Quando se indagava por que ele havia feito aquilo, Glass afirmava que fazia para agradar aos outros, porque acreditava que era um bom jornalista. Queria que gostassem de seus artigos e julgava que, como resultado disso, gostariam também dele. Tinha começado "enfeitando" uma história porque lhe parecia pouco interessante, e, a partir daí, em vista do êxito, continuara alinhavando mentira depois de mentira. No programa de televisão, pediu desculpas a todas as pessoas a quem havia mentido[17].

Mais incrível foi sua evolução, pois pode-se dizer que se reinventou e iniciou uma vida nova e próspera. Depois de abandonar o jornalismo, escreveu um livro sobre suas experiências, *The Fabulist*, que serviu de base para um filme rodado em 2004 com o título de *The Shattered Glass* ("o vidro estilhaçado", um jogo de palavras com o sobrenome *Glass*, que significa "vidro" em inglês). Glass completou a carreira em Direito, que cursava à noite em Georgetown, e, ao que parece, trabalha atualmente como advogado em Nova York.

Seu desconcertante relato autobiográfico (no qual reconhece que o relato não é inteiramente preciso, daí o subtítulo "um romance") narra aproximadamente o que fez, por que fez e como fez. Glass, ou a personagem criada por ele, revela-se como uma pessoa extraordinariamente

---

16 Cf. \<www.forbes.com/1998/05/11/otw3b.html> e \<www.rickmcginnis.com/articles>.
17 Cf. *60 Minutes: Stephen Glass...*

criativa, com grande fluidez verbal e uma imaginação desmedida, que possui o hábito de mentir a qualquer momento para superar as pequenas e grandes contrariedades da vida para agradar aqueles que o rodeiam. Sempre quis agradar e ser querido pelos outros, e não enganar as pessoas próximas. Gostava de ser um bom jornalista, que seus chefes e colegas de trabalho considerassem que seus artigos eram excelentes. Um dos temas recorrentes do livro é sua luta para conseguir entender o dano causado e pedir desculpas por ele. Efetivamente, revela sua limitada capacidade de avaliar as consequências do que fez sobre os outros: seus colegas de trabalho, a profissão jornalística, seus parentes, sua companheira e seus amigos. Glass, ou o protagonista de seu romance autobiográfico, manifesta traços próprios de outros fabuladores, próximos da personalidade antissocial: a dificuldade em compreender os sentimentos feridos dos outros e em colocar-se em seu lugar. Para ele, é difícil avaliar o valor emocional das consequências do que fez.

Um aspecto desagradável de sua história, comum a muitos fabuladores, é o fator instrumental: o uso que o jornalista fez da mentira para manipular aqueles com quem se relacionava, para ganhar a vida e para tentar construir uma carreira de sucesso. Ele passa isso por alto, como um aspecto apenas sutilmente perceptível no livro, o que deve incomodar aqueles que lhe são próximos. Outras questões tratadas em sua autobiografia são, como não poderia deixar de ser, dificilmente críveis ou, em outros casos, facilmente críveis, como as censuras de seus pais aludindo ao fato de que desde pequeno já mentia muito ou as queixas de seus companheiros, pois desejava tanto agradar que parecia tentar, com seus favores às vezes exagerados, "comprar" algo que todos damos: afeto, compreensão, amizade ou carinho. Tudo isso, é claro, dando ao que escreve um crédito que ele mesmo nega ao afirmar que se trata de um romance.

Seus editores admitem que ele escrevia muito bem e que se esforçava para agradar. Seus artigos eram sempre interessantes e seu trabalho era "bom demais para ser verdade", pois tudo sempre se encaixava[18]. Segundo Charles Lane, seu antigo editor, Glass queria ser famoso a todo custo, e "nunca ofereceu uma explicação convincente de por que fez o que fez",

18 R. Blow, *Fool me Once*, 17 maio 2003.

que é precisamente o que gostariam de saber todos os que trabalharam com ele, quando tudo foi descoberto.

O Jornalista Fraudulento:
Jayson Blair

Blair era um jovem repórter de 27 anos que trabalhava no *The New York Times*, onde redigiu 35 artigos, nos quais inventou dados e até plagiou histórias de outros periódicos. Foi obrigado a se demitir no dia 1º de maio de 2003.

Em junho de 1998, o mesmo ano em que Stephen Glass foi descoberto, Blair entrou como estagiário do *The New York Times*. Antes, fizera estágio no *The Boston Globe* e no *The Washington Post*. Evoluiu rapidamente dentro do jornal, ao que parece, tanto por seu talento jornalístico como pelo sistema de promoções do jornal, que tinha como base apoiar jovens talentos, que acabavam superando, em salário e posto, outros profissionais mais experientes. Soma-se a isto o fato de que Blair é de raça negra, e isto foi, segundo parece, determinante. O apoio da direção do jornal a minorias permitiu-lhe alcançar, quatro anos mais tarde, um posto fixo na redação. Para sua contratação efetiva não foram levados em consideração alguns problemas que havia tido durante o período, nem os receios de seu chefe imediato, que, em 2002, detectara irregularidades em alguns de seus artigos. *A posteriori*, acusou-se a direção de uma certa negligência nos controles internos, já que nesses primeiros trabalhos haviam surgido problemas de informações inexatas, inclusive em artigos sobre temas palpitantes, como o caso do franco-atirador de Washington.

O fator que desencadeou sua saída do periódico foi o plágio de um artigo sobre a família de um soldado norte-americano desaparecido no Iraque, com base em uma história publicada no *San Antonio Express News*. Tratava-se de um caso claro de plágio e, a partir dessa descoberta, comprovou-se que, entre outubro de 2002 e abril de 2003, Blair fabricara ou copiara 36 trabalhos. Posteriormente, constatou-se que, quando todos na redação pensavam que ele estava fora do estado investigando notícias, Blair estava em seu apartamento ou, até, em outro recinto do mesmo edifício, contatando seus superiores por telefone ou por e-mail.

4. *A Mentira Jornalística*

A descoberta do caso Blair teve consequências gravíssimas para o *The New York Times*, jornal muito influente com mais de 150 anos de existência. Uma dessas consequências foi a demissão, em junho de 2003, de dois de seus principais editores, Howell Raines e Gerald M. Boyd, devido às críticas que atribuíam todo o sucedido com Blair ao estilo de gestão de ambos. Boyd, ganhador do Pulitzer, foi o primeiro editor negro do *The New York Times*. De origem dura e humilde, gozava de uma grande reputação como jornalista. Faleceu no final de 2006.

Após a demissão, constituiu-se imediatamente uma comissão mista, interna e externa ao jornal, para avaliar o que havia ocorrido e para estudar por meio de que expedientes seria possível evitar que algo semelhante viesse a acontecer novamente. Em junho de 2003, a comissão elaborou um relatório com uma série de recomendações que foram executadas com a máxima prontidão para restaurar a confiança no jornal. Tais medidas consistiam no seguinte:

- Criação da figura do "defensor do leitor", uma função independente, supervisionando a cobertura das notícias, a transparência e o acompanhamento das queixas dos leitores;
- Nomeação de um editor responsável pelo cumprimento das normas de estilo, incluindo a política adotada a respeito de fontes ou informantes não identificados;
- Nomeação de um editor encarregado de revisar as práticas de contratação e promoção dos contratados;
- Estabelecimento de procedimentos mais rígidos de verificação das notícias e supervisão mais rigorosa dos artigos sobre assuntos importantes;
- Investimento na formação da equipe em ética e gestão empresarial em geral.

O caso de Blair era, essencialmente, mais prosaico que o de Stephen Glass, mas, por fim, foi mais complicado e teve maiores repercussões por diversos motivos. O primeiro deles é o prestígio do *The New York Times*, baseado, em grande medida, no rigor das notícias que publica. Além disso, havia a questão racial, sempre polêmica nos Estados Unidos. Em terceiro lugar, há o fato de que a maneira irregular como Blair trabalhava fora denunciada um ano antes de sua descoberta, na primavera de 2002, por seu superior imediato, que no entanto viu o jornalista ser promovido em vez de ser investigado ou demitido.

Uma das acusações mais conflituosas foi a imputada aos chefes da redação e aos editores do *The New York Times*: foram acusados de ter promovido Blair por ser de raça negra e de ter relevado todos os seus erros precedentes pela mesma razão. A polêmica foi muito ácida. Chegou-se a dizer que, se ele fosse branco (como no caso de Stephen Glass), o tema racial não teria sido discutido e ninguém questionaria as políticas de discriminação positiva nos periódicos norte-americanos que implantam tais medidas para contratar e manter jornalistas negros, como era o caso do *The New York Times*[19].

Uma parte dos artigos de Blair partia das informações obtidas através do telefone de sua casa em Nova York, e outra parte procedia de dados de agências e de artigos de outros meios de comunicação. E, fingindo tê-las obtido em campo, elaborava as informações e as temperava com numerosos detalhes inventados. Em um artigo sobre o franco-atirador de Washington, supostamente redigido em Fairfax, Virgínia, Blair escreveu:

> A detetive Boyle notou sangue na calça de Matthew, irmão da sra. Harper, e, depois que uma autópsia mostrou que a vítima havia sido apunhalada antes do incêndio, ela apresentou um relatório baseado em dados circunstanciais que levaria à confissão.[20]

Nenhum desses detalhes sobre a detetive Boyle, que é uma pessoa real, estava correto.

Posteriormente, Blair escreveu um livro contando sua versão dos fatos, com o título *Burning Down my Master's House* (Incendiando a Casa de Meus Patrões), que não teve, ao que parece, muito êxito. Ele também criou uma página pessoal na internet, paralelamente à promoção do livro, cuja última atualização foi em 2005.

---

19 Cf. R. Rieder, The Jayson Blair Affair, *American Journalism Review*, jun. 2003.

20 Cf. <www.jaysonblair.com> (endereço onde se podem encontrar vários de seus artigos).

A estratégia de justificação de Blair dirige-se a situar a causa e o fator desencadeador de seus atos no transtorno bipolar do qual sofre, ou seja, declara ser um maníaco-depressivo, de modo que os episódios de depressão extrema se alternam com períodos de exaltação e otimismo exagerados. Seus editores fazem referência também a problemas com álcool e drogas, e ao fato de ser uma pessoa muito ambiciosa. Em sua página na internet, Blair anunciava estar estudando psicologia e dedicar parte de seu tempo a atuar em grupos de apoio a portadores de transtornos mentais, especialmente maníaco-depressivos.

Se fôssemos situar esses dois grandes mentirosos em um *continuum* entre descarados e fabuladores, eles estariam claramente separados. Glass se apresenta como um verdadeiro fabulador, de criatividade transbordante, que não se detém perante nada. Mais temível e perigoso que Blair, escreve bem e quer agradar seus editores e chefes de redação. Fornece à empresa jornalística e a seus superiores aquilo que querem: boas notícias, ainda que falsas, emoção e boa leitura. É um artista, inteligente e cheio de recursos, que inicia uma nova vida reinventando a si mesmo, em uma nova profissão, em uma nova cidade. Por sua parte, Blair é uma pessoa com problemas mentais, possivelmente também com problemas com o álcool, que deseja prosperar e progredir em sua carreira e o faz pela via mais rápida: sem sair de casa, por telefone, aproveitando-se do trabalho de outros colegas, plagiando. Emprega a lei do menor esforço e sabe que será descoberto. Aproveita-se também das políticas de promoção da empresa, que podem ser mais ou menos acertadas. Sem negar que tenha dotes profissionais, pois os tem, embora não mereça exercê-los, parece, antes, um descarado, um caradura, que passava por ali e se aproveitou da situação e das outras pessoas.

Por fim, deve-se destacar a dificuldade que os editores de ambos os jornalistas tiveram quando, depois que o caso foi descoberto, puseram-se a analisar, em cada artigo, o que era verdade e o que era mentira. É mais difícil e trabalhoso demonstrar que algo é falso e que não existe do que defender a verdade apresentando dados contundentes e irrefutáveis. Sem entrar em indagações filosóficas e de metodologia científica, é muito difícil demonstrar que algo não existe: como se pode afirmar com certeza absoluta que não existem óvnis, extraterrestres ou fantasmas? Só se pode afirmar que não há provas de sua existência, que os indícios existentes não são convincentes ou que a pessoa se nega a acreditar em tais coisas. No caso dos artigos de Glass, o máximo que se pode dizer é que não havia um só dado que se tenha conseguido comprovar, e, com base nisso, passou-se à afirmação de que ele inventou tudo. Seu romance biográfico não é um dado que se deva levar em consideração, tampouco suas declarações.

A História Interminável:
O Ousado Alexis Debat

Debat é um francês de trinta e tantos anos que, durante seis anos, fez-se passar por perito em terrorismo. O currículo conquistado por esse falso especialista é impressionante. Trabalhou como assessor da rede de televisão norte-americana ABC, onde participou de numerosos programas, dando sua opinião de "autoridade" sobre terrorismo internacional e numerosos temas relativos à política mundial. Atuou também como especialista no Nixon Center, cujo presidente honorário era Henry Kissinger, e colaborava habitualmente na revista *National Interest*, editada por esse órgão. Em 2005, foi contratado pelo Instituto de Segurança Nacional da Universidade George Washington. Também ministrou cursos em várias universidades e colaborava em publicações prestigiadas como *International Herald Tribune* e *Financial Times*.

Sua audácia era extraordinária. Na revista francesa *Politique Internationale*, publicou falsas entrevistas com Kofi Annan, Bill Gates, Michael Bloomberg (prefeito de Nova York), Alan Greenspan, Hillary Clinton e Barack Obama. O escândalo foi deflagrado justamente devido à publicação da falsa entrevista, no verão de 2007, com o candidato democrata à presidência dos Estados Unidos, hoje presidente. A veracidade do trabalho foi questionada pelo jornalista francês Pascal Riché, no início de setembro de 2007, na página da internet rue89.com. A partir de então, descobriu-se que o restante das entrevistas havia sido inventado. O gabinete do então secretário-geral da ONU negou que a entrevista com Kofi Annan tivesse ocorrido. Não obstante, já em junho de 2007, a rede ABC havia solicitado sua demissão, pois não haviam conseguido verificar as fontes das mesmas informações difundidas apontadas por Debat. Neste caso, suas fontes eram muito difíceis de comprovar, já que o francês afirmava pertencerem ao serviço secreto e dizia que, muitas vezes, residiam em países do Oriente Médio.

Debat apareceu em Washington em 2003: bateu à porta de instituições e órgãos de comunicação e apresentou-se como perito em segurança e terrorismo internacional. Os atentados terroristas do 11 de Setembro e a Guerra do Iraque abriram um mercado importante para especialistas nessas áreas. Mas o currículo de Debat, que, juntamente com vários de seus artigos, pode ser encontrado na internet[21] era falso. Afirmava ser doutor pela Sorbonne, ter dois mestrados e ter sido assessor do Ministério da Defesa francês, onde, ao que parece, esteve apenas por dois meses como estagiário. Havia alguns indícios de que podia estar enganando a todos: uma tendência a dar notícias sensacionalistas, que agradam a todos e fascinam os editores dos meios de comunicação, como também ocorria no caso de Stephen Glass.

Continuou trabalhando tempos depois de seus artigos e entrevistas terem sido questionados, sem deixar de insistir em seu profissionalismo. É um mistério como conseguiu enganar tanta gente em instituições e órgãos de comunicação tão importantes, mas talvez mais enigmática ainda seja a razão pela qual, depois de ter conquistado renome e dinheiro, Debat insistisse em inventar novas entrevistas, arriscando-se de maneira temerária[22].

É Possível Melhorar a Qualidade da Informação Jornalística?

Pouco se pode acrescentar a respeito do aprimoramento da profissão jornalística que não tenha sido dito ou feito pelos próprios profissionais e pelos muitos órgãos de comunicação afetados.

---

21 Cf. <www.theleftcoaster.com>

22 Cf. <www.lemonde.fr>; <www.liberation.fr>

Numerosos especialistas analisaram o problema da qualidade da informação e propuseram medidas para seu aprimoramento. As medidas implantadas pelo *The New York Times* em virtude do caso Blair são um exemplo de passos dados na direção certa. O Project Censored é uma boa providência para a divulgação das notícias silenciadas que sejam de potencial interesse.

No âmbito da sociedade em geral, é indubitável que uma das situações que melhora a informação que recebemos é aquela em que existem liberdade de imprensa e pluralidade e diversificação dos órgãos de comunicação, cenário no qual muitas vezes ocorre a conivência entre entidades governamentais e empresas privadas. Os órgãos especializados, setoriais, próprios de agremiações, associações e organizações independentes contribuem para a pluralidade e a diversificação.

Alguns especialistas veem uma ameaça na progressiva concentração dos órgãos de comunicação em algumas poucas empresas privadas e reivindicam maior intervenção do governo na ordenação e no controle dos meios de comunicação[23]. Nem sequer a BBC, que é para alguns o paradigma do serviço público de informações, está isenta de críticas.

Os órgãos de comunicação de titularidade pública prestam um importante serviço à sociedade, mas o perigo de contaminação e de que sirvam ao governo e ao partido no poder é enorme. Na Espanha, há uma grande experiência nisso. A defesa de um modelo de titularidade exclusivamente pública para os meios de comunicação não parece viável numa economia de mercado. Cabe mencionar a interessante experiência da antiga União Soviética a esse respeito. Frente ao exterior, dizia-se que ali havia mais liberdade de imprensa que no Ocidente. Argumentava-se que nos países capitalistas os meios de comunicação estavam nas mãos de empresas privadas e, portanto, que a informação que ofereciam era influenciada por interesses econômicos. No entanto, na União Soviética, cada coletivo (soviete), entenda-se fábrica, armazém, oficina, sindicato ou instituto, possuía seu próprio órgão de expressão. Desta forma, todos os trabalhadores contavam com seus próprios órgãos de comunicação e podiam se expressar livremente, algo impossível no Ocidente. A propaganda oficial

---

23 Cf. J.A. García Galindo, Periodismo e Información, em A. Méndiz Noguero; C. Cristófol Rodríguez (orgs.), *Falsedad y Comunicación*, p. 87-96.

4. A Mentira Jornalística

soviética omitia o controle absoluto do Partido Comunista sobre os meios de comunicação e as sanções (prisão e campo de concentração, dentre outras) a que estavam sujeitos aqueles que se desviassem da linha ideológica estabelecida. A propriedade estatal dos meios de comunicação é desejável e compatível com as empresas privadas, mas a titularidade estatal não é garantia de objetividade, e sim, provavelmente, justo o contrário.

Os especialistas falam também de aspectos que não podem ser negligenciados na formação dos jornalistas, destacando-se, entre eles, o profissionalismo e os aspectos éticos[24]. Deduz-se que é necessária uma maior atenção à formação teórica e prática, com um grau de exigência maior que o atual. Um sistema universitário desleixado, sem padrões de rendimento eficazes para professores e alunos e sem diretrizes de excelência não ajuda muito.

Outro aspecto que se deve analisar é a transparência dos próprios meios de comunicação e sua receptividade a críticas, comentários e à participação dos leitores e espectadores. Trata-se de um aspecto-chave que os meios digitais contribuíram para impulsionar. O papel do receptor da informação está diretamente ligado a essa questão. À primeira vista, é óbvio que um leitor, ouvinte ou espectador com uma melhor formação é mais crítico e capaz de discernir melhor a qualidade da informação oferecida. O cidadão não é passivo. É ingênuo falar do "analfabetismo" do consumidor de informação nas gerações que possuem a maior formação que já houve. Uma prova da maturidade do cidadão e de seu nível educativo é sua capacidade crítica, inclusive de desconfiança, perante os meios de comunicação. Poder-se-ia concluir que, quanto maior o nível educacional, mais preparado se está para analisar a informação, mas isso requer um sistema educacional de maior nível de qualidade e exigência, e não em franca decadência, como assinalam os indicadores disponíveis. Pode ser também que a educação não seja a única solução.

Em meio a essa polêmica, há a internet e os meios digitais, com influência crescente. A internet contribui para a pluralidade e a diversificação, mas também é verdade que a rede cresce sem nenhum controle, cria informações e origina notícias. O cidadão se transforma também em emissor de

---

24 Cf. E. Cabrera González; J.A. Ruiz San Román, Mentiras: Historias Ciertas en Medios con Prestigio Social, em A. Méndiz Noguero; C. Cristófol Rodríguez (orgs.), op. cit., 113-119.

notícias, às vezes tão falsas quanto as publicadas nos órgãos comerciais. Soma-se a isto a incorporação da fotografia ao telefone celular e fenômenos como o *YouTube*, que fazem com que se passe a falar do jornalismo cidadão, no qual qualquer pessoa pode atuar como repórter. Periodicamente, no entanto, ouvimos falar de encerramentos de páginas de internet e até de prisões de pessoas que divulgaram informações falsas na rede.

Verificação, Verificação, Verificação

Há uma espécie de ponto cego na profissão jornalística, difícil de tratar e erradicar, e que está diretamente relacionado à indagação e à verificação dos dados utilizados e à forma de apresentá-los.

Na apresentação do Relatório Anual da Profissão Jornalística de 2006, mencionado anteriormente, Fernando González Urbaneja, presidente da Federação de Associações de Imprensa da Espanha, que emite o relatório, assinalou a preocupante perda de credibilidade dos meios de comunicação. Ele aponta dois âmbitos nos quais essa ruptura é mais patente, e que provavelmente a estão causando ou influenciando. González Urbaneja indica a imprensa marrom e a partidarização dos órgãos de comunicação. Entretanto, nos excertos do estudo publicados na imprensa[25], aparece algo diferente. As três coisas que menos agradam os consumidores são:

– a violação da intimidade das pessoas (40,1%);
– a falta de objetividade, sinceridade ou a manipulação (22,2%);
– o partidarismo, a politização e a falta de independência (16,5%).

Como se vê, os jornalistas parecem cientes do primeiro e do terceiro problemas. A objetividade, a verificação dos dados como fonte de credibilidade, não é percebida como um problema específico, e tende a ser posta de lado e, às vezes, menosprezada. Entre os próprios profissionais, há justificativas curiosas para essa resistência à verificação, como "a propensão natural dos espanhóis à difusão de boatos".

---

25 Cf. *El Mundo*, 8 dez. 2006.

4. *A Mentira Jornalística*

A Verificação Como uma Arte Irrelevante

No contexto da luta ideológica entre periódicos, em 13 de setembro de 2006, o jornal *El País* – ao que tudo indica, em resposta à pertinaz campanha do jornal *El Mundo* sobre a investigação dos atentados islamitas do 11 de março de 2003 – publicou a notícia aparentemente falsa de que *"El Mundo* pagou o mineiro Trashorras por suas declarações". Esse mineiro supostamente teria fornecido a dinamite aos terroristas muçulmanos. Quando se exigiu que o jornal apresentasse provas, Ernesto Ekaizer, jornalista responsável pela notícia aparentemente falsa, confessou na rede de televisão Antena 3: "Não podemos atestar que *El Mundo* tenha pago ou não. Para mim, como jornalista, é irrelevante" (em 15 de setembro de 2006).

Tudo o que foi descrito é reforçado pelo fato de que, na Espanha, é bastante raro que um periódico reconheça um erro, retifique um dado anterior ou peça desculpas por uma informação ruim.

Os especialistas em comunicação que se ocuparam do tema reconhecem a dificuldade de verificação nas condições de trabalho habituais dos órgãos de comunicação, processo que se executa apenas excepcionalmente[26]. A informação de qualidade, que implica cotejar as fontes e verificar todos os dados, exige procedimentos lentos e caros. Os principais problemas citados são os limites de tempo em muitas publicações, especialmente as diárias, e a necessidade de confiar no redator, especialmente quando é um funcionário fixo.

É importante levar em consideração o custo, pois ninguém trabalha de graça. Verificar dados, comprovar se um informante existe ou não, é um trabalho tedioso, pouco interessante e nada reconhecido. Não tem nenhuma relação com a redação de um artigo de opinião. É paradoxal que os órgãos de comunicação tendam cada vez mais a ser de propriedade de grupos econômicos poderosos, que parecem pagar cada vez menos dinheiro para a elaboração de boas reportagens e a verificação das notícias. No lado da oferta, a informação é concebida como um negócio no qual grandes empresas competem ferozmente, o que leva à redução dos

---

26 Cf. E. Cabrera González; J.A. Ruiz San Román, op. cit.

custos. No lado da demanda, há uma exigência contínua de notícias por parte de um público que, além disso, pede entretenimento, ou melhor, confunde informação com mexerico e diversão. O resultado disso é um jornalista mal pago, que trabalha a toque de caixa, quase sempre ocupado em redigir no escritório, com pouca investigação e pouca reportagem de rua, que se baseia demasiadamente em notícias de agências de notícias, em comunicados de empresas de relações públicas e no que é publicado pela concorrência. É um milagre que encontre tempo para munir-se de documentos e fazer averiguações.

Os jornalistas críticos em relação a esta forma de trabalho limitam-se a elaborar uma lista de desculpas previsíveis: que lhes falta tempo, que não ganham o suficiente, que têm receio de perder o emprego, que lhes falta espaço no periódico, que há superabundância de informações. Algumas justificativas chamam a atenção, para não dizer que são inaceitáveis: que o jornalista não está suficientemente preparado para informar bem ou mesmo que *não deve fazê-lo* porque não pode passar da primeira impressão ou da primeira análise, sobretudo no rádio e na televisão. Sejam quais forem as razões, sugere-se que o jornalista não deve ir além do *flash* da notícia, da primeira impressão, sem maior preparação ou esforço senão o de apresentar formalmente os fatos. Propõe-se que apenas se anuncie que algo ocorreu, e depois virá alguém que diga concretamente o que aconteceu e suas consequências. Isso se assemelha a quando um vizinho corre pelas ruas gritando: "Houve um incêndio na rodovia e há dois mortos!", e no mesmo instante todos correm para ver quem tem mais informações e averiguar o que ocorreu.

Em alguns casos, as propostas são desconcertantes, se não grotescas: a utilidade da poesia, "mais verdadeira que os fatos", como forma de compromisso jornalístico, que serve para mobilizar consciências. Em outros casos, chega-se a defender que se deve transmitir não a verdade, mas o verossímil, "o que tem a aparência de verdadeiro", "crível por não oferecer nenhum aspecto de falsidade", aquilo que parece ser verdade, mas não é e poderia ser[27]. A equipe do Project Censored manifesta-se em uma linha semelhante, ao defender que é legítima a utilização de fontes

---

27 Cf. X. Mas de Xaxás *Mentiras: Viaje de un Periodista a la Desinformación.*

orais, sem cotejo ou sem provas adicionais para a publicação da notícia[28]. O verossímil parece refletir antes o preconceito e a concepção da realidade do próprio jornalista ou do órgão de comunicação: o modo como as coisas deveriam ser, segundo sua forma de ver o mundo. Aquilo que, se fossem todo-poderosos, fariam com que ocorresse e difundiriam. Em suma, o pensamento desiderativo, a confusão entre o desejo e a realidade. Contribuições mais recentes, como as de Burgueño, insistem, pelo contrário, em uma melhor formação do jornalista e na necessidade de verificação[29]. Este autor, após um detalhado estudo anatomopatológico de todas as formas possíveis de invenção jornalística, defende medidas como a tolerância zero perante o logro, a diminuição das pressões sobre o jornalista, o melhor preparo e a melhor formação, incluindo aspectos éticos, e um retorno às origens do jornalismo: fornecer notícias da forma mais completa possível.

O custoso processo de examinar os trabalhos fabricados de Jack Kelley, o ex-redator do USA Today, cujo caso foi anteriormente descrito, nos dá uma noção da dificuldade em verificar as fontes e os dados. Uma equipe de oito pessoas, dirigida por três veteranos jornalistas alheios a esse periódico, examinou 720 artigos de Kelley, redigidos entre 1993 e 2003. O grupo se concentrou em cem artigos que apresentavam problemas, e para isso tiveram de revisar despesas de viagem, viajar para o estrangeiro e entrevistar Kelley por mais de vinte horas. Todo o processo levou sete semanas.

No fundo, pouco importa se os procedimentos que evitam a falsidade estão compilados em normas deontológicas profissionais, em protocolos de atuação ou em livros de estilo; o importante é que as notícias sejam verificadas, mas um sistema de verificação não serve de nada sem que haja retificações pelas informações problemáticas, sem sanções pela violação das normas éticas, sem que os erros ganhem publicidade e, como se disse anteriormente, sem transparência.

Quase nenhum órgão de comunicação está livre do deslize de alguma notícia falsa. Especialmente em âmbito nacional ou em condições de difícil verificação. O risco é maior quando se trabalha com colaboradores

28 Cf. G. Webb, Introducción a Censura 1999, em P. Philipps; Project Censored (eds.), *Censura: Las 25 Notícias más Censuradas*, p. 11-15.
29 Cf. *La Invención en el Periodismo Informativo*.

ocasionais independentes. Uma medida habitual em algumas publicações, e que costuma ser exigida de colaboradores independentes, é a de exigir dados complementares que apoiem o trabalho e permitam que as informações sejam verificadas. Por outro lado, os jornalistas contratados em regime fixo não estão livres de contingências tais como aquelas derivadas de incentivos – sejam eles ascensões, promoções ou aumentos de salários – em retribuição a um bom rendimento. Seria bom que os artigos viessem acompanhados de materiais que sustentassem suas afirmações, bem como a revisão e a verificação dos artigos e da identidade e confiabilidade das fontes, mas estas medidas não servem de nada se a supervisão não for efetiva.

Na era da internet, uma recomendação importante é que as informações relevantes referentes a um determinado trabalho sejam mantidas por um período prolongado. Os trabalhos por meio da internet e do correio eletrônico têm sérios problemas de verificação. O autor do presente livro enfrentou precisamente essas dificuldades por dispor de poucos documentos tradicionais – artigos em revistas, na imprensa, em livros – para relatar e inquirir casos anteriores. Esta dificuldade é acentuada quando se trata de temas desconhecidos do público em geral ou de temas em que os especialistas não esperam que os jornalistas saibam muito bem sobre o que estão falando. A expectativa é de que tais artigos não desencadeiem muitas críticas suscitadas por erros ou opiniões neles divulgadas. Quanto mais obscuro for o tema, menor o seu público: poucas pessoas leem os artigos e o retorno de opiniões e comentários é baixo.

Um grande órgão de comunicação pode resolver muitos desses problemas contratando mais redatores, oferecendo-lhes melhor remuneração e fazendo com que a supervisão funcione. Os órgãos de comunicação mais modestos, como os digitais, dispõem de menos recursos, especialmente publicitários, o que torna menos factível contratar profissionais para a verificação dos dados antes da publicação. Contudo, a internet tem um público numeroso e uma alta interatividade, de modo que uma fraude ou um erro grave e, sobretudo, um plágio, pode ser detectado e corrigido rapidamente.

Em suma, pode ser que nem tudo o que aparece nos meios de comunicação diariamente seja totalmente correto, mas os grandes enganos jornalísticos são casos isolados. A pluralidade dos órgãos de comunicação, a formação de um público mais crítico e a implantação dos procedimentos que acabamos de comentar podem funcionar como um filtro eficaz para que os meios de comunicação cumpram sua função social vital de informar. Podemos, portanto, ler o periódico todos os dias com um alto grau de confiança, ouvir as notícias no rádio ou assisti-las na televisão ou nos meios digitais com relativa tranquilidade, atitude à qual devemos acrescentar uma razoável postura crítica.

Próximos aos jornalistas, em uma atividade criativa e empírica, também caracterizada pela busca e difusão da verdade e por uma considerável produção escrita, estão os cientistas. A ciência seria também um terreno fértil para a fraude e a mentira? O próximo capítulo aborda esta questão mais detalhadamente.

Referências
e Leituras Adicionais

BIALIK, C. What We Can Learn from Michelle Delio. *Gelf Magazine*, 19 maio 2005. Disponível em: < http://www.gelfmagazine.com/archives/what_we_can_learn_from_michelle_delio. php>.

BLOW, R. Fool me Once, 17 maio 2003. Disponível em: < http://www.salon.com/2003/05/17/glass_2/> .

BURGUEÑO, J.M. *La Invención en el Periodismo Informativo*. Barcelona: UOC, 2008.

CABRERA GONZÁLEZ, E; RUIZ SAN ROMÁN, J.A. Mentiras: Historias Ciertas en Medios con Prestigio Social. In: MÉNDIZ NOGUERO, A.; CRISTÓFOL RODRÍGUEZ, C. (orgs.). *Falsedad y Comunicación*. Málaga: Servicio de Publicaciones de la Universidad, 2007.

GARCÍA GALINDO, J.A. Periodismo e Información: Una Aproximación Crítica. In: MÉNDIZ NOGUERO, A.; CRISTÓFOL RODRÍGUEZ, C. (orgs.). *Falsedad y Comunicación*. Málaga: Servicio de Publicaciones de la Universidad, 2007.

GLASS, S. *The Fabulist: A Novel*. New York: Simon & Schuster, 2003.

MARTÍNEZ SELVA, J.M.; SANTANA, F. Cuando nos Atrapa una Historia. In: *Psychologies*, n. 9, 2005.

MAS DE XAXÁS, Xavier. *Mentiras: Viaje de un Periodista a la Desinformación*. Barcelona: Destino, 2005.

MORRISON, B. Ex-USA TODAY reporter faked major stories. In: USA *Today*, 19 jan. 2004. Disponível em: < http://usatoday30.usatoday.com/news/2004-03-18-2004-03-18_kelleymain_x.htm >.

PENENBERG, A.L. Lies, Damn Lies and Fiction. In: *Forbes*, 5 nov. 1998. Disponível em: < http://www.forbes.com/1998/05/11/otw3.html>.

PHILIPPS, P; PROJECT CENSORED (eds.). *Censura: Las 25 Noticias Más Censuradas*. Bolonha: Nuovi Mondi Media, 2006.

RIEDER, R. The Jayson Blair Affair. *American Journalism Review*, jun. 2003, < http://www.ajr. org/article.asp?id=3019 >.

WEBB, G. Introducción a Censura 1999. In: PHILIPPS, P.; PROJECT CENSORED (eds.). *Censura: Las 25 Noticias Más Censuradas*. Bolonha: Nuovi Mondi Media, 2006.

WOODWARD, B. *El Hombre Secreto*. Barcelona: Inédita, 2005.

A Mentira Científica

> *Nove em cada dez artigos médicos carecem de valor e interesse dez anos após sua publicação, e, em muitos casos, isto é válido no momento de sua publicação.*
>
> J.S. Billings, 1887, fundador do *Index Medicus*, citado em F. Bermejo-Pareja; A.P. Sempere, Una Revista Poliédrica, *Revista de Neurología*, 45.

Serafín Ruiz, jovem estudante de História, descobriu em 1990 um conjunto extraordinário de pinturas rupestres nas cavernas de Zubialde, nas encostas do monte Gorbea, na província de Álava. O feliz jovem encontrara por casualidade a entrada, fechada durante séculos, de uma gruta cujas pinturas representavam vinte animais e 49 símbolos de significado desconhecido, além de impressões de mãos. O conjunto parecia pertencer à cultura magdaleniana, de mais de 10 mil anos de idade. A beleza das pinturas era tamanha que foram comparadas às de Altamira e de Lascaux.

O achado foi mantido em segredo durante meses enquanto eram realizados os estudos oportunos. Em 1991, solicitou-se um parecer a três especialistas espanhóis, os arqueólogos Jesús Altuna, Ignacio Barandiarán e Juan María Apellániz, da Sociedad Aranzadi, que declararam que as pinturas eram autênticas. "Todos os testes feitos para comprovar se as pinturas são uma falsificação deram resultado negativo", afirmava Ignacio Barandiarán[1]. As autoridades oficiais, sem atender a recomendação desses especialistas de que se realizassem alguns testes adicionais, deram crédito à descoberta de Serafín, que foi generosamente recompensado por isso.

Vários meses depois, porém, dois arqueólogos britânicos, Peter Ucko, da Universidade de Southampton, e Jill Cook, do Museu Britânico, manifestaram sua opinião discordante e pronunciaram-se a favor da realização de outro parecer complementar. Ao que tudo indica, os pesquisadores ingleses haviam encontrado certas incongruências, detectadas a partir de fotografias das pinturas. Também chamava a atenção seu impecável estado de conservação, a perspectiva na qual eram representados os animais e também o fato de que alguns deles haviam desaparecido da região antes da época da datação determinada para as pinturas.

Em 1992, estudos novos e mais precisos concluíram que as pinturas eram uma fraude. Foram encontrados até mesmo restos de buchas domésticas das marcas Scotch-Brite e Vileda. Nas pinturas estavam incrustadas patas de aranhas, que não podiam ter se conservado durante tanto tempo. Por fim, os mesmos pesquisadores bascos que previamente haviam avaliado a qualidade da descoberta confirmaram a fraude.

A decisão judicial da Álava estabeleceu que Serafín recebesse 75 mil euros pela descoberta e que fossem gastos outros 100 mil para fechar a caverna a fim de evitar a sua deterioração. A recusa do jovem de devolver o dinheiro provocou uma disputa que terminou com uma sentença do Supremo Tribunal que o obrigou, em 2000, a devolver a quantidade recebida, além de ter de pagar as custas do processo.

Trata-se de uma fraude científica que, perpetrada por um estudante alheio à comunidade científica, foi descoberta a tempo. É impensável que um logro com essas características, que proporcionou fama e dinheiro ao

---

1 Cf. El Tesoro de la Falsa Altamira, *Diario Sur*, 4 jan. 2006.

seu autor, tivesse permanecido durante muito tempo sem ser descoberto. Entretanto, a polêmica gerada pelo caso foi muito grande, sobretudo regionalmente, pois afetou o prestígio dos especialistas e das instituições locais.

Tanto de um ponto de vista objetivo (as pinturas) como subjetivo (seu descobridor), a fraude de Zubialde teve interessantes repercussões, que merecem ser mencionadas. Em 1994, novos estudos sobre as cavernas indicavam que era possível que algumas pinturas fossem originais, enquanto outras eram inegavelmente atuais. Anos depois, em novembro de 2006, *El Diario Vasco* relatava novos problemas de Serafín Ruiz com a justiça[2].

Ocorrem fraudes entre os profissionais da ciência? Elas são fáceis de descobrir? A fraude científica está circunscrita à vigarice espanhola ou ocorre no mundo todo?

A Mentira na Torre de Marfim

Nos últimos anos, as mentiras e as fraudes no mundo da ciência surpreenderam muitas pessoas e pareceram surgir do nada. No entanto, tudo indica que elas são relativamente frequentes e continuam acontecendo.

A fraude científica provoca perplexidade por várias razões. A imagem do pesquisador evoca, logo de saída, a ideia de uma pessoa com vocação, dedicada a uma profissão não muito bem remunerada, com uma vida um tanto afastada da luz pública e dedicada precisamente à busca da verdade, mas isto é real somente em parte. Nos últimos anos e nos países desenvolvidos, os cientistas costumam viver bastante bem. Muitos deles são funcionários relativamente bem remunerados, outros tantos universitários e, a partir de um certo nível, dispõem de dinheiro abundante para a realização de suas pesquisas.

Se compararmos os cientistas com os políticos, constatamos que se espera destes últimos que mintam, ocultem informações ou que não

---

2 Cf. A. Moraza, De Nuevo en la Picota, *El Diario Vasco*, 15 nov. 2006.

digam toda a verdade; pelo contrário, no caso dos cientistas, cuja vida é dedicada a encontrar respostas para perguntas e questões difíceis, a resolver enigmas, espera-se que sempre digam a verdade: faz parte de sua profissão e de suas atividades cotidianas, por exemplo, a formação de estudantes de ensino superior e de outros pesquisadores.

As universidades e os pesquisadores são tidos em alta conta pela sociedade. A Terceira Pesquisa Nacional sobre Percepção Social da Ciência e da Tecnologia, de 2006, realizada pelo Ministério da Educação e Ciência e pelo Centro de Pesquisas Sociológicas, conclui que na Espanha existe uma imagem positiva da Ciência e da Tecnologia e que se trata de uma profissão atrativa e prestigiosa. As universidades e os organismos públicos de pesquisa inspiram um alto nível de confiança e a profissão de cientista é avaliada com a nota 4,1 em uma escala de 1 a 5, acima de jornalistas e advogados (3,1) e de políticos (2,2).

Em princípio, os pesquisadores não mentem; caso isso ocorra, estará em desacordo com a impressão geral da sociedade, que manifesta seu apreço pela profissão. Uma das razões pelas quais o cientista não deveria mentir é pela própria natureza vocacional de sua profissão, que se traduz em uma longa e lenta carreira, na qual obstáculos vão sendo superados pouco a pouco: relatórios de pesquisa, mestrado, doutorado, oposições, autorizações ou habilitações para obter um cargo, cátedras, além dos pequenos exames periódicos das comissões de avaliação de revistas, congressos e projetos de pesquisa. Uma vida frequentemente austera, à qual supostamente são alheias algumas das tentações que poderiam acometer a maior parte das pessoas em outras profissões.

No entanto, uma reflexão mais pausada e realista diz que isso não é necessariamente verdadeiro. Em todos os grupos profissionais, inclusive na comunidade científica, há pessoas desonestas ou com grande probabilidade de sê-lo quando existe a confluência de vários fatores, alguns deles relacionados com incentivos econômicos e outros de natureza psicológica, mais próximos da vaidade ou da inveja. Em alguns casos concretos, pode haver pressões das instituições ou empresas que os contrataram ou das autoridades de seu país para alcançar determinados objetivos. Muitas das notícias sobre a fraude científica que estão surgindo nos últimos anos evidenciam que, em maior ou menor medida, essas circunstâncias estão ocorrendo.

Por outro lado, as coisas são vistas de outra maneira dentro do próprio sistema. Se forem contempladas as desavenças e batalhas entre os professores de uma universidade, de uma faculdade e até mesmo dentro de um mesmo departamento ou grupo de pesquisa, pode-se pensar que a fraude científica não é o pior que pode acontecer. Entretanto, a fraude afeta, neste caso, um aspecto essencial da profissão, que é a busca da verdade e sua difusão.

Não existe nenhuma justificação ou desculpa possível para que um pesquisador seja levado a falsificar os dados de seus experimentos, suas observações ou seus relatórios. Ele possui uma formação acadêmica que costuma incluir um doutorado (ou mais de um) em um ramo do saber. Ele não é um *hacker* informático adolescente, nem um jovem esportista de elite imaturo, mas sim alguém com alguns ou muitos cabelos brancos. É alguém que possui maior capacidade de saber o que está fazendo e suas consequências, e é muito menos influenciável e vulnerável que membros de outros grupos da população. Sua longa carreira deu-lhe a oportunidade de aprender com pessoas muito mais preparadas que ele ou, ao menos, de se relacionar com elas durante algum tempo. Seu nível intelectual é médio ou alto, viajou muito, domina o inglês e teve formação em uma ou mais equipes com pesquisadores sênior (com os quais pode ter tido grandes enfrentamentos, seguindo desse modo os padrões da profissão) que terão servido de modelo no laboratório e fora dele. Sabe perfeitamente o que faz, o que deve e o que não deve fazer.

Apesar de tudo isso, e por razões semelhantes às que ocorrem no jornalismo – concretamente, que o salário e as promoções dependem da quantidade e da qualidade do que se escreve e publica –, a fraude científica é relativamente frequente. De acordo com historiadores da ciência como Di Trocchio, a compilação de histórias de plágios e falsas descobertas preencheria volumes inteiros[3].

---

3 Cf. *Las Mentiras de la Ciencia.*

Modalidades e Incidência da Fraude Científica

O pesquisador, assim como muitas outras pessoas em diferentes trabalhos, encontra múltiplas situações em que pode agir de forma desonesta. Os tipos de fraude são variados e há os de menor e maior gravidade:

- Invenção ou manipulação de dados. Às vezes é de difícil detecção;
- Plágio ou cópia direta de um artigo. Isto costuma ser relativamente raro e, ao mesmo tempo, fácil de descobrir;
- Uso de dados de um colaborador em uma publicação sem citá-lo ou sem sua autorização, ou autoatribuição de descobertas ou dados de outros pesquisadores;
- Uso dos mesmos dados em vários trabalhos que são apresentados como originais e diferentes (autoplágio);
- Manobras para obstar o trabalho de outros pesquisadores;
- Utilização de informações confidenciais nos próprios experimentos, que podem ter sido obtidas a partir de avaliações de projetos ou artigos de outros em processo de revisão;
- Ocultação ou não publicação de dados desfavoráveis para as próprias hipóteses. Naturalmente, uma coisa é defender as próprias teorias e ter motivação para isso, e outra coisa diferente é manipular ou contornar os dados para defendê-las a qualquer custo. As retificações, como ocorrem no mundo do jornalismo, são muito mais raras;
- Uso de técnicas estatísticas e dos dados mais favoráveis;
- Elaboração de relatórios técnicos por encomenda, nos quais se avaliza a atividade de uma empresa ou entidade oficial com dados enviesados ou segundo uma perspectiva interessada, ignorando outras.

Algumas das irregularidades anteriores são pequenos logros cometidos de forma sistemática pelos pesquisadores que podem ser qualificados como "más práticas". Essas irregularidades são de detecção mais difícil e são frequentes. É fácil transformar a atividade científica em um *modus vivendi* baseado na publicação de artigos em revistas prestigiosas e na redação de bons projetos de pesquisa que proporcionem financiamentos para que a roda continue a rodar, sem que ao final haja um resultado substantivo para a ciência em seu conjunto ou para a humanidade.

Neste capítulo, nos concentraremos nas fraudes que ocorrem nas publicações científicas, um dos tipos com maior possibilidade de aferição pelo fato de haver provas físicas e procedimentos para publicação em revistas mais ou menos similares em todo o mundo.

A incidência da fraude na ciência é mais elevada do que geralmente se imagina. Em 2002, realizou-se uma pesquisa com cerca de 10 mil pesquisadores nos Estados Unidos que haviam recebido financiamento do Instituto Nacional de Saúde desse país, dos quais a metade respondeu à pesquisa do seguinte modo:

- 0,3% admitiram ter falsificado ou plagiado;

- 6% deixaram de apresentar dados que contradiziam trabalhos anteriores de sua própria autoria;

- 12,5% reconheceram ter recorrido a protocolos experimentais inadequados;

- 15,3% decidiram suprimir dados por decisões emocionais, não racionais;

- 15,5% mudaram o protocolo ou os resultados de algum experimento por pressões de um patrocinador;

- Um terço dos pesquisadores afirmou ter cometido alguma irregularidade que teria gerado uma sanção caso tivesse sido descoberta.[4]

As críticas ao trabalho dos pesquisadores foram especialmente intensas no campo da investigação biomédica, questionada nos últimos anos devido à falta de qualidade técnica em muitos estudos, ao pouco interesse prático do que é publicado para os profissionais e aos interesses da

---

4 Cf. Insospechada Magnitud de las Irregularidades Científicas, *Investigación y Ciencia*, n. 346, p. 5.

5. *A Mentira Científica*

indústria farmacêutica. Desse modo, 97% dos resultados publicados de ensaios clínicos com fármacos são positivos, mas poucos cumprem requisitos metodológicos mínimos, essenciais para sua avaliação. A publicação de estudos que produzem resultados negativos é muito menor. Há maior índice de publicação de resultados quando o fármaco é mais eficaz que o placebo ou quando o novo medicamento é melhor que o antigo e quando o estudo é financiado por uma empresa farmacêutica.

Os ensaios clínicos constituem um tipo especial de pesquisa científica no qual coincidem fatores que direta e indiretamente podem facilitar a fraude: a necessidade de desenvolver tratamentos para diversas doenças e a pressão da indústria farmacêutica para lançar no mercado novas substâncias sempre estão presentes. Além disso, tais ensaios são um requisito prévio para a autorização e a comercialização de um fármaco. O número de ensaios clínicos realizados anualmente é enorme. A base de dados médicos da Medline registra cerca de 20 mil ensaios clínicos de medicamentos e centenas de milhares de artigos baseados neles a cada ano.

O epidemiologista e especialista John Ioannidis criticou extensamente a forma de trabalho e o processo de publicação nas revistas biomédicas[5]. Ele chega a afirmar que a maior parte da pesquisa biomédica é falsa, o que se acentua em determinadas circunstâncias, por exemplo, quando há poucos pesquisadores na área, quando há interesses financeiros em jogo ou quando o que se publica tende a corroborar as tendenciosidades vigentes nesse campo. A isso se acrescenta o papel determinante das publicações na promoção profissional de seus autores.

Outro estudo de Ioannidis conduz a pensar que, devido a várias razões, uma grande quantidade de trabalhos científicos, especialmente os ensaios clínicos publicados em revistas médicas, são errôneos. Esse pesquisador analisou 49 estudos publicados entre 1999 e 2003 em revistas prestigiosas e de grande impacto científico, incluindo *The Lancet*, *The New England Journal of Medicine* e *The Journal of the American Medical Association*, citados mais de mil vezes em outras publicações, e descobriu que quatorze deles, quase um terço, foram contestados em consequência da realização de estudos posteriores melhor elaborados realizados pelo próprio

---

5 Cf. Why Most Published Research Findings May Be False, PLoS *Medicine*, 2 ago. 2005.

pesquisador ou por outros grupos independentes, ou descobriu-se que suas conclusões eram menos importantes do que o que fora publicado inicialmente. Dos onze estudos restantes não havia sido produzida nenhuma réplica que verificasse ou reproduzisse seus resultados. Muitos estudos não são reproduzidos devido à dificuldade e ao custo dos ensaios que envolvem muitas pessoas.

Os erros ou anomalias mais frequentes encontrados por Ioannidis não entrariam estritamente na categoria das fraudes, pois, na maioria dos casos, trata-se de práticas científicas problemáticas, como as seguintes:

- Uso generalizado da significação estatística dos 5%, que deixa margem para que uma de cada vinte amostras de casos seja extraída das conclusões do estudo, para as quais as conclusões ou hipóteses encontradas ou verificadas não terão aplicação. Da mesma maneira, basta aumentar o número de hipóteses para que alguma delas seja por acaso confirmada.

- Isto se complica ainda mais devido a problemas na amostra de sujeitos de experimentação, como o número reduzido de sujeitos ou a pré--seleção da amostra de um grupo que, por qualquer razão, seja favorável àquilo que se espera obter e que, portanto, enviesa os resultados em benefício das hipóteses do experimentador. A pré-seleção pode conduzir à limitação do número de sujeitos quando os resultados já forem favoráveis à hipótese, por exemplo. Quando as descobertas ou os efeitos de algumas variáveis sobre outras forem menores ou mais fracos, esses problemas se acentuarão.

- Uso de um protocolo experimental, isto é, o planejamento da pesquisa, pobre ou inadequado, o que se manifesta no fato de que, por exemplo, aspectos relevantes possam ficar de fora do estudo, que, portanto, se torna incompleto ou inconclusivo.

- Manuseio de dados inadequado ou irrelevante em relação à hipótese. Às vezes, as análises estatísticas podem não ser as mais idôneas. Isto é acentuado quando se utiliza, em estudos retrospectivos, uma metodologia baseada em pesquisas ou em questionários, ao se indagar a respeito de acontecimentos ou hábitos de algum tempo atrás.

- Defesa de uma teoria própria, evitando outras relacionadas ou antagônicas. Não publicação de dados contrários às próprias teorias.
- Influência de interesses financeiros ou comerciais relacionados ao trabalho.

Um dos principais problemas é a falta de confirmação ou de reprodução dos resultados por parte de pesquisadores independentes. Deixando de lado o problema da fraude, o uso de uma metodologia científica mais estrita resolveria muitas dessas questões, como a utilização de amostras maiores, a realização de meta-análises ou de estudos que permitam comparações quantitativas entre diferentes trabalhos. No caso específico dos ensaios clínicos, foram propostas diferentes medidas para melhorar a qualidade da publicação e de sua compreensão, como um registro de ensaios clínicos no qual constem seus dados metodológicos essenciais, e formatos estruturados para a apresentação de dados científicos.

O principal problema é que se trata de questões gerais que abarcam pesquisas e publicações científicas muito variadas. Nos casos analisados por Ioannidis, estamos falando de artigos publicados em revistas de primeira categoria. O que não ocorreria nas demais? Por outro lado, existem importantes incentivos para a publicação em tais revistas, incentivos que podem induzir à fraude: sempre há um maior benefício em publicar em uma boa revista do que em uma revista medíocre.

Por Que se Mente na Ciência?

Mente-se e frauda-se por muitas razões diferentes. Frequentemente cita-se como motivo a elevada *competitividade científica*. Richard Horton, editor da prestigiosa revista médica *The Lancet*, ao falar sobre o caso do pesquisador norueguês Jon Sudbo, que examinaremos mais adiante, atribuiu a fraude à "elevada competitividade" da comunidade científica. Há competição para obter promoções, para impulsionar a carreira profissional ou pela necessidade de obter mais financiamento, que em muitos casos depende do número e da qualidade de publicações científicas. Cientistas de todos os países do mundo precisam publicar artigos em revistas de prestígio e sofrem pressão para fazê-lo por parte das autoridades científicas do governo e das universidades. Também existem necessidades mais peremptórias, cuja origem é a conservação do emprego, do *status* ou a manutenção da renda anual.

Uma das consequências da maior competitividade entre os cientistas e das pressões sofridas por eles é a crescente tendência de ingestão de fármacos para potencializar o rendimento. Uma pesquisa da prestigiosa revista *Nature* realizada com mais de 1400 pesquisadores de sessenta países revelou que cerca de 20% deles utilizava substâncias que melhoram o rendimento e que, dentro deste grupo, a metade os consumia diária ou semanalmente. A substância mais utilizada era o metilfenidato.

Federico Di Trocchio, autor do livro *Las Mentiras de la Ciencia*, atribui a origem dos logros à transformação sofrida pela profissão de cientista na segunda metade do século XX, que passa da vocação para a profissionalização, favorecida pela inundação de financiamentos para os grandes projetos, a chamada *Big Science*, que passou a ser produzida após a Segunda Guerra Mundial. Outro fator apontado por esse autor foi a perda do desinteresse material que em outras épocas era característico do cientista. No entanto, essa hipótese da perda dos valores vocacionais não se encaixa muito bem com o aparecimento de fraudes em épocas anteriores à profissionalização da carreira.

Um critério-chave do financiamento é o prestígio da publicação em que aparece um trabalho científico. O prestígio de uma revista provém de uma série de indicadores. O mais usado é o seu *índice de impacto*, que é obtido com base no número de vezes que seus artigos são citados durante um certo período de tempo. Há anos desenrola-se um debate aberto sobre esse índice, já que ele apresenta alguns problemas importantes. Por exemplo, há pouca relação entre os trabalhos muito citados e os que retrospectivamente demonstram possuir um grande valor. O impacto corresponde à revista, não ao artigo individualmente, razão pela qual publicar em uma boa revista não necessariamente supõe que o artigo seja bom. Índices novos são continuamente incorporados, como os individuais de cada pesquisador, o chamado *índice h*, ou as citações acumuladas. Não existe nenhum índice perfeito e cada um deles oferece uma visão diferente do trabalho do cientista.

Por outro lado, há um certo número, excessivo para alguns, de revistas científicas que frequentemente pedem que os pesquisadores contribuam com o envio de artigos. De fato, existem mais de 100 mil revistas em todo o mundo, das quais 2 mil publicam 85% de todos os artigos e 95% dos que são citados[6]. A indústria editorial, com um volume de negócios anual de bilhões de euros, favorece a criação de revistas que começam seu caminho com generosos convites para publicação. Também há estímulo para a publicação de livros e, a partir de um certo nível, são frequentes os convites para contribuir com um capítulo para um livro de autoria coletiva. Essa oferta promove, indiretamente, a repetição de dados e de conteúdos, o "copiar e colar" de textos do mesmo autor, que não beneficia muito o progresso da ciência. Estima-se que cerca de 200 mil dos 17 milhões de artigos catalogados sejam duplicações, plágios ou republicações.

> Nesta profissão, todos acreditam que são os melhores.
>
> Jesús Ávila, professor de Pesquisa do Conselho Superior de Pesquisas Científicas da Espanha.[7]

Outra razão para se mentir na ciência pode ser algo tão humano como a *vaidade* ou a ambição. Além de incontáveis qualidades positivas, como a abnegação ou a generosidade, os cientistas possuem um espírito competitivo que às vezes é acompanhado por ambição, orgulho, ressentimento, inveja e vingança. Como observou o prêmio Nobel Erik Kandel, o que importa não é descobrir a verdade, mas sim que a própria pessoa o faça, chegue em primeiro lugar e seja reconhecida por isso[8].

Boa parte da carreira científica se baseia no ego: obter o reconhecimento local, nacional e internacional pelas descobertas ou achados realizados, e obter prêmios e distinções, mas isso tem mudado nos últimos anos, e para melhor: há um aumento do prestígio social do cientista, dos

6 Ibidem
7 *ABC*, 16 mar. 2008.
8 *En Busca de la Memoria.*

salários e das subvenções para a pesquisa. Trata-se de algo muito compreensível. Quem nunca sonhou em ser conhecido e famoso? Como vimos no capítulo anterior, hoje em dia, a fama é um valor crescente. Os jovens confessam nas pesquisas que preferem ser famosos antes mesmo de serem ricos, o que não deve causar surpresa, pois a fama é um caminho para a riqueza. A fama conduz a outras coisas, como um aumento da renda através de mais convites para dar cursos, conferências e escrever livros.

> E é preciso ter em conta, ao formular nossas críticas, que, embora entre os sábios existam personalidades nobres e bondosas, são ainda mais abundantes os temperamentos melindrosos, a altivez cesárea e as vaidades sumamente suscetíveis.
>
> Santiago Ramón y Cajal[9]

A necessidade de reconhecimento social, que todos desejam, é, nesse âmbito, aumentada por várias razões. Frequentemente, a carreira do cientista se desenvolve em um campo muito reduzido de especialistas nacionais e internacionais. Ele segue uma carreira longa, infestada de obstáculos, sem reconhecimento público, que, além disso, costuma ser austera e estreita. Austera porque ele ocupa seu tempo fora do ambiente público, salvo no contato com outros colegas ou com seus alunos, e isto somente no caso daqueles que, além da pesquisa, se dedicam à docência. Estreita, porque se concentra em temas ou em técnicas muito especializados, aos quais dedica sua atenção, sua experiência e sua vontade. A vida do cientista é limitada ao campo específico universitário, muito dividido em pequenas áreas de pesquisa, geralmente sem muita aplicação prática, no qual às vezes se é um especialista reconhecido apenas por algumas dúzias de pessoas em todo o mundo.

É uma tentação obter fama rapidamente e através da própria profissão, algo que nesse campo ocorre somente com alguns poucos afortunados (pesquisadores muito destacados, prêmios Nobel) em idades mais avançadas. A carreira científica se caracteriza pela busca da publicação, pela relevância, pelo reconhecimento público, pelo prêmio. Mas, se essa

---

9 *Reglas y Consejos sobre Investigación Científica.*

5. *A Mentira Científica*

preocupação (de destacar o nome do autor em uma publicação, de ser o primeiro na lista de autores) for observada detidamente, vê-se que ela não tem muito sentido além da própria satisfação pelo trabalho bem feito, isto é, do componente vocacional. Somente depois de muito tempo, de passar por muitas provas, pode-se ser reconhecido e citado, mas o caminho científico não é diretamente o da riqueza nem o da fama. E muitas vezes o pesquisador cai na tentação de conseguir algo a troco de nada.

Um dos fatores mais importantes da fraude é o aumento da quantidade de *incentivos* para a pesquisa: os incentivos podem estar contribuindo para o aumento da fraude. Essa hipótese segue a linha de Levitt e Dubner e é a mais plausível tendo em vista o que ocorre em outros campos[10]. É preciso salientar que em muitos países desenvolvidos o cientista não é um esfarrapado que vive mal com um ordenado limitado; na verdade, ele costuma ser um funcionário relativamente bem remunerado, com emprego seguro e que, bem ou mal, obtém auxílio para seus projetos de pesquisa com pouco esforço. Os incentivos financeiros têm benefícios derivados, já que às vezes o próprio posto de trabalho do pesquisador, dos colaboradores, a continuidade da equipe de pesquisa e a manutenção do laboratório e de seu instrumental dependem deles. Em outros casos, podemos falar de um outro aspecto associado aos incentivos financeiros: o desenvolvimento da carreira profissional, em que algumas balizas são a publicação de artigos em revistas de grande impacto ou o fato de pertencer a um conselho editorial.

> E se existe alguém que procure na Ciência, em vez do aplauso dos doutos e da satisfação íntima associada à própria função do descobrir, um meio de granjear ouro, então errou de vocação: deveria ter se dedicado ao exercício da indústria e do comércio.
>
> Santiago Ramón y Cajal[11]

Atribui-se também o aparecimento da fraude nos últimos anos à atenção desmedida recebida por muitos campos científicos por parte dos

10 *Freakonomics*.
11 Op. cit.

meios de comunicação, gerando uma excessiva *pressão midiática* sobre os pesquisadores. Pelas razões já indicadas anteriormente, muitos pesquisadores não estão preparados para lidar com a imprensa ou com a fama. Alguns não resistiriam bem a essa pressão, não saberiam administrar a notoriedade repentina ou o protagonismo excessivo, como às vezes ocorre com algumas estrelas jovens do mundo do espetáculo e do esporte, e sucumbiriam à tentação de apresentar dados impactantes e de aparecer continuamente nas capas de jornais e revistas e na televisão. O interesse dos meios de comunicação se dirige a temas em relação aos quais existe uma grande sensibilidade e que se encontram, portanto, sob o foco da opinião pública. A pressão midiática pode acirrar o ego e a vaidade e precipitar também alguns de seus efeitos não desejados, como sentir-se único e importante e desejar continuar sendo o centro das atenções a qualquer custo.

A relevância de uma personagem pública também provém da atenção suscitada frente a tudo o que ela diz, de tal modo que aquilo que ela manifesta é importante não pela substância ou pelo conteúdo de suas mensagens, mas sim pelo fato de ser quem é naquele momento. Porque, por ser quem é ou por ocupar o cargo que ocupa, o que ela diz é ouvido por muitas pessoas. A mesma coisa ocorre quando esperamos que uma pessoa engraçada sempre tenha de ser engraçada. Espera-se que uma pessoa importante diga sempre algo importante. E não apenas em seu campo, mas em outros também. O que ela diz possui valor porque foi dito por quem foi, mas, essencialmente, trata-se de uma confusão entre o ser e o estar. Pensam que são famosas e, na verdade, "estão" na fama porque são conhecidas naquele momento. São inquilinas, aves de passagem no pensamento e sentimentos dos demais.

Outros problemas provêm da estrutura e dos procedimentos de publicação na ciência. A seleção e a revisão dos artigos recaem sobre as comissões editoriais e sobre os pareceristas das publicações. Esses sistemas possuem suas próprias falhas e dificuldades de funcionamento.

As comissões editoriais das revistas, formadas por editores e coeditores, são constituídas por pessoas com muita experiência em pesquisa, que conhecem a situação de seu campo científico concreto em linhas gerais e os principais grupos de pesquisa que trabalham nele. Ao examinar um artigo para sua possível publicação, costumam avaliar seu ajuste ao âmbito da revista em função de sua novidade, atualidade, pertinência, oportunidade e interesse. Ora, comissões editoriais preocupam-se mais com o encaixe dos novos dados em teorias já existentes do que com novas contribuições que as questionem, tendem a recusar artigos com dados negativos nos quais não se cumprem as hipóteses propostas e não costumam admitir relatórios que replicam dados anteriores por não conterem, por definição, nada novo.

A missão da comissão editorial de uma publicação é selecionar os pareceristas ou especialistas que examinarão detalhadamente os artigos, um trabalho que é crucial. Obviamente, as revistas não podem verificar, e muito menos reproduzir, os trabalhos que lhes são enviados. O sistema é denominado "revisão por pares ou iguais" (*peer review*). Esses pareceristas são especialistas de reconhecido prestígio no âmbito do artigo em questão, sem relação direta com os autores, embora isto seja muito difícil de verificar. Via de regra, selecionam-se dois colegas de forma independente, e às vezes intervém ativamente algum editor ou coeditor que conheça melhor o tema. Se não houver acordo entre os pareceristas a respeito da idoneidade de um trabalho para sua publicação, recorre-se a um terceiro ou ao coeditor especialista. O parecer, os comentários e as propostas são comunicados ao autor ou autores, mas de modo anônimo. Algumas revistas possuem, além disso, especialistas em estatística que estudam se as provas utilizadas na análise de dados são sólidas ou adequadas, já que são elas que sustentam as conclusões dos autores. Por esse motivo, os trabalhos devem expor precisamente a metodologia seguida para que se saiba como foram obtidos os dados e também para que os experimentos possam ser reproduzidos ou replicados por outros pesquisadores. Não receber a aprovação dos pareceristas, por exemplo, por desconhecimento do tema, inimizade, amizade ou proximidade com o autor e relações com empresas comerciais, pode acarretar consequências negativas: que se publique um trabalho ruim e que se rejeite um bom artigo. Em países pequenos e em âmbitos científicos limitados, todos se conhecem e é fácil identificar o parecerista "anônimo". E pode ser que os pareceristas não abordem a base da pesquisa em profundidade, mas sim a sua adequação à política editorial da revista ou a teorias gerais aceitas, com um viés conservador que defenda excessivamente o *establishment* ou as próprias teorias dos membros da comissão editorial ou dos pareceristas. Outro tipo de viés poderia ter origem em preconceitos mais ou menos encobertos que podem influenciar os pareceristas, como a universidade a que pertencem os autores (a tendência é que os trabalhos provenientes de universidades prestigiadas tenham maior aceitação) ou o sexismo (que se manifesta em uma tendência a que sejam mais rejeitados os trabalhos que têm uma mulher como autora principal).

O Desafio de Alan D. Sokal

Os preconceitos ideológicos dos editores de uma revista podem desempenhar um papel decisivo na publicação de um trabalho, especialmente em revistas das chamadas ciências sociais. Em 1996, a prestigiosa revista norte-americana de estudos culturais *Social Text* publicou um artigo de Alan D. Sokal, professor de física da Universidade de Nova York, com o título "Transgredindo os Limites: Rumo a uma Hermenêutica Transformadora da Gravidade Quântica"[12]. Nesse trabalho, repleto de vaguidades e de absurdos, Sokal conseguiu demonstrar que era possível publicar um trabalho cujos únicos méritos seriam os de parecer sério e bom e que bajulasse os preconceitos ideológicos dos editores. Ele afirmava, sem nenhum fundamento, que as especulações psicanalíticas de Lacan haviam sido confirmadas por recentes avanços na teoria quântica, que a ciência pós-moderna havia eliminado o conceito de realidade objetiva e que a ciência, para sua função libertadora, deve estar subordinada a estratégias políticas. Ele fez isso tudo baseando-se apenas em citações de terceiros e de autoridades intelectuais, sem argumentos lógicos nem dados científicos. As citações pertenciam a textos e a pessoas reais. Como o próprio Sokal indicava em seu esclarecimento e inculpação da autoria do artigo, qualquer pessoa que pense que as leis da física são meras convenções sociais estava convidado a transgredi-las das janelas de seu apartamento no vigésimo primeiro andar de um arranha-céu.

---

12 *Social Text*, n. 46-47, p. 217-252.

5. *A Mentira Científica*

Alguns prestigiosos editores de revistas científicas, como Richard Smith, antigo editor do *British Medical Journal*, propuseram a supressão do anonimato na revisão por pares, alegando que o sistema é lento, caro, muito subjetivo e, frequentemente, enviesado, inclinado ao abuso e que não detecta grandes defeitos nem elimina a fraude[13]. Smith argumenta que, além dos critérios éticos (não deveria existir nenhum parecer anônimo), ganhar-se-ia em transparência. Poderia haver problemas quando os pesquisadores jovens tivessem de avaliar os mais velhos, mas as experiências pioneiras mostram que o sistema de pareceristas identificados não é pior que o anonimato.

Normalmente, os critérios costumam ser os de qualidade e originalidade, não os de reprodução, nos quais se comprova e valida o trabalho de outros pesquisadores, limitando-se assim a eficácia na detecção da fraude. Outra limitação provém da tendência de não publicar, por parte dos autores, e de não aceitar para publicação, por parte dos editores das revistas, resultados negativos que não confirmam hipóteses nem dos autores nem de outros. Em compensação, costumam ser considerados publicáveis os resultados negativos rotundos que não conseguem reproduzir resultados anteriores. Neste último caso, a polêmica resultante, se ela ocorrer, costuma ser muito rica para a ciência.

Nos últimos anos, o prestígio e a honra nacionais adquiriram um peso considerável na pesquisa científica e técnica. Quando um país toma como indicador de sua força, prestígio ou honra o bom trabalho dos cientistas, corre o risco de ser ingênuo com eles e basear-se em seus trabalhos para reivindicar desempenho na política científica e, por conseguinte, fornece auxílios econômicos e de todo tipo a cientistas e laboratórios. Além disso, pode existir uma competição entre nações em certos âmbitos da ciência e da tecnologia. O incentivo ao pesquisador é uma faca de dois gumes: os políticos vivem do curto prazo e precisam de resultados, a ciência, no entanto, avança pouco a pouco e os resultados espetaculares e rápidos costumam ser raros. A realidade e a natureza não se dobram frente ao dinheiro ou à vontade política. Os sucessos geralmente são resultado de uma massa crítica de pesquisadores e de talentos às vezes isolados. Nesses

---

13 Cf. R. Smith, Opening Up BMJ Peer Review, *British Medical Journal*, 318, p. 4-5. Viajar, Pero no Llegar Jamás: Reflexiones de un Director que se Retira, *Revista de Neurología*, 40, p. 66-68.

casos, os riscos de sofrer um revés com a descoberta de fraudes é enorme, como veremos na próxima seção.

Um exemplo da importância do papel da pesquisa na vida política ocorre na China, devido à sua dependência tecnológica em alguns setores, como o da energia ou das telecomunicações. A pressão sobre os cientistas pode induzir à fraude. Um caso relativamente recente foi o de Chen Jin, decano da Escola de Microeletrônica da Universidade Jiao Tong. Em 2003, esse pesquisador assegurou ter desenvolvido um microprocessador, o Hanxin, que implicava um enorme avanço para a tecnologia chinesa no campo das tecnologias da informação e das comunicações e que, além disso, contribuía para diminuir a dependência tecnológica do país asiático. Depois que o governo chinês já havia investido mais de 12 milhões de euros nos trabalhos de Chen Jin, descobriu-se, em maio de 2006, que tudo havia sido uma fraude e que o microprocessador era, ao que parece, uma cópia dos fabricados pela empresa americana Motorola.

A China possui atualmente um problema endêmico de plágio acadêmico, reconhecido pelas próprias autoridades, como indicam vários artigos do órgão de informação oficial *Beijing Informa*[14], que envolve artigos científicos e o plágio massivo de manuais ocidentais, que os próprios estudiosos chineses do problema, como Yang Yusheng e Deng Zhengai, atribuem a uma "atmosfera acadêmica corrompida".

São abundantes os exemplos de apoio político à ciência, às vezes com a ideia de construir uma ciência nacional ou ideológica. Um caso histórico foi o de Trofim Lysenko e sua defesa da transmissão hereditária dos caracteres adquiridos, que foi protegido e apoiado por Stálin na antiga União Soviética. Tratando-se de uma teoria falsa, encaixava-se muito bem com a ideologia marxista e socialista. Também devem ser relatadas as tentativas nazistas de eliminar a "ciência judia". Definitivamente, não é possível fazer ciência com dogmas, na medida em que a realidade e a natureza não se dobram frente à ideologia.

O financiamento público também cria um viés na pesquisa ao favorecer o cientista já reconhecido e ao apoiar os trabalhos em âmbitos competitivos ou que "estão na moda", para os quais costumam existir

14 Cf. <www.bjinforma.com>; <www.chinatoday.com>.

5. *A Mentira Científica*

recursos devido aos interesses políticos, sociais, digamos, de interesse geral. Desse modo, pode-se dar primazia à pesquisa em temas politicamente corretos, ainda que estes não tenham importância no progresso do desenvolvimento científico nem a curto nem a longo prazo. Isso também pode favorecer o cientista "hábil" no gênero literário de redação de projetos de pesquisa e reforçar a ideia de que o critério de verdade na ciência seria a aceitação dos resultados pelos colegas que trabalham no mesmo campo que o pesquisador. Atualmente, estão surgindo vozes que defendem a intervenção de especialistas de outros campos e de comissões mais generalistas para a seleção dos projetos que serão financiados. Isto conduziria a critérios mais amplos, provavelmente sensíveis a interesses mais gerais da ciência.

Patrocínio e Mecenato:
Trabalhos Para Empresas

Os efeitos perniciosos dos incentivos não derivam apenas de financiamentos feitos pelas administrações públicas ou por fundações privadas. Também podem existir conflitos de interesses ou contribuições de empresas que exijam determinados resultados ou que orientem as pesquisas em uma determinada direção, como estudos patrocinados por empresas farmacêuticas ou pela indústria do cigarro. As pesquisas podem apresentar um certo viés em razão disso. Neste caso, não se fala de mecenato e de altruísmo, mas sim de pesquisa dirigida para um fim em última análise comercial e, portanto, de dados suspeitos de estarem "orientados", enviesados ou manipulados.

Os cientistas se beneficiam com o financiamento proveniente de empresas ou instituições governamentais para a realização de estudos que convêm a ambos? Constantemente. Muitas empresas pagam pesquisadores para que realizem trabalhos sobre temas de interesse comum. Todos os dias são assinados convênios entre empresas, por um lado, e universidades e centros de pesquisa, por outro, para a realização de experimentos, estudos e testes relacionados a atividades da empresa, como os que dizem respeito à qualidade ou à segurança de seus produtos. Ora, mas quando a independência dos pesquisadores é afetada? Quais são os seus limites? É independente um pesquisador que é pago para estudar produtos de uma empresa? Ninguém diz nada a esse respeito até que algo desperte uma certa sensibilidade pública para o problema, como benefícios comerciais ou transgressões do que seria politicamente correto.

Algumas das limitações ao trabalho dos pesquisadores estão nos contratos assinados com as empresas. Por exemplo, podem existir restrições à publicação de dados quando os fármacos estudados não forem eficazes ou quando houver efeitos colaterais adversos. A decisão final de publicação também pode depender da empresa. Outras circunstâncias podem ser as pressões para obter dados o quanto antes. Não é infrequente que a empresa exija a avaliação prévia dos artigos que se pretenda publicar como resultado da pesquisa para verificar se há ali dados confidenciais ou patenteáveis.

Dinheiro Químico

Em 2006, tornou-se público o caso do doutor Richard Doll, um eminente cientista que durante anos recebeu financiamento secreto de empresas químicas. O doutor Doll, que faleceu em 2005, aos 93 anos de idade, era muito conhecido porque, junto com Bradford Hill, realizou o estudo epidemiológico que em 1950 apresentou pela primeira vez provas científicas que ligavam diretamente o consumo de tabaco ao câncer de pulmão. Durante vinte anos, Doll recebeu dinheiro para realizar estudos para grandes multinacionais químicas, como a Monsanto, a Dow Chemical e a ICI. Esses relatórios se referiam aos riscos de os produtos fabricados por essas empresas provocarem câncer. Ele defendeu que muitos contaminantes químicos não tinham sua relação com o câncer demonstrada ou que as provas que vinculavam o câncer a determinadas substâncias não eram suficientes. Ele afirmou, por exemplo, que não havia provas científicas de que o "agente laranja", desfolhante utilizado pelo exército americano na Guerra do Vietnã, causasse câncer.

Um chamativo caso de financiamento dirigido da pesquisa veio a público em 3 de janeiro de 2007, quando a associação norte-americana

5. *A Mentira Científica*

Union of Concerned Scientists publicou o relatório *Smoke, Mirrors & Hot Air: How ExxonMobil Uses Big Tobacco's Tactics to Manufacture Uncertainty on Climate Science* (Fumaça, Espelhos e Ar Quente: Como ExxonMobil Usa as Táticas das Grandes Companhias de Tabaco para Fabricar Incerteza Sobre a Ciência Climática)[15]. Esse relatório denunciava que a companhia ExxonMobil pagara, entre 1998 e 2005, 16 milhões de dólares a 43 organizações para que financiassem projetos de pesquisa e para que divulgassem informações que questionassem o aquecimento global. Entre essas organizações existiam muitas pessoas e cargos comuns. Desse modo, o relatório menciona o caso de Patrick Michaels, autor de um livro contra a mudança climática, que fazia parte de onze dessas organizações, enquanto outra pesquisadora aparecia em nove delas. O mesmo relatório denunciava que a finalidade dessas ações era discutir a existência do aquecimento global e, possivelmente, utilizar dados científicos com o fim de bloquear ações do governo dos Estados Unidos para combater a mudança climática, criando confusão sobre o tema na opinião pública.

Atualmente, tenta-se combater essas pressões econômicas de diversas maneiras. Por exemplo, é obrigatório, nas revistas biomédicas, declarar a existência de possíveis conflitos de interesses entre os autores. Como veremos mais adiante, entre as medidas propostas pela comissão *ad hoc* da revista *Science* para prevenir a fraude científica, há uma verificação mais estrita dos artigos que possam ter repercussões importantes em um ou mais campos científicos ou em nível geral, o que é algo positivo, já que, ao mesmo tempo em que minimiza o risco de fraude, dá uma oportunidade para que o experimento controverso seja estudado mais detalhadamente.

Por mais que o financiamento público respeite a independência dos pesquisadores, ele também possui seus próprios inconvenientes. Um deles, por exemplo, é o fato de seguir os critérios da ciência convencional, de tal modo que os resultados dos experimentos que se oponham a ela tenham pouca possibilidade de conseguir financiamento ou publicação. Apoiar ideias geralmente aceitas significa ter maiores possibilidades de financiamento. A ciência tende a ser conservadora, mas, por sua própria essência, também tende a inovar. As novas ideias que se opõem ao que

---

15 Cf. <www.ucsusa.org>.

está estabelecido exigem audácia, coragem e envolvem riscos. Também requerem, às vezes, que o pesquisador invista dinheiro próprio nelas. Entretanto, uma das coisas mais difíceis no âmbito da ciência é ter boas ideias que resultem em avanços científicos. Pode-se identificar facilmente a dialética que leva o cientista, por um lado, a pesquisar dentro dos trilhos para poder sobreviver/sustentar-se e publicar e, por outro, a pesquisar em novos âmbitos, o que requer uma experiência prévia sólida.

Quando o Prestígio Nacional Está em Perigo: Jon Sudbo

O pesquisador norueguês Jon Sudbo alegou, em um estudo publicado na revista *The Lancet* em 2005, que os anti-inflamatórios poderiam diminuir a incidência de câncer bucal em fumantes. Em um exercício quase artístico, que ia além da manipulação grosseira, ele falsificou todos os dados de sua pesquisa. Sudbo "criou" seu estudo com falsas identidades de 445 pacientes. Em algum momento, sua criatividade deve ter falhado/fraquejado, pois, dos novecentos participantes, 250 tinham a mesma data de nascimento.

Esse caso afetou a prestigiosa revista médica e várias instituições, dentre elas o Instituto Nacional do Câncer dos Estados Unidos, que haviam doado cerca de 9 milhões de euros ao doutor norueguês. O tema das pesquisas era de interesse geral por estar ligado ao tratamento de um tipo de câncer. De acordo com suas supostas descobertas, o paracetamol, um conhecido analgésico anti-inflamatório, provocaria melhoras em 83% dos pacientes. O pesquisador inventou os nomes e os dados de identificação dos pacientes e dos membros do grupo de controle, com sua correspondente – e falsa – história clínica, estabelecendo também falsas datas de falecimento para alguns deles, em todo um exercício de criatividade descarada que beirava o romance *noir*. Este caso, junto com muitos outros exemplos, nos fala sobre o desenvolvimento de um novo gênero literário. Ainda está por ser reunida uma autêntica biblioteca da literatura científica inventada.

Sudbo afirmou que as características e os detalhes dos pacientes provinham de uma base de dados específica, da qual era impossível que tivessem provindo, como demonstrou a pessoa responsável pela mesma. Por fim, ele acabou admitindo a falsificação.

As consequências do caso Sudbo não se fizeram esperar: o governo norueguês acelerou a entrada em vigor de uma lei que previa penas de prisão para cientistas desonestos, norma que inclui, entre outras medidas:

- Regras mais estritas para a revisão dos estudos científicos.
- Caracterização da fraude científica como um delito, podendo implicar penas de prisão. Agora, a legislação do país nórdico contempla as sanções de demissão e de proibição de voltar a exercer a medicina.

De acordo com as palavras de sua ministra da saúde, "A Noruega não podia permitir que existissem dúvidas sobre a qualidade de sua pesquisa"[16].

Um exemplo histórico de fraude ligada à honra nacional, talvez a mais famosa do século xx, chamativa devido às falsificações grosseiras e aos muitos anos passados até que fosse descoberta, foi a do "homem de Pildown". Em 1912, Arthur Smith Woodward e Charles Dawson, da Sociedade Geológica de Londres, comunicaram a descoberta, na pedreira de Piltdown (Sussex, Grã-Bretanha), de um crânio e de uma mandíbula fossilizados supostamente pertencentes a um ser humano do Pleistoceno. O achado provocou um considerável alvoroço e chegou a ser considerado como o elo perdido entre os ancestrais símios e o homem moderno e, como tal, o crânio foi exposto no Museu Britânico. A aceitação do achado foi unânime por várias razões, entre elas, o fato de que muitos cientistas britânicos viram suas teorias antropológicas confirmadas e também devido ao orgulho nacional, já que existiam restos de homens primitivos na França e na Alemanha, mas não na Grã-Bretanha, pátria de Darwin e berço do evolucionismo. Foram necessários quarenta anos para que fosse descoberta a fraude, apesar de haver numerosos indícios evidentes do engodo: o crânio possuía dois molares desgastados que só poderiam pertencer ao homem moderno. Ao que parece, o autor da fraude reconstruiu o crânio de tal modo que a localização dos caninos permitisse que

16 Cf. Noruega Estudia Penas de Prisión para los Fraudes Científicos, *El Mundo Digital*.

o suposto hominídeo dispusesse de molares desgastados. A análise dos protagonistas implicados no caso e de suas atuações desvela algumas incógnitas sobre quem fez isso e com que finalidade, como revela o magnífico estudo de Di Trocchio[17]. Pode até mesmo ter sido uma brincadeira, da qual também poderia ter participado o insigne paleontólogo francês Pierre Teilhard de Chardin.

As provas contra o achado foram se acumulando com o tempo, entre elas, o fato de que as descobertas da paleontologia demonstraram que os símios primeiramente perderam os traços de símios e que depois se desenvolveu e cresceu o cérebro, e não o contrário, como sugeria o falso fóssil. Em 1950, aplicou-se a técnica do flúor para datar o crânio e descobriu-se que ele não poderia ser do Pleistoceno. Em 1953, J.S. Weiner e W. Le Gross Clark, da Universidade de Oxford, demonstraram que o desgaste apresentado pelos molares poderia ter sido produzido artificialmente. O crânio na verdade pertencia a um homem do século XIX, enquanto a mandíbula provinha de um orangotango do mesmo período. Observou-se que as duas peças haviam sido limadas para que pudessem se encaixar uma na outra. O detalhe passara despercebido durante quarenta anos, sem que ninguém tivesse se incomodado em verificar isso. Os sinais de fraude eram elementares e rudimentares, além de numerosos. Todos julgavam que alguém fizera anteriormente todas as devidas comprovações, e durante décadas o falso fóssil foi considerado válido.

Outros Casos nos Últimos Anos

A fraude científica parece inesgotável em uma profissão na qual se escreve muito e na qual a quantidade e a qualidade daquilo que se escreve determina o sucesso profissional. Ela é manifesta somente quando se tenta reproduzir os experimentos ou quando as descobertas são de especial relevância.

Um achado falso foi a descoberta, em 1989, da "fusão a frio", ou "fusão fria", anunciada em março daquele ano por Stanley Pons e Martin

17 Op. cit.

5. *A Mentira Científica*

Fleischman. Numerosas pesquisas não conseguiram reproduzir a descoberta e sua possibilidade foi rejeitada vários meses após o anúncio. Um caso mais recente é o do físico Jan Hendrik Schön, especialista em eletrônica, que com 32 anos de idade já havia publicado oitenta artigos na *Science* e na *Nature*, os quais, por fim, se mostraram falsos. Esse foi o primeiro caso de fraude detectado nos lendários laboratórios Bell Labs, ligados às empresas ATT, atualmente Alcatel-Lucent, em seus mais de oitenta anos de existência. Tratava-se de pesquisas avançadas em supercondutividade, eletrônica molecular e cristais moleculares. O físico foi demitido em 2002, e admitiu "ter cometido vários erros em seu trabalho científico". Ele falsificou dados em no mínimo dezesseis ocasiões entre 1998 e 2001. As suspeitas surgiram quando seus experimentos não puderam ser reproduzidos. O caso de Schön reúne algumas constantes de fatores que induzem à fraude: a ânsia de avançar na carreira, sustentar que algo é verdadeiro sem demonstrá-lo, simplesmente porque se pensa assim ou porque deve ser assim, e um campo de trabalho no qual a reprodução do experimento é difícil. Schön trabalhava de uma forma que por fim se tornou suspeita: em sua época de maior produtividade, chegou a publicar um artigo a cada oito dias, realizava os experimentos sozinho, não utilizava cadernos de laboratório, os dados originais eram apagados do computador e todas as amostras originais de materiais eram jogadas fora ou descartadas[18].

A excessiva produtividade também delatou John Darsee, especialista em cardiopatia isquêmica da Universidade de Harvard, autor de 109 publicações nas quais inventava experimentos, falsificava e copiava dados[19].

Encerraremos esta curta antologia com dois pesquisadores alemães, Friedhelm Herrmann e Marion Brach, do Centro Max Delbrück de Medicina Molecular de Berlim, biólogos moleculares especializados em pesquisas oncológicas que manipularam os dados de pelo menos 37 publicações ao longo de nove anos, especialmente entre 1992 e 1996, em trabalhos produzidos em Harvard, Friburgo e Berlim. Alguns desses artigos foram removidos das respectivas publicações[20].

18 D. Goodstein, In the Matter of J. Hendrik Schön, *Physics World*.
19 Cf. F. Di Trocchio, op. cit.
20 *Science Week*, 6 nov. 1998, <http://scienceweek.com>.

Um Caso Atual Paradigmático: Hwang Woo-Suk

Recentemente, ocorreu um caso muito chamativo e que teve um profundo impacto no mundo científico e na opinião pública internacional. Suas consequências foram tão importantes que chegou-se a falar em uma perda da inocência científica e em um antes e um depois em relação às fraudes do pesquisador coreano Hwang Woo-Suk.

Esse cientista publicou duas descobertas realmente impactantes no campo das células-tronco que poderiam ter repercussões importantíssimas na cura de certas doenças:

- Em 2004, divulgou na revista *Science* (303, 1669) a obtenção de uma linhagem de células-tronco originárias de um embrião humano clonado.
- Em 2005, divulgou na mesma revista (308, 1777) a obtenção de linhagens de células-tronco a partir de embriões clonados de pacientes.

Eram avanços muito significativos. Se essas descobertas fossem verdadeiras, os pacientes de muitas doenças graves poderiam ser tratados com células que possuíssem o mesmo DNA dos pacientes, o que evitaria problemas de rejeição. Na verdade, Hwang Woo-Suk falsificou os dados de tal maneira que parecia ter clonado embriões dos próprios pacientes.

A primeira tentativa de investigar o que ocorria no laboratório de Hwang Woo-Suk veio da própria televisão coreana, que, alertada por uma denúncia, preparou uma reportagem cuja transmissão foi cancelada devido à enorme influência pública do pesquisador. É preciso salientar que a denúncia surgiu de dentro de sua própria equipe, o que mostra como é difícil, às veze, detectar a fraude, e como a mentira costuma ser descoberta por acaso ou por meio de terceiros. Em um primeiro momento, foram observados alguns problemas nas fotografias utilizadas no artigo publicado na *Science* em 2005. O *Journal of Cell Biology* detectou que algumas imagens de um manuscrito enviado por Hwang pareciam ter sido manipuladas e um estudo minucioso chegou à conclusão de que eram falsas. Michael Rossner, editor da revista, afirmou que, desde 2002, 25% das imagens dos manuscritos recebidos haviam sido manipuladas: não nos esqueçamos de que vivemos na era do Photoshop[21].

Devido ao aspecto que a situação estava assumindo, os outros 24 autores do artigo da *Science* começaram a ficar preocupados, e o segundo autor, Gerald Schatten, da Universidade de Pittsburgh, pediu que seu nome fosse retirado do artigo. A revista *Science* publicou uma retratação dos dois artigos. Vários coautores do segundo artigo confirmaram a falsidade dos dados.

Em 29 de dezembro de 2006, a Universidade Nacional de Seul publicou um relatório, resultante de uma minuciosa investigação sobre os trabalhos de Hwang, no qual se demonstrava que os dados apresentados por esse pesquisador em seus artigos de 2004 e 2005 eram totalmente falsos. O relatório reconheceu que sua clonagem anterior de um cão, Snuppy, fora autêntica. O que não lhe faltava era imaginação: tentara clonar mamutes a partir de tecidos obtidos de alguns animais conservados em geleiras. Também tentara clonar tigres.

Inicialmente, Hwang resistiu a admitir a fraude. Depois das primeiras acusações, reconheceu alguns erros, alegando ter agido de boa-fé. Posteriormente, no entanto, enredou-se em uma cadeia de admissões parciais que o conduziu a um beco sem saída. O medo de ser descoberto e tudo o que estava em jogo fizeram com que ele se complicasse cada vez mais em sua trama de mentiras. O estratagema – mais que uma estratégia – inicial de Hwang Woo-Suk foi comparecer primeiramente diante da imprensa para afirmar que haviam sido cometidos erros graves no artigo e também pediu que este fosse removido da publicação. Disse que acreditava que suas descobertas eram reais, que as amostras podiam ter sido mal manipuladas ou que podiam ter se misturado. Depois, ele chegou a assegurar que parte dos dados havia sido inventada, mas que o restante consistia em um erro inadvertido.

As declarações de seus colaboradores não o ajudaram: um jovem pesquisador de sua equipe confirmou que seu chefe ordenara a manipulação das fotos das linhas das células-tronco. Depois de mais de um ano de

---

21 A. Martínez, La Ciencia de los Engaños, *Expansión*, 4 fev. 2006.

negações, Hwang admitiu que quebrara as normas éticas internacionais ao utilizar óvulos de duas mulheres que trabalhavam em seu laboratório. Por causa disso, foi acusado de tentar comprar óvulos humanos. Em setembro de 2006, os membros de sua equipe declararam diante do juiz que Hwang sabia da fraude e que não tinham se atrevido a denunciá-lo. Ele pediu perdão, admitiu ter participado da fraude, mas afirmou ter sido enganado por seus pesquisadores.

O governo da Coreia do Sul investira 26 milhões de dólares nas pesquisas do doutor falsário e o submeteu a uma investigação judicial. Ele recebera 2,1 milhões de dólares em doações privadas como consequência de seus resultados. Hwang também foi acusado de desfalcar 850 mil dólares de fundos públicos e privados, que dedicou a fins diferentes dos da pesquisa: presentes a colaboradores próprios e a cientistas estrangeiros, refeições para membros do governo, visitas de cientistas estrangeiros e hospedagem para seus colaboradores. Outras acusações acrescentadas mais recentemente citam-no como titular de contas bancárias com diferentes nomes para dificultar o rastreamento dos fundos que recebia.

A atuação do doutor Hwang provocou um prejuízo importante para toda a comunidade científica e, particularmente, para o meio ligado à clonagem de células-tronco. Esse caso teve uma grande repercussão social, especialmente nos meios de comunicação. Produziu-se um mal-estar geral devido às expectativas geradas pelos resultados da pesquisa: as derivadas de seus próprios trabalhos e as gerais do país. A credibilidade da ciência se ressentiu disso.

Em princípio, isso não deveria ser algo tão grave, mas é. Nesses casos, muitas pessoas são enganadas em um assunto muito sério, que além disso diz respeito a problemas graves de saúde, às expectativas de cura dos pacientes e de suas famílias, e com isso cria-se uma desconfiança em relação a todo o sistema de incentivos à pesquisa e ao rendimento social do investimento na ciência. Do ponto de vista humano, é incompreensível como um pesquisador, com uma carreira prestigiosa, de mais de vinte anos de trabalhos bem-sucedidos, se atreve a publicar dados falsos em um âmbito muito competitivo, no qual são geradas expectativas sociais tão importantes. Isto demonstra, mais uma vez, que as falsidades construídas sob os holofotes da opinião pública são detectadas mais cedo do que tarde. Hwang arruinou sua carreira como cientista, foi demitido de seu emprego na Universidade Nacional de Seul e teve todos os prêmios e distinções recebidos em seu país anulados.

O caso Hwang foi atribuído à pressão excessiva, em parte estatal, pela obtenção de resultados, à pressão dos meios de comunicação e ao enorme interesse social e sanitário pelo assunto. Esse cientista chegou a ser considerado praticamente como um herói nacional e um emblema do poderio científico de seu país. A pressão social, procedente de pacientes à espera de tratamento para doenças atualmente incuráveis, é enorme e pode ser difícil de suportar. Em teoria, Hwang não pôde "suportar" essa tensão, fabricou os dados e manipulou as fotografias. Ao que parece, o comportamento do coreano se aproxima mais da fraude simples que das ações do fabulador. A atividade científica tende mais a ter sabidos sem escrúpulos que fabuladores inspirados.

Um Coquetel Perigoso: Cientista e Jornalista

O casamento ou a conjunção de cientista e jornalista poderia gerar um perfil mais próximo do fabulador. Raj Persaud é um psiquiatra atuante, além disso, autor de vários artigos e livros científicos, também foi apresentador de programas de rádio na BBC e na rede britânica de televisão ITV. Em junho de 2008, Persaud admitiu ter cometido plágio em um livro, no qual utilizou sem autorização material de quatro artigos científicos de outros pesquisadores. Também admitiu ter utilizado dados de outros cientistas fazendo-os passar como próprios em artigos abrigados em publicações gerais e especializadas. Em 2006, já haviam sido detectados plágios que fizeram com que ele abandonasse durante algum tempo o seu programa na rede ITV. Em 2005, um de seus artigos foi retirado da revista científica *Progress in Neurology and Psychiatry*, pois um professor americano denunciara que metade do que fora publicado havia sido escrito por ele e não por Persaud. Por razões parecidas, outro artigo do prolífico psiquiatra foi removido do *British Medical Journal*. Tampouco neste caso estamos diante de um fabulador, mas, antes, frente a alguém que aumenta o seu currículo às custas dos demais.

Medidas Contra a Fraude Científica

No curto prazo, não se pode fazer muito mais que endurecer os critérios de revisão e de aceitação dos artigos para sua publicação e, talvez, tornar o processo mais transparente. De forma direta, as comissões editoriais das revistas devem supervisionar melhor os trabalhos remetidos para publicação e, sobretudo, escolher bons pareceristas, que conheçam bem o campo e seus principais pesquisadores, assim como o que está sendo feito nos diferentes laboratórios.

Entretanto, os casos anteriores provam que é relativamente fácil que um artigo bem elaborado e com características formais que lhe deem a aparência de autenticidade supere um exame de especialistas que, na maior parte dos casos, não apenas não conhecem pessoalmente o autor mas, além disso, possivelmente vivem a milhares de quilômetros de distância. O artigo científico é um gênero literário que pode ser dominado com a prática e não há maneira de detectar uma fraude bem feita através dos filtros habituais nas revistas. As revistas científicas não estão capacitadas para identificar a fraude diretamente devido ao fato de não disporem dos meios de averiguação necessários para isso. De qualquer modo, é muito importante o trabalho dos conselhos editoriais das revistas e a adequada seleção de pareceristas independentes.

Devido ao caso do coreano Hwang, a revista *Science* decidiu tomar uma série de iniciativas que começaram com uma recopilação de informações sobre os dois artigos de Hwang: dos coautores, dos pareceres dos avaliadores, da correspondência sobre os artigos, incluindo notas sobre os telefonemas realizados. Toda a documentação foi enviada a uma comissão externa e independente de seis proeminentes pesquisadores, incluindo editores de outras revistas científicas, para uma análise rigorosa que deveria determinar possíveis falhas na revisão dos artigos e propor recomendações para proteger a revista e, em geral, toda a comunidade científica e o público contra futuras atitudes de caráter desonesto. As recomendações da comissão indicam as principais medidas para detectar e corrigir a fraude, ao menos no caso das publicações científicas, e pode ajudar em outros âmbitos, como na concessão de auxílios financeiros a projetos de pesquisa.

A comissão concluiu que, em ambos os artigos, o procedimento de avaliação estabelecido foi respeitado, mas também reconheceu que a fraude era de difícil detecção. Nos dois estudos de Hwang, os editores e pareceristas da *Science* seguiram todos os passos, mas não há procedimentos que possam garantir com 100% de certeza que não há fraude. Como em outros campos da atividade social, a aceitação dos artigos se baseia na confiança de que os artigos enviados para publicação tenham sido bem realizados e de que não contêm falsidades. Além disso, neste caso, houvera um esforço maior que o habitual de outras publicações para verificar a veracidade dos dados e informações apresentados.

Chama a atenção que uma das conclusões da comissão se referisse ao papel negativo dos incentivos: "O ambiente da ciência oferece agora grandes incentivos para a produção de trabalhos intencionalmente enganosos ou distorcidos pelo interesse particular. Isso nos impele a dedicar atenção especial a um número relativamente pequeno de artigos com probabilidade de adquirir maior visibilidade ou influência"[22]. O impacto disso não é apenas científico, mas também social e, inclusive, de prestígio nacional com repercussões políticas. Também se admitia que o alto nível das revistas é um grande incentivo para mentir. Como já foi dito anteriormente, elas não estão preparadas para detectar dados falsificados. Em compensação, é fácil detectar erros formais através desses procedimentos. Por outro lado, reconhecia-se também que deveria haver uma maior colaboração entre as comissões editoriais das principais revistas, de modo a evitar que se suspeite da existência de algumas revistas com critérios menos estritos, nas quais seria mais fácil publicar.

Uma crítica realmente externa, que muitos pesquisadores conhecem em primeira mão, é que a *Science* e outras revistas equivalentes, como a *Nature*, estão mais interessadas em trabalhos sensacionais, de grande impacto na sociedade, do que em trabalhos de grande valor científico intrínseco, o que é um chamariz para muitos pesquisadores em busca de notoriedade. Os membros da comissão reconheciam que publicar

---

22 Cf. D. Kennedy, Responding to Fraud, *Science*, 314, p. 1353.

na *Science* e em outras revistas de alto nível resulta em um aumento de reputação, visibilidade, posição, dinheiro, salário e fundos para novos projetos.

As medidas concretas propostas pela comissão para melhorar a qualidade da revista e para dificultar a fraude foram as seguintes:

- Incluir uma planilha de avaliação de risco que permita detectar quais artigos exigem uma avaliação mais detalhada, especialmente os que tratam de temas de interesse público substancial, os que apresentam dados inesperados ou que vão contra o óbvio, ou que abordem temas de interesse ou conflito político. Tais artigos são potencialmente atraentes para a população em geral e os meios de comunicação, como os relacionados à mudança climática, à nanotecnologia, aos problemas de saúde ou que implicam um avanço ou uma mudança importante em uma área relevante da ciência. Certos tipos de pesquisas, como aquelas relacionadas com as células-tronco, são objeto de uma controvérsia especial, não apenas política, mas também religiosa.

- Estabelecer padrões mais rigorosos de inclusão de dados primários. Concretamente, dispor dos dados diretos. Muitas revistas já os solicitam em arquivos anexos ao artigo principal. Esses dados não são publicados na revista mas ficam acessíveis em sua página na internet para aqueles que desejarem examiná-los.

- Indicar mais detalhadamente qual foi a responsabilidade e a participação dos autores do trabalho. Pretende-se com isso evitar que pessoas relevantes tenham assinado como coautores e que não tenham participado da análise ou da discussão dos dados. Algumas revistas já exigem isso quando o artigo original lhes é enviado.

- Avaliação mais minuciosa do tratamento das imagens digitais.

O editor Donald Kennedy reconhecia que todo esse trabalho extra provocaria uma maior duração do processo de avaliação e também mais gastos, mas, sobretudo, poderia criar problemas de confiança entre os autores e a revista, incluindo possíveis conflitos. Entretanto, a revista convidava seus leitores a enviar comentários sobre essa questão tão importante.

5. A Mentira Científica

Em geral, todos reconhecem que os sistemas de avaliação das revistas científicas devem ser melhorados. Cada revista fez o que considerou mais conveniente, como exigir provas de obtenção dos dados, que se tenha previamente veiculado em outra publicação algum trabalho nesse mesmo tema e a conformidade com normas éticas, tudo isso antes que o artigo seja enviado aos pareceristas. Também existe um controle indireto através do conhecimento em primeira mão dos pesquisadores e de sua forma de trabalhar, de sua participação em congressos, das visitas aos seus laboratórios e de suas visitas a centros estrangeiros. Os congressos, especialmente as apresentações e discussões orais entre especialistas, deveriam ganhar mais importância como foro de confrontação de ideias e de revisão de métodos e procedimentos, embora tudo isso não tenha servido para nada no caso do doutor Hwang.

No médio prazo, a detecção da fraude e o abandono de dados e teorias falsas estão praticamente garantidos. É a reprodução ou a verificação dos dados em laboratórios independentes que deixam à margem da vida científica todos aqueles estudos que não servem. Na ciência, a reprodução de um experimento é o equivalente da aferição ou da verificação da notícia no jornalismo. A principal diferença formal é que a reprodução de um experimento sempre ocorre, caso ela seja feita, depois da publicação do experimento original, enquanto a verificação de uma notícia, quando realizada, deve ser feita antes de sua divulgação.

As ideias equivocadas são abandonadas e não resistem à passagem do tempo. A própria natureza do trabalho científico é a de solucionar indagações, questões, problemas não esclarecidos e expor o resultado à luz pública através dos meios de comunicação científicos habituais, como as comunicações em congressos e as publicações em revistas especializadas. Nesses âmbitos, os especialistas avaliam as descobertas, estão preparados para criticá-las, discuti-las e, sobretudo, dispõem dos dados necessários para tentar reproduzi-las em seus laboratórios.

Cumpre-se também nesse âmbito o princípio da exposição pública, de acordo com o qual, quanto mais pessoas estiverem atentas a um assunto, e quanto mais meios de comunicação acompanharem essa área do conhecimento, mais difícil se torna enganar. Isto é o que ocorre na política, no jornalismo e em alguns setores da pesquisa científica, e foi o que permitiu que as fraudes do doutor Hwang fossem detectadas. Mas uma fraude poderia passar despercebida em um campo científico menos importante, no qual não exista muita concorrência ou no qual não haja muito interesse público e que esteja isento de controvérsias importantes, principalmente se ocorrer de modo ocasional.

Caso se queira deter a fraude, é necessária uma mudança de mentalidade justamente nas próprias instituições. Há fortes propensões protecionistas nas universidades, nos centros de pesquisa e nos próprios organismos financiadores, cuja primeira reação, frequentemente a última e única, é a de proteger a si mesmos, proteger o cientista desonesto e não implementar mudança alguma. Tampouco interessa aos organismos financiadores que se descubra que financiam projetos de pesquisadores desonestos. As universidades vivem, como muitas associações e grêmios, a ilusão da autocorreção e da autorregulação, pensando que o próprio sistema é capaz, por si mesmo, de detectar e corrigir as fraudes. No entanto, isso é impossível devido às fortes redes de interesses entrecruzados existentes em círculos fechados. Somente a intervenção externa pode separar eficazmente o que é bom e o que é ruim, e, desse modo, evitar e punir os comportamentos fraudulentos.

É importante que existam reações dentro da comunidade científica e que sejam aplicadas medidas punitivas por parte das autoridades para evitar essas situações, assim como para transmitir as mensagens adequadas: especialmente a de que, no fim, tudo será descoberto e a de que aquele que agir mal pagará por isso. Sem dúvida, isso produzirá efeitos; como ocorreu nos casos de Hwang e de Sudbo, é usualmente um colega próximo às fontes dos dados quem observa, compara as informações publicadas com as que possui em primeira mão e, por fim, denuncia.

A eficácia das sanções é relativa. Barbara Redman e Jon Merz realizaram um estudo sobre 43 pesquisadores sancionados por fraude nos Estados Unidos entre 1994 e 2001[23]. O grupo total era de 106, dos quais foram eliminados estudantes e bolsistas. Tratava-se de casos graves detectados pelas agências de financiamento, o que exclui muitos outros casos que ocorrem dentro das instituições. Vinte e um dos 43 pesquisadores

---

23 Scientific Misconduct, *Science*, 321, p. 775.

5. *A Mentira Científica*

continuavam publicando após a sanção e alguns destes pesquisadores permaneciam na universidade. Foram feitas entrevistas com alguns destes pesquisadores, que reclamaram do rigor das sanções (suspensão de auxílios, retratação de artigos, perda do emprego). Alguns deles haviam recebido certo tipo de ajuda de seus centros de pesquisa. Em geral, os dados reunidos e as entrevistas pessoais mostram que metade deles conseguiu recuperar a carreira de pesquisa. As sanções são duras, mas não afastam todos eles da profissão.

O aumento do zelo dos editores e responsáveis pelas revistas, assim como dos diretores de instituições, conduziu a um aumento do número de casos de fraude descobertos:

- Luk Van Parijs foi demitido do Massachusetts Institute of Technology (MIT) em outubro de 2005 quando admitiu ter manipulado e falsificado dados em um artigo e em alguns manuscritos e em solicitações de financiamento. Ele foi denunciado por um grupo de colegas a seus superiores do MIT[24].
- Ram B. Singh pesquisou na Índia o efeito da dieta nas doenças cardiovasculares. Sua fraude foi descoberta quando se verificou que redigira excessivos estudos de tipo epidemiológico em pouco tempo. Ele não conseguiu apresentar dados que justificassem seus estudos e, por fim, admitiu ter inventado os dados[25].

A partir do caso Hwang, aumentaram as retratações, ou a retirada voluntária, de artigos por parte de pesquisadores quando percebem, ou são obrigados a perceber, que alguns aspectos importantes da pesquisa não foram contemplados ou que os experimentos não podem ser reproduzidos no mesmo laboratório em que foram feitos nem tampouco em outros.

A prevenção da fraude não afeta apenas o mundo científico. Os governos e as entidades financiadoras podem e devem tomar medidas ativas. Costumam-se adotar medidas, por exemplo, para evitar o mau uso ou a malversação de recursos dedicados à pesquisa. Essas são as medidas mais

24 *Associated Press*, Yahoo!, 29 out. 2005, <www.yahoo.com>.
25 *El Mundo*, 28 dez. 2005.

fáceis de implementar, pois usualmente há um conjunto de normas nesse campo, seja no caso de recursos públicos ou privados.

Casos como os de Hwang desencadearam uma intensa revisão dos procedimentos e uma reflexão geral sobre a ética da pesquisa científica e sobre as formas de detecção e erradicação da fraude. Sempre existirão tentativas de fraude, razão pela qual qualquer avanço na prevenção é algo bom.

Algumas alternativas propostas respondem à implantação e ao uso intensivo das tecnologias da informação e das comunicações, especialmente da internet, na difusão e no intercâmbio de conhecimentos entre os cientistas. Por exemplo, os *softwares* de *text mining* ou rastreamento de textos permitem detectar coincidências entre trabalhos que podem evidenciar plágios ou duplicações de estudos nos quais um pesquisador reproduz informações supostamente originais[26].

Os artigos das revistas impressas podem ser consultados na rede gratuitamente ou com o pagamento de assinatura. Em outras ocasiões, o acesso é livre algum tempo após a publicação, isto é, são "embargados" pela editora até que passam a ser de domínio público. Esta tendência é inevitável, sobretudo quando o trabalho de pesquisa que gera os dados publicados foi financiado com recursos públicos.

A nova tendência de publicações de acesso aberto na internet em revistas eletrônicas que não são impressas permite que sejam consultadas por todos rapidamente e durante um amplo período de tempo. Isto provoca o aumento do número de leitores, da participação e das observações e críticas recebidas. Um efeito secundário é a progressiva diminuição da leitura de revistas em papel e das assinaturas, mas os resultados atuais e seu efeito na comunidade científica são em geral positivos. Um exemplo disso é o PLOS (*Public Library of Science*), que, como outras revistas on-line, procura fomentar o acesso livre e gratuito aos trabalhos de pesquisa. Essas publicações possuem a vantagem da interatividade, de modo que os leitores possam acrescentar comentários, o que aumenta a exposição e a probabilidade de detecção de fraudes.

O material complementar, assim como os dados diretos e as análises estatísticas completas, que com frequência eram apresentados parcialmente

---

26 Por exemplo, <http://invention.swmed.edu>.

na versão impressa, agora podem ser consultados em sua totalidade, algo que, como já foi observado anteriormente, já é feito por algumas revistas tradicionais. Atualmente, os autores ou as instituições das quais fazem parte pagam os custos, uma vez que o trabalho tenha passado pelo processo de revisão e tenha sido aceito para publicação. Para algumas revistas, esses valores compensam a perda das assinaturas impressas.

Onde a Fraude Não Existe

A técnica, a tecnologia, precede historicamente a ciência, e nela é mais fácil e imediato verificar a fraude – um procedimento, uma máquina, um processo de elaboração de um produto dão resultado ou não: as coisas ou funcionam ou não funcionam. Os produtos são melhores ou piores, os processos mais caros ou mais baratos, a qualidade é maior ou menor, as queixas ou devoluções de produtos aumentam ou diminuem. Existe um controle e há consequências muito diretas para aquilo que se faz. A avaliação do avanço ou da descoberta é relativamente rápida. Não é necessário esperar anos para que uma teoria se verifique ou não, como é o caso da pesquisa científica.

A fraude é menos provável nos centros tecnológicos vinculados a entidades públicas, privadas ou mistas, onde os gastos e os investimentos são acompanhados de perto. Nas empresas, supõe-se que os controles, tanto econômicos como de rendimento, sejam mais rápidos e exaustivos. A pesquisa empresarial está mais próxima do âmbito da técnica, do desenvolvimento de processos que conduzem a inovações e melhorias verificáveis na qualidade e nos processos de produção, e costuma estar mais afastada da ciência básica. A fraude pode existir em aspectos externos à tecnologia. Por exemplo, em aspectos ligados à finalidade de suas aplicações de tipo ético, na forma de resultados prejudiciais para as pessoas ou para o meio ambiente, se estes aspectos forem sacrificados em nome da eficácia e da eficiência.

Seguindo esta linha de raciocínio, a fraude mais provável ocorrerá na pesquisa básica, onde a verificação da validade das teorias ou de sua aplicação prática, caso exista, pode nunca ocorrer.

Para fazer justiça à ciência frente à tecnologia, é preciso prestar atenção nas diferenças entre ciência e tecnologia, por exemplo, entre as leis fundamentais da física e da química e o funcionamento do motor de um automóvel ou de um celular. Essas diferenças não são facilmente perceptíveis para as pessoas comuns. Como observa, acertadamente, Umberto Eco, a tecnologia aparece como o resultado final da ciência, como todo aquele instrumento que nos permite fazer ou conseguir algo de uma forma mais fácil e cômoda, mas o árduo trabalho científico que está por trás da tecnologia não é facilmente percebido[27]. O avanço tecnológico aparece como um resultado final, enquanto o desenvolvimento científico é lento, progressivo e enfrenta obstáculos insuperáveis, numerosas pistas falsas e meandros sem fim, linhas inteiras de pesquisa que ficam estancadas durante anos ou trabalhos difíceis que não levam a lugar algum.

O efeito de arrasto da fraude científica não é inócuo e vai além dos danos materiais e morais que provoca. Por exemplo, ele se estende durante anos à doutrina científica que é transmitida nos centros de ensino superior. O conteúdo das matérias que os alunos devem estudar nas universidades pode estar semeado de teorias obsoletas baseadas, no melhor dos casos, em dados reiterados a favor, quando não de pesquisas enviesadas. A impressão que fica não é tanto a de que casos como os de Hwang tenham implicado uma perda da inocência científica, mas, antes, a de que essa inocência nunca existiu, ao menos de uma forma generalizada.

Embora concluamos exaltando a melhor posição da tecnologia na defesa contra a fraude e a sua proximidade em relação ao mundo empresarial, não se deve cair na tentação de pensar ingenuamente que no mundo da busca do lucro ocorrem menos fraudes. Na verdade, ocorre justamente o contrário. Nesse mundo se está mais perto dos grandes mentirosos e fabuladores, dos reis da trapaça.

Referências
e Leituras Adicionais

BERMEJO-PAREJA, F.; SEMPERE, A.P. Una Revista Poliédrica. *Revista de Neurología*, 45, 2007.

27 El Mago y el Científico, *El País*, 15 dez. 2002.

5. A Mentira Científica

BOSELEY, S. Renowned Cancer Scientist was Paid by Chemical Firm for 20 Years. *The Guardian*, 8 dez. 2006. Disponível em: < http://www.guardian.co.uk/science/2006/dec/08/smoking.frontpagenews >

CAMBLOR, M.A. El Escándalo de Hwang. *Apuntes de Ciencia y Tecnología*, n. 18, mar. de 2006. Disponível em: <http://www.aacte.eu/wp/wp-content/uploads/2012/08/Apuntes_18.pdf>

COOKSON, C.; JACK, A. (2008). Science Stifled? Why Peer Review is Under Pressure. *Financial Times*, 11 jun. 2008, <www.ft.com>.

DI TROCCHIO, F. *Las Mentiras de la Ciencia*. Madrid: Alianza, 1995.

ECO, U. El Mago y el Científico. *El País*, 15 dez. 2002.

EL TESORO de la Falsa Altamira. *Diario Sur*. Disponível em: < http://www.diariosur.es/pg060104/prensa/noticias/Sociedad/200601/04/SUR-SUBARTICLE-162.html >.

GOODSTEIN, D. In the Matter of J. Hendrik Schön. *Physics World*, 2002. Disponível em: <http://www.its.caltech.edu/~dg/The_physicists.pdf>.

HAYMAN, R. Por Qué y Cuándo las Personas Inteligentes se Muestran Estúpidas? In: STERNBERG, R.J. (ed.), *Por Qué las Personas Inteligentes Pueden ser tan Estúpidas*. Barcelona: Crítica, 2003.

IOANNIDIS, J.P.A. Why Most Published Research Findings maio Be False. *PLoS Medicine*, 2 ago. 2005.

_____. Contradicted and Initially Stronger Effects in Highly Cited Clinical Research. *The Journal of the American Medical Association*, 294, 2005.

KANDEL, E.R. *En Busca de la Memoria: El Nacimiento de una Nueva Ciencia de la Mente*. Buenos Aires: Katz, 2007.

KENNEDY, D. Responding to Fraud. *Science*, 314, 2006.

LEVITT, S.D.; DUBNER, S. *Freakonomics*. London: Penguin Books, 2006.

MARTÍNEZ, A. La Ciencia de los Engaños, *Expansión*, 4 fev. 2006.

MORAZA, A. De Nuevo en la Picota. *El Diario Vasco*, 15 nov. 2006. Disponível em: < http://www.diariovasco.com/prensa/20061115/gente/nuevo-picota_20061115.html> .

NORUEGA Estudia Penas de Prisión para los Fraudes Científicos, *El Mundo Digital*. Disponível em: <http://www.elmundo.es/elmundosalud/2006/01/16/oncologia/1137438133.html >. .

PAIN, E. Playing Well with Industry. *Science*, 319, 2008.

RAMÓN Y CAJAL, S. [1941] *Reglas y Consejos sobre Investigación Científica: Los Tónicos de la Voluntad*. Madrid: Austral, 2007.

REDMAN, B.K.; MERZ, J.F. Scientific Misconduct: Do the Punishments Fit the Crime? *Science*, 321, 2008.

SMITH, R., Opening Up BMJ Peer Review. *British Medical Journal*, 318, 1999.

_____. Viajar, Pero no Llegar Jamás: Reflexiones de un Director Que Se Retira. *Revista de Neurología*, 40, 2005.

SOKAL, A.; BRICMONT, J. *Imposturas Intelectuales*. Barcelona: Paidós, 1999.

Mentiras Econômicas

> *Muito cuidado diante de grandes ofertas, grandes pensamentos e excesso de cortesia. Nada é gratuito – há aí algum mistério! Se começa a adulá-lo quem antes não costumava, é porque quer enganá-lo ou precisa fazê-lo.*
>
> Mateo Alemán, Vida del Pícaro Guzmán de Alfarache: Atalaya de la Vida Humana, 1599.

Elegante, bem vestido, usando às vezes uniforme militar, com um carisma que o faz cair nas graças das pessoas, mas ao mesmo tempo sério e formal, José Manuel Quintía Barreiros é um dos mais conhecidos trapaceiros espanhóis. Chamado também de "Capitão Trapaça" ou de "o Almirante", perpetrou, durante anos, trapaças muito similares.

Em 1999, foi condenado a seis anos de prisão por desfalcar um empresário asturiano em 1,115 bilhão das antigas pesetas, em uma série de falsos negócios. Em um deles, pretendia vender ao Ministério da Defesa uma propriedade na província de Madri. Quintía se fazia passar por um militar que, em virtude de sua condição, não podia figurar como titular da propriedade, razão pela qual necessitava de um intermediário que a adquirisse para em seguida revendê-la à Defesa por um valor mais alto. Outro dos negócios nos quais o empresário afirmou ter perdido enormes quantias de dinheiro por culpa de Quintía estava ligado a falsos contratos para a aquisição de material para as Forças Armadas.

Em agosto de 2000, Quintía foi detido por desfalcar 12 milhões de pesetas ao oferecer a exploração comercial de uma cantina no interior de instalações da Marinha em Cartagena. Para isso, fazia-se passar por almirante e fornecia documentação falsa que o qualificava como tal. Conseguiu que sua vítima, um dono de hotel, lhe pagasse 5 milhões de pesetas em troca dos documentos falsos de concessão administrativa, além de outros 7 milhões por um lote confiscado de garrafas de uísque, também inexistente.

Em 2005, foi condenado a três anos e meio de prisão por um golpe semelhante, cometido em Madri, quando se fez passar por oficial da Marinha e levou um casal de hoteleiros a acreditar que ele geria vários negócios em uma residência militar em La Coruña. Apoiando-se no fato de que o marido havia pertencido à Marinha, estabeleceu com ele uma relação de confiança que lhe permitiu, em dado momento, oferecer-lhe participação na concessão dos serviços da citada residência militar. Comentou com o casal que, por ser membro da Marinha, ele próprio não podia figurar na concessão com seu nome, mas que eles poderiam ser os titulares, pelo que receberiam um salário fixo e comissões. Ao que parece, confessou-lhes ter investido 50 milhões de pesetas para conseguir que o filho do comissário anterior, já falecido, renunciasse a seus direitos. O casal, originário da Galícia, pensou tratar-se de uma boa oportunidade para voltar à sua terra, e decidiu investir no negócio todas as suas economias, entregando 25.272 euros ao falso oficial em troca da concessão[1].

É difícil traçar toda a carreira de golpes e condenações desse falso militar, detido em ao menos dezoito ocasiões e com numerosas condenações, algumas das quais, como se vê, por grandes desfalques. Ele ganhava a

---

1 Cf. <www.lexureditorial.com>.

confiança das vítimas por meio do uso de uniformes, de documentos falsos e de sua simpatia. Quintía repetia um padrão ou *modus operandi*: o militar sério, porém sociável que faz confidências, a oferta de um negócio fácil baseado em informações privilegiadas, buscando cumplicidade em uma atividade que tem algo de ilegal e compromete a vítima, que será recompensada financeiramente.

Quintía chegou a se tornar uma personagem lendária, inspiradora de uma das personagens e de parte da trama do filme *Incautos*, filmado por Miguel Bardem em 2004. Ele chegou a fingir ataques epiléticos diante de um tribunal, em pleno julgamento. Quintía é o protótipo do trapaceiro ousado, bom conhecedor da psicologia das pessoas comuns.

Todos os dias, milhões de pessoas abrem as portas de sua confiança e de suas contas correntes para indivíduos inescrupulosos. Em alguns casos, trata-se de simples delinquentes que desenvolveram sistemas para atingir multidões. Em outros, temos fabuladores totalmente devotados à arte de trapacear reiteradamente e com extrema habilidade vítimas selecionadas.

Pequenos e Grandes Golpes: Das Ruas à Internet

A utilização da mentira e da manipulação para, de forma direta e fraudulenta, obter um benefício econômico às custas de outras pessoas ou instituições é bastante frequente. A tese que se defende neste capítulo é a de que existe uma similaridade básica entre os instrumentos empregados e os processos psicológicos que entram em jogo tanto nos pequenos golpes individuais como nos coletivos. A razão pela qual ocorrem os golpes, que tantas pessoas são iludidas e as circunstâncias que os facilitam foram temas tratados pelo autor em *La Psicología de la Mentira*, um trabalho anterior. A razão mais importante para que alguém se torne vítima de uma fraude é a ganância, o desejo de ganhar muito dinheiro rapidamente e, se possível, sem fazer nada em troca. Referimo-nos aqui às fraquezas humanas, entre elas, a de supor que se é mais esperto que os outros. O mais incrível é que, quando o logro atinge muitas pessoas, com frequência afeta pessoas que não são ignorantes, e sim indivíduos cultos, inteligentes, bem preparados ou empresários e investidores com vários anos de experiência.

Na mente de muitas pessoas está também a característica de ver de forma favorável o fato de que alguém se aproveite, em dado momento, de uma situação privilegiada, que lhe oferece a oportunidade de ficar rico, ainda que cometendo um ato desonesto e até ilegal, desde que ninguém fique sabendo, é claro. Quando tal ocasião se apresenta, as pessoas chegam a pensar que serão tolas se não a aproveitarem. O que ocorre é que, sem que se saiba, pode ser que alguém – o golpista – tenha inventado essa oportunidade promissora para ficar com todo o dinheiro.

Para cometer suas malfeitorias, o golpista se baseia em seu conhecimento da psicologia das pessoas, de suas fraquezas, das barreiras que erguem contra o logro e de como tais barreiras podem ser superadas. Ele sabe como gerar confiança. Para que a vítima não suspeite, pode se aproximar dela fingindo que se encontraram por acaso, de maneira que ela pense que foi o destino que a colocou em uma posição excepcional para ganhar muito dinheiro rapidamente. Outras vezes, a confiança é conquistada com favores, não muito grandes, para não despertar suspeitas. Veja-se como o Lazarillo de Tormes narra a estratégia do vendedor de bulas:

> Ao entrar nos locais onde seria apresentada a bula, primeiramente oferecia aos clérigos ou curas algumas coisinhas que não fossem de muito valor nem importância: uma alface de Múrcia; se estivesse na época, algumas limas ou laranjas, um pêssego, nectarinas, peras verdes para cada um deles. Assim procurava granjear sua simpatia, para que favorecessem seu negócio e chamassem seus paroquianos para comprar a bula.
>
> Anônimo, *La Vida del Lazarillo de Tormes y de sus Fortunas y Adversidades*, 1554

Em outras ocasiões, o logro se baseia na audácia, na desfaçatez e na pressão sobre a vítima. Em alguns casos, é preciso superar as barreiras psicológicas de defesa, e também obter a colaboração da vítima, tornando-a cúmplice ao revelar uma desonestidade que o golpista cometeu, como fazia Quintía. Utiliza-se o estratagema do custo da verdade, que faz com que a pessoa acredite dizer algo que a compromete ou que envolve um custo ou risco grave para si.

Começamos a nos familiarizar com uma ampla gama de novos logros: toca o telefone, chega um e-mail. Os meios de comunicação e as tecnologias da informação permitem que esquemas clássicos alcancem multidões de pessoas em todo o mundo. A isto se deve que o golpe das ruas, que ainda persiste, tenha adquirido uma extensão global, ao mesmo tempo em que a quantia de dinheiro volatilizada alcança dimensões astronômicas. Com o passar do tempo e com o auxílio da internet, os logros, como os vírus, se transformam e se multiplicam.

A aparência de verdade, a respeitabilidade e o domínio de conceitos técnicos e financeiros são outros instrumentos que revestem o logro. Muitos desses esquemas requerem um planejamento detalhado, habilidades e conhecimentos especializados para que se atinja o objetivo de ludibriar muitas pessoas em diferentes países.

Sistemas Mais Elaborados:
O Boletim Financeiro Milagroso
e a Sala das Caldeiras (*Boiler Room*)

Até o surgimento da internet, o amanhecer dourado começava com a chegada ao domicílio de um atrativo folheto no qual eram oferecidas informações financeiras gratuitas por meio de um boletim ou *newsletter* de difusão restrita que se passava a receber meramente enviando a folha de subscrição gratuita informando uma série de dados, como o endereço postal no qual se receberia o boletim, o perfil do investidor e, muito especialmente, o número de telefone.

Dentro de poucas semanas, começava a chegar o boletim de informações financeiras internacionais. As notícias eram as habituais da imprensa econômica: uma composição requentada do que se podia ler em outros periódicos, com aparência profissional e bem editada. O boletim continha reportagens e notícias mais específicas sobre valores concretos de bolsas internacionais. Tais valores eram reais e correspondiam ao de empresas cotadas nos principais mercados financeiros mundiais. A aparência e a maior parte do conteúdo eram sérios e convincentes, de modo que qualquer pessoa que folheasse o boletim acreditaria que as informações oferecidas eram sólidas e boas.

Após a entrega de vários exemplares, embora poucos, de tais informes, o artigo principal do boletim se detém especialmente em um desses valores que chama a atenção pelo aumento de sua cotação, e uma das notícias ou das previsões financeiras do boletim alude diretamente a isso e indica que logo o valor subirá ainda mais. Certamente, os dados das cotações reais mostram isso.

É nesse momento que a pessoa recebe um telefonema, em inglês, de um especialista em *marketing* telefônico que pressiona o assinante do boletim a investir nesse valor milagroso de cotação crescente, assegurando uma rentabilidade inaudita e incomparável com a de qualquer outro produto financeiro. Este é o momento em que a pessoa com a qual entraram em contato deveria agradecer e não comprar. Aqueles que aceitam a proposta perdem o dinheiro, ao mesmo tempo em que a cotação baixa rapidamente e o prodigioso boletim deixa de ser entregue.

Às vezes, oferece-se junto com a assinatura do boletim um valioso informe de "especialistas" sobre os produtos da bolsa de valores que triunfarão amanhã. Curiosamente, as cotações de alguns deles ou de todos começam a subir até que o incauto assinante decida comprá-los. Este logro é infinitamente reproduzido em todo o mundo, com ligeiras variações. Hoje em dia, tais notícias chegam via internet. É preciso lembrar aqui a conveniência de recorrer somente a fontes de informação confiáveis e a intermediários financeiros registrados e abonados.

Sala das Caldeiras (*Boiler Room*)

Não é, porém, necessário nenhum boletim financeiro para o logro. O golpista também atua diretamente através de chamadas telefônicas inadvertidas ou de mensagens eletrônicas em massa (*spams*, como se verá no capítulo seguinte), nos quais recomenda a compra de ações de empresas não muito conhecidas nas quais os delinquentes já tenham investido previamente. As chamadas telefônicas oferecem investimentos com elevada expectativa de lucro e rápida rentabilidade. Emprega-se uma técnica de *marketing* telefônico que exerce uma considerável pressão sobre possíveis investidores para que adquiram ações de tais companhias. O golpista procura forçar uma subida na bolsa para vendê-las em alta. Quando as vende, o valor cai, não se restabelece e a vítima perde tudo o que investiu.

Os golpistas fingem representar entidades que prometem alta rentabilidade para captar fundos. Com frequência atuam à margem da lei, ainda que se apresentem como profissionais respeitáveis, de fino trato e grande domínio da terminologia financeira. A justificativa dada para a grande rentabilidade a ser obtida é o recurso a paraísos fiscais, aparentemente com isenção de impostos, ou o recurso a investimentos externos aos circuitos normais, como o de bens tangíveis. Estão abertos a captar dinheiro sujo, oculto da Receita, de modo que o investidor se sinta impelido a "aplicá-lo" em tais investimentos para livrar-se de um problema, como onde guardá-lo ou o que fazer com ele. Mas isto faz com que seja mais difícil reclamar se tudo der errado (dará errado).

A pressão para a aquisição é terrível e se eleva por meio de repetidos telefonemas. Os vendedores insistem nas características de oportunidade única e transitória, e no fato de que a compra assegura o pertencimento a um grupo de pessoas muito seletas às quais se oferece algo especial. Conseguir que seja tomada uma decisão rápida é crucial para que a vítima não tenha tempo de se arrepender e, sobretudo, de consultar profissionais que a assessorem devidamente. Os golpistas não aceitam um 'não' como resposta e podem chegar a tratar muito duramente a possível vítima para provocá-la e levá-la a decidir-se, de modo que, caso não o faça, aparente ser covarde: "Isto é para homens de verdade", "Se o que você quer é segurança, vá à agência de poupança do bairro e verá quão pouco lhe pagarão". Ao mesmo tempo, incitam as vítimas a investir com promessas de lucros fabulosos que obteriam se tomassem uma decisão "inteligente", tudo isto para disparar o recurso mágico da cobiça, esse parafuso solto que muitas pessoas têm e que elimina todo tipo de dúvidas, objeções, cautelas e o raciocínio em geral.

6. Mentiras Econômicas

A expressão "sala das caldeiras" refere-se na verdade ao ambiente repleto de pessoas e aparelhos de telefone onde desconhecidos estão sendo incessantemente contatados. Um vendedor pode chegar a fazer mais de duzentos telefonemas por dia. Hoje em dia, as chamadas podem ser feitas a partir de países do terceiro mundo nos quais esse tipo de golpe não é visado ou que não possua tratado de extradição com os países em que se encontram as vítimas.

Na variante telefônica, os golpistas são muito profissionais, especialistas em *marketing* telefônico, além de tudo, conhecem bem a psicologia do investidor e pressionam com muita insistência. Segundo um estudo da agência de regulação financeira (Financial Services Authority) do Reino Unido, os golpes desse tipo contra cidadãos britânicos provêm, em sua maioria, de países do primeiro mundo com economia regulada, como Espanha (29%), Estados Unidos (20%) e Suíça (20%), e não de países como a Nigéria ou a África do Sul[2]. O incauto é "trabalhado" em uma ou duas chamadas telefônicas, nas quais os golpistas se apresentam como amigos e ganham sua confiança, enquanto o fazem ver como as ações que desejam que comprem estão subindo. Costumam ter como objetivo prioritário homens de certa idade ou aposentados, muitas vezes pessoas que já têm outros tipos de investimentos. Lamentavelmente, as pessoas idosas são vítimas fáceis e prioritárias de todos os tipos de golpes. Em 1996, o FBI estimava que, em todos os Estados Unidos existiam vários milhares de "empresas" de *marketing* telefônico dedicadas a esse tipo de fraude financeira. 85% das vítimas que caíam em suas redes eram idosas. Diversas características contribuem para que as pessoas de idade sejam mais vulneráveis: o fato de serem solitárias, a falta de conhecimentos ou recursos para aferir as informações que recebem, a preocupação com a segurança financeira ou com não poder se sustentar no futuro, e a deterioração das capacidades físicas e mentais que as impede de fazer estimativas ou cálculos adequados. Tudo isto torna tais golpistas ainda mais vis.

A técnica de inflar os valores de ações para vendê-las quando seu preço estiver no máximo ficou conhecida como *pump and dump* (inflar e descartar). Os telefonemas dos vendedores recomendam a compra de uma ação

---

2 Cf. *Financial Services Authority*, 6 jun. 2006, <www.fsa.gov.uk/consumer>.

barata. Asseguram estar de posse de informações recebidas em primeira mão ou informações confidenciais indicando que o valor de determinada empresa aumentará muito na bolsa de valores. São informações falsas ou exageradas que afetam empresas não muito conhecidas que têm cotações baixas. Os vendedores provocam, assim, um aumento brusco dos preços de tais ações, momento em que o delinquente aproveita para vendê-las, enquanto o incauto constata que suas ações perdem valor rapidamente. Às vezes, chegam a cair em 90% do valor máximo, causando perdas enormes àqueles que compraram seguindo as instruções do telefonema ou da mensagem eletrônica.

No âmago dos grandes golpes atuais e das trapaças de rua estão o logro, a ocultação de informações essenciais – das quais alguns poucos tiram proveito – e o fornecimento de pistas falsas que tentam distrair a atenção, especialmente os sinais ou indícios de respeitabilidade e profissionalismo que faz com que as pessoas baixem a guarda ainda mais. Ainda que a diversidade de esquemas seja cada vez maior, podem-se distinguir dois diferentes estilos ou perfis de golpistas e, por conseguinte, de golpes. Um deles seria representado pelo golpista-fabulador clássico, cujos representantes seriam Victor Lustig ou Yellow Kid, de quem falaremos adiante. Para essas pessoas, o golpe adquire características psicológicas sofisticadas que exigem um estudo detalhado das vítimas, de sua forma de ser, de suas aspirações e fraquezas. São fabuladores natos que praticaram várias estratégias de golpes até transformá-las em uma arte, repetidas várias vezes e adaptadas à psicologia do incauto. É própria desses golpistas a preparação da saída ou fuga, bem estudada e planejada (possivelmente, a marca registrada do grande golpista).

O segundo estilo de golpista, mais comum, corresponde ao do golpista ousado que utiliza o logro, se aproveita da boa-fé e da ganância dos outros. Muitas vezes, trata-se apenas da vantagem proporcionada pela assimetria nas informações. Aquele que engana é o descarado atrevido que sabe mais e mantém os outros na ignorância. A sutileza está na ocultação e na dissimulação. Sua base é mais a tramoia ou a encenação que a psicologia sumamente simples que emprega: o apelo à ganância, à boa-fé, o efeito da apresentação de documentos falsos, de nomes de pessoas

6. Mentiras Econômicas

conhecidas ou de escritórios vistosos. O perfil psicológico é plano e linear, não há uma elaboração psicológica relativamente complexa.

Distantes dos mais inspirados artistas do logro, a maior parte dos golpes e dos golpes têm nível inferior e pertencem a essa segunda categoria. Na faixa mais baixa, o ofício de vigarista de rua partilha características comuns com os grandes golpes. Isto significa que, excetuando-se algumas diferenças formais importantes, os mecanismos psicológicos subjacentes que entram em jogo são os mesmos. O montante de dinheiro escamoteado, a passagem do tempo e a maquinação ou a armação do grande golpe financeiro separam radicalmente o vigarista de rua do vendedor de investimentos com ganhos exorbitantes, mas a ousadia e a desfaçatez dos perpetradores e a ganância das vítimas são as mesmas. No logro de rua, a trapaça da aposta na tentativa de localizar uma peça oculta em três recipientes possíveis, busca-se, sobre uma caixa de papelão e com uma ajuda mínima de participantes de apoio e cúmplices, um dinheiro fácil, rápido e limitado. A organização de um esquema piramidal ou de *marketing* com vários níveis, o grande golpe que arruína milhares de poupadores, requer um aparato mais completo, que frequentemente inclui a contratação de empresas de relações públicas como engodos respeitáveis, porém caros. Essa armação do pseudofinancista inescrupuloso implica uma dificuldade no momento de escapar. Enquanto os golpistas de rua abandonam seu aparato num piscar de olhos nos arredores das Ramblas em Barcelona, das praças de Castilla ou do Rastro em Madri, ao golpista de colarinho branco só resta fazer com que o dinheiro flua à velocidade da luz para países distantes.

Infelizmente, existe uma ideia romântica do trapaceiro engenhoso que burla o rico ganancioso. Todavia, aproveito para ressaltar o caráter criminoso do golpista e a sequela de sofrimento, mal-estar, ruína financeira e espiritual que deixa atrás de si.

Perfil do Grande Trapaceiro

Tudo se torna cinzento quando não tenho, ao menos, um alvo no horizonte. A vida parece vazia e deprimente. Não consigo entender os homens honrados. Levam vidas desesperadoras, cheias de aborrecimentos.

Victor Lustig, apud R. Greene, *Las 48 Leyes del Poder*

Seguindo Martin Kenney, o grande trapaceiro possui uma personalidade histriônica e se julga um artista, de modo que toda a armação que criou do nada e todos aqueles que dela participaram giram ao seu redor[3]. Ele pensa ser mais inteligente que os outros, se considera superior e acredita estar justificado em tirar vantagem dos outros, ambiciosos como ele, porém menos inteligentes. É vaidoso, preocupa-se muito com a própria imagem e quer que sua habilidade seja reconhecida. O grande golpista sempre encontra pretextos para sua conduta e lembra o comportamento do psicopata, visto no capítulo 2.

Nesse sentido, Hare explica que os psicopatas enganadores tiram proveito de sua grande capacidade de mentir e manipular[4]. Exibem loquacidade, encanto e sociabilidade, e disso tiram partido para conquistar a confiança das pessoas. Enganam a todos, incluindo familiares e amigos. Fingem ter profissões respeitáveis nas quais se pode confiar. As pessoas acreditam neles não tanto pelo que dizem, mas pela maneira como dizem, pelas emoções que suas palavras suscitam, emoções que para eles próprios não significam nada, mas que costumam comover suas vítimas. A isto acrescentam-se a aparência, a maquinação e, frequentemente, uma compreensão e uma utilização maldosa da psicologia alheia.

A necessidade de ter reconhecimento por sua grande capacidade e superioridade sobre os demais, assim como de ser perdoado por isso, os aproxima da psicologia do pirata cibernético ou *hacker*, que espera, como se verá no próximo capítulo, que sua habilidade ou sua experiência sejam admiradas. Essa superioridade técnica, real ou presumida, lhe concede,

---

3 Laundering Protection, *Intenational Conference on Tax Planning and Investment Forum.*
4 *Sin Conciencia.*

em sua opinião, o direito de demonstrá-la da maneira que lhe pareça conveniente: roubando ou causando transtornos aos outros. Os outros são tolos, mas ele próprio é esperto e quer, até mesmo necessita, que saibam disso. Essa suposição é falsa: todos temos habilidades ou experiências que ninguém reconhece. Todos poderíamos tirar proveito das fraquezas dos outros em benefício próprio, mas não o fazemos.

Victor Lustig

Para muitos, Victor Lustig foi o maior e mais lendário dos golpistas. Sem dúvida, era um homem de outra época, que viveu seu apogeu nas décadas de 1920 e 1930, no século passado, na Europa e nos Estados Unidos.

Tchecoslovaco, nascido na Boêmia em 1890, no seio de uma família abastada, aquele que mais tarde se autointitularia "conde" Victor Lustig era culto, refinado, poliglota, carismático e dono de um sorriso lendário, sabendo como ninguém captar as fraquezas da mente humana. Estudava a psicologia de suas personagens e sabia quais defesas uma pessoa, inclusive o delinquente, erguia frente aos possíveis enganadores. Com frequência atuava de forma aparentemente sincera, honesta e desprendida, chegando até a confessar um ato desonesto, desarmando qualquer pessoa, o que antes se chamou de custo da verdade. Com isso, conseguia distrair sua vítima e convencê-la de que suas intenções eram puras. Por meio de suas elaboradas representações, conseguia criar em torno de si uma aura de mistério que lhe atribuía certo atrativo. Em outras ocasiões, agia de modo estranho, extravagante, o que fascinava suas vítimas, que viam nele um aristocrata excêntrico e, portanto, de qualidades exibicionistas incompatíveis com as de um delinquente.

Lustig era audaz, inclusive temerário, e em certa ocasião chegou a enganar o próprio Al Capone, a quem propôs um negócio infalível que lhe permitiria, em dois meses, duplicar a quantia de 40 mil dólares. Capone, que, com todo o seu poder, julgava que quem tentasse enganá-lo saberia que não teria um bom final, emprestou-lhe o dinheiro solicitado, que Lustig depositou em um cofre de banco. Dois meses depois, retirou o dinheiro e se apresentou perante Capone para devolvê-lo, com a desculpa de que o negócio não havia dado certo. O gângster, surpreso com a honestidade de Lustig, deu-lhe 5 mil dólares, cifra superior à que Lustig esperava receber de Capone por sua conduta "honesta".

Após uma primeira viagem aos Estados Unidos em 1920, retornou a Paris, onde, em 1925, executou seu golpe mais ousado e famoso, a venda da torre Eiffel a um sucateiro, proeza pela qual entrou para a história das grandes trapaças. Casualmente, Lustig e seu cúmplice Dapper Dan Collins leram na imprensa as queixas da prefeitura de Paris a respeito do alto custo de manutenção da torre. Ele então elaborou um plano no qual, passando-se pelo diretor geral adjunto do Ministério de Correios e Telégrafos, falsificou documentos oficiais e convidou por correio cinco (ou seis, dependendo da fonte) sucateiros para discutir um possível contrato com o governo. A reunião ocorreu em um elegante hotel de Paris, onde recebeu todos. Após uma breve introdução, falou-lhes sobre os problemas de manutenção da torre Eiffel e a polêmica decisão do governo de promover sua demolição. Disse-lhes que, afinal, ela havia sido construída em caráter temporário para a Exposição Universal de 1889. Sua audiência estava familiarizada com este tópico. Lustig pediu aos sucateiros que mantivessem sigilo a respeito do tema da reunião devido ao caráter controverso da operação. Vários dias depois, ele recebeu as ofertas e inclinou-se a favor da de Albert Poisson, não porque fosse a mais alta, mas porque ele lhe pareceu o mais crédulo. O mais interessante é que Lustig venceu a resistência de Poisson apelando para sua cumplicidade, fingindo ser um funcionário corrupto que pedia uma comissão para facilitar a operação com as autoridades. Por meio do suborno, sabia que ambos, golpista e vítima, passavam a ser cúmplices ou colegas, garantindo assim o sigilo e também que a vítima nunca o denunciaria. Poisson foi atraído e pagou a Lustig o valor do suborno e da "sucata". Lustig fugiu rapidamente para a Áustria com seu cúmplice Collins, que na ocasião lhe havia servido de chofer. Poisson, envergonhado, não denunciou Lustig. Este, após certo tempo, encorajado, tentou repetir o golpe com outros industriais, que se advertiram do ardil e o denunciaram, mas Lustig conseguiu escapar para os Estados Unidos.

Uma de suas manobras típicas era apresentar-se como um aristocrata arruinado que dava a impressão de ter passado por dificuldades financeiras. Quando ganhava a confiança da possível vítima, expunha-lhe o modo como havia conseguido sair de seus apuros financeiros, por exemplo, por meio da máquina de imprimir cédulas. Lustig deixava passar o tempo até que fingia fazer confidências a sua vítima, aparentava certa distância e mistério que o tornavam inacessível. Então, a vítima passava a valorizar mais a confiança que Lustig nela depositava e, reciprocamente, contava-lhe seus próprios problemas. Essa capacidade de ganhar a confiança dos outros, às vezes de pessoas que se consideravam inferiores aos outros ou que sofriam certo isolamento social, permitia a Lustig explorar seus anseios por se sobressair por meio do acesso rápido a riquezas que lhes permitiriam ganhar maior prestígio.

Outro de seus golpes inspirados se deu nos Estados Unidos: encomendou o roubo da carteira do banqueiro Linus Merton, de Vermont. Apenas 24 horas depois, restituiu-lhe a carteira intacta, com o objetivo de conquistar a confiança do agradecido financista. Lustig falou-lhe de seu primo Emil, que trabalhava em uma casa de apostas e que conseguia interceptar mensagens telegráficas que transmitiam os resultados das corridas minutos antes que se fechassem os guichês. Deixou que o banqueiro ganhasse várias vezes até que, na última oportunidade, pois Emil deveria ir a toda a pressa, Merton apostou e perdeu uma enorme quantia de dinheiro.

Lustig foi detido 55 vezes nos Estados Unidos, e chegou a usar 45 nomes falsos diferentes. Uma de suas criações foi a máquina que fabricava cédulas de cem dólares, que ele vendia de modo engenhoso. Com o tempo, em lugar de vender a máquina, passou a fabricar as cédulas ele próprio, de modo que suas prisões foram por esse motivo. Em 1935, foi julgado por falsificação de moeda e condenado a quinze anos de prisão. Encarcerado em Alcatraz, ali reencontrou Al Capone, que, segundo se conta, foi seu protetor na cadeia. Morreu de pneumonia em 1947, ainda na prisão.

Yellow Kid Weil

Joe R. Weil, alcunhado "Yellow Kid", foi sem dúvida um grande golpista norte-americano. Nasceu em 1877, em uma família de verdureiros de

Chicago, e aos dezessete anos abandonou os estudos e esteve explorando o mundo das apostas ilegais. Aí conheceu o doutor Meriwether, fabricante de um elixir de propriedades milagrosas, especialmente para a tênia ou solitária, que era vendido em garrafas ao preço de um dólar. Aprendeu muitos truques do ofício trabalhando como "gancho" para Meriwether, indo com ele na charrete de povoado em povoado.

Seus golpes eram variados e de grande engenhosidade: fazia-se passar por geólogo a serviço de uma empresa petrolífera e convencia as pessoas a lhe darem dinheiro para investir. Outro dia, vendia direitos sobre terrenos inexistentes, ou a máquina de imprimir dólares. Protagonizou alguns dos golpes mais famosos do país, enganando vários investidores com jazidas minerais fabulosas, como minas de ouro na América do Sul, com aval de bancos fictícios. Outro deles foi a venda de cães falantes, casualmente com laringite. Calcula-se que ganhou ilicitamente mais de 8 milhões de dólares. Recebeu a alcunha de "Yellow Kid", uma famosa personagem norte-americana de quadrinhos, porque costumava se vestir somente com roupas de cor amarela. Morreu já muito velho, em 1975, e pouco antes de sua morte confessou que todas as pessoas se tornavam vítimas por seu afã de querer obter algo em troca de nada. Em suas próprias palavras, suas vítimas queriam "algo em troca de nada", e ele lhes dava "nada em troca de algo". A esse afã Weil atribuía a facilidade com que caíam na armadilha.

Eram típicos do "Yellow Kid" os golpes contra investidores incautos, nos quais usava falsas sucursais de bancos. Certa vez, alugou uma instalação bancária abandonada, que encheu de cupinchas e prostitutas que fingiam ser empregados e clientes, para enganar vítimas abonadas. Fez o mesmo com instalações que simulavam agências de investimentos financeiros ou de apostas. Esse tipo de golpe, semelhante ao executado por Lustig, serviu de modelo para a trama central do famoso filme *Golpe de Mestre*, protagonizado por Paul Newman e Robert Redford. A personagem interpretada por Redford é inspirada em "Yellow Kid".

Embora tenha escapado das autoridades em inúmeras ocasiões, foi preso 41 vezes e morreu na miséria em Chicago.

Pertence também a essa geração o trapaceiro escocês Arthur Ferguson, que, em 1924, vendeu a Coluna de Nelson e Trafalgar Square a um turista que pagou-lhe antecipadamente 6 mil libras esterlinas pelo monumento. Conseguiu vender até o Big Ben e o palácio de Buckingham. Viajou aos Estados Unidos e foi detido em Nova York, em 1925, por tentar vender a Estátua da Liberdade a um turista australiano, o que lhe custou uma condenação de cinco anos de prisão. Sua façanha mais conhecida foi a venda a prazo da Casa Branca a um rico fazendeiro do Texas, que se comprometeu a pagar 100 mil dólares por ano. Morreu em Los Angeles em 1938, depois de ter "trabalhado" na área durante anos.

Os Sucessores de Ponzi: Os Esquemas Piramidais

Não vale a pena preocupar-se em perguntar a nenhum magnata como ganhou seu primeiro milhão, porque ele nunca lhe dirá a verdade.

Tom Burns Marañon, Cómo Forrarse, *El Mundo*, 15 jan. 2006

Os esquemas piramidais, ou logros do tipo "Ponzi", em homenagem a Carlo Ponzi, um famoso trapaceiro, baseiam-se em oferecer lucros desmedidos, que são cobertos com as contribuições de novos sócios ou clientes. No mundo financeiro, a trapaça aparece revestida pela oferta de lucros superiores aos do mercado, oferta que atrai cada vez mais investidores. As novas contribuições servem para pagar os primeiros, até que chega um dia em que tudo desmorona. Em certas ocasiões, as contas nas quais são depositados os fundos dos clientes são esvaziadas ou saqueadas, de modo que o dinheiro é destinado a outros fins ou simplesmente desaparece em transações bancárias obscuras, com frequência por meio do recurso a paraísos fiscais. Quando se estende no tempo, o esquema se torna cada vez mais complexo, e empregam-se artifícios para simular a consistência dos investimentos. Chega-se à falsificação de documentos, ao uso da publicidade e das relações públicas, e à manipulação do preço dos ativos ou propriedades a fim de apresentar a imagem de solidez.

Uma variante não financeira, revestida de operações comerciais de venda agressiva, é o "marketing multinível" ou "marketing de rede". Trata-se de um esquema piramidal muito extenso no qual as mercadorias supervalorizadas vão sendo vendidas aos novos sócios, que, por sua vez, vendem-nas aos novos sócios que recrutam. A lista das empresas de marketing piramidal ou venda multinível descobertas na Espanha é grande.

Quando uma pessoa ou um grupo de pessoas iniciam uma atividade com tais características, o mais provável é que saibam com certeza que se trata de uma fraude. No melhor dos casos, poderia tratar-se de um negócio que vai mal e termina por tornar-se um golpe. Pode ocorrer que não seja inicialmente um golpe, mas que a armação se origine de uma má ideia comercial, do fracasso de um negócio em um período de vacas magras ou de uma ambição desmedida, quando a rentabilidade na bolsa ou em outros âmbitos não esteja dando bons resultados. No final do desenvolvimento do esquema, a pirâmide existe e não há como desmanchá-la nem como escapar. Como um jogador de roleta que deseja recuperar o que foi perdido, o golpista vai perdendo mais e mais, e a "lorota", o rombo, a pirâmide se torna cada vez maior. As cotações da bolsa não se restabelecem, os preços dos imóveis despencam, não ingressam novos incautos na armação, não ocorre nenhum evento salvador mágico e se entra, sem possibilidade de saída, em uma espiral de falsidades, na qual uma coisa é ocultada com outra até que se chega ao colapso do esquema. O final costuma ser deplorável e vergonhoso: a prisão, milhares de afetados exigindo seu dinheiro e, às vezes, o suicídio, não apenas do golpista, mas sim de alguns pobres desgraçados.

É possível que um erro ou uma má ideia comercial se transformem em uma atuação fraudulenta? A pergunta é, em princípio, fácil de responder. Em um golpe, os responsáveis simplesmente desaparecem, a polícia os procura e os juízes entram em ação. Em outras ocasiões, eles não desaparecem e podem se defender pretextando erros de gestão ou que o negócio não saiu como esperavam, apesar das garantias que ofereciam e continuam oferecendo, sem base real, aos investidores. É difícil acreditar que, com a abundância de assessores, advogados e profissionais de todos os tipos disponíveis, e tendo manifestado possuir conhecimentos contábeis e financeiros mínimos, não tenham sido capazes de perceber o que acontecia e o fim previsível. Alguém, várias pessoas ao menos nos cargos

6. *Mentiras Econômicas*

de direção, devia estar ciente do que estava ocorrendo. Se não era um golpe a princípio, passa a ser quando aparecem dados que indicam que o negócio não é viável e, não obstante, prossegue-se captando dinheiro de mais investidores. É nesse momento que se passa do negócio legítimo ao golpe. Pode acontecer que dirigentes e proprietários considerem difícil abandonar o barco no momento em que as contas não batem, quando já há muitas pessoas envolvidas, muito dinheiro investido, muitos compromissos públicos ou uma imagem pública e um estilo de vida ao qual não se consegue renunciar ou ao qual algumas pessoas consideram difícil renunciar. Contratam advogados e esperam que o temporal amenize.

Como vimos antes, as grandes fraudes financeiras são suspeitosamente similares aos pequenos golpes. Seus autores conquistam a confiança dos investidores por meios sofisticados, dos quais é difícil suspeitar, como a utilização de bancos prestigiados em suas atividades e o emprego de auditores reconhecidos. Não há grande trapaça sem nomes de firmas respeitáveis ao seu lado. Além disso, dispõem de escritórios luxuosos em bairros prestigiosos e alardeiam bons contatos com o governo ou investem em marketing ou patrocínio de atividades esportivas.

Ivar Kreuger,
"O Rei dos Fósforos"

Ivar Kreuger, engenheiro sueco nascido em 1880 e chamado "o rei dos fósforos", foi um dos maiores trapaceiros do século XX e o primeiro a se basear em técnicas hoje conhecidas como "engenharia financeira" para se apropriar das economias de dezenas de milhares de pessoas. No início da década de 1930, arruinou muitos investidores e poupadores em vários países, especialmente nos Estados Unidos. Sua queda derrubou as bolsas mais importantes do mundo, e as perdas foram estimadas em 400 milhões de dólares, um valor muito alto na época.

Depois de uma brilhante carreira como engenheiro civil nos Estados Unidos e em outros países, Kreuger acumulou uma enorme fortuna com a fabricação de fósforos, negócio no qual possuía o monopólio mundial, com 250 fábricas em 43 países. Daí, Kreuger passou ao mundo das grandes finanças, apoiando-se na euforia econômica da década de 1920. Era dono de uma empresa de *holding*, a Kreuger & Toll, proprietária de cerca de quatrocentas empresas de diversos setores, entre eles, os setores imobiliário, madeireiro e de mineração, destacando-se as conhecidas firmas Boliden e LM Ericsson. Kreuger captava investidores, a maioria dos Estados Unidos, com promessas de lucros elevados e de obtenção de benefícios no exterior, com isenção de impostos. Ele foi um pioneiro no uso de jurisdições de baixa tributação (*offshore*) e é considerado o criador dos atuais sistemas de financiamento através de derivados, alavancagem e titulação de dívidas, que requeriam criatividade, ousadia e, em alguns casos, o desrespeito à lei[5]. O dinheiro que ele captava destinava-se, supostamente, a estender suas fábricas de fósforos e a financiar países europeus com problemas econômicos, arruinados no final da Primeira Guerra Mundial, aos quais oferecia empréstimos a lucros baixos em troca do monopólio na fabricação de fósforos. Para isso, Kreuger emitiu dívidas respaldadas na rentabilidade de suas fábricas em todo o mundo. Chegou a emprestar dinheiro a quinze diferentes países. Seu empréstimo mais audacioso foi de 125 milhões de dólares à Alemanha, empréstimo esse que, em combinação com outros fatores, o levou à ruína.

Até 1932, Kreuger dominou as bolsas nos principais mercados, onde suas ações eram sinônimo de robustez e segurança. Chegou a pagar uma irresistível rentabilidade de 20% ao ano aos poupadores, de modo que todos compravam suas ações. Entretanto, os pagamentos procediam do capital que ingressava, não da rentabilidade industrial das empresas. Tudo acabou sendo um gigantesco esquema piramidal. Muitas de suas companhias foram constituídas em pequenos países europeus (Holanda, Liechtenstein e Luxemburgo), praticamente isentas de impostos, e sempre apresentavam lucro e respaldavam as demais, ao mesmo tempo em que escapavam do controle das autoridades dos Estados Unidos, da Inglaterra e da Suécia. O que ocorria era um fluxo de capitais a esses territórios *offshore*, de modo que tais empresas estavam saneadas e seus resultados eram aqueles apresentados ao público como lucros. Os valores procedentes de fábricas de fósforos constituíam uma parcela mínima dos lucros e dividendos que Kreuger creditava.

---

5 Cf. G. Kumar et al., Ivar Kreuger Reborn; W.H. Stoneman, *The Life and Death of Ivar Kreuger*.

Ao pagar dividendos com o capital que obtinha, Kreuger iniciou uma perigosa pirâmide que, cedo ou tarde, desmoronaria, e que só poderia se manter enquanto perdurasse o ingresso de fundos de novos investidores. Os problemas começaram em 1929, em consequência da queda da bolsa de valores de Nova York, e a Grande Depressão acelerou o fim. Um de seus primeiros biógrafos[6] atribui sua queda a três fatores: o colapso de Wall Street, o vultoso empréstimo concedido à Alemanha e um acordo com Morgan & Co. que levou Kreuger a ser auditado pela primeira vez por Price, Waterhouse & Co. Em 1931, começaram a aparecer queixas nos bancos a respeito da insuficiência de dados em suas contas. Anteriormente, os banqueiros que o financiavam e seus contadores já haviam constatado algumas anomalias nas contas, mas, perante o seu poder, não se atreveram a pedir dinheiro nem explicações. Com efeito, Kreuger mantinha um sistema contábil próprio, criptográfico e de modo algum ortodoxo, apesar das quatrocentas empresas que compunham seu conglomerado. Os bancos não sabiam o que ocorria em suas empresas, e ninguém se preocupou em averiguá-lo durante anos. A pirâmide de Kreuger não teria sido possível se tais empresas fossem sediadas nos Estados Unidos ou na Suécia. O emaranhado de sociedades tornava inviável saber quais eram as contas reais e onde com efeito se encontrava o dinheiro. De fato, Kreuger falsificava sistematicamente seus balancetes para demonstrar que obtinha mais lucros do que realmente auferia de suas fábricas de fósforos. O colapso de seu esquema se precipitou por não dispor de ativos para responder à demanda dos investidores. Em uma manobra desesperada, chegou a falsificar grosseiramente títulos do governo italiano, presidido então por Benito Mussolini, para utilizá-los como aval, mas foi inútil. Quando os investidores quiseram recuperar seu dinheiro, não havia fundos. Acossado pelos bancos, suicidou-se em seu apartamento em Paris no dia 12 de março de 1932.

O caráter misterioso de Kreuger, a complexidade de suas operações financeiras e a aparentemente precária investigação policial das circunstâncias de seu suicídio contribuíram, com os anos, para a criação de teorias conspiratórias por parte de alguns de seus compatriotas, que, inclusive, o consideram um herói vitimado por um complô internacional.

---

6 Cf. W.H. Stoneman, op. cit.

Os auditores demoraram vários anos para desemaranhar a complicada trama empresarial que Kreuger havia tecido e para saber o que realmente havia ocorrido. Quinhentos milhões de dólares que figuravam como ativos em suas contas não existiam. Sua queda tornou mais grave a crise financeira e econômica do início da década de 1930, mas, sobretudo, contribuiu para que se demorasse mais para sair dela, diminuindo a confiança nos negócios.

Um capítulo enigmático dos negócios de Kreuger são suas relações com a Espanha. Em 1929 e 1930, ele incluiu em seus balancetes como respaldo de suas operações um contrato com o governo da Espanha, presidido, na ocasião, pelo ditador Miguel Primo de Rivera, em um valor de 144 milhões de francos suíços. Segundo o contrato, aparentemente falso, Kreuger pagaria ao governo espanhol 180 milhões de pesetas pelo monopólio da fabricação e da distribuição de fósforos no país, pelo prazo de 25 anos, começando em 1937. Kreuger apresentou um recibo assinado por Primo de Rivera no qual constava que este havia recebido 124 milhões de pesetas. Sabe-se que Kreuger manteve contato com o governo espanhol durante anos, mas nunca chegou a fabricar fósforos no país. Após a morte de Kreuger e de Primo de Rivera, este último em 1930, não havia modo de saber se o acordo era autêntico. Os governos da Suécia e da República Espanhola concordaram em que se tratava de mais uma de suas falsificações[7].

Os biógrafos de Kreuger descrevem-no como uma personalidade complexa, com uma grande inteligência e capacidade para os negócios, combinadas com um total descaramento, além de revelar-se um mentiroso desde os tempos de escola. Tinha excessiva autoconfiança em suas habilidades de negociação, que sem dúvida eram mesmo extraordinárias. Tinha um ar misterioso, e seu carisma, sua cultura e seu domínio dos idiomas tornavam-no excepcionalmente atraente: manteve amantes simultaneamente em diferentes capitais. Reunia, em suma, algumas das características do trapaceiro internacional citado por Martin Kenney: julgava-se superior aos outros, não se submetia às leis, e considerava que os fins justificam os meios. As pessoas que se consideram muito espertas tendem a pensar que os outros são todos tolos.

---

7 Cf. Ibidem.

6. *Mentiras Econômicas*

Grandes Escândalos Financeiros na Espanha –
Maus Negócios ou Esquemas Piramidais?

A tradição espanhola de trapaças piramidais é antiga, e tem um ilustre precedente em dona Baldomera de Larra, filha do insigne escritor e jornalista Mariano José de Larra. Muito perto, em Portugal, ainda ressoam os ecos de dona María Branca dos Santos, a banqueira do povo, detida em outubro de 1984 depois de ter enganado 15 mil investidores, aos quais prometia 10% de rentabilidade mensal. A seguir, descreve-se, com base nos dados da imprensa, um dos casos mais recentes do que muitos especialistas, financistas e juristas consideram ser um esquema piramidal, ocorrido na Espanha, com toda a aparência de respeitabilidade. O caso está *sub judice*, razão pela qual, com base na presunção de inocência, deve-se falar, mais apropriadamente, de suposto logro. Em todo caso, e qualquer que seja o resultado nos tribunais, não é arriscado afirmar que esse tipo de ocorrência se repetirá no futuro.

Em 9 de maio de 2006, a polícia nacional, na chamada "Operação Atrio", tomou as sedes das empresas espanholas Fórum Filatélico e Afinsa e deteve seus responsáveis máximos. Tratava-se de empresas que, através de sistemas muito semelhantes, ofereciam ao público investimentos em bens tangíveis; neste caso, selos postais colecionáveis. O Fórum Filatélico operava desde 1980. No total, falava-se de 600 mil afetados em ambos os casos, 400 mil no caso da Afinsa e 200 mil do Fórum Filatélico[8]. Com o tempo, o número de afetados foi sendo reduzido para uma cifra entre 350 ou 400 mil, somadas ambas as empresas.

As irregularidades denunciadas referiam-se aos seguintes aspectos:

- Supervalorização de ativos: os selos eram comprados pelos investidores com um pacto de recompra com uma valorização garantida a um preço maior que o do mercado;

- Em consequência disso, entrou-se, aparentemente, em um esquema piramidal, no qual as cotas procediam dos novos clientes, que recompravam caros os selos dos investidores que vendiam;

8 Cf. ABC, 7 jan. 2007.

- Em alguns casos, os selos não existiam, e foram detectadas falsificações de selos. No Fórum Filatélico, constataram-se destruições em massa de timbres. O principal provedor de selos da Afinsa guardava em um esconderijo em sua casa 10 milhões de euros e folhas de selos falsos;

- Ao que parece, as empresas admitiam dinheiro ilícito.

Em suma, suspeita-se que os clientes compravam selos que não valiam tanto, que não existiam ou que poderiam até ser falsos. O relatório do administrador judicial indicava que, no caso do Fórum Filatélico, o valor em selos era, a preço de mercado, de 400 milhões de euros, e, no caso da Afinsa, de 119 milhões de euros. O possível "rombo" financeiro foi avaliado em cerca de 2,7 bilhões de euros no primeiro caso e em 1,751 trilhão de euros no segundo[9].

Quanto à destruição dos selos, Francisco Briones, principal responsável pelo Fórum Filatélico, assegurava que eram exemplares defeituosos que não tinham lugar no mercado. Contudo, aparentemente não havia vendas de selos a terceiros que capitalizassem a empresa e permitissem restituições e novas aquisições. Outras versões indicam que pode ter ocorrido a destruição de selos falsos ou até uma manobra para encarecer seu preço. Em todo caso, existe um princípio de "estanquidade": essas empresas compravam seus selos no mercado e os vendiam aos investidores com a promessa de revalorização. Ao que parece, após retirado o dinheiro, os selos eram revendidos também a um preço elevado aos novos investidores. As conclusões do fiscal acusavam as empresas de fraude contra a Receita, lavagem de dinheiro, insolvência punível, administração desleal e falsidade em documento privado[10].

Há suspeitas de que pode ter ocorrido um vazamento de fundos do Fórum Filatélico mediante determinadas operações, por exemplo, através da empresa Coborsa, controlada por um dos responsáveis pelo Fórum. O juiz Baltasar Garzón ordenou uma intervenção na empresa Coborsa, uma vez que esta cobrava quantias significativas do Fórum Filatélico por relatórios aparentemente falsos ou com superfaturamento. A Coborsa

9 Cf. ibidem.
10 Cf. *Expansión*, 28 abr. 2007.

era proprietária de bens imóveis e acionista de outras empresas. Alguns dos pagamentos superfaturados de lotes de selos adquiridos na Suíça poderiam servir como operações de lavagem de dinheiro[11]. Em outubro de 2007, o tribunal espanhol Audiência Nacional requisitou a colaboração das autoridades suíças, caso houvesse fundos da Afinsa em bancos do país helvético. A Afinsa tinha importantes investimentos fora da Espanha. Era também proprietária da empresa norte-americana Autenctia, especializada em leilões filatélicos e numismáticos, que era, por sua vez, proprietária de 65% da sociedade Escala, que tinha cotas no mercado Nasdaq de empresas tecnológicas. Através da Escala, a Afinsa havia comprado a companhia norte-americana A-Mark Precious Metals, dedicada à intermediação da venda de metais preciosos[12]. O Fórum Filatélico investia em obras de arte e imóveis. De fato, ele participou de negócios imobiliários em Marbella com promotores envolvidos na famosa "Operação Malaya". Através de seus diretores, poderia estar envolvida também em irregularidades urbanísticas e no pagamento de comissões ilegais a integrantes da prefeitura de Santa Cruz de Tenerife[13].

Essas duas empresas escapavam das inspeções devido a um tecnicismo legal, pois eram consideradas sociedades mercantis, de compra e venda de produtos, e não financeiras. Por conseguinte, não se aplicavam a elas os controles legal, regulamentar e de inspeção, nem a provisão de fundos de reserva exigida das entidades financeiras. Embora captassem fundos de particulares, ofereciam seus selos como um produto de investimento ou como fundos de pensão, por exemplo. Entretanto, apesar de outros critérios contrários, a Agência Tributária espanhola entendeu, em relatório de 1997, que a contabilidade da Afinsa era válida como correspondendo a uma empresa mercantil, e não financeira. Em 1998, o Banco de España já conhecia o modo de operação dessas empresas. Em 2005, a Agência Tributária considerava difícil tipificar a operação da Afinsa como "fraude"[14]. Com o tempo, foram se tornando conhecidas sucessivas advertências destes e de outros organismos (Banco de España, Inspeção da Fazenda e

11 Cf. *Expansión*, 28 maio 2006 e 9 fev. 2007.
12 Cf. *Expansión*, 5 jan. 2007.
13 Cf. <www.elmundo.es>, 4 dez. 2006.
14 Cf. *Expansión*, 28 abr. 2007.

Comissão Nacional do Mercado de Valores). Não é de surpreender que os afetados tenham processado também o Estado.

Não obstante, houve também outras advertências a essas empresas por parte de escritórios de advocacia e consultorias a respeito de possíveis irregularidades em suas atividades. Algumas das advertências dirigidas ao Fórum Filatélico, como a do escritório Clifford Chance, remontam a 1999. Nelas constava que os selos não tinham caráter de bens negociáveis e que o procedimento se assemelhava mais a uma atividade piramidal, baseada em uma revalorização fictícia das estampilhas[15]. Em 2004, a auditora KPMG já advertira a Afinsa a respeito do caráter impróprio da contabilidade da empresa ao computar como ativos as vendas de selos a clientes, que, na verdade, deveriam figurar como passivos. O relatório assinalava também a supervalorização dos selos, muito acima do preço de mercado, que figurava como "mínimo garantido". Um relatório do escritório Cuatrecasas, do mesmo ano, insistia em que esse tipo de atuação podia ser considerado irregular. Tudo isto é pouco tranquilizador por dois motivos. Primeiramente, porque é possível que algumas pessoas que ocupavam postos relevantes em entidades prestigiadas soubessem o que estava ocorrendo e tenham se calado, deixando que acontecesse. Em segundo lugar, a posterior profusão de manifestações escusatórias do tipo "eu já havia dito" é inaceitável. É relativamente fácil prever o passado, mas prever o futuro é mais complicado.

Diversas manobras dessas empresas emitem dados que intensificam as suspeitas de fraudes. Confidencialmente, segundo o relatório da Promotoria, a Afinsa havia comprado a empresa que editava o catálogo de selos Brookman, publicado nos Estados Unidos, que fixava os valores de compra e venda dos artigos filatélicos. Isso permitia que a Afinsa controlasse uma referência importante, que poderia ter sido utilizada em alguma ocasião para influenciar a seu favor nos preços de compra e venda e revalorização[16].

Pouco depois da intervenção, houve declarações inesperadas do responsável pela Associação de Usuários de Serviços Financeiros (Ausbanc) a favor de tais empresas. As declarações atribuíam a culpa do ocorrido

15 Cf. *Expansión*, 31 mar. 2007.
16 Cf. *Expansión*, 3 fev. 2007.

ao Estado, devido à falta de regulamentação do setor, recordando que as empresas, em vinte anos, não haviam faltado com suas obrigações e que a intervenção provocou o colapso do mercado de selos. As investigações jornalísticas revelaram que a Ausbanc teria recebido pagamentos milionários da Afinsa através da Associação de Empresários de Colecionação e Investimento, controlada por ela própria. A suspeita dos jornalistas é de que tais pagamentos eram para que a Ausbanc falasse bem da Afinsa e a defendesse. A Ausbanc chegou a qualificar a intervenção do governo como "brutal".

O Fórum Filatélico fazia vultosos investimentos em marketing, incluindo o patrocínio de uma equipe de basquete (Fórum Filatélico de Valladolid) e de barcos de regatas. Isso proporcionava à empresa uma grande respeitabilidade e o acesso a pessoas e instituições influentes, assim como a clientes de certo nível econômico e muito conhecidos. Não obstante, a maioria dos investidores era constituída por pessoas humildes, trabalhadores e aposentados. Pode-se citar, no entanto, o caso de pessoas com presença quase ininterrupta na imprensa marrom e em programas televisivos do tipo "telelixo", como Isabel Pantoja ou Julián Muñoz, célebre envolvido nos escândalos imobiliários de Marbella. Outras personagens do mundo do espetáculo, a dupla de cantores Los del Río, haviam investido 180 mil euros procedentes, ao que parece, dos rendimentos de sua famosa música *Macarena*.

As declarações dos responsáveis pelas empresas não esclareceram muito a situação. Não aparecem, por exemplo, explicações escusatórias baseadas no funcionamento estanque ou anômalo do mercado, em decisões empresariais infelizes ou em tendências negativas na evolução dos preços dos selos. Tampouco se ofereceu qualquer explicação racional de por que tudo deu errado – falou-se apenas de "preocupação com os poupadores", da solvência das sociedades e do valor de seus selos, superior à avaliação dos relatórios judiciais. Os antigos administradores dessas duas sociedades apresentaram planos de viabilidade que pretendiam demonstrar que poderiam pagar os credores.

É difícil buscar uma explicação para o fato de que cerca de 400 mil pessoas, com todos os meios de comunicação disponíveis atualmente, deixem-se seduzir por formas de investimento fácil, que oferecem garantias de rentabilidade superior à habitual do mercado. Essas pessoas se deixaram arrastar pelo chamado "boca a boca", por métodos hábeis de marketing, por publicidades persuasivas e, em todo caso, sem dar muita margem para a prudência e a assessoria de especialistas independentes.

Seria preciso aprofundar aqui outro aspecto dos investimentos passivos, aqueles nos quais o investidor não tem de fazer nada. A comodidade é também uma arma sedutora, leva a pensar que a pessoa vive tranquila, "sem fazer nada", com seu dinheiro seguro em boas mãos. O não fazer nada e obter algo em troca não existe. O dinheiro que se investe em geral procede do trabalho, próprio e de outros, com frequência obtido com base em esforços e sacrifícios ao longo de anos. E esse dinheiro é depositado nas mãos de uma pessoa que é incapaz de ganhá-lo, mas que sabe manejá-lo e obter rentabilidade em troca de uma porcentagem. Talvez os investimentos passivos devessem ser mais ativos – o investidor poderia se preocupar um pouco mais com a pessoa que gerencia seu dinheiro.

De um ponto de vista psicológico, a alegria, a euforia e a credibilidade tendem a andar juntas. Quando estamos contentes, consumimos mais, somos mais generosos e não pensamos tanto no futuro ou em possíveis problemas. A euforia do investidor consiste não apenas em ilusão e credibilidade, mas em um excesso de confiança que o leva a acreditar que não se equivocou ao tomar uma decisão financeira. As defesas baixam e não se tomam as medidas de precaução mais elementares. Não é de surpreender que, quando tudo vai bem, incluindo a bolsa e o mercado imobiliário, aumente o número de fraudes, que, por sua vez, são descobertas quando começam as dificuldades e as pessoas se tornam mais precavidas.

Além do que foi dito e quando se trata de bens tangíveis, como selos, moedas, artigos de coleção, joias, relógios etc., convém saber do que se trata, saber um pouco a respeito do tema, ou melhor, muito. Para isso, é aconselhável informar-se, conversar com especialistas, conhecer o mercado, visitar feiras, perguntar. Infelizmente, a mentalidade do investidor costuma ser a de despreocupar-se com o investimento e pagar a outros para que cuidem e multipliquem sua fortuna. Todo colecionador ou pessoa que o pretenda ser é ou deve almejar ser um especialista no tema de sua coleção.

Ganância, Abuso de Poder e de Informação: A Última Fornada de Delitos Empresariais, 2001-2006

Nos últimos anos, assistimos a um rosário de escândalos financeiros protagonizados por empresas de grande prestígio que levaram milhares de acionistas e poupadores a perder suas economias e suas ilusões. O caso Enron, descoberto em 2001 nos Estados Unidos, iniciou a sequência de escândalos financeiros protagonizados por altos executivos de empresas importantes. A dimensão e a variedade dos delitos cometidos pelos dirigentes ultrapassa a imaginação: fraudes contábeis, titulações ilegais de dívidas, mudanças fraudulentas nas datas de *stock options*, uso de empresas filiais para limpar as cifras em vermelho nas contas da matriz e um sem-número de transgressões que causaram imensas perdas a investidores e levaram à prisão muitos executivos.

Apesar desses excessos criativos, o comportamento ilícito mais empregado para ficar com o dinheiro dos outros continua sendo o uso ilegítimo de informações privilegiadas. O uso de informações privilegiadas (*insider trading*) é "o uso de informações relevantes para o mercado de valores que ainda não tenha sido publicada ou informada ao público e que poderia determinar uma alta ou queda das cotações"[17]. No Reino Unido, quase um quarto dos anúncios de aquisições de empresas em 2005 foram precedidos de mudanças suspeitas nas cotações das ações, segundo a Financial Services Authority. Em algumas ocasiões, os preços das ações chegaram a alcançar, nos dias anteriores à compra, até cinco ou dez vezes o seu preço médio.

Durante o ano de 2006, nas dezessete operações mais importantes de aquisição de empresas nos Estados Unidos, nos três dias anteriores ao dia de divulgação da compra, o preço das ações subiu, em média, mais de três vezes o seu valor normal. Isso indica que houve transações especulativas disparadas por pessoas que sabiam que a compra iria ocorrer[18].

17 M. Alonso, Sospechosamente Bien Informados, *El País*, 26 out. 2008.
18 *The Economist*, 12 mar., 12 maio e 23 jun. 2007.

Na bolsa espanhola é frequente que os valores das empresas em vias de ser adquiridas por outras apresentem aumentos nítidos alguns dias antes que a operação seja anunciada, mas não tanto como nos Estados Unidos. Na Espanha, calcula-se que 40% das ofertas públicas de aquisição de ações sejam precedidas por compras por parte de pessoas que estão a par das negociações. 95% das investigações iniciadas são arquivadas por falta de provas. Fica claro que aqueles que compram são pessoas que estão cientes da operação. Entretanto, é muito difícil demonstrar que essas revalorizações oportunas se devem a vazamentos de informações, sobretudo quando são utilizados instrumentos e manobras financeiras de certa complexidade através de empresas interpostas e outros países. Por outro lado, são muitas as pessoas que podem estar a par do que irá ocorrer: executivos, advogados, assessores, intermediários financeiros, funcionários de bancos envolvidos e funcionários das empresas, a começar pelos próprios conselhos administrativos[19].

Os delitos cometidos por diretores de altos postos costumam ser um bom exemplo da assimetria de informação a que nos referimos anteriormente. Os diretores estão bem informados sobre as circunstâncias reais da empresa, sobre a competência, o meio e, oportunamente, sobre a ocorrência, a evolução e o possível resultado de negociações de fusões ou aquisições. A tentação de utilizar essas informações às custas dos acionistas e do mercado em geral é muito grande. Cabe indagar se há alguma forma de coibir essas atuações e, ao menos, atenuar os efeitos dos atos desses delinquentes.

Medidas de Responsabilidade e Transparência
Empresarial: Elas Podem Amenizar
as Fraudes?

Quando os escândalos citados vieram à tona, as medidas legais, às quais se acrescentam as novas normas contábeis e o desenvolvimento das práticas de responsabilidade social corporativa, não se fizeram esperar. Nos

19 Cf. C. Caballero, La Información Privilegiada Burla a la CNMV, *El Mundo*, 25 nov. 2007; C. Llorente, La Información Privilegiada Campa por la Bolsa Española, *El Mundo*, 28 jan. 2007.

Estados Unidos, promulgou-se, em 2002, a lei Sarbanes-Oxley, visando melhorar as práticas dos diretores das empresas em diferentes âmbitos da gestão e perseguir eficazmente os delinquentes da alta esfera financeira.

Os mencionados escândalos tiveram também um efeito positivo na formação de diretores. As escolas de negócios, nas quais são conferidos os famosos "MBA", receberam duras críticas por não fornecer formação ética ou de responsabilidade social a seus alunos. Desde então, houve mudanças nos currículos que levaram à introdução de matérias relacionadas à responsabilidade ética das empresas.

As medidas de responsabilidade social corporativa, especialmente a transparência empresarial, podem ter um efeito na diminuição da possibilidade de fraudes. Trata-se de uma demanda social crescente, dos acionistas, dos governos e de toda a sociedade, incluída nas boas normas de gerenciamento. Submetendo-se a esses princípios, a empresa vai além de suas obrigações mercantis e legais, pois se compromete com os acionistas e com a sociedade, de modo que leva em consideração mais que o benefício do acionista, valorizando sua inserção em meio social complexo, no qual a preocupação com os demais e com o desenvolvimento sustentável ganham importância cada vez maior. Seguindo esses princípios, a empresa adota boas práticas no que se refere ao trabalho, ao meio ambiente e à transparência. A transparência obriga a entidade a fornecer informações completas e verdadeiras aos acionistas, mas também a seus grupos de interesses: clientes, provedores e, em muitos casos, toda a sociedade.

Especialistas continuamente propõem novas medidas relacionadas a isso. Na opinião de Jeffrey Phelps, da Universidade de Stanford, a busca de benefícios empresariais e da melhora nas cotações da bolsa a curto prazo seriam as principais causas dos escândalos financeiros dos últimos anos. Os sistemas de incentivos podem contribuir, na linha do que foi exposto em outros capítulos deste livro, à fraude empresarial. De acordo com o citado especialista, os incentivos deveriam ser concedidos aos membros de uma equipe de direção de forma coletiva, e não individualmente, pois isso responderia melhor à realidade da gestão empresarial do dia a dia. Mas existem também inconvenientes importantes em todas essas medidas. Em geral, as correções são onerosas. As leis e normas, como as regras contábeis ou referentes à transparência empresarial, implicam custos elevados para as empresas. De modo geral, convém comportar-se bem, mas não está claro se os benefícios compensam o esforço. Será preciso esperar para verificar a longo prazo[20].

Uma das razões pelas quais as medidas de transparência empresarial, incluídas no gerenciamento corporativo, podem não ser eficazes é sua assimetria, no sentido de que afetam, presumivelmente, toda a empresa, menos o conselho administrativo. Alguns especialistas recomendam que certos aspectos da tomada de decisões sobre temas importantes sejam públicos, com o objetivo de demonstrar que a realização de acordos é argumentada e de explicitar o modo como se exerce a gerência da empresa. Seria interessante ver um resumo dos principais argumentos a favor e contra as decisões importantes, assim como os critérios gerais acerca do rumo da empresa, e se poderia até mesmo incluir um resumo ao final do relatório anual[21].

Mas, como ocorre em outros contextos, sem precisar ir além do âmbito científico tratado no capítulo anterior, a transparência e a autorregulação, quando existem, costumam ser insuficientes. Perante o pouco êxito em prevenir e combater as fraudes e os escândalos financeiros, tampouco basta o esforço das autoridades reguladoras. A cultura e a educação dos consumidores também ajudam, mas não são de grande utilidade diante de emoções e atitudes como a ganância, a insegurança frente ao futuro, sempre incerto, ou o temor de perder as economias poupadas. A economia, no mundo das finanças, assim como a política, pertence a campos nos quais a liberdade de atuação nem sempre é compensada com o exercício da responsabilidade e do correspondente repertório de deveres. Além dos agentes e das atuações descritos, um sistema legal e jurídico sólido e independente, mas, sobretudo, eficaz, juntamente com sanções exemplares que sejam cumpridas, parecem ser mais que necessários. Também contribuem os cidadãos responsáveis que denunciam as atuações desonestas e a existência de vias acessíveis para o trâmite das queixas. Além disso, é imprescindível que haja um número suficiente de meios de comunicação independentes e com profissionais especializados que investiguem o que ocorre nos territórios ao mesmo tempo sofisticados e pedregosos da administração dos bens alheios, nos quais prosperam trapaceiros e fabuladores.

20 B. Mec, Lecciones de Buen Gobierno, *Expansión*, 1º maio 2004.
21 M. Schrage, Transparency at the Top without Leaks or Lawsuits, *Financial Times*, 6 ago. 2006.

6. Mentiras Econômicas

Por fim, deve-se ressaltar que um sistema excessivamente regulado proporciona muita segurança aos usuários, mas leva a baixar a guarda, de modo que se deixa a porta aberta para trapaças[22]. Enquanto isso, continuaremos aguardando o próximo escândalo, tentando fazer algo e cruzando os dedos para que não nos atinja.

Como se viu nestas páginas, uma vez que a maior parte das relações sociais se baseia na confiança mútua, nenhum sistema será tão eficiente contra as trapaças quanto a boa informação, a prudência e a atitude de estar consciente das próprias decisões e de suas consequências. Entretanto, afigura-se no horizonte um perigo crescente: as novas tecnologias de informação e das comunicações, que se concretizam no estar continuamente "conectado", situando o mundo ao alcance dos incautos em sua própria casa, no trabalho e nos momentos de ócio. Através do *laptop* e do celular, milhares de pessoas sofrem todos os dias inúmeras tentativas de logro e fraude. Pode-se estar seguro em sua própria casa, a salvo de logros coletivos e de fabuladores? A internet é um dos grandes instrumentos do logro? No próximo capítulo, abordaremos a resposta a esta última pergunta, que é, em muitos sentidos, afirmativa.

Referências
e Leituras Adicionais

ALONSO, M. Sospechosamente Bien Informados. *El País*, 26 out. 2008. Disponível em: < http:// elpais.com/diario/2008/10/26/negocio/1225028848_850215.html>.

CABALLERO, C. La Información Privilegiada Burla a la CNMV. *El Mundo*, 25 nov. 2007.

GREENE, R. *Las 48 Leyes del Poder*. Madrid: Espasa, 1999.

HARE, R.D. *Sin Conciencia: El Inquietante Mundo dos Psicópatas Que nos Rodean*. Barcelona: Paidós, 2003.

KENNEY, M. Laundering Protection: Awareness Techniques. *International Conference on Tax Planning and Investment Forum*, Madrid, 6-7 abr. 1998.

KUMAR, G.; FLESHER, D.L.; FLESHER, T. Ivar Kreuger Reborn: A Swedish/American Accounting Fraud Surfaces in Italy and India. In: *Social Science Research Network*, 2007. Disponível em: <http://ssrn.com/abstract=1025525>.

---

22 Cf. P. Seabright, *The Company of Strangers*.

LLORENTE, C. La Información Privilegiada Campa por la Bolsa Española. *El Mundo*, 28 jan. 2007. Disponível em: <http://www.elmundo.es/suplementos/nuevaeconomia/2007/357/1169938807.html>.

MARTÍNEZ SELVA, J.M. *La Psicología de la Mentira*. Barcelona: Paidós, 2005.

_____. *Los Paraísos Fiscales: Uso de las Jurisdicciones de Baja Tributación*. Madrid: Dijusa, 2005.

_____. Financial Frauds in the Onshore and Offshore World. *Shoreliner*, 7, 2002.

MEC, B. Lecciones de Buen Gobierno. *Expansión*, 1º maio 2004.

SCHRAGE, M. Transparency at the Top without Leaks or Lawsuits. *Financial Times*, 6 ago. 2006. Disponível em: < http://www.ft.com/intl/cms/s/2/d069b10c-256f-11db-a12e-0000779e2340.html#axzz2vvTwHDEd>.

SEABRIGHT, P. *The Company of Strangers: A Natural History of Economic Life*. Princeton: Princeton University Press, 2004.

STONEMAN, W.H. *The Life and Death of Ivar Kreuger*. Nova York: Braunworth, 1932. Reeditado por Bobbs-Merrill, Indianapolis.

_____. The Match King. *The Economist*, 22 dez. 2007. Disponível em: <http://www.economist.com/node/10278667>.

O Reino das Mentiras

> *O problema com a internet é que as mentiras não morrem.*
>
> Patrick Boyle, professor de jornalismo da Universidade de Maryland

O chileno César Matamala era, em 1999, um jovem estudante de informática. Logo no início de suas práticas de engenharia, desenvolveu um *software* que lhe permitia capturar na rede dados praticamente inacessíveis: os dados necessários para gerar números de cartões de créditos antes que fossem emitidos em nome de seus usuários. Em certo momento, César começou a fazer compras de produtos tecnológicos na internet utilizando os cartões de crédito recém-criados. Seus alvos eram o site da empresa Amazon e outros similares de comércio virtual, os produtos obtidos eram revendidos no Chile.

Durante sete anos, Matamala efetuou mais de 2 mil transações. Quando foi finalmente detido, em janeiro de 2007, descobriu-se que havia burlado a empresa Amazon em 220 mil dólares. Além disso, suas falcatruas haviam atingido outras empresas de venda on-line. Seu nome, alguns codinomes que também utilizava, seu endereço e seu telefone aparecem nas páginas da internet que denunciam fraudadores que usam cartões de crédito[1]. Diante disso, a primeira impressão é de que se tratava de quantidades muito pequenas. O *modus operandi* também contribuiu para isso. Na realidade, não foi a empresa Amazon quem se preocupou com as fraudes, e sim os verdadeiros titulares dos cartões de crédito de que se utilizava o chileno Matamala. Os clientes fizeram reclamações em seus bancos a respeito das compras que não haviam realizado, e os bancos apresentaram as denúncias.

Sua localização e detenção pela Interpol foi relativamente fácil. Rastreou-se o IP (identificação do computador) de Matamala, até que ele foi localizado em sua residência em Valdivia, no Chile. Quando se indagou por que havia cometido um número tão grande de fraudes, afirmou que foi para "assumir novos desafios". Os jornalistas atribuem também a ele afirmações escusatórias, como a afirmação de ter doado dinheiro obtido de modo fraudulento às vítimas do furacão Katrina e a de que só cometia esses atos quando tinha necessidade.

A fraude cometida por César Matamala não é um caso isolado. É fácil enganar na internet. A rede permite que se cometam uma infinidade de abusos de forma anônima e à distância. A internet faz parte de nossas vidas e é, entre outras coisas, um impressionante meio de comunicação global utilizado todos os dias por milhões de pessoas em todo o mundo. Assim sendo, pode ser também utilizada para mentir a milhões de pessoas: na internet, mente-se em massa; a rede conseguiu democratizar e socializar a grande mentira. Qualquer um pode mentir para milhões de pessoas transmitindo rumores e falsas notícias. A internet oferece a possibilidade de mentir em escala global, de se tornar um grande mentiroso.

---

1 Credit Card Fraud Reporting, <www.3dlens.com/creditcard.htm>.

Mentiras Mais ou Menos Inócuas

Várias características da internet facilitam esse uso traiçoeiro: o anonimato, que é às vezes total, a distância física entre os usuários e a quase impossibilidade de verificar informações por parte do receptor. Isso contribui para que a rede seja um terreno fértil para mentiras e fraudes. É um convite para os fabuladores.

Graças à dificuldade de verificação e à rapidez de transmissão, a difusão de notícias falsas na rede pode facilmente provocar alarme social. Este efeito é, porém, limitado no tempo. Propagam-se quase diariamente notícias catastróficas ou de grande impacto que geram alarme, denominadas *hoax*, mas que não se sustentam a longo prazo: é cada vez maior o número de pessoas que pode desmenti-las e dar fim à sua difusão.

Hoaxes: Mentiras em Cadeia

Um *hoax* – boato, brincadeira – é uma mensagem anônima, intencionalmente falsa, propagada em cadeia e geralmente difundida com a única finalidade de que seja reenviada. Os *hoaxes* com frequência transmitem lendas urbanas, a maioria inverossímeis, de conteúdo alarmante e falso. Contêm uma solicitação comum, que é o reenvio a todos os amigos e conhecidos. Não têm nenhuma base, e a confirmação de sua veracidade é impossível. Captam a atenção e assustam. São as legítimas sucessoras da transmissão oral e tertuliana das lendas urbanas. Às vezes, recorrem ao princípio de autoridade para corroborar seu conteúdo: a ONU, a Organização Mundial de Saúde, cientistas ou especialistas. Servem para satisfazer o ego do autor, embora em certas ocasiões esse tipo de mensagem possa ser mais perigoso e busque obter endereços de correio eletrônico ou infectar os computadores com *softwares* mal-intencionados, para captar dados pessoais. Algumas vezes, este tipo de mensagem contém um pedido de dinheiro; outras vezes, convida a visitar uma página na internet

7. O Reino das Mentiras

para aumentar artificialmente o número de visitas e, assim, poder cobrar mais pelos *banners* ou anúncios publicitários exibidos em tal página. 80% dessas mensagens são enviadas a partir da Argentina, e quase um terço dos usuários da rede acreditam em seus conteúdos[2].

Quem não recebeu a história do menino acometido por uma enfermidade incurável e que, como último desejo, quer que lhe sejam enviados cartões postais de todo o mundo? Muitas dessas mensagens contam histórias dramáticas: por exemplo, a da menina mordida por uma cobra na piscina de bolinhas da área de recreação de uma loja da rede Mc Donald's. Outras vezes, apresenta-se uma promessa inverossímil: "Bill Gates quer distribuir dinheiro e pagará por cada e-mail reenviado". Outras mensagens são tolices, como a conclamação a boicotar as companhias petrolíferas mediante um intervalo de 24 horas sem reabastecer com gasolina, ou a boicotar as operadoras de celular passando-se um dia sem usar o telefone. Outra ampla gama de mensagens é constituída pelos avisos de ameaças à saúde, como o risco de ingerir bebidas diretamente na lata, devido ao fato de que a urina seca de ratos transmite microorganismos mortais. As mensagens também comunicam alertas sobre falsos vírus de computador. Muitos *hoaxes* são variantes eternas da mesma história, que ressuscitam e revisitam periodicamente os internautas.

A página rompecabezas.com.ar classifica os *hoaxes* nas seguintes categorias:

- Falsos alertas de vírus;
- Mensagens religiosas;
- Correntes de solidariedade ("Você não tem nada a perder com o reenvio desta mensagem, e isto pode salvar a vida de uma criança");
- Correntes de sorte;
- Lendas urbanas;
- Métodos para se tornar milionário;
- Presentes de grandes empresas.

2 Informe de la Asociación de Internautas, set. 2008, cf. <www.internautas.org>.

O *hoax* tem êxito porque consegue chamar a atenção e inquietar, não pede dinheiro nem nada difícil de realizar, simplesmente chama a atenção para algo e solicita que se repasse a mensagem. Em suas versões mais inócuas, os contratempos causados por tais mensagens são menores: a perda de tempo para lê-los e apagá-los (é aconselhável nunca reenviá-los) e os transtornos derivados da saturação e da contaminação informativa que provocam nos sistemas.

Os *hoaxes*, suas categorias, as defesas contra eles e seu mecanismo de propagação são assuntos de várias páginas na internet[3]. Eles também são tema de análises e discussões em escolas e faculdades de jornalismo, por reunir algumas características especiais, uma vez que são notícias falsas de propagação rápida e bem-sucedida, um autêntico êxito viral.

O *hoax* não tem uma finalidade perniciosa, ou, pelo menos, não tão perniciosa quanto muitas outras atividades que ocorrem na rede, exceto o já mencionado propósito de tentar coletar informações pessoais. Ele é a mentira transportada, difundida e, às vezes, aumentada, transformada e ressuscitada por si mesma, por seu valor intrínseco, seja pela originalidade do conteúdo ou das ameaças em que se baseia. Seu poder reside na capacidade de impelir ao reenvio. Perante as artimanhas dos *hackers*, o *hoax*, o boato na rede, é passivo, chega até onde sua própria força interior de persuasão o leva.

Infelizmente, nem todas as mentiras transmitidas na rede são do tipo *hoax*. Crescem sem parar os websites dedicados a fomentar o ódio. A rede é utilizada, nesses casos, para agitar, atacar e difundir preconceitos contra grupos étnicos, religiosos ou contra pessoas de outras nacionalidades.

Prazer em Conhecer

Para qualquer pessoa que participe de fóruns, clubes sociais e salas de bate-papo, é óbvio que na internet se mente constantemente, e não apenas por dinheiro. Quando informações pessoais são fornecidas com o objetivo de estabelecer relações amorosas ou de amizade, costuma-se mentir sistematicamente.

---

3 Cf. <www.newshoax.umd.edu>; <www.rompecadenas.com.ar/hoaxes.htm>

O jornal *20 Minutos* publicou uma enquete apontando que 70% dos usuários espanhóis em busca de parceiros amorosos na internet mentem em seu perfil. Foram entrevistadas 7.882 pessoas, usuárias de um portal de contatos[4], revelando que 77% das mulheres reconheciam mentir ao fornecer seus dados, frente a 71% dos homens[5].

Estudos mais científicos apresentam dados similares em todo o mundo. Um exemplo da onipresença da mentira na internet procede de um conhecido trabalho dos pesquisadores Ariely, Hitsch e Hortaçsu[6], que investigaram os dados fornecidos por norte-americanos em fóruns e páginas de contatos na internet.

A cada ano, cerca de 40 milhões de norte-americanos trocam informações em fóruns e páginas de encontros e contatos pessoais na rede. Os pesquisadores estudaram uma amostra de 30 mil usuários, metade deles de Boston e a outra metade de San Diego. Em geral, os usuários se descrevem como sendo mais ricos, mais altos, mais magros e mais atraentes que a média da população. Entre outros dados, averiguaram o seguinte:

- 4% dos usuários afirmavam ganhar mais de 200 mil dólares por ano, quando apenas 1% dos usuários da internet ganha isso. Pode-se concluir que há um grande exagero.

- Tanto homens como mulheres (mais eles do que elas) afirmaram medir de dois e meio a três centímetros a mais que a média nacional.

- No que se refere ao peso corporal, os homens se aproximavam da média norte-americana, enquanto as mulheres afirmavam pesar até nove quilos a menos que a média nos grupos de maior idade. Isso é uma confirmação do dado já conhecido de que as mulheres têm maior preocupação com seu peso e aparência do que os homens.

- Quase 70% dos usuários se consideravam mais atraentes que a média ou que o normal, enquanto menos de 30% se consideravam "medianamente atraentes" ou com atrativos "normais". Apenas 1%

---

4 Cf. <www.elplanazo.com>
5 Cf. < www.20minutos.es>, 14 fev. 2007.
6 *What Makes You Click.*

se apresentava como menos atraente que a média. Extrapolando-se com base no que se afirma na internet, 97% dos norte-americanos são muito bonitos.

- 28% das mulheres diziam ser ruivas, o que é bastante distante da média no país.

Esses dados nos dizem não só que se mente na internet, mas também nos falam sobre os traços que as pessoas julgam torná-las atraentes ou desejáveis aos olhos dos outros. Essa informação é fortemente determinada pelo desejo de aparecer bem, de agradar e apresentar uma imagem favorável e atraente de si. Essas mentiras servem para a proteção da imagem pessoal e respondem ao desejo de causar boa impressão. Em geral, as pessoas querem ser mais bonitas, mais espertas, mais atraentes e interessantes do que são realmente. Desejam aparentar uma condição socioeconômica mais elevada e querem que os outros gostem delas. Embora alguns queiram ser totalmente sinceros, mesmo em encontros pessoais se tenta apresentar uma imagem melhor do que a real. Essas mentiras são mentiras instrumentais que pretendem que a divulgação das qualidades pessoais torne o indivíduo mais atraente aos olhos de pessoas do sexo oposto, chamando a atenção, estabelecendo contato com alguém desejável e conseguindo a chance de um encontro.

É óbvio que chega um momento no andamento da relação cara a cara em que tudo é descoberto e a ilusão se desvanece. Quando nos relacionamos com alguém, a relação pessoal e direta põe fim à situação de ilusão, ainda que talvez não inteiramente. Algumas pessoas particularmente crédulas podem demorar meses, ou mesmo anos, até descobrir informações relevantes sobre a vida, a situação e o comportamento de seu parceiro.

A Internet Deu, a Internet Tirou:
O Caso de Joyce Hatto

A era das novas tecnologias da Inglaterra e das comunicações fornece meios para enganar, mas também para descobrir os logros.

A pianista inglesa Joyce Hatto havia sido concertista entre as décadas de 1950 e 1970, e, em 1976, deixara de fazer apresentações públicas. Vinte e cinco anos mais tarde, já com setenta anos e padecendo de câncer, dedicou-se a uma imensa produção discográfica que superou as cem gravações. Seu repertório incluía numerosas obras, inclusive as mais árduas para os pianistas. Seus CDs eram produzidos por uma pequena gravadora, Concert Artist, propriedade de seu marido, o engenheiro de gravação e som William Burrington-Coupe. A empresa se dedicava essencialmente a reeditar antigos discos de vinil de longa duração (LPs) em forma de cassetes e, mais recentemente, de CDs.

Suas gravações foram um êxito que começou com uma difusão restrita para grupos de aficionados por música clássica na internet e se tornou um sucesso de crítica e vendas. Em 2002, Joyce começou a ser conhecida por um público mais amplo, graças aos elogios dos especialistas, e, em consequência disso, os pedidos chegavam incessantemente à Concert Artist. O relato de seu marido a respeito de sua luta contra a doença comoveu os críticos até o seu falecimento em junho de 2006. Hatto não queria mais tocar em público porque não sabia em que momento poderia ser acometida pelas dores de sua doença fatal. Ela foi considerada pelos especialistas como uma das maiores pianistas vivas do mundo. Quando faleceu, recebeu críticas elogiosas nos mais importantes jornais. O obituário do *The Guardian* falava da "maior pianista britânica de todos os tempos".

Em fevereiro de 2007, Brian Venture, um amante da música oriundo de Nova York, introduziu um CD de Hatto (*Estudos Transcendentais*, de Liszt) em seu computador e a base de dados Gracenote, à qual está conectado o programa iTunes, reconheceu a obra como sendo a gravação de uma execução do pianista húngaro László Simon. Uma análise mais detalhada revelou que quase toda a gravação (dez dos doze estudos) era do citado pianista. O especialista Andrew Rose efetuou as primeiras comprovações técnicas para desvendar o enigma e confirmou as manipulações sistemáticas que haviam sido feitas. Uma descrição técnica e extratos originais e manipulados podem ser encontrados na página desse especialista na internet pristineclassical.com. Investigadores da Universidade de Londres, ao realizar análises digitais de gravações de diferentes intérpretes, haviam encontrado também uma similitude entre uma gravação de Hatto de 1997 e a de um solista iugoslavo de 1988.

A revista *Gramophone* deu o alarme em 23 de fevereiro de 2007, e, em apenas uma semana, já haviam sido identificadas as fontes de vinte CDs. Em pouco tempo, até 66 diferentes pianistas haviam sido reconhecidos como os verdadeiros executores das gravações atribuídas a Hatto.

Nos fóruns na internet haviam aparecido vozes críticas que questionavam se Hatto seria efetivamente a intérprete das gravações. Não havia dados sobre ela nas fontes e registros habituais. Em certa publicação on-line apareceu uma entrevista presumivelmente concedida a Burnett James, um escritor britânico de temas musicais falecido em 1987. Não se sabia onde nem quando fora publicada. Sempre que se punha em dúvida a existência de algumas orquestras e diretores com os quais ela havia executado as peças, rapidamente aparecia na internet uma remessa de dados e biografias, fornecidos por Barrington-Coupe, para dar suporte à pianista. O caso mais chamativo foi o de René Köhler, diretor de orquestra de alguns dos concertos de Hatto. Seu marido postou na rede uma biografia de Köhler: judeu natural da Polônia, sobrevivente do gueto de Varsóvia e do campo de concentração de Treblinka, que passou 25 anos em campos de prisioneiros soviéticos. Seu nome não aparece em nenhum livro de referência, e se supõe que fosse tudo uma invenção do marido de Hatto[7]. Por outro lado, os concertos reais de Hatto na década de 1950 e 1960 não haviam recebido, em geral, críticas muito favoráveis.

A princípio, Barrington-Coupe negou tudo. Vários dias depois, e perante o peso das provas, confessou ter introduzido gravações de outras pessoas. Asseverou que fizera isso porque as dores impediam sua mulher de completar as gravações. Queria dar a sua mulher a ilusão de um grande final de carreira e o reconhecimento que os críticos não lhe haviam dado. Afirmou também que ela não sabia de nada.

Toda a história de Joyce Hatto estava contaminada. Nas poucas entrevistas concedidas à imprensa, ela afirmava ter trabalhado com alguns dos mais importantes músicos do século xx, incluindo Benjamin Britten. Contudo, não há documentação disso. Tampouco dos concertos que

---

7 Cf. M. Singer, Fantasia for Piano, *The New Yorker*, 17 set. 2007; R. Williams, The Great Classical Piano Swindle, *Intelligent Life*, outono 2007, p. 52-58.

presumivelmente fizera na Rússia e na Polônia, dos quais só se conheciam as transcrições das críticas elogiosas, feitas por seu marido, mas sem nenhum documento original[8].

Barrington-Coupe, assim como fizeram também outras pequenas gravadoras da Inglaterra e dos Estados Unidos, havia lançado gravações de músicas clássicas executadas por orquestras e intérpretes conhecidos sob nomes fictícios a custos muito baixos durante a década de 1960. Algumas gravações procediam de emissões radiofônicas de intérpretes do leste da Europa. O logro, mais ou menos tolerado na indústria musical, não era estranho às suas atividades comerciais.

O tipo de manipulação que o marido de Hatto realizara com maior frequência para dissimular a origem real da gravação era aumentar ou diminuir ligeiramente a velocidade do registro. Ao final dos anos de 1990, o *software* necessário para processar e manipular gravações estava ao alcance de todos e era muito barato. Barrington-Coupe utilizou como fontes pianistas pouco conhecidos. Os mesmos especialistas que aplaudiram as falsas interpretações de Hatto haviam criticado duramente essas mesmas peças quando executadas e divulgadas pelos pianistas originais. Talvez a credulidade e a benevolência dos críticos se devesse à aparência frágil de Hatto, idosa e enferma, compelindo-os a amenizar seu julgamento e baixar o nível de exigência.

Por que o casal fez o que fez? Dois jornalistas que entrevistaram Barrington-Coupe, Mark Singer e Rod Williams, opinam que uma das razões é a vingança resultante do ressentimento contra a crítica e o *establishment* musical britânico pela suposta rejeição que Joyce Hatto recebeu no início de sua carreira. Em seus últimos dias, ela foi aceita e elogiada através das obras de outros. Como assinala Mark Singer, o casal deve ter tido bons momentos ouvindo os elogios dos críticos às falsas interpretações[9]. Um motivo secundário foi a vultosa conta da Concert Artista em virtude do sucesso obtido.

A cadeia de invenções de William Barrington-Coupe e a falta de dados em primeira mão sobre Joyce Hatto indicam um fabulador que, por diversos motivos, enganou muitos aficionados durante anos: o maior escândalo

8 A indemonstrável biografia de Hatto pode ser encontrada em concertartistrecordings.com.
9 Op. cit.

de gravação musical da história, que deixa casos como o da dupla *pop* Milli Vanilli reduzido a uma simples anedota.

As gravações de Hatto e as dos intérpretes autênticos podem ser ouvidas em farhanmalik.com e em pristineclassical.com/hatto-hoax2.html.

Fraude na Rede: Roubo de Dinheiro, de Informações e de Dados Pessoais

A transmissão de notícias falsas não é, de modo algum, o único perigo na internet. Um número cada vez maior de pessoas a utilizam, e cada vez mais em atividades cotidianas, como ler o jornal, realizar transações bancárias, fazer compras de todo tipo, reservar ou adquirir passagens, participar de leilões, conversar, paquerar e numerosas atividades de lazer. As empresas também confiam cada vez mais na rede para suas relações diárias com clientes e fornecedores, além de empregá-la como instrumento de gestão interna. Quanto maior o número de pessoas conectadas, mais aumenta a atividade delituosa e mais fácil se torna que os logros façam vítimas. Na Espanha, as denúncias por fraudes informáticas feitas à polícia em 2005 subiram para 2.514, das quais 768 estavam relacionadas a ataques contra a segurança de bancos e instituições de poupança[10]. Em 2006, a Comissão de Segurança Informática da Associação de Internautas recebeu mais de 70 mil denúncias e avisos de ataques informáticos na Espanha[11]. Em 2006, os custos dos ataques informáticos às empresas espanholas eram avaliados em 1500 milhões de euros por ano. Tais custos deviam-se principalmente à paralisação das atividades das empresas, à perda de dados ou de vendas, à indisponibilidade do serviço, ao prejuízo para a

---

10 J. Cordero, Los Casos de Estafa por Internet han Aumentado un 50% respecto a 2005, *El País*, 25 jul. 2006.
11 Associação de Internautas, *La Razón*, 3 jan. 2007.

imagem da empresa e aos valores pagos a consultores e especialistas em segurança[12].

A situação não é melhor em outros países. Segundo o Centro de Denúncias de Fraude via Internet dos Estados Unidos, subordinado ao FBI, em 2002, o valor total das denúncias efetuadas nesse país pelas pessoas prejudicadas na rede alcançava 54 milhões de dólares, o triplo do valor atingido em 2001. Em 2003, as denúncias aumentaram em 51% em relação ao ano anterior, e 89% delas se referia a perdas monetárias, cerca de mil dólares por pessoa. Em um estudo internacional, constatou-se que 49% das empresas sofreram algum problema de segurança em 2005[13]. A cada ano, comercializavam-se na internet produtos falsificados no valor de 25 bilhões de dólares[14].

Os custos para as grandes empresas multinacionais que operam na rede são enormes. O vírus "Melissa", particularmente maligno, acarretou, para uma única empresa, um custo de 10 milhões de dólares em investigação, reparação e limpeza do sistema. O dado de que o volume de negócios da empresa Amazon é de aproximadamente 600 mil dólares por hora oferece uma noção do dano que a paralisação de um serviço na internet pode causar. Para uma empresa, a reparação dos danos causados por um ataque informático pode levar meses.

A magnitude da fraude é tal que a "ciberdelinquência" já pode ser considerada um grande negócio. Os "ciberdelinquentes" estão cada vez mais especializados e fazem parte de grupos delituosos organizados. Em virtude disso, e segundo informações da polícia espanhola, apesar do aumento dos delitos, as detenções por causa deles diminuíram em 50% na Espanha entre 2005 e 2006[15].

As fraudes na internet são muito variadas. Não se rouba apenas dinheiro, mas também dados financeiros ou informações pessoais de acesso restrito. Além dos dados pessoais, podem-se obter informações acerca do perfil de navegação na internet: que páginas a pessoa visita e por quanto tempo, informações úteis para empresas de marketing direto que operam por meio da rede e que podem enviar à pessoa afetada

---

12 Cf. <www.diariodirecto.com>, 28 abr. 2006.
13 Deloitte's Global Security Survey, <www.diarioti.com>, 12 dez. 2006.
14 Imitating Property is Theft, *The Economist*, 15 maio 2003.
15 Cf. <www.vnunet.es>, 19 dez. 2006.

divulgações sobre seus serviços. Os tipos de fraudes denunciadas com maior frequência são as seguintes:

- Aquisições ou compras via leilões on-line, por inexistência dos produtos ou pelo não cumprimento do compromisso de pagamento. Boa parte das ofertas de produtos na rede referem-se a medicamentos ou produtos milagrosos. Estima-se que 80% dos fármacos oferecidos na internet sejam ineficazes e até potencialmente perigosos.

- Roubo de identidade ou de dados pessoais que normalmente passam a ser usados pelos delinquentes para fazer compras. O roubo de identidade, principalmente relacionado com dados bancários, afeta, nos Estados Unidos, cerca de 15 milhões de pessoas por ano. Em dezembro de 2006, soube-se que piratas cibernéticos haviam obtido, na base de dados da Universidade da Califórnia, em Los Angeles (UCLA), os dados de cerca de 800 mil pessoas, incluindo informações de acesso restrito, como o número da Previdência Social e datas de nascimento, o que possibilitam o roubo de identidades e a prática de delitos. As autoridades da UCLA informaram que as tentativas de acessar a base de dados de alunos e funcionários tiveram início em outubro de 2005. Também em dezembro de 2006, a polícia espanhola desarticulou um grupo de piratas cibernéticos especializado em roubar números de acesso a contas correntes de particulares e números de cartões de crédito, obtidos a partir dos sistemas informatizados dos próprios bancos. Eles tinham em seu poder dados bancários de cerca de 20 mil pessoas, cerca de quinhentos cartões de crédito falsificados e possuíam em suas bases de dados 200 mil endereços eletrônicos, aos quais enviavam mensagens que simulavam originar-se em instituições bancárias[16]. Para terminar o ciclo nefasto de 2006, é preciso mencionar que a empresa Deutsche Telekom reconheceu que, nesse mesmo ano, lhe haviam roubado os dados (nome, endereço e números de telefone) de 17 milhões de clientes.

- Fraudes cometidas com cartões de crédito. Os dados dos cartões são utilizados para fazer compras na internet, diretamente ou por meio

16 Cf. <www.estrelladigital.es>, 21 dez. 2006.

7. O Reino das Mentiras

de leilões. Os produtos são posteriormente revendidos ou leiloados pelos delinquentes.

- Ataques mediante vírus ou *software* maléfico ou pernicioso (*malware, spyware*). Além dos vírus que destroem as informações armazenadas em um disco rígido, dos que copiam arquivos em computadores remotos ou que simplesmente inutilizam o computador, há outros tipos, como os programas chamados de "cavalos de Troia", em algumas de suas variantes, como os *bots* (abreviatura de *robots*), que se instalam em seu disco rígido e coletam dados de acesso restrito dos usuários, como códigos de acesso a contas correntes, números de cartões de crédito ou informações pessoais. Os cavalos de Troia são mais perigosos que os vírus tradicionais, precisamente porque entram inadvertidamente no computador do usuário. Uma vez coletados os dados, ele os filtra e retém os de interesse financeiro. São programas sofisticados que podem ser encontrados em páginas de *hackers*[17]. Os programas *bot* permitem que um intruso controle o computador à distância, sem que o proprietário se dê conta disso. O computador infectado, normalmente através de um arquivo anexado a uma mensagem eletrônica, passa a ser um "zumbi", que é ativado pelo delinquente quando este assim deseja. São criadas redes de *bots*, *botnets*, para utilizar milhares e até milhões de computadores zumbis para difundir *spam*, ou lixo eletrônico, ou para lançar ataques em massa visando bloquear computadores de grandes empresas ou instituições[18]. Calcula-se que mais de 90% das mensagens de lixo eletrônico sejam enviadas através de cavalos de Troia[19]. O relatório Symantec de 2007 fala da existência de mais de 5 milhões de computadores zumbis em todo o mundo, e de 52.771 infectados por dia no primeiro semestre de 2007. 29% deles situam-se na China, embora os ataques procedam majoritariamente dos Estados Unidos, onde três pessoas foram presas pelo FBI em junho de 2007 acusadas de ter "sequestrado" 1 milhão de computadores. A Espanha, segundo o relatório mencionado, é o quarto país em número de computadores infectados

---

17 Cf. B. Quintero, Phishing, El Hermano Pobre de los Troyanos, *Hispasec*.
18 Cf. E. Castellote, Amenazas en la Red, *PC Actual*, 14 fev. 2007.
19 ABC, 25 jan. 2007, <www.abc.es>.

por *bots*. Os programas espiões, *spywares*, coletam informações sobre hábitos de navegação e preferências do usuário com objetivos fundamentalmente comerciais, mas podem também coletar informações de acesso restrito de caráter financeiro ou pessoal. Eles chegam por meio de vírus, cavalos de Troia, que às vezes estão ocultos quando se instala um programa de *download* gratuito. Entre esses programas espiões encontram-se os *keyloggers*, ou cavalos de Troia que gravam tudo o que se tecla em um arquivo, transmitindo posteriormente ao infrator. Há *spywares* específicos que coletam também o que há nas telas. Dos trezentos vírus ou programas maleficentes detectados todos os dias, aproximadamente 70% são cavalos de Troia[20]. É importante saber que 43% dos formulários oferecidos de forma gratuita por portais de *download* de jogos ou programas incorporam programas desse tipo, principalmente cavalos de Troia ou *spywares*[21]. Outra forma habitual de introdução de cavalos de Troia é o envio de mensagens eletrônicas que convidam o usuário a visitar uma página da internet utilizando um incentivo, uma "oferta especial" ou um "*software* gratuito". O cavalo de Troia se introduz quando se faz o *download* e é feita a instalação do arquivo.

- *Spam*, lixo eletrônico ou correio eletrônico indesejado, remetido com diferentes finalidades. Uma delas é infectar o computador com um vírus ou com um programa espião ao se abrir um arquivo anexado. Os *spams* alcançam milhões de usuários em distribuições em massa em todo o mundo, e representam 61% de todas as mensagens eletrônicas. Dados do primeiro trimestre de 2008 elevam o lixo eletrônico na rede à proporção de 92,3% do total de mensagens. Um aborrecimento menor é o tempo que milhões de pessoas em todo o mundo perdem para apagar os *spams* que recebem todos os dias. Há indivíduos e empresas que oferecem, por um preço módico, o envio de 20 milhões de mensagens publicitárias de lixo eletrônico. A primeira mensagem *spam* apareceu em 5 de março de 1993, quando um escritório de advocacia enviou um correio eletrônico em massa. A origem da palavra *spam* é atribuída ao grupo de humoristas britânicos Monty

20 J. Cordero, op. cit.
21 Estudo realizado pela Microsoft e pelo IDC, <www.noticiasdot.com>, 14 dez. 2006.

Python, que, em um de seus números, repetia incessantemente a palavra *spam* (nome popular de carne enlatada), fazendo referência ao fato de que o sabor dessa carne retornava à boca mais que o do alho e, por analogia, assim se nomeou a publicidade repetitiva e desagradável[22]. No momento, a Rússia e os Estados Unidos lideram o envio de *spams*. A Espanha é o quinto emissor de *spam* no mundo[23].

■ Fraude contra a própria empresa. Estima-se que muitos empregados dedicam entre 35 e 50% do tempo que passam na internet a atividades particulares, não relacionadas com seu trabalho.

A Atribulada Vida
de um Cavalo de Troia

A página de segurança do Hispasec[24], laboratório informático especializado em segurança e tecnologias da informação, apresentou uma análise exaustiva da vida de um cavalo de Troia. Tratava-se de um cavalo de Troia "bancário", especializado em capturar informações sobre senhas de acesso a páginas bancárias ou de comércio eletrônico em geral. Em duas semanas, ele infectou 8.099 computadores. Somente no primeiro dia, infectara 2500. Os computadores estavam situados em todo o mundo, mas especialmente nos Estados Unidos. Em um único dia, os fraudadores receberam em seu servidor dados de 396 computadores. Os usuários haviam acessado, via internet, serviços cujas senhas de acesso poderiam ter sido capturadas, não necessariamente de bancos, mas também de grandes plataformas ou cassinos on-line. No total, foram coletados dados correspondentes a 1.995 diferentes domínios[25].

As grandes fraudes na rede são perpetradas por grupos especializados de delinquentes que dedicam seu tempo ao propósito de ultrapassar as barreiras de segurança dos sistemas da entidade atacada até conseguir

22 Cf. <www.elconfidencial.es>.
23 IBM Internet Security System, *El Mundo*, 4 ago. 2008.
24 Cf. <www.hispasec.com>.
25 Un Día en la Vida de un Troyano *Banker*, *Hipasec*.

invadir o sistema sem ser notados e roubar as informações que estão buscando. Em 2005, ocorreu um dos mais importantes roubos de dados de que se tem notícia, cometido contra uma cadeia de lojas norte-americana, afetando 45,7 milhões de cartões de crédito. Essa cadeia opera principalmente nos Estados Unidos, no Canadá e no Reino Unido. Os agressores acessaram os bancos de dados dos clientes da empresa durante dezessete meses, entre 2002 e 2003. Os formulários armazenavam operações efetuadas durante anos, razão pela qual muitos dos cartões já estavam caducos. Ao menos alguns dos cartões – ou seja, seus números – haviam sido utilizados para efetuar compras, e seis pessoas chegaram a ser detidas na Flórida[26].

Logros na Rede

Como vimos no capítulo precedente, o logro rapidamente se transferiu das ruas de nossas cidades e dos arredores das estações de trens e ônibus para a internet. Muitos dos logros da internet são variantes de logros tradicionais e seguem os mesmos moldes do logropresencial. Sempre possuem uma aparência de verdade e jogam com a necessidade ou com a ganância das pessoas.

Um logro frequente é o que obtém dinheiro obrigando o cliente a telefonar para um número que tem tarifas elevadas. Comunica-se o usuário de que ele ganhou, em um concurso, um brinde, um produto, um prêmio de sorteio ou uma viagem grátis, e se fornece a essa vítima um número de telefone ou um *link* para uma página da internet, juntamente com um código para fazer a solicitação do benefício prometido. No caso da chamada telefônica, a vítima é mantida na linha o máximo de tempo possível, com a desculpa de realizar uma pesquisa, já que o objetivo do logro é conseguir o máximo de dinheiro possível por meio da conta telefônica. Em certas ocasiões, pode-se solicitar um dado pessoal, como o número da conta corrente ou do cartão de crédito. Às vezes, o logro oculta os custos, oferecendo, por exemplo, uma viagem

26 *El Mundo*, 30 mar. 2007.

a um centro turístico muito conhecido pagando-se apenas os impostos e as taxas, mas por um valor que, no entanto, pode alcançar ou superar o custo total da viagem.

Grande parte dos logros tem início por meio do envio de *spams*, mensagens eletrônicas indesejadas ou lixo eletrônico, que procuram introduzir um vírus no computador através de arquivos anexos ou obter informações de acesso restrito. Os Estados Unidos são o principal país emissor de *spams*, com 23,2% do total, apesar de possuir uma lei (Can-Spam Act) que proíbe e pune severamente esse delito. Em seguida, temos a China e a Coreia do Sul. A Espanha, onde o *spam* é proibido pela Lei 34/2002 dos Serviços da Sociedade da Informação e do Comércio Eletrônico (LSSI), ocupa um desonroso quinto lugar com 4,8% da emissão de mensagens indesejadas. Outras fontes, como a empresa Internet Security Systems, filial da IBM, tornou público, em fevereiro de 2007, que a Espanha, os Estados Unidos e a França eram os três países que mais haviam gerado lixo eletrônico. A detenção e o processo judicial referentes ao *spam* são muito difíceis, pois a maioria das mensagens se origina de países não pertencentes à União Europeia. Atualmente, os computadores pessoais costumam detectar a maioria dos *spams* e permitem classificar como tais as mensagens enviadas por certos remetentes definidos pelo usuário.

Outra fraude é a que utiliza temas sensíveis como chamariz: a grave doença de uma criança, catástrofes humanitárias ou qualquer outra questão frente à qual exista certa sensibilidade pública, para assim convidar a pessoa a visitar uma página na internet que redireciona então a outra em que há um anúncio ou *banner* publicitário a fim de falsear, aumentando, o número de pessoas que veem um anúncio eletrônico, com o objetivo de cobrar mais do anunciante. Como se viu anteriormente, este é também o objetivo de muitos *hoaxes*.

Outro logro clássico começa com uma oferta de emprego através de um *spam*, que vem seguida de um convite para visitar uma página da internet, pedindo o pagamento de um valor antecipado ou um telefone de contato. Este logro tem a mesma finalidade dos precedentes.

Phishing, Pharming e Outras Modalidades de Logro Eletrônico

Outros tipos de ataques informáticos com intenções nocivas que estão em voga são o *phishing* e o *pharming*. O *phishing* é um método de obtenção de dados pessoais, fundamentalmente códigos de acesso a páginas visadas da internet, a contas correntes e números de cartões de crédito. Baseia-se na falsificação das páginas de instituições financeiras ou de sites de comércio eletrônico que solicitam ao usuário aquelas informações. No procedimento habitual, produz-se um envio em massa de mensagens eletrônicas que simulam proceder da entidade com a qual o usuário mantém alguma relação, às vezes com um aviso de falhas na segurança de seu banco ou instituição de poupança. Tais mensagens remetem a uma página similar à pagina da entidade, na qual se pede ao usuário o seu código de acesso. Com esse código, o delinquente pode acessar a conta do usuário ou encomendar um novo cartão de crédito e passar a sacar ou transferir fundos para sua conta ou fazer compras e traficar com os produtos adquiridos fraudulentamente. Outra maneira de obter dados de acesso restrito, como os dados do cartão de crédito, é através de páginas falsas de recarga de celulares a um preço reduzido, o que faz com que muitas pessoas se sintam tentadas a tirar proveito da oferta e inadvertidamente forneçam seus dados aos delinquentes. Outra maneira de chegar ao usuário é por meio de janelas *pop-up* que simulam ser as de sua instituição bancária. Há sites que oferecem, a um preço módico, páginas completamente similares às de qualquer banco ou instituição de poupança.

Com apenas algumas poucas respostas, compensam-se os gastos. Estima-se que, a cada dia, sejam enviados 150 milhões de mensagens com intenções de *phishing* e que a média de perdas por pessoa enganada seja de aproximadamente 6 mil euros. O relatório Symantec estima em 1.088 as mensagens diárias de *phishing* em todo o mundo. 55% dessas mensagens procedem dos Estados Unidos, país em que um de cada quatro internautas recebe uma mensagem de *phishing* ao menos uma vez por mês. Até sete de cada dez internautas acreditaram tratar-se de uma mensagem legítima[27]. Em 2007, a Coreia do Sul era o principal país

---

27 Relatório da American Online e da National Cyber Security Alliance, <www.cnn.com>, 7 dez. 2005.

emissor de *phishing*. A Espanha, onde a cada dia há um ataque de *phishing*, ocupa o deplorável terceiro lugar nos envios dirigidos a clientes de entidades financeiras de todo o mundo[28]. No primeiro semestre de 2008, a Espanha, com 16,7%, encabeçou a lista mundial de remetentes de *phishing*. Supõe-se que a origem seja estrangeira, mas que sejam utilizados computadores zumbis espanhóis. A tendência é que os primeiros lugares dos países de origem dos ataques passem a ser ocupados pela Índia e pela China. Segundo a Associação de Internautas, em 2006, foram detectados 1.184 ataques de *phishing* na Espanha, 290% a mais que em 2005, quando houve somente 293 casos. No mesmo ano, foram registrados também mais de setecentos ataques a bancos e instituições de poupança, com um custo total de 50 milhões de euros. Antes de passar para as contas dos delinquentes, o dinheiro obtido é transferido para contas bancárias que funcionam como intermediárias, cujos titulares são denominados "laranjas".

O *pharming* é um sistema de acesso às senhas de entidades financeiras e de comércio eletrônico baseado em um cavalo de Troia alojado no disco rígido do usuário. Ele fica "incubado" e só é ativado quando o usuário tecla no navegador o endereço da instituição bancária ou de comércio eletrônico. Nesse momento, o programa reenvia ao usuário uma página falsa quase idêntica à da entidade, onde se solicita a senha de acesso. O usuário pensa estar entrando na página de seu banco na internet, mas na realidade está acessando uma página falsa. O cavalo de Troia modificou a lista de endereços de servidores e o IP utilizado pelo usuário[29].

Devido às medidas de segurança adotadas pelos clientes das instituições bancárias, os delinquentes desenvolveram variantes dos procedimentos anteriores, como o chamado *vishing*, no qual se telefona diretamente para os clientes. O delinquente se faz passar por funcionário da entidade financeira e comunica o usuário que seu cartão de crédito foi utilizado irregularmente. Em seguida, pede que telefone o mais breve possível para um número que simula ser o de uma sucursal da entidade na região. Quando o cliente telefona para resolver o assunto, é solicitado a fornecer seus dados, que, uma vez obtidos, são utilizados para fazer compras na internet.

---

28 *ABC*, 12 mar. 2007, <www.abc.es>.
29 Cf. B. Madariaga, El Pharming Cobra Importancia, *Dealer World*, 10 jul. 2006.

Os especialistas assinalam que, com o tempo, as tendências da delinquência cibernética vão se modificando[30]. Por um lado, diminui o emprego de vírus que provocam quedas de sistema e perda da memória, em favor de ameaças mais sofisticadas, direcionadas à obtenção de benefícios financeiros por meio do roubo de informações pessoais de acesso restrito. Chega-se, por exemplo, a pagar até seis euros pelos dados de um cartão de crédito no âmbito das máfias especializadas. Outras fontes rebaixam a cinquenta centavos de euro o custo de um número de cartão de crédito comprando-se um lote de cem[31]. A expectativa de benefício pode seduzir muitos especialistas e aficionados da informática.

Os ataques às empresas tendem a diminuir, já que os delinquentes poucas vezes conseguem tirar partido das informações empresariais, a não ser que o ataque seja encomendado. De fato, o mencionado relatório da Symantec assegura que, no último semestre de 2006, 93% dos ataques cibernéticos tiveram como alvo indivíduos singulares. O roubo de informações pessoais é mais rentável para os delinquentes que a destruição da informação em si mesma.

Os logros cibernéticos são mais frequentes, mais sofisticados e silenciosos, e, por isso, mais difíceis de detectar. O ataque em massa está em retrocesso (uma exceção é o ataque à Estônia sobre o qual falaremos a seguir), sendo mais praticado o ataque seletivo a pessoas, empresas ou instituições específicas para roubar dados de especial interesse.

Por último, uma modalidade de fraude na rede cuja importância não é menor é o roubo de propriedade intelectual. Como vimos no capítulo 5, copiar coisas de outros e reproduzi-las como próprias é plágio, uma forma de enganar tão antiga quanto difundida. A internet oferece informações ilimitadas que podem ser plagiadas, reproduzidas e difundidas sem controle a qualquer momento e em todo tipo de suportes. Ela proporciona infinitas possibilidades para o plágio e o roubo de ideias. A "intertextualidade", ou seja, o fato de que o mesmo texto apareça em contextos diferentes, sem atribuição de autoria a seu criador, é um dos enganos que a rede traz consigo.

---

30 Cf. Relatório *Symantec Internet Security Threat Report*; M.A. Criado, Spyware, Troyanos y Virus, al Alcance de Todos, *El Mundo*, 2 abr. 2006.
31 Cf. M. Rodrigo, Las Empresas Se Blindan ante los Ataques de los Ciberdelincuentes, *El Mundo*, 18 maio 2008.

7. O Reino das Mentiras

Discos Voadores
na Rede

Gary McKinnon, apelidado de "Solo", residente em Londres e contando quarenta anos atualmente, foi detido em 2005 acusado de atacar as redes de computadores da NASA e do exército norte-americano. Ele era um administrador de redes informáticas, ex-funcionário da empresa Corporate Business Technology, onde trabalhou até 1999, desde então, teve vários ofícios, inclusive o de cabeleireiro.

Entre fevereiro de 2001 e março de 2002, ele invadiu 97 computadores do exército e da NASA. Foi preso pela primeira vez em 2002 pela unidade especializada em delitos de informática da polícia britânica, e solto em liberdade condicional. Foi localizado graças ao *software* que utilizava, que levou os investigadores à conta de e-mail de sua namorada. Dois tribunais dos estados de Nova Jersey e da Virgínia pediram sua extradição às autoridades inglesas. A princípio, a extradição foi autorizada, mas McKinnon conseguiu recorrer à Câmara dos Lordes (Supremo Tribunal do Reino Unido), que, por fim, concordou com a extradição em julho de 2008. Ele recebeu, durante anos, o apoio de inúmeros internautas, e há uma página na internet que pede sua libertação imediata[32]. As últimas notícias de McKinnon fazem referência ao fato de que sofre da Síndrome de Asperger, um transtorno generalizado do desenvolvimento próximo ao autismo. Com base nesse diagnóstico, o *hacker* interpôs um novo recurso contra sua extradição.

As autoridades norte-americanas estimam os danos causados em 700 mil dólares. Consideraram o ataque de McKinnon o maior ataque informático militar já sofrido pelo país. A agressão impediu o uso da internet e dos serviços de e-mail por parte dos usuários dos sistemas afetados durante vários dias. Em entrevistas concedidas ao jornal *The Observer* e à BBC, Gary confessou que invadir sistemas militares norte-americanos havia se tornado uma obsessão, que, ao longo de um ano, tentara violá-los todos os dias, oito horas por dia, a ponto de se descuidar de sua higiene pessoal em alguns períodos. Um dado significativo para os ataques em massa é que McKinnon afirmou que, em certas ocasiões, havia até setenta

32 Cf. <http://freegary.org.uk>

hackers de diferentes países na mesma página simultaneamente. E ele foi capaz de identificar os endereços IP de todos eles.

McKinnon, obcecado por óvnis, admite ter se infiltrado nos sistemas informáticos sem autorização, mas insiste em que é um aficionado motivado pela curiosidade de saber se guardavam informações sobre os óvnis. Ele procurava provas de que o governo norte-americano estivesse ocultando a existência de discos voadores. Entretanto, as provas indicam que o acusado deixou mensagens nos sistemas afetados com críticas à política externa norte-americana, o que é compatível com a motivação precedente. Em uma entrevista concedida a Stephen Evans para a *The Observer Magazine*, McKinnon afirmou ter encontrado uma fotografia de um óvni em forma de charuto em um servidor da NASA. Afirmou que as características da foto impediram que conseguisse baixá-la em seu computador.

No que se refere à sua contribuição para a busca de vida extraterrestre, McKinnon está muito distante dos investigadores de discos voadores que, há muitos anos, já percorriam o mundo, especialmente a América do Sul, buscando provas, testemunhos e vestígios. Além disso, que valor poderia ter uma fotografia de um óvni (ou de cem deles), qualquer que seja o servidor em que esteja alojada, dadas as dezenas de falsas fotografias que circulam pelo mundo? Supor que a fotografia tem mais valor na rede do que fora dela é um sinal da importância que algumas pessoas atribuem ao mundo virtual, colocando-a acima, inclusive, da do mundo real. Por fim, as circunstâncias físicas e mentais nas quais McKinnon afirma ter visto a fotografia do óvni também não podem ser consideradas como um testemunho de grande confiabilidade (sem mencionar o diagnóstico do mal de Asperger, do qual afirma sofrer). O mais racional é que as provas da existência de óvnis sejam procuradas em outro lugar e de outra maneira. Avais como esse certamente conferem pouco suporte à causa a favor da existência dos discos voadores.

Se você desejar acessar os arquivos, até agora secretos, que vários países conservam sobre os discos voadores, pode fazê-lo livremente na internet de uma forma mais segura – e, se quiser, mais higiênica – que a empregada por McKinnon. Você pode, por exemplo, acessar a página do governo inglês sobre o assunto[33].

---

33 Cf. <http://ufos.nationalarchives.gov.uk>; UK Court: Alleged Hacker Can Face Charges in US, CNN, 3 abril 2007 e 30 jul. 2008, <www.cnn.com>; Hacker Había Encontrado Foto de Ovni en

Ataques Cibernéticos em Massa:
A Partir da Rússia com um Mouse

Um ataque de e-mails em massa ou de vírus pode paralisar o funcionamento de uma entidade e as relações com seus clientes ou usuários. Cada vez mais empresas operam na internet, razão pela qual o simples bloqueio de seus sistemas de mensagens eletrônicas pode lhes acarretar um grave prejuízo. Nos últimos tempos, estão se desenvolvendo ataques em massa planejados, que têm como objetivo destruir temporariamente o funcionamento dos serviços básicos, alguns deles essenciais, de um país inteiro.

Entre os meses de abril e maio de 2007, e durante duas semanas, pessoas não identificadas, perfeitamente organizadas, atacaram os websites de ministérios, bancos, meios de comunicação e instituições da Estônia. Atribui-se o ataque a computadores russos, e eles foram interpretados como uma represália pela remoção, determinada pelas autoridades, de um monumento em homenagem ao exército soviético do centro de Tallin, a capital do país. A nação báltica, com 1,4 milhão de habitantes, faz uso intensivo das tecnologias da informação e das comunicações, razão pela qual o ataque causou grande impacto sobre a população.

O ataque foi direto e anônimo, e apresenta características novas e preocupantes. Até esse momento, os ataques a instituições oficiais, ministérios da defesa, por exemplo, visavam testar seus sistemas de segurança e sua possível vulnerabilidade. Os computadores governamentais e militares dos países ocidentais sofrem um ataque cibernético a cada milésimo de segundo. O Departamento de Estado norte-americano afirma que suas redes informáticas sofrem 2 milhões de ataques diários. Quanto aos países de origem dos ataques, detectaram-se cavalos de Troia de proveniência chinesa na oficina da chanceler alemã Angela Merkel e em outros ministérios de seu governo, em maio de 2007. Um caso similar afetou os computadores do secretário de defesa norte-americano Robert Gates em junho do mesmo ano.

No ataque contra a Estônia, foram enviadas milhões de mensagens através de solicitações de informações, que inundaram os sistemas, provocando um bloqueio, técnica denominada *denial of service* (recusa de serviço).

Servidor de la NASA, *Diarioti*, 9 maio 2006, <www.diarioti.com>; www.kriptopolis.org. (O caso teve desdobramentos com o governo britânico intervindo em favor de McKinnon, N. da T.).

Avalia-se que, em dado momento, até 1 milhão de computadores zumbis on-line, os chamados *botnets*, enviaram mensagens simultaneamente. Lançaram-se verdadeiras "bombas" contra os sistemas, em forma de pacotes de *megabytes* que bloquearam seu funcionamento durante algum tempo. Os efeitos alcançaram o cidadão comum, que teve suas contas bancárias bloqueadas e ficou impossibilitado de utilizar o correio eletrônico. Em certo momento, o país se desconectou da internet para impedir mais ataques. Especialistas da OTAN viajaram à Estônia para analisar o ocorrido e a resposta do país ao maior ataque cibernético conhecido[34].

Em agosto de 2008, a invasão russa da Geórgia foi precedida, dias antes, por um ataque informático em massa do tipo "recusa de serviço" a websites da ex-república soviética, afetando instituições governamentais, bancos, meios de comunicação e transportes. Trata-se de uma nova arma de combate que, nesse caso, foi combinada com o ataque bélico real. As guerras já possuem um componente informático.

O Ataque de Código Vermelho

"Código Vermelho" é o nome que se atribuiu a um vírus do tipo *worm* que se proliferou na internet em julho e agosto de 2001. Ele infectava os servidores de informações da Microsoft na rede (*Internet Information Servers*). Em poucas horas, infiltrou-se em centenas de milhares desses servidores, tornando o funcionamento da internet muito lento. A reparação dos danos, que incluía o "conserto" da segurança, custou bilhões de euros.

Enquanto um vírus informático se integra a outro programa para funcionar e se replicar, os *worms* são programas autônomos capazes de se autorreplicar e que podem causar tanto dano quanto um vírus ou até mais. Os *worms* também podem desencadear o tipo de ataque conhecido como "recusa de serviço". O "Código Vermelho" recrutou milhares de zumbis para realizar seus ataques, sobrecarregou a capacidade da internet e consumiu a largura de banda, chegando a atacar 359 mil servidores no dia 19 de julho de 2001. Um novo ataque, do "Código Vermelho II", no mês

---

34 *The Economist*, 26 maio e 8 set. 2007.

seguinte, instalava uma "porta dos fundos" que permitia que o atacante, autodenominado "Barão Samedi", controlasse os computadores zumbis. Ele afetou as redes internas de muitas universidades e servidores internos de instituições de vários governos. Foram afetados 500 mil servidores[35].

O "Código Vermelho" é considerado o antecessor do ataque à Estônia. Cabe destacar também os conflitos ocorridos em 2001 entre *hackers* chineses e norte-americanos, após um incidente envolvendo aviões dos dois países, nos quais os *hackers* de cada um dos países se dedicaram a atacar páginas da internet da outra nação.

Nenhum país está preparado para um ataque em massa a suas redes informáticas, e, quanto maior a dependência em relação à rede, maiores podem ser os estragos. Uma agressão com tais características pode ser lançada de forma anônima, quase sem custo e com poucas pessoas, a partir de qualquer lugar do mundo. O bloqueio da rede durante alguns dias pode ter consequências terríveis para um país, pois serão gravemente afetados serviços básicos, já que pode ocorrer a interrupção do fornecimento de energia, a paralisação dos sistemas de transportes e de comunicações, a suspensão do abastecimento de indústrias e da produção e distribuição de produtos, que poderia provocar o desabastecimento, e a paralisação de operações comerciais e bancárias. Não se poderia dispor de dinheiro em espécie, sem mencionar o trabalho em rede diário de muitas pessoas. Um verdadeiro pesadelo. O FBI considera que um ataque cibernético em massa é uma das principais ameaças à segurança dos Estados Unidos. Precisamente em Tallin, capital da Estônia, a OTAN estabeleceu um centro de investigação dedicado à "ciberdefesa".

Os *Hackers* e sua Metamorfose

Os grandes protagonistas dos ataques mais perigosos na rede e as personagens centrais do delito informático são os

35 Cf. C. Meinel, Alerta Roja en la Red, *Investigación y Ciencia*, n. 303, p. 20-27.

hackers e os *crackers*. Os *hackers* ou "piratas informáticos" são aficionados por computadores que conseguem superar as medidas de segurança e penetrar nos sistema informáticos de particulares, empresas e instituições. A palavra *hacker* provém do verbo inglês *to hack*: cortar com uma faca ou a golpes de machado, ou abrir caminho a talhos de facão.

Os *crackers* – do verbo *to crack*, que significa romper fazendo ruído, arrebentar, quebrar (um cofre, um código) – se dedicam a romper os sistemas de segurança informática em benefício pessoal ou para causar danos. Ambos, *hackers* e *crackers*, são grupos heterogêneos de pessoas, especialistas em tecnologias da informação e de comunicações, especialmente em programação e sistemas operacionais. Mas não lhes interessa a teoria, e sim a prática: aplicar e comprovar seu valor, sua experiência e seu conhecimento através dos efeitos que produz na realidade.

Muitas características dos *hackers* e de sua maneira de agir coincidem com as dos enganadores. O *hacker* pode entrar diretamente no computador de um usuário através de uma mensagem eletrônica ou se servir de uma vulnerabilidade ou de uma falha na segurança do sistema. Em princípio, o *hacker* só está interessado em romper os códigos de acesso e de segurança de instituições governamentais, internacionais, de grandes empresas e de partidos políticos. Podem introduzir um vírus, um cavalo de Troia, destruir ou roubar informações, mas, na maioria das vezes, seus ataques têm a característica de deixar mensagens ou, simplesmente, sua "pegada", para que todos fiquem cientes de sua perícia em informática. Com isso, os *hackers* demonstram sua habilidade e a vulnerabilidade dos sistemas de segurança habituais, além de pôr em evidência os responsáveis por estes. Por outro lado, conquistam a admiração e o apoio incondicional por sua façanhas não somente em seu círculo, mas em todo o mundo.

A teoria afirma que, junto com os *hackers*, estão seus parentes intelectuais, os *crackers*, que se dedicam a destruir proteções e sistemas de segurança informáticos comerciais e a apagar a memória dos computadores que atacam, com a intenção de causar danos; por exemplo, através de ataques coordenados a partir de computadores zumbis, que um ou mais *crackers* ativam com um comando enviado de um computador remoto, para assim lançar um ataque conjunto a páginas da internet, a fim de bloquear seu funcionamento. Os *crackers* chantagearam cassinos on-line com a ameaça de bloqueio por meio de tais ataques. Os zumbis também são utilizados para roubos em massa de informações pessoais, captação de senhas, *pharming* e *phishing*, tipos de fraude das quais já tratamos.

Em princípio, os *hackers* se diferenciam dos *crackers*, mas, na prática, a distinção não existe, ou, no mínimo, é muito difícil de comprovar: os heróis dos *hackers* se comportam como *crackers*. Grupos delituosos e empresas contratam *hackers* para atividades ilegais, os quais, apresentam uma versão romantizada de suas atuações e confessam que suas motivações são sempre nobres: "aficionados por descobrir falhas em programas informáticos". Gilberto Gil, ex-ministro da cultura do Brasil, em declarações ao jornal *La Vanguardia*, defendia a ética do *hacker* como forma de contracultura. Para Gil, os *hackers* seriam "militantes da contracultura", que não deviam ser confundidos com os *crackers* ou piratas cibernéticos. Segundo Jude Milhon, *hacker* feminista veterana falecida em 2003, trata-se de uma filosofia rebelde: "O *hacking* é uma arte marcial para defender-se contra o politicamente correto, as leis abusivas, os fanáticos e todo tipo de imbecis"[36]. Diante desta manifestação, trata-se de um movimento que pode se confrontar com qualquer um de quem não se goste. Os especialistas em segurança informática descrevem os *hackers* como pessoas brilhantes, em sua maioria, não profissionais, ao menos no princípio de sua carreira. Buscam desafios, aventuras, e gostam de alardear suas façanhas. Outra característica típica é sua tenacidade, sua persistência na tentativa de se infiltrar em seus alvos.

Observe-se que, entre outras motivações mais mórbidas dos *hackers*, como a de ter acesso a informações privadas ou descobrir detalhes íntimos de outras pessoas, encontram-se motivações relacionadas com a vaidade, nesse caso, a satisfação de seu ego no que diz respeito à sua inteligência e habilidade, e a conquista de notoriedade pública: seus quinze minutos de fama. Ele se considera mais espeto que os outros, quer demonstrar isso e ser reconhecido através da desordem que provoca. Despreza aqueles que não sabem tanto quanto ele. Não dá valor ao dano que causa aos demais, pois quer medir sua perícia e inteligência através da intensidade desse dano, ser admirado e muitas vezes obter um benefício.

---

36 Cf. A. Cortes, ¿Hackers o Crackers?... Está Claro: Hackers, *Noticiasdot*, 19 dez. 2006.

É importante ressaltar outra das motivações básicas desses especialistas informáticos: seu espírito de aventura, de exploração e ousadia. Sobre a base da perícia técnica, que com frequência aprendem como autodidatas ou por meio de colegas na rede, e de um espírito inconformista, os *hackers* zombam da prepotência de profissionais e empresas de informática, possuidores de maior consideração social e melhor remuneração, querendo deixá-los com uma má imagem, mostrando sua vulnerabilidade e a dos sistemas que elaboram ou utilizam.

Atualmente, houve um salto qualitativo nas atividades dos *hackers*, pois tendem mais ao lucro: obter informações e dados pessoais para vendê-los. O principal objetivo já não é destruir as informações, e sim coletá-las, utilizá-las e vendê-las, o que em muitos casos conseguem fazer de maneira astuciosa, sem que o usuário tome conhecimento e sem provocar danos perceptíveis que possibilitem que se saiba o que está ocorrendo ou que houve um ataque. As máfias os contratam para obter dados financeiros, saquear contas correntes e falsificar cartões de crédito. Esta falsificação, como se viu, é uma atividade delituosa em grande escala hoje em dia. Outra atividade delituosa é chantagear uma empresa, exigindo que pague uma grande soma em dinheiro sob a ameaça de inutilizar seus sistemas informáticos. Como foi mencionado previamente, começa a se tornar habitual a espionagem industrial a cargo de *hackers* e até de estudantes de informática, contratados por uma empresa para obter dados, inovações, relatórios ou procedimentos de outra. Há outros fatos mais preocupantes: se, como parece, as organizações criminais evoluíram até se converterem em redes logísticas internacionais, flexíveis e envolvidas em negócios muito diversos (tráfico de armas, drogas, pessoas, órgãos, obras de arte, madeiras tropicais, espécies animais protegidas, lavagem de dinheiro), precisam de especialistas que as ajudem a proteger suas comunicações das forças de segurança através de avançados sistemas de criptografia ou codificação. Para isso, contratam especialistas em informática não apenas para projetar suas redes, mas também para invadir as redes das forças de segurança que os vigiam e perseguem[37].

As opiniões dos *hackers* refletem bem esse desvio delituoso. O espanhol Albert Gabás, membro da associação de *hackers* Chaos Computer

---

37 Cf. M. Naím, *Ilícito: Cómo Traficantes, Contabandistas y Piratas Están Cambiando el Mundo.*

7. O Reino das Mentiras

Club (ccc), defende a ideia disparatada e perigosa de que, "quando um equipamento de informática é atacado, a responsabilidade disto é tanto de seu usuário, que não tomou as medidas de segurança necessárias para evitá-lo, quanto do autor de tal ataque"[38]. Como se vê, e além da recomendação sensata de que se tomem as devidas medidas de precaução ao utilizar a rede, há uma suposição implícita de culpabilidade que minimiza e justifica em parte os delitos informáticos. Levadas ao extremo, as opiniões do senhor Gabás e da associação que ele representa equivaleriam a afirmar que uma mulher violentada tem uma responsabilidade direta em seu estupro, ou que a responsabilidade do que ocorre no Iraque recai sobre os iraquianos por não terem tomado medidas de defesa suficientes.

Os estímulos para a delinquência na internet aumentam. A cada dia há mais sites nos quais se pode adquirir, por um preço ridículo, a partir de quinze euros, *softwares* para roubar senhas bancárias e identidades, assim como para provocar danos ou perdas de dados. Esses delinquentes oferecem em suas lojas *spywares* ou *softwares* para roubar dados, cavalos de Troia, vírus e até falsas *home pages* de entidades de comércio on-line, como, por exemplo, da loja Amazon. Em janeiro de 2007, soube-se que, em alguns fóruns da internet, podia-se testar um *software* – à venda por mil dólares – que permitia lançar ataques de *phishing* de maneira simples para acessar dados bancários de clientes de qualquer instituição bancária ou site de compras na internet[39].

Também existem os *hackers* "de chapéu branco", ou bons, que colaboram com as autoridades e os departamentos de segurança de grandes empresas para melhorar seus sistemas. A favor dos *hackers*, acrescentamos que contribuíram para melhorar os sistemas de segurança informáticos, mas isso equivale a dizer que os ladrões contribuíram para o desenvolvimento de sistemas de segurança mais eficazes e para o crescimento das empresas do ramo.

O relatório de Criminologia Virtual de 2006 da empresa de segurança informática McAfee distingue várias categorias de *hackers* de diferente periculosidade:

---

38 Cf. <www.iactual.com>, 6 fev. 2003.
39 Cf. <www.rsasecurity.com>, 10 jan. 2007.

- Os que se dedicam a buscar furos na segurança de sistemas, sites e redes como um desafio pessoal. Estes são, em geral, pouco perigosos.

- Os que fazem ataques por notoriedade pública, sem nenhuma outra finalidade.

- Funcionários e ex-funcionários ressentidos, que, por vingança ou para roubar, atacam os sistemas das empresas para as quais trabalham, já trabalharam ou prestaram assessoria. Este tipo de *hacker* é muito perigoso porque conhece bem as medidas de segurança. Em uma pesquisa mundial constatou-se que, em 28% das empresas afetadas, os ataques informáticos procediam de sua rede interna, e que 18% dos roubos de dados ocorrem também a partir do interior do sistema[40].

- O grupo mais perigoso de todos é constituído pelos cibercriminosos ou cibergângsters organizados, cuja finalidade é obter benefícios delituosos. Publicou-se que alguns setores do crime organizado captam jovens especialmente dotados para a informática e custeiam seus estudos para, posteriormente, após introduzi-los nas entidades-alvo, usar suas habilidades para cometer delitos. Segundo os especialistas, há empresários que contratam *hackers* para desempenhar tarefas de espionagem industrial.

Os dois primeiros tipos correspondem ao ideal franciscano do *hacker* "benfeitor social" à sua maneira, que contribui para o progresso da humanidade perturbando os outros. As duas últimas categorias são as mais nocivas. Porém, deve ficar claro que não há fronteiras nítidas entre essas tipologias, mas sim uma alta permeabilidade, e que a passagem de uma categoria mais inócua para outra mais perigosa é fácil e pode ser ocasionada pelas mais diversas circunstâncias.

Os delitos na internet podem se dever tanto ao *hacker* isolado quanto aos que atuam como instrumentos da delinquência comum e das organizações criminais modernas. A delinquência cresce simultaneamente com a rede. Os ataques podem proceder também de empregados descontentes ou de peritos em informática que agem por motivos financeiros ou outros

---

40 Deloitte's Global Security Survey, <diarioti.com>.

motivos ideológicos ou pessoais, como o ressentimento ou a vingança, que ficaram patentes na terceira categoria mencionada.

Uma saída delituosa dos *hackers* é chantagear as empresas com a ameaça de causar danos graves à sua segurança, à integridade à confidencialidade de seus dados caso não forneçam uma grande quantia de dinheiro. Dois programadores de sistemas informáticos nova-iorquinos, Shaun Harrison e Saverio Mondelli, de dezenove e vinte anos, respectivamente, foram detidos em 2006 por chantagear a MySpace, exigindo como trabalho de consultoria 150 mil dólares para impedir que a identidade real de seus usuários fosse revelada. MySpace é uma rede social ou comunidade virtual para fazer amizades e compartilhar gostos que permite a seus membros, aos quais se garante o anonimato, criar perfis pessoais com fotografias, vídeos ou músicas. Harrison e Mondelli haviam desenvolvido uma aplicação que possibilitava conhecer os dados reais dos usuários: endereços eletrônicos e números ip, de modo que o anonimato seria destruído. Eles ofereciam esse programa na internet por trinta euros. Após serem contatados pelos responsáveis pelo site MySpace, foram detidos em Los Angeles quando se apresentaram para cobrar seus honorários por "assessorar" o MySpace, que, por outro lado, já havia conseguido bloquear o programa dos jovens *hackers*. As redes sociais como MySpace ou Facebook são alvos preferenciais de ataques informáticos partindo de todo o mundo. Isso é facilitado porque um número elevado de usuários (32% no Facebook) tem a mesma senha de acesso em todos os seus websites e 41% revela informações pessoais[41].

Hackers (*Crackers*) Lendários Arrependidos e Regenerados: O Mito, o Delito e o Negócio

Os grandes *hackers* foram elevados à categoria de heróis por seus admiradores. Alguns deles foram protagonistas de

41 Cf. M. Rodrigo, op. cit.

livros e de filmes. Lamentavelmente para eles, não poucos conheceram a penitenciária. Mas alguns destes últimos sofreram um processo de regeneração e de "conversão" após a passagem pela prisão. Vejamos a seguir alguns exemplos disto.

Kevin Poulsen, nascido em 1965, já havia conseguido, aos dezenove anos, invadir o sistema informatizado do Departamento de Defesa dos Estados Unidos. Naquela época, existia a Arpanet, a rede eminentemente militar predecessora da internet. Perseguido por diferentes atos ilegais nos quais, junto com dois amigos, violavam concursos de rádio e televisão, esteve em paradeiro desconhecido por dezessete meses. Detido em 1991, foi posto em liberdade em 1996. Atualmente, escreve para a revista digital *Wired* e podem-se ler vários artigos de sua autoria sobre segurança em informática.

Julio César Ardita, que usava o codinome "Gritón", é o *hacker* mais famoso da Argentina. Em 1995, aos 21 anos, conseguiu invadir importantes redes universitárias e militares: Universidade de Harvard, Cal Tech, NASA, Pentágono e Marinha dos Estados Unidos. Foi julgado e condenado nesse país a três anos de liberdade vigiada e a uma multa de 5 mil dólares. O procedimento que utilizou foi entrar primeiramente na Universidade de Harvard e capturar códigos de acesso aos sites do exército norte-americano. O fato é que as instituições acadêmicas apresentam muitas vulnerabilidades para os ladrões de informações, que Gritón soube aproveitar habilmente. Foi um caso pioneiro e, à primeira vista, complicado para os investigadores. Em agosto de 1995, sua presença foi detectada nos sistemas de segurança da Marinha norte-americana. Todas as conexões telefônicas que utilizava conduziam à Argentina. Conseguiram prendê-lo em dezembro do mesmo ano em sua casa em Buenos Aires, graças à colaboração da Telecom Argentina. Segundo os investigadores que o interrogaram, Gritón elaborava seus próprios programas e era persistente, pois passava as noites entrando nos sistemas e acessando informações restritas. Atualmente, segundo dados da internet, ele trabalha na empresa Cybsec[42] e preside a entidade de segurança informática Centro de Investigación en Seguridad Informática Argentina[43]. No que se refere à situação de vulnerabilidade das universidades, isto não

---

42 Cf. <www.cybsec.com>.
43 Cf. <http://www.cisiar.org>.

se modificou. O relatório Symantec as aponta como alvo preferencial dos ataques em 2007, devido a várias razões: quantidade de dados armazenados, numerosos compartimentos independentes contendo informações e acesso livre para muitas pessoas, o que se agrava quando se incluem os hospitais universitários.

Kevin D. Mitnick é outro *hacker* histórico que conseguiu entrar nos sistemas das empresas Motorola, Fujitsu, Novell, Sun Microsystems e Nokia, nas quais conseguiu roubar códigos de *softwares*. Foi detido em 1995, depois de viver foragido durante anos. Saiu em liberdade no ano de 2000. É autor de dois livros (*The Art of Intrusion* e *The Art of Deception*). Suas façanhas o tornaram protagonista do livro *Takedown* e do filme de mesmo título, do ano de 2000; atualmente, trabalha como consultor de segurança em informática[44].

O espanhol Óscar L.H., de codinome "El Gran Oscarín", talvez quisesse pertencer a esse seleto grupo de *hackers* míticos regenerados e convertidos em profissionais honrados e homens de negócios. Oscarín foi o autor do cavalo de Troia "Cabronator", que era oferecido na rede e, fazendo jus a seu nome, infectava também aqueles que o baixavam com o propósito de prejudicar outros. Seu código afetou 100 mil usuários contagiados ao visitar sua página na internet. Detido pela Guarda Civil em 2003 na denominada "Operação Clon", foi condenado, em Valência, no ano de 2004, a dois anos de prisão.

Medidas de Segurança

Cabe encerrar o capítulo com normas de proteção diante de tantas mentiras e fraudes. A internet é muito insegura, razão pela qual a proteção, tanto dos sistemas como das informações neles armazenadas, é uma tarefa contínua. Os avanços nos computadores, na programação e nos sistemas são constantes, e a delinquência se adapta a

---

44 Cf. < http://mitnicksecurity.com >.

eles com uma rapidez assombrosa. Pode-se afirmar que a delinquência informática evolui mais rapidamente que a tecnologia, razão pela qual as ameaças se multiplicam e diversificam. Talvez a primeira atitude, e possivelmente a principal, para não sofrer ataques seja estar ciente da própria vulnerabilidade. O mínimo que se pode fazer é estar o mais bem informado possível a respeito das ameaças em potencial e das formas mais eficazes e econômicas de se defender.

As grandes empresas e instituições entendem a segurança informática como uma atividade contínua e diária, na qual se avaliam os riscos possíveis e prováveis e suas consequências. É frequente que exista um funcionário responsável pela segurança informática, que vele pela integridade dos sistemas e das informações neles contidas.

Um indivíduo isolado deve se manter em contato com o provedor de serviços e consultar todas as dúvidas que tiver. O fato é que a proteção antivírus comercial é limitada. Dadas as centenas de milhares de novas ameaças produzidas a cada ano, a proteção antivírus deveria ser atualizada a cada poucos minutos. Devido a essa insegurança básica, as medidas de proteção e segurança são muito variadas e são agrupadas a seguir em atitudes que podem ser adotadas ou evitadas, no que diz respeito aos meios tecnológicos acessíveis e a medidas legais.

Soluções de Conduta

- Deve-se verificar os endereços dos servidores para confirmar que se está visitando as páginas autênticas.

- Não é recomendável responder mensagens eletrônicas de procedência duvidosa nem abrir seus arquivos anexos. Deve-se evitar abrir o lixo eletrônico, pois isso indica que o endereço está ativo e, portanto, que se pode continuar enviando *spams*. Deve-se suspeitar de qualquer mensagem que solicite o envio urgente de informações confidenciais. Não clicar em *links* de e-mails suspeitos.

- Deve-se fazer cópias de segurança de arquivos importantes periodicamente. Há ferramentas que permitem fazer cópias de segurança em tempo real.

- Não se deve fornecer a ninguém informações restritas, privadas, pessoais, financeiras ou profissionais que possam comprometer, e, especialmente, não se deve responder a solicitações de fornecimento de dados pessoais por meio de mensagens eletrônicas. Não participar de concursos on-line, nem responder a pesquisas, pois costumam ser estratagemas para obter informações pessoais. É importante assinalar que um vírus pode roubar informações contidas no computador, mas não pode alcançar as que não estejam ali. Ele pode obter a senha do e-mail, mas não o código de acesso à conta do banco se não estiver no computador. Se a informação não é fornecida, a probabilidade de sofrer uma fraude se reduz imensamente. Para se proteger, muitas pessoas intencionalmente fornecem informações falsas de forma sistemática, e até têm uma conta de e-mail gratuita apenas para quando querem lhe enviar informações que não deseja ou para se registrar em sites quando acredita que isto pode envolver risco de recebimento de lixo eletrônico.

- As medidas de segurança aconselhadas para evitar o *phishing* são várias. Deve-se confirmar que se está acessando a página da internet correta. Para isso, posicione o cursor sobre o endereço URL, clique e verifique se o endereço que aparece corresponde ao que está visível. Certas recomendações, como averiguar se o endereço começa com "http" e se, ao navegar, aparece o cadeado fechado na parte inferior da tela do navegador são importantes, embora os delinquentes já tenham conseguido incorporar essas características nas páginas falsas. O duplo clique no cadeado deve indicar o certificado de segurança do site, e o nome que aparece deve corresponder à página da internet na qual se está. Nas mensagens de *phishing* é comum haver erros gramaticais ou palavras trocadas. Em caso de dúvida, recomenda-se telefonar para a instituição bancária. Deve-se sempre digitar o endereço URL do site que se deseja visitar.

- Não se deve executar nenhum arquivo suspeito, nem jogos baixados da internet, nem instalar um programa sem tomar as devidas precauções. Os *softwares* gratuitos costumam incluir programas espiões que se instalam no disco rígido. Eles coletam informações e as enviam para as empresas emissoras, que passam a lhe enviar mensagens não solicitadas com informações de outras empresas. Só se deve fazer *download* de *softwares* em sites de confiança.

- Não se deve navegar sem estar com o programa atualizado. Deve-se evitar o navegador Explorer, o mais utilizado, porém também o que possui mais falhas de segurança. Atualmente são mais seguros o Safari, da Macintosh, o Firefox[45] ou o Opera. As últimas versões dos navegadores dispõem de certa proteção contra as novas ameaças, como o *phishing*, mas esses sistemas não são perfeitos e podem ser driblados pelos ciberdelinquentes.

- As operações bancárias devem ser realizadas a partir do endereço URL da instituição financeira, que deve ser introduzido por digitação, e nunca clicando em um *link* contido em e-mail. As instituições financeiras nunca solicitam dados a ninguém. Em caso de dúvida, telefone diretamente para a entidade. Deve-se averiguar regularmente o saldo das contas bancárias.

- Deve-se utilizar códigos de acesso fáceis de lembrar, porém que sejam mais extensos e incluam números e símbolos de pontuação entre as letras.

- Recomenda-se o uso diferenciado de contas de correio eletrônico: para o trabalho, para a família, para as compras e para o lazer. Essa é uma maneira de distribuir o risco.

- Sobretudo, é preciso levar em conta os riscos do uso da internet e que a segurança absoluta não existe. A internet não é um meio de comunicação seguro.

Soluções Tecnológicas

- Implantar ferramentas tecnológicas adequadas e manter atualizados os sistemas de segurança antivírus e contra os cavalos de Troia e *spams*, com os últimos "retoques" e atualizações. Os sistemas antivírus tradicionais não costumam ser suficientes frente às novas ameaças. Em todo caso, devem ser atualizados diariamente e, de fato, muitas atualizações

45 <www.getfirefox.com>

são automáticas. Estima-se que 80% dos computadores pessoais não dispõem das medidas de segurança adequadas.

- Utilizar *firewalls*, programas que bloqueiam as comunicações não autorizadas entre o computador e outros equipamentos na internet. Existem *firewalls* gratuitos, por exemplo, em zonelabs.com.

- Utilizar sistemas de varredura e eliminação de *spywares* e *malwares*, o *softwares* nocivos. Fazer periodicamente a verificação no disco rígido.

- Recorrer a páginas de ajuda, como nomasfraude.es, hispasec.com oured.es. Nelas, são denunciadas as fraudes on-line.

- Utilizar as ferramentas do próprio computador para eliminar os *cookies*, ou programas que armazenam informações referentes às páginas visitadas, apagar a lista de páginas visitadas ou as senhas armazenadas.

- Utilizar programas de privacidade que ocultam a identidade do usuário e eliminam a possibilidade de que alguém destrua seu perfil de navegador e se aproveite disso.

Medidas Legais

O caráter internacional e sigiloso dos ataques e dos delitos informáticos torna muito difícil sua detecção, a localização de seus autores e a adoção de medidas judiciais. Os delitos informáticos se agravam porque são cometidos a partir de países distantes, com a consequente dificuldade de investigação, localização e julgamento.

Os delitos financeiros na internet são facilitados devido à existência de bancos on-line com sede em paraísos fiscais. Uma vez que atuam em todo o mundo, fica difícil saber onde estão e o que fazem com o dinheiro que obtêm com suas malfeitorias. Quando se trata de investimentos realizados através dos bancos mencionados, é difícil também saber se os investimentos solicitados pelo cliente foram realmente efetuados.

Na Espanha, a nova reforma do Código Penal inclui como delitos as intromissões ilegais em sistemas informáticos estrangeiros. Ela também amplia o delito de descoberta e revelação de segredos em uma nova emenda ao artigo 197.

A reforma define o *hacker* como "quem, por qualquer meio ou procedimento, e prejudicando as medidas de segurança para impedi-lo, acessa sem autorização dados e programas informáticos contidos em um sistema informático", e propõe, para tais atuações, penas de seis meses a dois anos de prisão. Maior severidade é acrescentada à pena quando o *hacker* atua no âmbito de uma organização ilegal. Esse artigo pretende punir tanto os ataques à intimidade como os possíveis delitos que venham ocasionar graves prejuízos a entidades públicas ou privadas. Contemplam-se penalidades de prisão e indenização pelos danos causados, incluindo os ataques à honra e à imagem por distribuição de dados ou informações íntimas. No artigo 248, o Código incorpora a fraude produzida pela utilização de cartões de crédito alheios ou dos dados nelas constantes. Penaliza também quem fabrique, introduza, possua ou facilite programas informáticos especificamente destinados ao cometimento de fraudes. Por fim, o artigo 164 contempla os ataques aos sistemas informáticos que provoquem danos ou perdas de dados.

Muitas das medidas legais de proteção contra a fraude entram em choque com o exercício das liberdades individuais e com o direito à privacidade das pessoas. Guardadas as devidas proporções, é o mesmo tipo de problema que ocorre com as câmeras de vigilância em lugares públicos: possuem mais um caráter preventivo que de perseguição efetiva.

Pode-se obter certa proteção com medidas legais já existentes, como a obrigatoriedade de que os provedores de acesso à internet (ISP) conservem os dados de navegação ou conexão dos usuários durante certo período de tempo. Essa medida pode se tornar ineficaz, já que, mesmo tendo-se o endereço do computador a partir do qual foi cometido um delito, pode ser difícil saber quem de fato estava operando o equipamento.

No futuro, pode ser que se torne obrigatório acompanhar cada mensagem com um "envelope de e-mail" contendo os dados de identificação do remetente. A generalização do uso do "RG" eletrônico pode facilitar essa medida, inclusive para participar de fóruns e *chats*. Também faz parte dessas medidas futuras fazer com que usuários de cibercafés se inscrevam em um livro de registros, como nos hotéis. Também há a proposta de implantação de sistemas biométricos no uso dos computadores. Fala-se ainda de que os internautas possuam uma espécie de carteira de motorista eletrônica que os identifique.

7. O Reino das Mentiras

Perante a internacionalização dos delitos informáticos, os acordos entre países relativos aos procedimentos judiciais contra a fraude via internet deveriam ser generalizados, estabelecendo-se instrumentos legais comuns e coordenados. Já se fala da realização de uma convenção internacional a respeito dos delitos informáticos, da promulgação de uma lei ou código internacional contra os mesmos e da criação de tribunais internacionais para julgar esse tipo de delito. A cooperação entre os países é crucial caso se deseje combater eficazmente os ciberdelitos.

Como ocorre com muitos avanços tecnológicos, surge na rede uma batalha entre a liberdade e a segurança, na qual a sociedade luta contra si mesma. A internet nasceu e se desenvolveu sem limites e em total liberdade. O número de crimes e delitos de todo tipo nos quais a rede desempenha um papel instrumental central se ampliou imensamente, e, em consequência disso, as exigências de segurança forçarão, cedo ou tarde, a imposição de limites ao uso da rede, contra a vontade de muitos.

Não deixa de surpreender a ingenuidade dos *hackers*, sua fé em um mundo virtual livre onde as distâncias não existem, onde a informação gratuita flui à velocidade da luz – a pátria livre do conhecimento, na qual o valor das pessoas é medido por sua capacidade e habilidades intelectuais para transpor barreiras e vencer no campo da honra dos problemas cibernéticos. O ímpeto dos *hackers*, sua audácia juvenil em suas façanhas mentais e eletrônicas lembram os atletas em seus recordes físicos: superar limites e barreiras, sem temer as consequências, talvez sem avaliar ou tomar consciência dos danos que podem causar a si mesmos e a outros. Será que partilham mais alguma insensatez? O uso das novas tecnologias no esporte poderia favorecer a mentira e o engano?

Referências
e Leituras Adicionais

BEWARE the Trojan Panda. *The Economist*, 6 set. 2007, < http://www.economist.com/node/9769319 >.

CASTELLOTE, E. Amenazas en la Red. PC *Actual*, 14 fev. 2007, <www.pc-actual.com>.

CORDERO, J. Los Casos de Estafa por Internet Han Aumentado un 50% respecto a 2005. *El País*, 25 jul. 2006.

CORTES, A. ¿Hackers o Crackers?… Está Claro: Hackers. *Noticiasdot*, 19 dez. 2006. Disponível em: <http://www.noticiasdot.com/publicaciones/2006/1206/1912/noticias191206/noticias191206-858.htm>.

CRIADO, M.A. Spyware, Troyanos y Virus, al Alcance de Todos. *El Mundo*, 2 abr. 2006. Disponível em: <http://www.elmundo.es/suplementos/ariadna/2006/274/1143817316.html>.

_____. Los Virus Vienen Ahora a por el Usuario. *El Mundo*, 1º abr. 2007.

CYBERWARFARE: Newly Nasty. *The Economist*, 26 maio 2007. Disponível em: < http://www.economist.com/node/9228757 >.

HITSCH, G.J.; HORTAÇSU, A.; ARIELY, D. *What Makes You Click: An Empirical Analysis of Online Dating*, 2005. Disponível em: <http://home.uchicago.edu/~ghitsch/Hitsch-Research/Guenter_Hitsch_files/Mate-Preferences.pdf>.

IMITATING Property is Theft. *The Economist*, 15 maio 2003. Disponível em: < http://www.economist.com/node/1780818>.

INVERNE, J. Masterpieces or Fakes? The Joyce Hatto Scandal. *Gramophone*, 15 fev. 2007. Disponível em: < http://www.gramophone.co.uk/editorial/masterpieces-or-fakes-the-joyce-hatto-scandal-february-15-2007 >.

JIMÉNEZ DE LUIS, A. La Banca Sufre el Mayor Ciberataque de la Historia. *El Mundo*, 19 mar. 2006.

MADARIAGA, B. El Pharming Cobra Importancia. *Dealer World*, 10 jul. 2006, <www.idg.es>.

MEINEL, C. Alerta Roja en la Red. *Investigación y Ciência*, n. 303, dez. 2001.

NAÍM, M. *Ilícito: Cómo Traficantes, Contrabandistas y Piratas Están Cambiando el Mundo*. Barcelona: Debate, 2006.

QUINTERO, B. Phishing, El Hermano Pobre de los Troyanos. *Hispasec*, 2007. Disponível em: < http://unaaldia.hispasec.com/2007/02/phishing-el-pobre-de-los-troyanos.html >.

RODRIGO, M. Las Empresas se Blindan ante los Ataques de los Ciberdelincuentes. *El Mundo*, 18 maio 2008.

SINGER, M. Fantasia for Piano: Joyce Hatto's Incredible Career. In: *The New Yorker*, 17 set. 2007. Disponível em: < http://www.newyorker.com/reporting/2007/09/17/070917fa_fact_singer>.

Symantec Internet Security Threat Report, 2007. Disponível em: < http://eval.symantec.com/mktginfo/enterprise/white_papers/ent-whitepaper_internet_security_threat_report_xii_09_2007.en-us.pdf>.

UN DÍA en la Vida de un Troyano *Banker*, Hipasec, 13 fev. 2007. Disponível em: < http://blog.hispasec.com/laboratorio/195.html>.

WILLIAMS, R.. The Great Classical Piano Swindle. In: *Intelligent Life*. Outono 2007. Disponível em: < http://moreintelligentlife.com/story/joyce-hatto-the-great-piano-swindle>.

Mentira e Fraude no Esporte

> *Não vou dizer o que penso da equipe. Já contei o que penso para os jogadores e, para vocês, eu vou mentir.*
>
> Quique Sánchez Flores, antigo técnico do Valencia CF, falando com os jornalistas, *Marca*, 3 dez. 2006

Um dos fatos que mais marcou minha infância foi a morte do ciclista britânico Tom Simpson. Seus últimos momentos de agonia quando desceu da bicicleta, as tentativas desesperadas de reanimação ao lado da estrada e seu resgate de helicóptero até o hospital em Avignon encerraram um drama transmitido pelas telas de televisão. Uma sequência repetida centenas de vezes em imagens em preto e branco e que também era retratada pelas fotos sépia dos jornais para mergulhar os leitores em uma realidade até então oculta e ignorada. Era praticamente uma morte ao vivo, à qual hoje em dia, lamentavelmente, parece que estamos mais acostumados.

Esses fatos ocorreram no dia 13 de julho de 1967 na décima terceira etapa do Tour de France, na subida do Monte Ventoux, o chamado "Gigante da Provença", a poucos quilômetros de seu cume. Simpson, desenhista de Yorkshire e o melhor ciclista britânico dos anos de 1960, campeão mundial em 1965, morreu aos 29 anos em consequência de exaustão, do calor extremo que superava os 40°C e, sobretudo, da intoxicação por anfetaminas. Alguns de seus companheiros garantiram que ele também ingerira álcool naquele mesmo dia.

A forte impressão causada pela morte do jovem ciclista, do herói famoso, andava lado a lado com a incredulidade, a falta de explicação e a sensação subjetiva da aparente injustiça que geralmente acompanha esse tipo de acontecimento. Também foi a primeira vez que ouvi falar das anfetaminas e dos efeitos que as substâncias estimulantes provocam no organismo. Nos jornais, os médicos explicavam seus efeitos nocivos para a saúde e como alguns ciclistas as utilizavam para anular a sensação de cansaço e melhorar seu desempenho. Esses instantes finais transcendiam a tragédia humana e desportiva e chamaram a atenção para o problema do *doping* nos esportes.

Por Que os Esportistas Cometem Fraudes?

De um modo geral, os valores representados pelo atleta – juventude, saúde, esforço, sacrifício, superação pessoal e espírito competitivo – são opostos ou ao menos estão distantes da fraude, do logro e da mentira. Em muitos aspectos, somente os atletas podem se equiparar aos cientistas em histórias de abnegação e dedicação à sua atividade, traços que também os mantêm *a priori* distantes do uso de artimanhas e truques proibidos. No entanto, é certo que a mentira e a fraude ocorrem nesses dois grupos de pessoas, embora também existam diferenças importantes entre eles, tanto na natureza dos enganos como na forma de cometê-los.

Um exemplo de fraude no esporte é o *doping* ou uso de substâncias ilícitas para aumentar o desempenho, do qual sempre houve indícios e casos evidentes, por vezes mortais, no mundo das competições de elite. Esse fenômeno parece ter se acentuado nos últimos anos e o público observou uma sucessão praticamente contínua de casos importantes no mundo dos atletas de elite que provocaram grandes escândalos, seguidos por fortes sanções impostas pelos organismos competentes e por ações judiciais. Também foram expostas redes mafiosas de fornecimento de substâncias proibidas e conhece-se a existência de uma próspera indústria do *doping*. Paralelamente, assistimos à adoção de medidas cada vez mais duras para prevenir e prosseguir essas ações.

Em outras ocasiões, foram descobertas partidas, competições ou lutas cujo resultado foi arranjado. Além disso, no esporte podem ser usadas as mesmas mentiras que há em outros meios: que o opositor não obtenha uma informação valiosa, que não fique sabendo das táticas, técnicas ou estratégias de jogo ou de preparação, circunstâncias às quais se refere a frase do técnico Quique Sánchez Flores no começo deste capítulo e das ações de outros profissionais dos quais falaremos mais adiante.

São muitas as razões pelas quais o atleta procura enganar: dinheiro, prestígio, o poder derivado do fato de ser uma pessoa pública, famosa e reconhecida. Isto cria um paralelo entre o esporte moderno e o da Grécia antiga, quando os atletas mais valorizados já ganhavam grandes quantidades de dinheiro, além de fama e glória.

A maior pressão que incide sobre os atletas provém dos desejos e aspirações do público. No esporte, assim como na política, seguidores e militantes agem mais por ilusão que por convicção racional. Trata-se de um mundo de paixões no qual há muito em jogo. O esporte proporciona emoções intensas, excitação, suspense, entretenimento e identificação com pessoas especiais, com suas ações, habilidade e espírito de luta. Os espectadores não procuram apenas entretenimento e momentos de lazer durante os finais de semana ou depois do trabalho, eles exigem gols, recordes, medalhas, vitórias, campeonatos. Eles admiram o esforço e o sacrifício, mas querem muito mais que isso. Os torcedores têm certeza de que sua equipe ou seu ídolo são os melhores e exigem provas disso constantemente. Os espetáculos esportivos são acompanhados com paixão, com uma irracionalidade extrema. Os resultados das competições influenciam o estado de ânimo nacional. As grandes vitórias elevam o moral da população e o otimismo geral, mas por pouco tempo. As derrotas deprimem e a trapaça desilude amargamente. O atleta profissional pode sentir a pulsação das ruas e ler nos rostos de seus concidadãos a sede de vitória, de triunfos, a alegria e o desespero gerais.

Mas o esporte de alto rendimento é tanto um negócio como um espetáculo. É uma grande atividade comercial que emprega muitas pessoas e na qual há muito dinheiro em jogo, além daquele que é obtido pelo próprio atleta, por sua equipe ou pelos organizadores das competições. O faturamento anual de qualquer clube europeu de futebol de primeira categoria gira em torno de 300 milhões de euros. O impacto econômico da celebração de um grande acontecimento desportivo é enorme. Calcula-se que a Eurocopa de futebol de 2008, celebrada na Áustria e na Suíça, gerou ao todo 1,4 bilhões de euros, enquanto alguns Jogos Olímpicos superam várias vezes essa quantia[1]. Nos Jogos Olímpicos de Pequim, em 2008, a contribuição dos doze patrocinadores e dos direitos de retransmissão pela televisão, sem as outras fontes de renda, superavam os 2,5 bilhões de dólares. Mas há muito mais coisas envolvidas além do dinheiro, e diversas circunstâncias incidem na pressão sofrida pelos atletas para melhorar seu desempenho e ganhar competições:

- As Olimpíadas são um grande motor econômico para a cidade que as organiza e servem para projetar a sua imagem para todo o mundo e, em alguns casos literalmente, para colocá-las no mapa. Um país olímpico também pode limpar a sua imagem graças a elas ou recuperar um prestígio perdido.

- Estima-se que quando um país ganha a Copa do Mundo de futebol, seu PIB aumenta 0,7% através do aumento do consumo provocado pela euforia resultante, de acordo com relatórios dos bancos ABN Amro e JPMorgan. Alguns economistas consideram que não é tanto um aumento, mas sim um adiantamento ou avanço do consumo[2].

1 Cf. C. Delgado, Goles por Millones, *El País*, 8 jun. 2008.
2 ABN Amro Economics Department, *Soccernomics 2006: Soccer and the Economy*.

As somas ganhas pelos atletas de elite são fabulosas. Os incentivos ao uso da fraude podem chegar a ser desmedidos e insuperáveis. Há muito dinheiro em jogo e isso dispara a ambição e a cobiça não apenas dos próprios atletas, mas também de seus círculos: sofrem fortes pressões em consequência dessa mistura entre negócio e espetáculo, assim como aumentam as oportunidades e a probabilidade de que o honesto se transforme em desonesto. Como observa acertadamente Cecilia Rodríguez Bueno, as diferenças de décimos de segundo entre um primeiro e um segundo colocado em uma competição atlética mundial ou nas Olimpíadas tornam-se astronômicas em termos de fama e de ganhos[3].

O ego e a vaidade também desempenham um papel importante nisso. Não nos esqueçamos de que o atleta é caracterizado por seu espírito de luta, de vitória, de ser o melhor e de ser reconhecido por isso. Ele representa ideais intangíveis como os citados anteriormente, mas também é símbolo de uma cidade, de uma região ou de um país. Os grandes atletas são ídolos para pessoas de todas as idades. O papel da vaidade não difere do de outros grupos de que falamos anteriormente, talvez ele seja um pouco maior no caso dos cientistas, que gozam de menos oportunidades de ganhos econômicos e que no longo prazo desempenham uma atividade com maior projeção internacional.

Mas não existem apenas pressões econômicas ou comerciais: também há as que provêm dos meios de comunicação. Ninguém pode negar que o esporte de alto nível é um grande espetáculo: jogos olímpicos de inverno e de verão, campeonatos de futebol, tênis, motociclismo, automobilismo, ciclismo, golfe, atletismo, basquete, handebol etc. Milhões de espectadores assistem em suas casas e ao vivo as grandes competições desportivas, cobertas e transmitidas por numerosos meios de comunicação e financiadas pela publicidade de grandes empresas. A atração de multidões para as competições depende em grande medida da participação das grandes "estrelas" do esporte. Patrocinadores e anunciantes procuram chegar à maior quantidade possível de pessoas e os espetáculos desportivos de primeira magnitude atraem milhões de espectadores[4].

3 *Dopaje.*
4 Cf. P. Lane, Fun, Games and Money, *The Economist*, 2 ago. 2008.

8. *Mentira e Fraude no Esporte*

Não se trata apenas das pessoas que vivem diretamente do espetáculo: a imagem dos atletas, seus principais protagonistas, possui um valor em si mesma que atrai publicitários e patrocinadores dispostos a pagar enormes quantias de dinheiro para utilizá-la em anúncios, promoções, apresentações e como imagem de marca para seus produtos e serviços. Os direitos de imagem dos atletas para uma série de empresas de diferentes ramos atingem, de acordo com alguns estudos, a cifra de 150 bilhões de dólares por ano, como informou o jornal *El Economista* de 5 de agosto de 2006. Do ponto de vista financeiro e fiscal, o atleta de elite é um empresário: é proprietário de um ativo comercial, a sua imagem, que ele deve aprender a administrar e da qual deve extrair a maior rentabilidade possível. Para fazer isso, ele precisa de assessoria trabalhista, financeira e, possivelmente, também psicológica.

A imagem de um atleta possui um valor tão grande em função de sua influência relativa sobre setores específicos da população e, naturalmente, não apenas entre os jovens. Os atletas bem-sucedidos são autênticos líderes sociais. Não são estritamente formadores de opinião, mas podem criar, marcar, representar ou contribuir para gerar tendências: formas de comportar-se, divertir-se, conduzir-se, vestir-se ou perfumar-se. Muitos atletas encontram na exploração de sua imagem uma segunda carreira profissional, que os conduz em cheio ao mundo da publicidade, da comunicação, da docência ou do espetáculo, não mais como estrelas fugazes, mas sim como verdadeiros profissionais.

No entanto, no âmbito da comunicação corporativa ou institucional, utilizar uma pessoa famosa como imagem de uma marca é uma estratégia ou conceito arriscado, pois os atributos e características do protagonista, atleta de elite, neste caso, são transmitidos à marca do produto ou serviço. Quando estes últimos são positivos, não há qualquer problema, mas quando são negativos, tudo se torna um grande problema. A imagem do atleta de alto rendimento geralmente transmite a ideia de sucesso, esforço, juventude, espírito de superação e de vitória, honestidade, competitividade, jogo limpo, diversão, simpatia e, dependendo do caso, espírito de equipe e viver sem fronteiras. Essas qualidades são as que se quer transferir para a imagem do produto ou serviço que é promovido. Ora, quando o atleta trapaceia ou frauda, tudo isso cai por terra e frequentemente a empresa abandona o atleta ou a equipe em desgraça.

Outro aspecto decisivo, compartilhado com alguns poucos cientistas é a pressão política. O atleta de elite quase sempre é um ícone do país representado por ele. As competições desportivas são exibições nacionais, de bandeiras, de hinos, de símbolos. O triunfo no esporte é, queira-se ou não, um indicador da prosperidade e do desenvolvimento de um país. As vitórias, inclusive em um esporte individual, são celebradas como conquistas nacionais e também são usadas, queira-se ou não, e em maior ou menor medida, para a exaltação dos valores pátrios. Em muitas especialidades esportivas, as competições obtêm uma cobertura privilegiada dos meios de comunicação. Ganhar medalhas ou campeonatos são notícias de primeira página nos jornais e se tornam manchetes em rádios e televisões. Há jornais e canais de televisão especializados em transmitir e comentar esportes. Nenhum político deixa de aproveitar o suor dos outros para sair com destaque na mídia. O esporte "vende" bem na sociedade. Essa pressão que eleva os grandes atletas à categoria de heróis nacionais, menos discutidos que os vencedores em outras avenidas da vida, se faz sentir nos comportamentos e atitudes de atletas jovens e nem tão jovens assim.

Como ocorre com os *hackers*, a juventude associa a eles o gosto pelo risco e pela aventura, pela ousadia, e a vontade de colocar o sucesso e a fama à frente da segurança pessoal. No entanto, o esforço físico dos atletas não encontra qualquer correspondência nos *hackers*. Os primeiros enfrentam os riscos do treino e da competição, da disciplina diária, às vezes em condições meteorológicas extremas, de lesões, dor e até mesmo morte. Do outro lado, o virtuoso especialista em informática, escondido e sentado em sua casa na frente do computador, devorando pizzas de vez em quando, não corre riscos físicos que sequer se aproximem dos anteriores.

Outro fator importante é que em muitos esportes de alto rendimento a vida profissional é curta, muito curta, e às vezes se encerra tristemente com uma lesão ou com sequelas duradouras, isso quando não com a morte em plena juventude, incluindo o suicídio. Há, de um modo praticamente inevitável, a necessidade de aproveitar ao máximo a carreira e os anos de atividade desportiva. Especialmente quando os direitos de imagem, os incentivos e prêmios atingem cifras fabulosas. As consequências psicológicas da curta vida profissional do atleta podem ser muito duras. A trajetória do atleta de alto rendimento costuma terminar em um vazio que nem todos conseguem superar. Avalia-se que mais de 10% dos atletas de elite se transformam em viciados em drogas, como a estrela do futebol Diego Armando Maradona ou os malogrados ciclistas Marco Pantani e Valentino Fois. Alguns deles se sentem compelidos ao suicídio, como no caso do ex-campeão olímpico de polo aquático Jesús Rollán. Essa é a síndrome conhecida no meio esportivo profissional como a síndrome do "dia seguinte".

Os atletas de alto rendimento mostram-se ao público como pessoas altamente qualificadas, muito especializadas, possuidoras de habilidades e capacidades físicas, como sua resistência, fora do normal, ou seu domínio da técnica específica do esporte que praticam e da estratégia para vencer na competição. Em suma, uma combinação de conhecimentos e experiências raros que faz com que eles sejam excepcionais. Mas, assim como ocorre com as estrelas do espetáculo, a perícia técnica ou o talento artístico podem ser acompanhados pela juventude e pela falta de bagagem para se desenvolverem sozinhos na vida, que costuma exigir outras qualidades que não podem ser compradas com dinheiro: anos de formação, conhecimento e experiência em um ofício ou profissão que lhes permita ganhar a própria vida, assim como o apoio do círculo familiar e dos amigos.

São pessoas que dedicaram sua infância e juventude ao esporte, sem poder compatibilizar os treinos e as competições com os estudos, e no fim terminam com pouca formação acadêmica e pouca preparação para a vida. Tampouco é possível, na maior parte dos casos, conciliar o trabalho com o esporte de alto rendimento. Muitos atletas vivem separados do mundo exterior e das preocupações de outros jovens de sua idade. O isolamento das concentrações, a competição em regiões ou países distantes, a separação e distância de amigos e familiares, e também a falta de apoio ou de confiança, é suprida pela proximidade com o treinador, preparador ou representante, que nem sempre é a pessoa mais bem preparada ou mais honrada do mundo.

Em muito pouco tempo eles passam de pessoas famosas, queridas por todos, que estão nas primeiras páginas dos jornais, para o nada mais absoluto, uma vez que não possuem estudos, profissão ou habilidades mínimas para se desenvolver em um círculo social e de trabalho, no qual se compete e se luta para sobreviver de uma outra maneira, com outras regras.

> Vivemos em uma bolha e a verdade está nas ruas. No tênis, quando se está no alto, não se vive a realidade. E quando você sai dessa posição, as pessoas se esquecem de você. É preciso começar a fazer algo, e 90% de nós não possui estudo ou consegue tempo para começar uma profissão.
>
> Alberto Berasategui, ex-tenista profissional, *El Mundo*, 10 nov. 2007

A solidão repentina, o contraste entre a fama estrondosa e o esquecimento coletivo que acontece depois, pode ser insuportável para muitas pessoas. Elas talvez não estejam preparadas para se tornarem, de um dia para o outro, seres anônimos, relegados pela grande quantidade de pessoas e meios de comunicação que pouco antes exigiam sua atenção.

Poucas delas têm capacidade de fazer uma transição fácil, simples e direta para atividades profissionais relacionadas com sua própria especialidade esportiva, como treinadores, professores de educação física ou comentaristas esportivos. O dia seguinte é incerto e às vezes, infelizmente, o último[5].

Um fator ligado a tudo isto e ao qual é atribuída a propensão à fraude e à desonestidade no esporte de elite é inerente à juventude e à falta de formação e de preparo psicológico, em suma, de maturidade, de muitos atletas. Esta falta de maturidade lhes criaria dificuldades para resistir às pressões e os predisporia a buscar "atalhos" através de métodos ilícitos para aumentar o rendimento, diminuir a fadiga ou manter-se no pódio e em destaque.

> Eu gostaria de ver como as pessoas normais reagiriam se, na idade de um jogador de futebol, conseguissem tanta fama, dinheiro e reconhecimento como acontece conosco.
>
> Valery Karpin, ex-jogador de futebol

Poucos chegam a desfrutar de uma fama passageira, construída com façanhas, ganha através de talento, esforço ou habilidades especiais. Esses

---

5 Cf. P. Ortega, ¿Qué hay el día después de la medalla? Vértigo, *El País*, 16 abr. 2006.

poucos privilegiados atingem o estrelato e a eles é servido o melhor banquete com os melhores manjares da vida, dinheiro, fama, mulheres ou homens, que eles devoram como glutões.

O Papel dos Técnicos:
O *Medicine Man*

Uma característica da fraude esportiva para a qual possivelmente contribua a citada falta de formação e de preparação do atleta, para além de suas habilidades e conhecimentos específicos, é a influência proveniente de seu círculo próximo de profissionais, como treinadores, diretores esportivos, médicos, fisioterapeutas, nutricionistas, "especialistas" e assessores.

É difícil encontrar um atleta suficientemente preparado, que disponha de conhecimentos básicos de medicina desportiva, fisiologia geral, endocrinologia ou nutrição que lhe permitam avaliar ou discutir com os técnicos a pertinência, a possibilidade ou as consequências de se seguir um tratamento ou uma dieta, ou de se ingerir suplementos nutricionais. A pressão que estes últimos podem exercer sobre o atleta, juntamente com a intensa relação de confiança e de camaradagem existente entre eles, pode ter consequências muito importantes, tanto positivas como negativas.

No pior dos casos, o mentor se transforma em um corruptor, que com os mais jovens pode chegar a agir até mesmo como um autêntico pederasta moral, por se aproveitar da falta de preparo e de educação, em todos os sentidos, de jovens brilhantes em suas especialidades, mas deslumbrados pela fama e pelo dinheiro e ao mesmo tempo seduzidos pela maior experiência e pelo conhecimento prático de seu assessor. Essas personagens, em sua versão mais nefasta, são centrais na maior parte dos escândalos que surgiram no panorama desportivo nos últimos anos.

Talvez possa ser útil a exigência de formação específica ou de uma carteira profissional de atleta que implique uma certa preparação nesses temas, também uma certa formação geral que atenda o assessoramento financeiro ou de tipo pessoal, como a que é realizada por alguns clubes, pode ser de grande ajuda. Algumas grandes entidades desportivas se associam a universidades e a centros educativos para fornecer uma educação formal aos seus atletas para que estes possam dispor de conhecimentos, respaldados por um título, para competir profissionalmente quando termine sua vida desportiva.

O Grande Problema
do *Doping*

A utilização de substâncias ilícitas para a melhora do rendimento é o exemplo mais difundido da fraude coletiva no esporte atual. Infelizmente, o *doping* é um fenômeno muito comum entre atletas de alto rendimento.

A versão mais conhecida diz que a palavra *doping* provém do termo utilizado por uma tribo do sudeste da África para designar uma bebida estimulante, *dop*, que era ingerida durante suas cerimônias religiosas ou antes do combate, para lutar com mais coragem. Ela mantém uma certa semelhança com a lenda, parte história e parte fantasia, da maconha ou do haxixe consumidos pelos guerreiros xiitas do legendário "velho da montanha", que residiam no castelo de Alamut, no norte da Pérsia, que ingeriam a maconha antes do combate, o que fazia com que deixassem de temer a morte. A seita dos chamados *hassassin* (de onde provém a palavra assassino) atuou entre os séculos VIII e XIII, até o seu desaparecimento devido aos ataques dos mongóis. A palavra *doping* (*to dope*) foi utilizada pelos ingleses no final do século XIX para referir-se às substâncias ministradas aos cavalos de corrida para melhorar seu desempenho e estendeu-se posteriormente ao uso de fármacos com um efeito similar em todos os tipos de esportes.

Em geral, entende-se por *doping* o aumento artificial do rendimento através do uso de uma substância ilícita. Sua origem é muito antiga, já que o ser humano sempre buscou formas de aumentar seu desempenho físico: as efedrinas, obtidas do arbusto éfedra, utilizadas pelos chineses, e as folhas de coca, mascadas no continente americano para combater a fadiga, são exemplos antiquíssimos. No âmbito do esporte, já nas Olimpíadas

8. Mentira e Fraude no Esporte

da Grécia antiga os atletas recorriam a extratos vegetais para melhorar o seu desempenho. Os romanos dopavam seus cavalos para que corressem mais, e o uso de diferentes substâncias nas lutas de gladiadores era habitual até que foi proibido e castigado com a morte[6].

Na atualidade, existe uma grande indústria do *doping* que pesquisa substâncias que melhorem o rendimento e que não possam ser detectadas e que inclui a sua fabricação e distribuição para os atletas. A indústria abarca tanto as substâncias que estão à venda em muitas academias como as que são ministradas em um atleta por seu médico ou treinador, assim como as que ele consome por conta própria. De acordo com dados da Interpol, em 2004, o negócio do *doping* movimentara cerca de 19 bilhões de dólares em todo o mundo, o que representava aproximadamente 13% do negócio do esporte profissional[7]. O negócio dos anabolizantes movimenta em todo o mundo 35 milhões de euros por ano, mas o problema não afeta apenas o esporte profissional: um relatório de Michelle Verroken, diretora da Agência para Integridade Desportiva do Reino Unido, indicava que 44% dos atletas infantis britânicos utilizaram substâncias ilícitas em algum momento[8].

O Ciclismo Como Paradigma –
A "Operação Puerto"

O ciclismo, talvez a especialidade mais dura em termos de esforço físico, é um espelho de tudo o que o *doping* está provocando no esporte em geral. Em muitos países, especialmente na Espanha, na Alemanha ou na Itália, o ciclismo parece ser uma das especialidades esportivas mais afetadas pelo fenômeno. De acordo com declarações de Alejandro Medina, um dos diretores da equipe de ciclismo Festina, "nenhum campeão de uma grande prova ciclística chegou a essa posição sem o uso de drogas"[9].

6 Cf. C. Rodríguez Bueno, op. cit.
7 *El Economista*, 5 ago. 2006.
8 *El Mundo*, 26 jul. 2008.
9 *El Economista*, 5 ago. 2006.

Não sem razão, o ciclismo goza da duvidosa honra de contar com a primeira vítima mortal do esporte moderno: o ciclista galês de 24 anos de idade Arthur Linton faleceu em 1886 na corrida Bordeaux-Paris. Inicialmente, disse-se que ele morrera de febre tifoide, mas na verdade ele tomara um estimulante.

Uma das operações mais importantes contra o *doping* no esporte começou com o resultado positivo em um controle antidoping do ciclista Roberto Heras, cujo título de ganhador da Volta da Espanha de 2005 lhe foi retirado e que foi castigado com dois anos de suspensão. A "Operação Puerto" resultou na detenção de cinco pessoas no dia 23 de maio de 2006, entre elas, Eufemiano Fuentes, que fora medico das equipes ciclísticas Kelme e Once; Manolo Sáiz, diretor esportivo da Liberty Seguros, e o hematólogo José Luis Merino. O doutor Fuentes supostamente teria participado de operações de extração de sangue e de autotransfusão no próprio ciclista, o que se conhece no jargão como *"doping* sanguíneo". No fim das contas, foram processados apenas quatro médicos e outros quatro chefes de equipe.

Tudo começou com declarações polêmicas do ex-ciclista Jesús Manzano, que fora membro da equipe Kelme (posteriormente Comunidad Valenciana) entre 2000 e 2003. Nessa operação, a Unidad Central Operativa da Guardia Civil descobriu dezenas de bolsas de sangue e plasma congelados, etiquetadas com códigos que discriminavam os corredores. Por fim, somente em oito das 99 bolsas de sangue analisadas apareceram restos da substância proibida eritropoietina (EPO), produto utilizado em esportes de resistência, que potencializa as hemácias e pode aumentar o rendimento entre 10 e 15%. A EPO é liberada pelos rins em condições fisiológicas normais e age sobre a medula óssea estimulando a produção de hemácias ou glóbulos vermelhos sanguíneos, aumentando a oxigenação dos tecidos. O escândalo envolveu cerca de cinquenta ciclistas, entre eles, Jan Ulrich, que, ao que parece, chegara a gastar até 35mil euros por ano em drogas contra a fadiga; Iván Basso, ganhador do Giro d'Italia em 2006; Tyler Hamilton, Mancebo, Sevilla, Beloki, Echevarría, Plaza e muitos outros que por esse motivo foram proibidos de competir no Tour de France de 2006. Alguns se aposentaram imediatamente e todos eles acabaram com sua fama e prestígio comprometidos. A equipe Astana não participou do Tour de France porque cinco de seus integrantes estavam envolvidos. Essa operação acarretou o fim das equipes Comunidad Valenciana e da Liberty Seguros, cuja entidade patrocinadora recusou-se a continuar patrocinando o ciclismo[10].

O caso foi suspenso e arquivado em março de 2007. Apesar de sua gravidade, os fatos não constituíam um delito porque a lei que assim os considera havia sido promulgada em fevereiro de 2007, data posterior aos fatos, não existindo por esse motivo qualquer infração criminal. Outra razão para isso foi que as substâncias ministradas não provocavam efeitos prejudiciais e não puseram em perigo a vida dos ciclistas. Os princípios formais da lei imperaram nesse caso sobre os princípios de fundo. Nada se disse sobre a impostura imposta à sociedade em geral e sobre a manipulação para aumentar artificialmente o rendimento e desse modo manter um elevado nível de renda, a não ser a observação do juiz de que houvera a falta de "jogo limpo". Além disso, todo o processo foi salpicado por irregularidades e incidentes. Um ponto que ficou em aberto nessa operação foi a acusação supostamente realizada por Eufemiano Fuentes, em uma entrevista ao jornal francês *Le Monde*, na qual acusou de *doping*, sem apresentar provas, equipes de futebol como o Real Madrid, o Barcelona, o Betis e o Valencia. Pouco depois, ele voltou atrás em suas declarações. O Barcelona processou o *Le Monde* devido a essas informações e o diário francês foi condenado por isso. As autoridades desportivas de outros países agiram de modo mais contundente e, de fato, Jan Ulrich foi processado pelas autoridades alemãs[11]. As sanções e ameaças provocaram uma série de confissões que dão a entender que o *doping* era bastante difundido e inclusive que era fomentado pelos responsáveis pelas equipes, desde que houvesse uma certa garantia de que não fosse possível detectá-lo.

Desse modo, Jörg Jaksche, ciclista alemão que fazia parte da equipe Liberty Seguros, chefiada por Manolo Sáiz, confessou no verão de 2007 que se dopava com a EPO. Afirmou que com o desenvolvimento dos controles, passou a participar do programa de autotransfusões do doutor Fuentes[12].

10 *El Mundo*, 10 mar. 2007.
11 *El País*, 13 set. 2006.
12 *El Mundo*, 1 jul. 2007.

O ciclista Bjarne Riis ganhou o Tour de France em 1996. Onze anos depois, em maio de 2007 e sendo chefe da equipe CSC, reconheceu que recorreu à EPO entre 1993 e 1998: "Tomei EPO de 1993 a 1998. Eu mesmo a comprava e injetava em mim mesmo". Também reconheceu que tomava cortisona e hormônio do crescimento. A confissão de Riis foi provocada pela acusação que surgiu em um livro publicado em outubro de 2007 pelo belga Jef d'Hont, antigo massagista da equipe Telekom, da qual Riis fazia parte. Jef d'Hont também garantia ter injetado EPO em Jan Ulrich. Em 1996, não existiam controles para a EPO nem tampouco para o hormônio do crescimento. O risco de dopar-se com essa substância era baixo e muitos ciclistas recorriam a ela. Riis mentira reiteradas vezes quando lhe perguntaram se recorrera ao *doping*. Foi um choque comparar essa declaração autoacusadora com seus veementes e reiterados desmentidos contra as insistentes acusações de *doping* que recebera durante anos. Também contribuiu para a confissão o fato de que, pouco antes, um grande grupo de companheiros da Telekom, inclusive Erik Zabel, reconhecera ter se dopado naquela época[13].

Por sua vez, em uma entrevista coletiva de maio de 2007, Zabel confessou entre soluços ter se dopado em 1996 quando corria pela Telekom. Concretamente, garantiu ter tomado EPO. Disse que tomou a substância durante uma semana, mas que deixou de fazê-lo devido a seus efeitos colaterais. Na mesma entrevista lamentou ter mentido e pediu perdão por isso. Zabel se unia desse modo à grande quantidade de ciclistas da Telekom que confessaram ter tomado substâncias dopantes, ao que parece com chefes e técnicos da equipe. Dois membros da Telekom, Riis e Ulrich ganharam o Tour de France em 1996 e 1997, respectivamente, pondo um fim à era da Induráin. Zabel assegurou que se dopou porque podia fazê-lo e, assim como seus companheiros, sabia que não era possível detectar o *doping*.

A "Operação Puerto" chacoalhou o ciclismo internacional. As associações e federações passaram a tomar atitudes sobre essa questão. Um exemplo disso foi a promulgação do Pacto Antidoping e do código ético da Associação de Equipes de Ciclismo Profissional, que indica medidas

---

13 *El Mundo*, 26 maio 2007.

muito estritas como o compromisso das equipes de despedir os ciclistas para os quais se abrisse um expediente administrativo por *doping*, sem esperar por resoluções judiciais. A sanção por testar positivo em um controle foi estabelecida em dois anos sem participar de provas, e mais dois sem poder ser contratado por equipes de elite. Mas nada disso conseguiu evitar a enxurrada de problemas que surgiu no Tour 2007.

O Tour 2007

A sequência de escândalos de *doping* em ciclistas teve o seu auge nos prolegômenos e especialmente durante o Tour 2007. Antes da corrida, todos, corredores e equipes, assinaram o Pacto Antidoping, auspiciado pela União Ciclística Internacional, como condição para participar. O código de comportamento também indicava que uma equipe era obrigada a suspender automaticamente sua atividade no caso de um teste de controle dar positivo repetidas vezes. Precisamente, em um dos controles prévios à prova, o ciclista alemão Patrick Sinkewitz testou positivo para testosterona e foi expulso da equipe T-Mobile. Sinkewitz declarou que se dopava desde 2000 e que o uso da EPO era generalizado: "Informei-me por meio de várias pessoas, dentre as quais o treinador da equipe alemã, Peter Weibel. Ele não me aconselhou a recorrer diretamente à EPO, mas tampouco me desaconselhou". Sinkewitz também afirmou que em 2001, quando passou para a Mapei, atualmente Quick Step, "o *doping* era sistemático"[14].

Durante a prova, e sendo líder da mesma, o dinamarquês Michael Rasmussen foi retirado da competição por sua própria equipe, a Rabobank, por ausência não justificada nos controles antidoping. Esse ciclista já levantara suspeitas em 2002, quando sua equipe na época, a CSC, descobriu irregularidades em controles antidoping internos. Nesse mesmo Tour, dias antes Alexander Vinokourov fora expulso por testar positivo em um controle. A equipe Cofidis, honrando os compromissos assumidos, abandonou a competição francesa quando Cristian Moreni, um de seus corredores, testou positivo.

14 *Marca*, 25 nov. 2007.

Ainda que no Tour tenham se dado casos de *doping* em anos anteriores, como aquele que em 1998 abalou a equipe Festina, o acúmulo de incidentes fez com que a própria competição passasse a correr perigo, pois a honestidade e a credibilidade de todos era posta em xeque: ciclistas, chefes de equipe e médicos de equipe, organizadores e patrocinadores. É difícil acreditar no papel nefasto que chegaram a desempenhar preparadores e chefes de equipe, às vezes sem nenhuma preparação médica e baixa bagagem moral, em todo este escândalo. Tampouco é desculpa para essas atitudes dos técnicos o fato de que a maioria dos corredores não é exatamente de adolescentes, mas sim de pessoas um tanto maduras.

A "Operação Puerto" e, sobretudo, os escandalosos acontecimentos do Tour 2007 provocaram um desastre sem precedentes e um descomunal desprestígio para o ciclismo profissional. Os patrocinadores começaram a abandonar as equipes. Muitos ciclistas se aposentaram, sem contratos e sem trabalho. Alguns aceitaram ofertas de equipes menores, com salários várias vezes inferiores àqueles cobrados antes da eclosão desses escândalos.

Em 2008, voltaram a ocorrer vários casos de *doping* no Tour de France, mas menos numerosos que em anos anteriores. Acredita-se que os ciclistas utilizaram nessa ocasião uma espécie de EPO não detectável (a chamada CERA), mas os laboratórios oficiais fizeram seu dever de casa e conseguiram detectar esses casos. Isto revela que existe uma competição paralela (pouco desportiva) entre os que se dopam com novas substâncias, por enquanto indetectáveis, e os laboratórios e organismos encarregados de fazer os controles. Estes acontecimentos obrigaram o Comitê Olímpico Internacional a analisar uma segunda vez todas as amostras guardadas dos participantes dos Jogos Olímpicos de Pequim. Os especialistas julgam que estão em estudo, e possivelmente em uso no esporte real, substâncias obtidas por meio de técnicas genéticas, mais difíceis de serem detectadas que as sintéticas.

Um efeito colateral provocado pelas acusações de *doping*, a perda de emprego e de reputação, pode ter sido o que levou o ciclista Marco Pantani, apelidado de "O Pirata", a morrer aos 34 anos de idade por overdose de cocaína de alta pureza. Seu cadáver foi encontrado no dia 14 de fevereiro de 2004 em um hotel de Rímini. Os legistas descartaram o suicídio. Pantani, ganhador do Giro d'Italia e do Tour de France em 1998, foi expulso do Giro d'Italia em 1999 por suposto *doping*. Seus conhecidos dizem que ele nunca conseguiu superar essa situação, que provavelmente o conduziu ao seu vício fatal.

Como consequência de todos esses escândalos, o ciclismo atravessa, no momento em que escrevo estas linhas, uma crise sem precedentes e da qual custará muito a se recuperar. Aumentaram os controles anti-doping em quantidade e precisão, e aumentou a exigência tanto do público como dos patrocinadores.

Pergunta Caridosa

OLGA VIZA: E se lhe perguntassem diretamente se você se dopou?
MIGUEL INDURÁIN: Diria que não o fiz. Passei em todos os controles, mil deles, perdi a conta. É algo habitual, você ganha, passa nos testes e não há problema. O problema é que hoje em dia se coloca tudo em dúvida.

Marca, 28 out. 2007

Onde Está a Grande Fraude?

Uma versão ingênua do que aconteceu no ciclismo e, como veremos a seguir, em outros esportes, descreve o que ocorreu como uma série de casos isolados de alguns atletas desonestos que tentaram ser mais espertos que os outros. Os dados dizem algo diferente. Por um lado, há uma poderosa indústria de substâncias ilícitas para aumento do desempenho e o importante não é o fato de que elas sejam mais ou menos usadas, mas sim o de que não sejam detectáveis. Por outro lado, há uma espécie de conivência entre ciclistas e técnicos que implica especialmente alguns médicos. Além disso, é um fenômeno disseminado, não isolado.

A hipótese de Shermer, ciclista profissional em sua época e estudioso do *doping*, é que este último em certos esportes é algo generalizado devido a certos fatores:

1. A indústria proporciona muito rapidamente substâncias cada vez mais eficazes e difíceis de serem detectadas. O *doping* precede em vários anos a detecção.

2. Os incentivos ao *doping* são muito grandes, quase absolutos. A vida do atleta de elite dura muito pouco caso ele não se dope e se não tiver sucesso, razão pela qual todos se dopam. Além disso, existe um código de silêncio nada desdenhável que obriga a não denunciar os outros quando são pegos.[15]

A conclusão disto é que é preciso confiar nos "técnicos" e entrar no programa de *doping* porque em caso contrário não há qualquer possibilidade de ter uma carreira profissional. Em outras palavras, aquele que não faz isso é bobo. Se não o fizer, não competirá, e, além disso, ninguém denuncia ninguém.

Segundo Shermer, a EPO começou a ser utilizada de forma exagerada no ciclismo profissional no começo da década de 1990. Os programas de *doping* eram organizados pelas próprias equipes. Conforme foram se aperfeiçoando as técnicas de detecção e aumentavam os testes-surpresa, foram sendo desenvolvidos novos procedimentos que dificultavam a detecção. Desde 1991, e descartando outros fatores, a velocidade média do Tour de France, que é ganho com diferenças de desempenho inferiores a 1%, aumentou 8%. As velocidades médias, de acordo com esse pesquisador, também aumentaram em 2005 e 2006. Em 2007, as desclassificações e abandonos em massa parecem ter produzido uma diminuição da velocidade média.

> O *doping* é algo que sempre existirá.
>
> Carlos Sastre, ciclista, em declarações a *El Mundo*, 19 jul. 2008

---

15 M. Shermer, El Dilema del Dopaje, *Investigación y Ciencia*, n 383, p. 74-81.

Atletismo: O Caso Balco

O fenômeno não afeta apenas o ciclismo, o atletismo, também caracterizado por um esforço físico extremo, teve uma sorte paralela à do ciclismo. Concretamente, o atletismo americano viveu nos últimos anos uma onda de escândalos por *doping* de seus atletas mais representativos, muitos deles medalhistas olímpicos. O caso girou em torno do lamentavelmente famoso laboratório Balco.

O laboratório Balco (Bay Area Laboratory Co-Operative), fundado em 1983 e localizado em Burlingame, Califórnia, foi objeto de uma intensa investigação por parte das autoridades americanas em 2003 e 2004. Ele estava no centro de uma trama que distribuía esteroides e outras substâncias a atletas e outros esportistas americanos, alguns deles famosos jogadores de beisebol como Barry Bonds, Jason Giambi e Gary Sheffield, e jogadores de futebol americano.

O fundador e presidente do Balco era Victor Conte, antigo baixista de um grupo musical que se tornara nutricionista e fornecedor de substâncias ilícitas para atletas. Seu produto mais procurado era o esteroide proibido tetrahidrogestrinona (THG), que ele fornecia a atletas de elite. Os esteroides anabolizantes assemelham-se ao hormônio masculino testosterona. Essas substâncias surgiram com força no esporte de competição no começo dos anos de 1960. Com seu uso, procura-se aumentar a massa e a força musculares para melhorar o rendimento[16].

Em tese, o laboratório Balco se limitava a analisar sangue e urina de atletas e a fornecer-lhes suplementos para compensar deficiências vitamínicas e minerais. Conte fora o "nutricionista" de cj Hunter, ex-marido da medalhista olímpica Marion Jones. O arremessador de peso Hunter testou positivo em 2000 para o esteroide nandrolona. O primeiro incidente que dirigiu as atenções para a Balco e para Conte foi o caso do britânico Dwain Chambers, campeão europeu em 2002, que testou positivo para THG em 2004. Chambers declarou que lhe garantiram que o suplemento fornecido pelo Balco era legal.

---

16 Cf. C. Rodríguez Bueno, op. cit.

Entre os clientes do Balco figuravam outros atletas como o velocista Tim Montgomery, que também foi casado com Jones (com a qual teve um filho em 2003) e acusado de *doping* pela Agencia Norte-americana Antidoping (USADA). Montgomery bateu o recorde dos cem metros rasos e foi recordista mundial em 2002, com um tempo de 9,78 segundos. Ele se aposentou em 2005 por estar envolvido no caso Balco e nesse momento foram anulados seus recordes e tomadas as suas medalhas. Em 2007 teve outros problemas com a justiça, quando foi acusado de fraude bancária. Em 2008 foi preso por posse de heroína e acusado de tráfico de drogas.

O caso de Marion Jones tornou-se paradigmático da rainha do esporte que se transforma em uma vilã. Autêntica heroína das pistas de corrida, Jones era uma velocista ganhadora de cinco medalhas, três delas de ouro, nas Olimpíadas de 2000 em Sydney. Em outubro de 2007, ela anunciou sua aposentadoria do esporte profissional e ao mesmo tempo admitiu ter usado esteroides, concretamente THG (denominado na gíria de "a clara", "o limpador", *the clear*) de 1999 a 2001, período que incluía a sua participação nos Jogos Olímpicos de Sydney. As substâncias eram fornecidas por seu treinador Trevor Graham, que, segundo a atleta, teria lhe dito que era óleo de linhaça. Sua relação com Graham terminou no final de 2002.

Ela foi investigada por agentes federais em 2003 no caso Balco. Victor Conte admitiu, em uma entrevista concedida à rede de televisão ABC em dezembro de 2004, ter fornecido substâncias proibidas a Jones e a Montgomery. THG, EPO, hormônio do crescimento humano e insulina para Jones entre 2000 e 2001. Ele inclusive afirmou ter ensinado o atleta em 2001 a injetar hormônio de crescimento humano em si mesmo. Marion Jones sempre negou ter utilizado substâncias ilícitas para melhorar seu desempenho nas pistas. Em agosto de 2006 ela testou positivo para EPO em um exame de sangue[17].

Em 2004, o Comitê Olímpico Internacional abriu uma investigação sobre a velocista a respeito das acusações de *doping*. Jones denunciou Victor Conte pelas acusações de utilização de substâncias ilegais e ambos chegaram a um acordo extrajudicial. Conte foi condenado a quatro meses de prisão, mas no fim Conte dizia a verdade.

---

17 *El Mundo*, 20 ago. 2006.

Antes de 2003, a THG era indetectável e foi o próprio Trevor Graham que forneceu à USADA uma amostra da substância naquele mesmo ano. Em novembro de 2007, o Conselho da Federação Internacional de Atletismo impôs a Marion Jones uma suspensão de dois anos e anulou todos os resultados a partir de 1º de setembro de 2000 e também a obrigou a devolver todas as medalhas obtidas desde aquela data. O citado conselho também decidiu que ela deveria restituir todos os prêmios em dinheiro recebidos desde setembro de 2000. Pouco depois veio a retirada formal das medalhas por parte do Comitê Olímpico Internacional[18].

Entre os pontos ainda sem explicação do caso Marion Jones, os analistas salientam a impressionante melhora das marcas das atletas femininas e sua aproximação às marcas masculinas entre 1970 e 1990, que poderia se dever, entre outros fatores, ao extenso uso de esteroides entre os atletas em um contexto de pouca vigilância e de ausência de meios de controle antidoping[19]. Observa-se que o efeito dos esteroides (o hormônio masculino testosterona e substâncias análogas) é maior nas mulheres do que nos homens, já que nestes últimos as quantidades produzidas de forma natural são maiores.

A Queda dos Deuses

Muitos esportes são afetados pelo fenômeno do *doping*. Em 2005, a autobiografia do jogador de beisebol cubano José Canseco, *Juiced-Up* ("Carregado" ou "Dopado" na gíria do beisebol), revelou que o uso de esteroides era generalizado nas grandes ligas profissionais. No livro, ele mencionava alguns de seus antigos companheiros de equipe, como Mark McGuire, Juan González, Iván Rodríguez, Rafael Palmeiro e Jason Giambi. Os jornalistas Howard Fendrich e Ronald Blum, da Associated Press, narraram o triste espetáculo das declarações de vários ex-jogadores americanos de beisebol diante de um comitê de investigação do Congresso dos Estados Unidos sobre o uso de drogas ou esteroides na liga profissional desse esporte. Uma das intervenções mais chamativas e tristes foi

18 <www.bbc.com>, 12 jul. 2004; <www.abc.com>, 3 dez. 2004; <www.marca.com>, 19 out. 2005.
19 Cf. R. Mora Rodríguez, Mujeres Olímpicas con Demasiada Testosterona, *Marca*, 2 dez. 2007.

protagonizada pelo famoso jogador aposentado Mark McGuire, apelidado de "Big Mac". O californiano McGuire negou-se várias vezes a responder se tomara esteroides ilegais em sua melhor temporada, a de 1998, ou em alguma outra ocasião. O heroi caído pigarreava ao responder às perguntas, com uma fala vacilante e tossidas fingidas, com uma voz embargada de emoção, quase chorando de acordo com a descrição de Fendrich e Blum. Perguntado se recorreria à 5ª emenda (direito de não produzir provas contra si mesmo) para não incriminar-se, ele respondeu: "Não estou aqui para falar do passado. Quero ser positivo em relação a este assunto". Perguntado sobre se o uso de esteroides era trapacear, ele respondeu: "Não sou ninguém para responder a isso". Outras perguntas diretas sobre o tema foram respondidas do seguinte modo: "Estou aposentado"[20]. Em 2006, constituiu-se uma comissão presidida pelo ex-senador George Mitchell para investigar o uso de esteroides e outras substâncias, como o hormônio humano de crescimento, entre os jogadores de beisebol. Após vinte meses de trabalho, o relatório da comissão citava 86 jogadores profissionais ligados ao uso dessas substâncias. Um dos citados era o jogador dos Yankees de Nova York William Roger Clemens, chamado de "foguete" (the rocket), que, como os outros citados, negou as acusações. Contra ele depunha Brian McNamee, antigo preparador físico da equipe, que garantia ter injetado esteroides em Clemens. As denúncias dispararam quando no final dos anos de 1990 ocorreu um aumento suspeito de home runs em diversos jogos. Ninguém se surpreendeu muito nos Estados Unidos com as conclusões do relatório, que indicavam que o consumo de substâncias estava relativamente difundido entre os jogadores, enquanto os responsáveis pelas equipes e pela organização dos campeonatos pareciam olhar para outro lado. Todas as investigações indicam que a época dos esteroides começou em 1996 e se estendeu até 2004, quando foi estabelecido um sistema contínuo de controles antidroga nesse esporte.

O doping não se limita ao ciclismo, ao atletismo ou ao beisebol. Simon Daubney, da equipe Alinghi, ganhador da 32ª Copa da América de Vela em Valência, testou positivo para a cocaína em um controle antidoping.

---

20 <www.yahoo.com/news>, 18 mar. 2005.

O *doping* prejudica o atleta, sua equipe, o esporte, os espectadores e a todos. Além disso, prejudica a imagem do patrocinador, que procura evitar a qualquer custo o risco de financiar atividades delituosas ou, no mínimo, nada esportivas. No ciclismo, as equipes possuem ao menos um patrocinador principal e os problemas dos ciclistas comprometem a sua imagem. Embora a entidade não tenha nada a ver com o atleta, considera-se que seus sucessos ou fracassos na competição se transferem para o patrocinador e são interpretados como próprios[21].

Quando o *doping* e a trapaça são descobertos, produz-se uma grande desilusão. Está em jogo muito mais que o dinheiro e a perda de confiança, perde-se a ilusão, a alegria e a confiança depositada no ídolo. O desengano e a sensação de ter sido enganado atingem milhões de pessoas com as quais são compartilhadas as mesmas emoções. No entanto, ainda cabem diferenças de grau: para o público é melhor enganar para ganhar que fingir para perder e para que outro ganhe. No primeiro caso, há uma motivação para ganhar, o que é mais compreensível e aceitável no caso dos atletas.

É inexplicável por que os atletas de elite procuram fraudar com conhecimento do grau de vigilância a que estão submetidos. Sabem de modo praticamente certo que serão descobertos e que somente poderão se refugiar em procedimentos legais para protelar as sanções e dar tempo para que o assunto seja esquecido. Deve-se ter em mente casos como o do ciclista italiano Marco Pantani, agravado pela denúncia de *doping*, seu posterior vício em narcóticos e a rejeição social que ele sofreu.

Escassez de Fabuladores

Como se pode perceber, o repertório de atividades fraudulentas e de pessoas afetadas é amplo. Podem ser encontrados muitos trapaceiros, mas poucos fabuladores e, congruentemente, poucos literatos entre os atletas. Pode ser falta de imaginação, de criatividade ou de formação.

---

21 Cf. J.M. Sepúlveda, Los Patrocinadores Dan Positivo en el "Antidoping", *Expansión*, 28 jun. 2007.

Sua profissão, ao contrário do que ocorre com os jornalistas, tampouco está próxima da criação literária. Entretanto, destacam-se vários casos de criatividade nas explicações fornecidas quando o *doping* é descoberto, como os casos simultâneos do atleta Justin Gatlin e do ciclista Floyd Landis.

Justin Gatlin

O caso de Justin Gatlin surgiu no verão de 2006, em meio a uma maré de resultados positivos nos testes antidoping dos recordistas olímpicos. De 1977 até 2006, foram detectados 42 casos de *doping* em atletas de alto rendimento[22]. Um dos mais conhecidos é o do atleta canadense Ben Johnson, que desbancou o recorde mundial dos cem metros rasos de Carl Lewis nos Jogos Olímpicos de Seul em 1988, com um tempo de 9,79 segundos. Seu teste de urina demonstrou que ele consumira o esteroide estanozolol, de propriedades similares à testosterona, que aumenta a síntese de proteínas e potencializa o desenvolvimento muscular. O *doping* foi descoberto poucos dias depois e lhe foram retirados o seu recorde e a sua medalha de ouro. Ele voltou a competir em 1991 e, em 1993, outro teste positivo provocou a sua suspensão vitalícia. Além do círculo do Balco, de que tratamos anteriormente (Dwain Chambers, Tim Montgomery, Marion Jones e o singular treinador Trevor Graham), pode-se mencionar o de Linford Christie, que testou positivo para nandrolona em 1999 e foi punido com dois anos de suspensão.

Inscreve-se nesse contexto Justin Gatlin, recordista dos cem metros rasos com uma marca de 9,76 segundos e defensor do esporte sem drogas, que fora suspenso das competições em 2001, quando era atleta universitário, por tomar estimulantes, embora tenha alegado na época que os utilizava como tratamento para seu distúrbio de hiperatividade. No final de julho de 2006, a Agência Antidoping dos Estados Unidos comunicou que ele testara positivo para testosterona ou outros esteroides, em análises de amostras recolhidas em abril.

Seu treinador, o onipresente Trevor Graham, disse que o positivo para testosterona deve-se ao fato de que um fisioterapeuta o massageara com

22 *El Economista*, 5 ago. 2006.

um creme que continha testosterona. Apesar disso, ele se negou a dizer o nome do fisioterapeuta, ainda que garantisse conhecê-lo. Essa afirmação é um exemplo de desvio da acusação, difuso, inespecífico, sem atrever-se a nomear ninguém e, na prática, uma admissão implícita de culpa. Como se disse anteriormente, Graham treinara outros atletas que testaram positivo para esteroides em outros controles. Por fim, o massagista de Gatlin negou ter aplicado o creme que continha testosterona.

Estas foram as declarações de Justin Gatlin quando seus testes deram positivo:

> Em nenhum momento tive consciência de ter usado alguma substância proibida, não tomei nada, nem me aplicaram nada [...] não é do meu caráter trapacear e, além disso, me mantive especialmente alerta para evitar qualquer tipo de contato com o assunto do *doping* porque sabia que mais um problema poderia acarretar uma punição vitalícia e afastar-me do esporte que amo.
>
> *Marca*, 30 jul. 2006.

Com exceção da afirmação "não tomei nada", todo o resto são mais evasivas que negativas. Não ter consciência de ter utilizado ou de que lhe tenham sido ministradas substâncias proibidas é uma mentira típica de ocultação: realmente ninguém tem consciência do conteúdo de um comprimido ou de uma injeção. Ter se mantido alerta para evitar o *doping*, por qualquer razão que seja, tampouco, é uma negativa muito forte. Equivale a dizer que ele tentou, mas que no fim foi pego.

O diretor da Agência Antidoping alegou que as negativas de Gatlin eram "brandas", do estilo "Nunca fiz nada, não posso imaginar como isso ocorreu" e que não ajudariam em nada quando chegasse a hora de decidir a punição, já que esta seria menor se o atleta colaborasse. Por sua vez, o presidente da Federação Internacional de Atletismo riu das explicações do treinador Graham a respeito do complô do fisioterapeuta que Gatlin teria sofrido e também se queixou da falta de colaboração de ambos, atleta e treinador[23].

23 Cf.<www.cnn.com>; <www.elmundo.es>, 31 jul. 2006.

Floyd Landis

O ciclista americano Floyd Landis perdeu o título de ganhador do Tour de France em julho de 2006, ao testar positivo para testosterona. Ao que parece, ele também consumira outras substâncias ilegais.

No dia em que foram colhidas as amostras de sangue, em uma duríssima etapa de montanha, Floyd Landis tivera uma espetacular recuperação na classificação geral que fez com que recuperasse a camisa amarela e, por fim, a vitória na corrida. Pode-se dizer que ele ganhou o Tour por causa de seu espetacular desempenho nessa 17ª etapa de duzentos quilômetros, com final em Morzine, após uma disparada de 130 quilômetros em ritmo alucinante. A dianteira que ele conseguiu sobre os outros competidores permitiu que ele obtivesse essa primeira vitória no Tour. No dia anterior, ele desmoronara, sofrera um esgotamento físico. Sua façanha foi elogiada por diversos comentaristas, que falavam de sua "coragem". "O que o norte-americano Floyd Landiz fez na quinta-feira foi uma demonstração de força, arrojo e coragem tão grande, tão sublime, tão espetacular, que resta apenas tirar o chapéu para esse ciclista", dizia a crônica de Pedro Calvo em *El Economista*, 22 de julho de 2006.

Depois da detecção do *doping*, e depois de ficar escondido por vários dias, ele compareceu a uma entrevista coletiva em Madri, na qual negou o consumo de substâncias químicas e declarou:

> Quero deixar bem claro que não se trata de um caso de *doping* porque esses altos níveis de testosterona são produzidos por meu corpo de forma natural desde minha adolescência... Peço que os meios de comunicação, em respeito à situação real do caso, não o tratem como um suposto *doping*... Peço que até que não sejam feitos esses estudos, aos quais qualquer atleta do mundo tem direito, não me julguem e muito menos me condenem.
>
> *El Mundo*, 29 jul. 2006.

No fim das contas, as últimas frases são uma declaração implícita de culpa, algo como "não possuem provas definitivas contra mim, então não me acusem ainda". Não se sabe o que ele quer dizer quando pede que o seu caso não seja tratado como "um suposto *doping*"; parece que ele queria ganhar tempo antes da confirmação da contraprova.

A defesa de Landis exigiu uma contraprova e que a União Ciclística Internacional realizasse um estudo endocrinológico para verificar se, como afirmava o ciclista, sua produção de testosterona era naturalmente elevada.

A desculpa da produção elevada de esteroides devido a causas naturais é idêntica à utilizada por Carlos Gurpegui, jogador do Athletic de Bilbao, que em setembro de 2002 teve um exame de sangue que acusou a presença da substância 19-norandrosterona, um metabólito da nandrolona. No dia 6 de maio de 2003, a Federação Espanhola de Futebol condenou o jogador basco a dois anos de suspensão. Depois disso, saiu a sentença condenatória da Audiência Nacional ditada em novembro de 2004. Seu recurso se baseava em que essa substância era "gerada de modo endógeno quando o esforço físico é realizado". Por fim, em julho de 2006, a Audiência Nacional confirmou a suspensão de dois anos. Cumprida a sanção, ele voltou a jogar em abril de 2008.

Floyd Landis foi saltando de explicação em explicação, em uma escalada de declarações inconsistentes. Em 1º de agosto de 2006, o *The New York Times* publicou que a testosterona encontrada em seus testes era sintética, o que contradizia as declarações do ciclista de que seu corpo produzia de forma natural, como resultado do exercício físico, quantidades elevadas de testosterona e epitestosterona[24].

Pouco depois ele afirmou que poderia ter recebido andrógenos sem ter consciência disso: "Não tenho conhecimento de ter ingerido algo que provocou o positivo"[25]. Alguns meios de comunicação difundiram as sucessivas desculpas de Landis:

- Primeira: negou ter tomado algo.
- Segunda: o elevado nível de testosterona era produzido por seu próprio organismo.

24 <www.elmundo.es>, 1 ago. 2006.
25 *La Verdad*, 10 ago. 2006.

- Terceira: era resultado do tratamento de cortisona recebido para tratar seu quadril.
- Quarta: pode ter sido resultado do consumo excessivo de cerveja e whisky antes da 17ª etapa, na qual testou positivo.
- Quinta: pode ter sido resultado de um tratamento que fez para tratar sua glândula tireoide e sua desidratação antes da etapa.
- Sexta: pode ter ingerido algo que produziu o resultado positivo.

O caso de Landis se complicou com os incidentes que afetaram o laboratório francês antidoping onde as análises foram feitas:

- Um erro administrativo na numeração das amostras.
- Um ataque aos computadores desse laboratório com o roubo de informações sobre os exames, circunstância que foi utilizada para desacreditar o trabalho do centro, ao qual se acrescentavam outros erros anteriores. Este acontecimento poderia ser um exemplo de delinquência informática por encomenda caso fosse possível demonstrar que partiu do círculo próximo do atleta.

Os advogados espanhóis de Landis aproveitaram essas circunstâncias para questionar a validade das análises[26]. Dirigentes internacionais do esporte garantiam que parecia um caso claro de não reconhecimento do que estava acontecendo. Ainda em maio de 2007, ele assegurou, em uma manobra evasiva, que a Agência Antidoping dos Estados Unidos, que o denunciara, tentou fazer um acordo com ele, propondo-lhe uma redução da punição caso denunciasse seu compatriota Lance Armstrong, antigo companheiro de equipe e múltiplo vencedor do Tour[27].

26 *El Mundo*, 15 nov. 2006.
27 *El Mundo*, 12 maio 2007, <www.elmundo.es>.

8. Mentira e Fraude no Esporte

Um Mundo Nebuloso: Espionagem, Apostas e Partidas Arranjadas

Este é um esporte muito secreto. E nós, os pilotos, estamos programados para mentir. Nas coletivas de imprensa contamos uma mentira atrás da outra.

Fernando Alonso, piloto de Fórmula 1, em *El País Semanal*, 13 de março de 2005

O mundo dos grandes prêmios de automobilismo, o Campeonato mundial de Fórmula 1, é um grande espetáculo apoiado em uma grande indústria que movimenta somas fabulosas de dinheiro. Ele é mais parecido com um grande negócio no qual confluem fortes interesses econômicos do que com um esporte de competição. Muitas equipes sofrem a tentação de obter informações técnicas de suas concorrentes para utilizá-las em benefício próprio.

Os casos de espionagem são abundantes e as medidas de segurança das escuderias de Fórmula 1 são extremas para evitar vazamentos de informação, segredos industriais que podem passar para seus rivais. Um caso recente se tornou público em março de 2007, quando se soube que Nigel Stepney, chefe dos mecânicos da Ferrari, passara dados secretos de sua escuderia a Mike Coughlan, engenheiro da McLaren. A polícia encontrou na casa de Coughlan um grosso dossiê sobre a Ferrari. Ao tomarem conhecimento das relações entre ambos, as duas escuderias despediram-nos.

As coisas não pararam por aí: a Ferrari denunciou o caso à Suprema Corte de Londres. A Federação Internacional de Automobilismo (FIA) abriu uma investigação, através da qual se soube que os então pilotos da McLaren, Fernando Alonso e Pedro Martínez de la Rosa, possuíam informações sobre a Ferrari e, por conseguinte, foram acusados de espionagem. O Conselho Mundial da FIA puniu a McLaren com uma multa de 100 milhões de dólares e com a perda do campeonato do mundo e também declarou inocentes os pilotos espanhóis, possivelmente devido à sua boa vontade e predisposição em contar tudo o que sabiam[28]. Além disso, a McLaren teria de submeter seus veículos a um exame minucioso dos engenheiros da FIA para verificar se não estavam fazendo uso da informação obtida sobre a Ferrari. A McLaren e a Ferrari colocaram um fim à sua "guerra" em julho de 2008, quando a Ferrari retirou seus processos, embora os tenha mantido abertos contra seu ex-chefe de mecânicos Stepney.

A McLaren não gostou da punição e decidiu, por sua vez, denunciar a Renault pelo mesmo motivo. Em 2006, Phil Mackereth, engenheiro da equipe McLaren, levou consigo, ao ser contratado pela Renault, desenhos dos carros da equipe britânica. Merece destaque a surpreendente declaração de Mackereth, que afirmou ter levado a informação de sua equipe anterior "por razões sentimentais", derivadas do apego que sentia pela escuderia inglesa depois de ter trabalhado nela durante vários anos. Ao tomar conhecimento da situação, a Renault suspendeu Mackereth e comunicou à McLaren o ocorrido. Em dezembro de 2007, o Conselho Mundial da FIA evitou punir a Renault por esse caso. Entendeu-se que a Renault teve conhecimento da informação trazida por Mackereth, mas que não havia provas suficientes de que a mesma fora utilizada.

Em outros esportes, costuma-se falar em arranjar jogos, lutas ou competições, como o caso que ocorreu há alguns anos com várias equipes da liga de futebol italiana, dentre elas, a Juventus, relegada à terceira divisão por seu envolvimento na manipulação de jogos. Na Espanha, a compra de partidas de futebol, os pagamentos a terceiros para ganhar ou perder uma partida, oscila entre a lenda urbana e a verdade mais absoluta. O jornal *Marca* publicou no dia 10 de junho de 2007 uma entrevista com o jogador de futebol Gilberto Ribeiro, "Gil", que afirmou que, junto com outros jogadores, cobrara para fazer gols em partidas contra terceiros. Em um caso concreto, a soma cobrada fora de 6 mil euros para cada jogador, dinheiro que foi encontrado em espécie nos seus armários do vestiário na segunda-feira seguinte à vitória. Com o tempo surgiram informações mais precisas, reforçadas por gravações telefônicas e até mesmo confissões explícitas que afetaram diferentes equipes da primeira divisão espanhola:

28 *El Mundo*, 7 set. 2007; *Expansión*, 8 set. 2007.

União Desportiva Levante, Athletic de Bilbao, Tenerife, Málaga. Tudo indica que há muitos outros casos, também em outros países. Em outubro de 2008, apareceu na imprensa a notícia da possível compra de partidas de futebol na copa da UEFA a favor da equipe Zenít[29].

Há dados que permitem pensar que as partidas de futebol arranjadas são um problema internacional crescente. A origem dessa nova onda de fraudes no esporte encontra-se em um desses movimentos silenciosos, quase subterrâneos, que passam despercebidos para a maioria das pessoas, mas que sacodem a sociedade quando afloram. Essa nova moda (diz-se com razão que as modas são mais poderosas e até mesmo mais perigosas que as revoluções) é trazida pela internacionalização da economia e pela penetração das novas tecnologias em nossa vida cotidiana. As sedes sociais de certas atividades tradicionais, renovadas e ampliadas, encontram-se no Reino Unido, em Gibraltar e em outros paraísos fiscais mais exóticos. Esses lugares acolhem o sistema de apostas pela internet que em poucos anos já movimenta quantidades enormes de dinheiro. Os fãs apostam em casa, de qualquer lugar do mundo. Um butim enorme que não passou despercebido às ambições de grupos mafiosos organizados.

A transmissão de partidas de futebol internacionais pode ser uma das grandes mentiras de nossa época. Essa partida de futebol internacional que esvazia as ruas, que enche os bares e os cofres das grandes empresas de entretenimento, proprietárias dos direitos de transmissão. Essas partidas que no dia seguinte são comentadas por todos os meios de comunicação e que são discutidas e recontadas por milhões de pessoas em seus locais de trabalho talvez tenham sido arranjadas. E os torcedores não têm consciência da realidade de que o resultado pode ter sido decidido em um terceiro país, por grupos organizados que procuram ganhar ilicitamente enormes quantidades de dinheiro provenientes dos bolsos dos ingênuos clientes das casas de apostas.

Há muito dinheiro em jogo nas apostas feitas pela internet. Somente no Reino Unido, estimava-se, em 2007, que a soma total movimentada pelas casas de apostas era de sete bilhões de libras esterlinas. As apostas na internet crescem sem parar. Cerca de 14% dos americanos, 12 milhões de

---

29 *ABC*, 2 out. 2008.

pessoas, apostaram pela internet em todo tipo de jogo em 2005. O número de espanhóis que apostava pela internet, também em todo tipo de jogo, cresceu 137% entre 2005 e 2006[30]. Essas enormes somas fazem com que grupos do crime organizado subornem ou pressionem atletas para que trapaceiem nas partidas. No final de 2007, de acordo com a revista alemã *Der Spiegel*, a Interpol estava investigando naquele momento 26 partidas europeias que poderiam ter sido arranjadas. Algumas delas remontavam a 2005 e 2006 e envolviam equipes de países da Europa central e da Europa do Leste (Bulgária, Croácia, Estônia, Geórgia, Letônia, Lituânia e Sérvia). Por trás disso estariam grupos mafiosos operando no Sudeste Asiático[31].

O mundo do tênis também foi abalado por denúncias de partidas arranjadas, que ao que parece obedecem às enormes quantidades de dinheiro que circulam no mundo das apostas esportivas. Os casos foram detectados pelas próprias casas de apostas ao observar partidas nas quais inesperadamente o jogador favorito perdia ou saía da partida em razão de uma lesão. Ao mesmo tempo, eram detectadas grandes somas de dinheiro apostadas, ao que parece por grupos mafiosos, em favor do tenista de menor categoria. Essas misteriosas perdas e as grandes apostas contra as probabilidades dos tenistas de acordo com seus desempenhos somaram-se a denúncias feitas por vários atletas de tentativas de suborno antes das partidas. Inclusive, podia tratar-se de algo pior que subornos:

> Se Davidenko foi estúpido o suficiente para entregar uma partida por dinheiro sendo ele o número 4 do mundo, ele merece ser expulso do esporte. Mas não posso acreditar que alguém seja tão estúpido. Ora, o que ocorreria se a máfia russa (e não me consta que isso ocorra) pusesse um revólver na cabeça de sua mãe...? Poderia estar acontecendo algo terrível, mas não acredito que os jornalistas sigam esse caminho. Eles querem apenas crucificá-lo.
>
> Resposta de John McEnroe à pergunta sobre a possibilidade
> de partidas arranjadas no tênis profissional, em uma entrevista
> concedida a Paul Kimmage, *Magazine*, 23 dez. 2007

30 *The Economist*, 7 out. 2006; 29 set. 2007.
31 *Marca*, 2 dez. 2007.

Consequências e Medidas: Pessimismo Geral

Como em tantos casos de mentiras descobertas, as medidas corretivas não tardaram em ser aplicadas. A luta contra o *doping* começou já nos anos de 1960, por iniciativa de federações e associações desportivas. Existem listas de substâncias e métodos proibidos aos atletas que indicam que a proibição diz respeito a algum esporte em particular e quais podem ser utilizadas por prescrição facultativa devidamente justificada. Os métodos de análise e detecção melhoram a cada dia.

No caso do ciclismo, cujo nome parece já estar associado ao *doping*, decidiu-se estabelecer o chamado "passaporte biológico" para cada atleta. Nele seriam indicados seus níveis sanguíneos e urinários a partir de uma série de controles anuais, de tal forma que poderiam ser detectadas variações anormais e foram estabelecidos indicadores máximos em uma série de parâmetros que não devem ser ultrapassados. Esse passaporte biológico será indispensável para os corredores e para as equipes que pretendam participar das grandes provas ciclísticas.

Por sua vez, o governo espanhol promulgou uma dura lei antidoping. Ela contempla ações contra o fornecimento e o consumo de substâncias ilícitas, o processo contra aqueles que oferecem drogas e assessoram mal, assim como sanções dissuasivas para os atletas que se prestem a isso. Outras mudanças estão sendo produzidas em entidades ou associações desportivas com grande responsabilidade na organização e nas normas de participação nos torneios e competições.

Estou dizendo a verdade, eu trato das finanças. Não sei nada sobre o *doping*.

Declarações de John Fahey assim que foi eleito presidente da Agência Mundial Antidoping, *Marca*, 18 nov. 2007.

Apesar dessas surpreendentes declarações, devem produzir efeitos as medidas adotadas por essa agência, fundada em 1999, e presidida pelo australiano Fahey. Na conflituosa assembleia em que foi eleito, essa entidade aprovou um novo código para esportistas pegos no antidoping, incluindo punições mais severas. Nesse novo conjunto de normas, as punições são reduzidas pela metade caso o atleta confesse voluntariamente. O arrependimento pode ajudar a descobrir e a atacar as redes organizadas que sustentam o *doping*. Pune-se a recusa em participar dos controles e a punição perpétua será aplicada no terceiro teste positivo, não no segundo, como foi feito até agora.

Uma razão para o pessimismo é que as técnicas de *doping* inevitavelmente estão à frente de sua detecção, como ocorre em muitos âmbitos do crime. Quando as análises conseguem detectar uma substância, esta certamente já está deixando de ser utilizada e já começou a ser substituída por outras, ainda indetectáveis. Outro dado desanimador é que se as circunstâncias não mudarem e os fatores de pressão que foram citados continuarem ou se acentuarem, não existem razões para acreditar que a fraude possa diminuir. Os atletas continuarão procurando substâncias, se possível indetectáveis, que melhorem seu rendimento, eliminem a fadiga e diminuam as lesões.

Shermer propõe não apenas medidas técnicas, mas também outras voltadas ao rompimento do código de silêncio. Entre as primeiras figurariam o desenvolvimento de melhores técnicas de detecção, o exame de uma maior quantidade de atletas ou a conservação das amostras durante mais anos. Entre as segundas, desqualificar toda a equipe se algum atleta do grupo fizer uso do *doping*, conceder imunidade, mas sem a retirada dos títulos, a todos aqueles que tiverem recorrido ao *doping* até uma certa época e aumentar a severidade das punições.

Há âmbitos nos quais é possível atuar: melhor formação médica e boa preparação psicológica do atleta, assim como aconselhamento para a época em que ele deixar o esporte profissional ativo, como dotá-lo de habilidades para encontrar trabalho, assessoria financeira, facilidades de formação que lhe permitam tomar decisões mais fundamentadas, perder o medo da brevidade de sua carreira, diminuir o risco de optar por "atalhos" ilegais para manter-se ou para ganhar a qualquer custo e enfrentar o futuro com mais tranquilidade.

8. Mentira e Fraude no Esporte

Referências
e Leituras Adicionais

ABN Amro Economics Department, *Soccernomics 2006: Soccer and the Economy*, Amsterdã, ABN Amro, 2006. Disponível em: < http://files.shareholder.com/downloads/ABN/0x0x146699 /24372e2f-81b6-44bd-b529-704f9eebfca5/abnamro_soccernomics_2006_en.pdf>.

DELGADO, C., Goles por Millones. *El País*, 8 jun. 2008. Disponível em: < http://elpais.com/ diario/2008/06/08/negocio/1212930214_850215.html>. Acesso em: 13 jun. 2013.

LANE, P. Fun, Games and Money. *The Economist*, 2 ago. 2008.

MORA RODRÍGUEZ, R. Mujeres Olímpicas con Demasiada Testosterona. *Marca*, 2 dez. 2007.

ORTEGA, P. ¿Qué hay el día después de la medalla? Vértigo. *El País*, 16 abr. 2006. Disponível em: <http://elpais.com/diario/2006/04/16/domingo/1145159556_850215.html>.

RODRÍGUEZ BUENO, C. *Dopaje*. Madrid: Interamericana, 1992.

SEPÚLVEDA, J.M. Los Patrocinadores Dan Positivo en el "Antidoping". *Expansión*, 28 jun. 2007.

SHERMER, M. El Dilema del Dopaje. *Investigación y Ciencia*, n. 383, agosto 2008.

SHIPLEY, Amy. Jones Admits Steroid Use. The Washington Post, 5 out. de 2007. Disponível em: < http://www.washingtonpost.com/wp-dyn/content/article/2007/10/04/ AR2007100401666.html>.

STAR Cyclist Zabel Admits Doping. CNN, 24 maio 2007, <www.cnn.com>.

Teorias da Conspiração: Um Mundo de Enganações?

> Assim como não se pode ignorar a transbordante evidência de um controle conspirativo no governo, no mundo empresarial e nos meios de comunicação.
>
> J. Marrs, *Las Sociedades Secretas*

Dê uma olhada ao seu redor. Tudo o que se pode ver é uma ilusão, pura fachada, uma construção. Um mundo de aparências criado por um grupo de indivíduos poderosos que querem manter seus privilégios a qualquer custo e que não desejam que você saiba o que está acontecendo.

Há milhares de anos a humanidade é controlada e manipulada por seres extraterrestres, que em sua forma original são reptilianos. São muito mais inteligentes que os dragões ou que os dinossauros. Conhecem o segredo cósmico das "microcorrentes" que permitem que eles se transformem e que adquiram uma aparência humana. Além disso, são muito perigosos: alimentam-se de nosso sangue e realizam sacrifícios rituais com vítimas humanas. De fato, a morte da princesa Diana, que ocorreu em um lugar sob o qual há catacumbas e templos subterrâneos, não foi nada mais que um crime ritual.

David Icke, ex-jogador de futebol britânico, diz que várias famílias que governam o mundo, como a família real britânica, a casa real saudita, a família Bush ou os Rothschild, são na verdade extraterrestres de forma reptiliana que ao mudar de aspecto se confundem e misturam com os seres humanos. Eles dominam o mundo e controlam o destino da humanidade desde o momento em que alcançaram o poder na época das dinastias babilônicas e egípcias. Eles não são muitos, uma pequena quantidade de grandes répteis, mas se reproduzem entre si e através das linhagens familiares constituíram as famílias reais europeias, aparentadas aos maçons e aos templários, e continuam até hoje dominando o mundo. Ao longo da história, eles também se manifestaram através de seitas como os illuminati e outras sociedades secretas para continuar governando e tendo influência em todos os países.

Essa raça extraterrestre muito mais avançada que nós, que desde sempre conviveu com os seres humanos e que criou as instituições estatais em épocas babilônicas, pretende criar uma Nova Ordem Mundial Drago-reptiliana.

Icke chegou a essas conclusões através de revelações e após anos de estudo. Ele reuniu testemunhos de pessoas que garantem ter visto membros da família real britânica, concretamente a já falecida Rainha Mãe, transformarem-se em répteis, recuperando em poucos segundos a forma humana.

Isso tudo parece algo disparatado. No entanto, milhares de pessoas compram os livros de Icke, suas conferências estão sempre lotadas e ele possui uma grande quantidade de seguidores.[1]

Por que tantas pessoas acreditam em teorias conspiratórias?

Há teorias conspiratórias de diferentes tipos, desde as mais disparatadas, como a reptiliana, até as que se baseiam em fatos indiscutíveis ou em lacunas inexplicáveis das investigações oficiais que, em princípio, deveriam ser exaustivas e não deixar qualquer lugar para dúvidas.

---

[1] Se esse assunto lhe interessa, você pode obter mais informações sobre Icke e a gigantesca e incestuosa conspiração reptiliana em seu site, cf. <www.davidicke.com>

Dada sua grandiloquência e amplitude de campo, caso se procurasse um equivalente artístico para ela, a fabulação conspiratória seria para o resto das grandes mentiras o que a ópera é para os demais gêneros musicais. Assim como o *bel canto* congrega todas as artes cênicas como a música, o teatro, a dança, os imensos e fantasiosos cenários, as teorias conspiratórias contêm em suas versões mais elaboradas tudo o que uma pessoa ávida de fantasia pode almejar: a humanidade em perigo, mortes inexplicáveis, crimes de estado, enigmas e mistérios religiosos, guerras, assassinatos de testemunhas incômodas, extraterrestres, serviços secretos, poderes ocultos... Os protagonistas e os figurantes da trama não ficam atrás: cavaleiros templários, maçons, judeus, rosa-cruzes, nazistas, financistas desumanos, políticos ambiciosos, dinastias aristocráticas centenárias, presidentes assassinados, ícones midiáticos como Marilyn Monroe ou cantores como Elvis Presley. Todo um universo colorido, divertido e imaginativo no qual, preste-se atenção, nem tudo é fantasia: o dado objetivo, o necessário segredo e a oportuna discrição que envolve alguns assuntos públicos e empresariais se fundem com as hipóteses mais chamativas e descabidas. O espetáculo está armado.

Uma biblioteca que contivesse todas as teorias conspiratórias ao longo da história da humanidade possuiria milhares de volumes. Não se passa um mês sem que apareçam vários livros sobre templários, maçons e extraterrestres que interferem em assuntos que vão desde a alta política até os assuntos mais triviais. Os criadores das teorias conspiratórias são, por definição, pessoas com muita inventividade e também escritores prolíficos. A falta de dados que sustentem suas invenções ou a justificação de seus delírios requerem páginas e páginas de desvairada inspiração.

Para os partidários dessas teorias, a grande mentira é a conspiração em si mesma. Os grandes mentirosos seriam os agentes da conspiração: um grupo de pessoas que interfere no desenvolvimento dos acontecimentos e que quer controlar o mundo. Neste livro, pelo contrário, são considerados mentirosos os fabuladores que constroem e divulgam teorias conspiratórias que carecem de provas sólidas. Este capítulo trata de algumas das grandes mentiras defendidas por esse tipo particular de letrados fabuladores, os criadores das teorias da conspiração, e também das razões pelas quais as pessoas tendem a acreditar nestas últimas.

9. Teorias da Conspiração: Um Mundo de Enganações?

Do Mito ao Logos:
Uma Viagem de Ida e Volta

De tempos em tempos, um acontecimento trágico abala todo o mundo, transtorna e separa as pessoas da sucessão de pequenas ações e encontros cotidianos que constituem o tecido que sustenta suas existências. Nesse momento, o espectador é invadido pela certeza de que está assistindo um acontecimento histórico que pode mudar para sempre a vida de muitas pessoas. É frequente que nessas situações surja uma desconfiança em relação à sóbria e crua versão oficial sobre o acontecimento proporcionada por governos e instituições enquanto, paralelamente, numerosos fabuladores desenvolvem hipóteses explicativas de caráter extraordinário, misterioso, oculto, quase inacreditáveis, que tomam o lugar ou que superam a história oficial. A causa do grave acontecimento é atribuída a forças poderosas, que agem nas sombras, servindo a interesses um tanto obscuros ou, pelo menos, pouco claros. Desse modo, o público passa a ter contato com uma teoria da conspiração que se refere a temas transcendentes com grande impacto emocional na opinião pública (morte trágica de pessoas famosas, grandes catástrofes e atentados) que muitas pessoas aceitam de bom grado, ao mesmo tempo em que rejeitam a versão oficial.

Uma teoria da conspiração é fundamentalmente uma crença que frequentemente é defendida com paixão. Ela se parece com a religião, já que se baseia mais na fé que em dados comprovados. Acredita-se nela e pronto. Caso surja um elemento novo, como outro acontecimento trágico de grande impacto na população, ele é incorporado de modo mais ou menos fantasioso à teoria. Tudo pode ser interpretado e tudo é válido nessas intervenções. Os fabuladores encontrarão coincidências em qualquer coisa.

O fabulador vai além da realidade já que a teoria da conspiração poderia ser aceita como uma hipótese de trabalho atrevida ou como um ponto de partida, que pode guiar interrogações ou pesquisas que por sua vez conduzam a uma melhor compreensão do acontecimento ou à rejeição dessa hipótese caso surjam dados que a contradigam ou que não sejam consistentes com ela. Infelizmente, não é isso que ocorre. A defesa da teoria implica a rejeição de qualquer outra hipótese alternativa. De nada servem as provas ou os dados oficiais ou históricos, por mais contundentes ou evidentes que sejam, já que se acredita que foram manipulados ou fabricados para ocultar a verdade. Ao contrário da religião, a teoria da conspiração pretende convencer de que algo existiu, mas que nesse caso não foi revelado, foi deliberadamente ocultado e que muita gente se nega a aceitar. O fato de que a teoria não seja aceita pelas instituições ou pelos principais meios de comunicação constitui em si mesmo uma prova de sua validade, pois reflete o resultado dos esforços dos conspiradores em ocultar um grave acontecimento ou a autoria real de um fato ou a trama completa que explica tudo.

A crença nas conspirações baseia-se em princípios emocionais, não racionais, apoiados por dados incompletos ou isolados, que frequentemente conduzem a ideias absurdas, mas nas quais as pessoas tendem a acreditar porque correspondem a suas atitudes e expectativas, somadas também a uma certa insatisfação com o mundo que as rodeia. Não se deve misturar o fantasioso criador de teorias com o partidário destas, nem com o passante ocasional destes floridos caminhos, pessoas que se sentem atraídas pelo oculto ou pelo mistério quando levadas por sua curiosidade. O autor de livros de conspirações é um profissional, convencido a respeito do que escreve e com interesses econômicos, às vezes importantes, derivados da divulgação de seus achados.

As teorias da conspiração dependem essencialmente da credulidade, da medida em que seu conteúdo satisfaz ou se encaixa com os desejos, preconceitos e ideologias de muitas pessoas. Algo parecido ocorre com as pessoas ciumentas, que acreditam em qualquer coisa que confirme seus ciúmes e suas expectativas de que serão enganadas. Costumam ser defendidas com afinco por seus partidários, entre os quais surge um certo orgulho: eles conhecem a verdade e as outras pessoas, ignorantes ou vítimas de lavagem cerebral, permanecem na obscuridade, enquanto certas pessoas, organizações, forças e poderes ocultos manipulam-nas como marionetes. Essas teorias exercem sobre algumas pessoas o mesmo efeito que os livros de cavalaria exerciam sobre o Dom Quixote: o mundo que elas veem não é o real, tudo o que é percebido são manifestações ou sinais de uma verdade oculta, mais importante, que pode ter sido mantida em segredo durante séculos. Pessoas, seitas ou sociedades secretas tentam preservar esse segredo e comunicar-se através de sinais que são conhecidos apenas pelos iniciados, pelos iluminados. A verdadeira sabedoria é chegar a esse conhecimento que eleva aquele que o possui acima dos demais.

As teorias da conspiração alimentam-se de coincidências, erros, meias verdades, dados isolados, provas circunstanciais ou lacunas nas investigações oficiais. Frequentemente, tratam de acontecimentos que não são muito bem conhecidos ou de autênticos mistérios que provavelmente mereçam uma explicação mais racional, mas que não existe ou não é conhecida. Eles recorrem fortemente à imaginação, à fantasia e à credulidade do público, de tal modo que a criatividade do relato geralmente se constitui em um desafio insuperável para o senso comum. Elas respondem, por fim, a aspirações e desejos variados: a atração pelo mistério e pela intriga, a curiosidade e o desejo de saber mais, a ambição, os preconceitos, o ressentimento e o ódio.

Uma teoria da conspiração é um projeto de história com lastro na desconfiança (não aceitação da realidade), no sentimento (não gosto daquilo que estão me contando) e no preconceito (as coisas deveriam ser como eu gostaria que fossem). Como sua credibilidade surge da coincidência com as emoções, atitudes, crenças e ideologia do receptor, uma história das conspirações é uma história das ideologias e dos sentimentos daqueles que acreditam nela e que as difundem.

A Volta Atrás: Do Logos ao Mito

Um dos episódios mais apaixonantes na história intelectual da humanidade ocorreu na Grécia clássica, quando se deu a passagem da explicação irracional dos fenômenos em termos de forças da natureza e da vontade dos deuses para sua consideração lógica e racional. O exercício dos recursos racionais, da reflexão baseada na experiência, na razão, no diálogo e na discussão pública de ideias fizeram com que se impusesse a palavra, o discurso e o *logos* como ferramenta de interpretação racional da realidade e de difusão do conhecimento. Nasceram a filosofia, a lógica, a argumentação, a dialética. Sobre essa base foram construídos o direito e a retórica. Apareceu a democracia como governo do povo, que toma suas decisões em assembleia por votação, depois de ouvir diferentes opiniões. Refletiu-se também na passagem da história de Heródoto, ligada ocasionalmente à intervenção divina, para a história de Tucídides, na qual os autores são os homens. Isso constituiu um autêntico salto para frente na história do pensamento e conduziu ao substrato racional de nossa civilização e de nossa forma de vida.

O fabulador conspirativo faz a viagem inversa: desde os dados, talvez escassos e parciais, mas reais, e desde as explicações lógicas e prováveis, com sua inconformidade sendo avivada por seus desejos e por um excesso de credulidade e de fantasia, ele viaja de volta para a explicação mítica, irracional, não baseada, ou muito fracamente, na experiência fundada. Ele constrói uma história próxima da lenda e do mito, frequentemente ultrapassando os limites do crível.

Mitos e Teorias da Conspiração

As teorias da conspiração estariam cumprindo as funções outrora desempenhadas pelos mitos? Elas constituem até certo ponto tentativas de construir mitos, no sentido apontado por Luis Alberto de Cuenca, que concebe o mito como uma defesa do ser humano frente ao seu vazio existencial, frente à morte, frente à consciência de sua própria destruição e, sobretudo, frente à angústia do tempo, dimensão que não consegue compreender mas cujo consumir ele experimenta.

A exigência do extraordinário, do misterioso, une a conspiração com o mito. O logos nunca substitui completamente o mito porque não pode cumprir ou assumir suas funções. Desse modo, o mito não busca tanto explicar detalhadamente os fatos, mas sim esclarecer ou dar sentido. Além disso, o mito acompanha o homem no difícil e incerto trajeto vital e, de um certo modo, é muito mais que uma explicação. Este último descreve princípios universais ou fundamentos da sociedade que são repetidos ou revividos. Através do mito, da repetição dos princípios ou fundamentos da comunidade, as instituições e suas regras, pode-se ter acesso ao tempo

9. Teorias da Conspiração: Um Mundo de Enganações?

ou instante original em que tudo surgiu e desse modo alcançar a intemporalidade. O mito reflete uma realidade primigênia, uma criação, narra algo que ocorreu em um tempo indefinido e que volta a se repetir e refletir em muitos acontecimentos cotidianos porque é intrínseco à natureza do mundo, dos seres humanos e das relações entre eles. Ele não apenas esclarece a realidade, sem explicá-la, mas, além disso, é um princípio, ordem ou fundamento da existência. Cada vez que começam um rito, uma cerimônia ou uma narração mítica, vence-se o tempo e escapa-se dele e o narrador e os ouvintes se reencontram com os fundamentos do mundo e da comunidade em que vivem. A ritualização e a repetição pressupõem um retorno ao princípio, ao começo. É uma forma de ferir ou de vencer o tempo: "Torno-me ancião e morrerei, mas as coisas sempre serão as mesmas que vivi". O homem precisa do mito para preencher seu vazio existencial e dispor de princípios comuns, que unem a todos, que o ajudem a compreender onde está e a superar a passagem do tempo[2].

Dado o caráter atemporal do mito, sua localização indefinida na origem dos tempos, no começo ou em um tempo indeterminado, não combina com um acontecimento pontual ou com a história narrada em uma notícia ou em uma série delas. A criação de uma teoria da conspiração seria a tentativa de construir um mito, mas para isso a realidade deve ser desfigurada e deve-se admitir o oculto, o desconhecido ou o indemonstrável como elemento substancial. Caso não se fizesse isso, seria apenas uma notícia. Esse algo oculto, desconhecido, indemonstrável, é a ponte ou artifício intelectual que permite o salto da notícia impactante para o extraordinário, mas também para o indefinido. Trata-se de encerrar a história em um halo de indeterminação que a separe e que a afaste da realidade, superando desse modo as coordenadas espaço-temporais nas quais nos movemos. Ouvir o mito, narrá-lo, cria um halo de superioridade, de compreensão de forças e de entes ocultos, de sua presença e de suas maneiras de agir.

Nas teorias da conspiração, também estão presentes os mitemas, ou elementos constitutivos do mito, como a morte do jovem herói, a luta entre o bem e o mal, entre as forças ocultas e a luz ou os deuses ou

2 Cf. L.A. De Cuenca, *Necesidad del Mito*.

semideuses que oprimem o homem e o manipulam à vontade, como ocorre com o conjunto de teorias da conspiração que podem ser denominadas de "ciclo do governo invisível". Em nossa civilização pós-industrial, os protagonistas do mito são os novos heróis: artistas, atores, atrizes, atletas, jovens políticos, princesas, revolucionários. As espadas invencíveis dos heróis de outrora são substituídas por poderosas tecnologias em poder de grupos misteriosos. Os representantes do mal são as multinacionais, as seitas, as irmandades ocultas ou os judeus. A narração oral cede o passo rapidamente a novas e poderosas formas de transmissão da informação: a história em quadrinhos, o cinema, a televisão, os videogames e os meios de comunicação.

Os processos de identificação, de participação ou de ser o protagonista da narrativa mítica são universais e ocorrem hoje em dia. Ritualiza-se a morte do herói ou da heroína para entrar no mito. Participar do rito abre a possibilidade de todos se tornarem atores, até mesmo heróis. A demonização de alguém mau (os maçons ou os judeus) poderia servir de estímulo para que as massas participem de forma heroica em sua perseguição e para desse modo ritualizar a luta mítica entre o bem e o mal, com nefastas consequências.

O prosaico, o simples dado ou a simples notícia podem não perdurar tanto na memória histórica. Não há comparação entre redigir uma notícia e ser autor de um mito que será repetido ao longo da história. No entanto, a teoria conspiratória não pode escapar de suas referências, testemunhos, que se aproximam mais da lenda que do mito, mas as lendas e as teorias da conspiração precisam do extraordinário e do oculto para sobreviver. Ora, é pouco provável que as teorias conspiratórias, que são aqui descritas, se tornem lendas e menos ainda mitos.

O fabulador surpreende, desconcerta, fascina e irrita porque ele está em parte livre de alguns dos freios morais que agem sobre a maioria das pessoas, escapando desse modo da obrigação de sempre dizer a verdade. Ao seu modo, o fabulador também vence o tempo ao burlar a memória. Somos o que somos por aquilo que nos lembramos de nós mesmos e pelo que e por aqueles que nos rodeiam, das experiências que vivemos e compartilhamos com eles. O fabulador é um escapista que salta e que tenta fugir do tempo, cortando os laços da memória, substituindo trechos

9. Teorias da Conspiração: Um Mundo de Enganações?

desta última por um passado que não existe. O que ele pretende não é exatamente mudar a realidade: ele não precisa fazer isso. A realidade está bem tal como está. O fabulador cria uma nova realidade para atingir seus fins: impressionar os outros, atrair a sua atenção, obter um benefício, seja econômico ou de outro tipo.

O tempo é enganoso. É nosso aliado quando concebemos um projeto, começamos o desenvolvimento de um plano ou quando esperamos que ele "amadureça" algo: nossa carreira, nossos filhos. Ficamos iludidos. Que bom, como passa o tempo! Apesar disso, ao fim de tudo, ele nos derrota. Vemos como tudo desmorona, como tudo se destrói de uma só vez ou pouco a pouco, às vezes em grandes pedaços, à nossa volta e em nós mesmos. O tempo pode tudo e nos derrotará. Quando o tempo demora a passar, inventamos e cumprimos tarefas para que ele passe o quanto antes: são os passatempos, que preenchem esse vazio ilusório. O tempo lento é a chateação, o tédio (em alemão, *Langeweile*, a longa duração): acreditamos que conseguiremos vencê-lo mantendo a mente ocupada. Vã ilusão, ele nos derrota. Lutamos contra o tempo com ilusões, com autoenganos, acreditando que somos e que gostaríamos de ser imortais. Fazendo coisas que nos transcendem. Pensando como será o mundo daqui a décadas ou séculos, quando sabemos que não o veremos. Conforme envelhecemos, nos angustiamos e evitamos pensar nisso, vendo como desaparecem os seres queridos e as personagens famosas que nos acompanharam ilusoriamente e que também fazem parte de nossa vida. A maioria das pessoas quer derrotar o tempo deixando uma marca, elas desejam ser lembradas. O fabulador, pelo contrário, emprega uma estratégia oposta, aparentemente absurda. A ideação fabulatória não parte da ideia de deixar uma marca na Terra. Ela sabe que tudo é passageiro e não quer deixar nenhum rastro. Ela tem consciência de que essa marca é falsa e de que cedo ou tarde isso será descoberto. Seu balão se esvaziará, mas ele não se preocupa ou pensa muito nisso: o importante é chamar a atenção agora. Ele tem fascinação por fascinar, por deixar uma anti-marca, algo efêmero. Ele vive o presente. Sua estratégia, contrariamente ao que é mais habitual, não é a de perdurar na memória, mas antes a de impressionar. Talvez não seja tão importante a persistência de nossa lembrança para além de nosso desaparecimento. E, contudo, o fabulador é lembrado mais por suas ficções, pelo relato daquilo que não aconteceu, enquanto praticamente todos nós seremos esquecidos precisamente por termos sido verazes.

As teorias da conspiração assemelham-se aos mitos e às lendas em outras dimensões. Elas são invulneráveis. Não podem ser atacadas com argumentos racionais porque sua base é irracional e indemonstrável. Elas contêm elementos fantásticos, até mesmo chocantes e ridículos. Seu distanciamento da realidade torna-as inatingíveis, quando não ilógicas e incompreensíveis. Os dados que surgem contra elas são atribuídos aos autores do próprio complô, que tentam ocultar a verdade, e por isso se suspeita das pessoas que questionam ou criticam essas teorias.

Também possuem uma certa semelhança com os romances medievais, no estilo dos ciclos de romances de Roland e da Távola ou da Mesa Redonda. Pode-se falar de ciclos da morte trágica do jovem herói ou heroína, como nos casos de Marilyn Monroe, do presidente John Fitzgerald Kennedy, de Elvis Presley ou da princesa Diana. O ciclo da Távola Redonda corresponde às teorias do governo invisível, de um grupo de pessoas que dominam o mundo, sejam elas os anciões sábios de Sião, os maçons, a Trilateral ou o Clube de Bilderberg. Pode-se incluir um terceiro ciclo associado às grandes catástrofes ou atentados terroristas, como o do 11 de Setembro de 2001 nos Estados Unidos e o do 11 de Março de 2004 em Madri. A tradição clássica explicaria esses acontecimentos por meio de mitos que descrevem a ira dos deuses com os homens e seu resultado na forma de um castigo desproporcional e violento. As interpretações em termos de conspiração possuem, neste caso, um forte conteúdo ideológico e político: os autores desses trágicos atentados não são os que parecem ser, mas sim aqueles que mais convêm aos interesses ideológicos dos fabuladores.

A luta contra as teorias irracionais apresenta dificuldades insuperáveis. É muito difícil demonstrar que algo não existe e, caso seja secreto, muito mais: quem pode desmentir o indemonstrável? Em princípio, deve ser suficiente exigir que sejam apresentadas provas que demonstrem a existência de uma conspiração, mas, por definição, elas não existem, o que tampouco justifica o esbanjamento de fantasia e emotividade que as sustenta.

Todo acontecimento, seja ele fortuito ou não, pode ser explicado por uma conspiração, que pode compreender inclusive o fato de eu escrever

9. Teorias da Conspiração: Um Mundo de Enganações?

este capítulo ou o de que você o leia. O fato de que um viés contrário às teorias da conspiração inspire estas páginas me torna involuntária e automaticamente um defensor das forças secretas que governam o mundo para manter a maioria das pessoas na ignorância e para que aqueles que controlam o mundo de verdade possam continuar fazendo isso impunemente.

Conspirações Reais

É inegável que existiram conspirações históricas, sobre as quais há muitas evidências. Não são poucas as teorias que nasceram de especulações inevitáveis, que surgiram de coincidências inexplicáveis pelo acaso ou de dados chamativos que no fim das contas eram uma história real. O melhor destino de uma teoria da conspiração é servir de hipótese de trabalho para uma pesquisa minuciosa que a transforme em notícia. Algumas das mais brilhantes páginas do jornalismo atual começaram como meras especulações sem qualquer base além de um fato chamativo isolado.

Há abundantes exemplos disso. No século xx, ocorreram ações bem documentadas dos serviços secretos contra países, como ocorreu nos anos de 1970 com a CIA americana contra o governo de Salvador Allende do Chile[3]. Documentos confidenciais e não mais considerados secretos que foram tornados públicos em 2007 pela CIA sobre ações ilegais entre 1953 e 1973 revelaram o que a própria agência chamava de "joias da família". Eles descrevem, por exemplo, várias tentativas de colocar em prática planos propostos nos anos de 1960 e 1970 para tentar assassinar o líder cubano Fidel Castro. Alguns deles em colaboração com a máfia.

Outra conspiração real foi o chamado "Caso Irã-Contras", que ocorreu entre 1985 e 1986. Ela consistiu na venda de armas dos Estados Unidos para o regime iraniano, em troca da devolução dos reféns americanos presos no país asiático, sendo que os pagamentos eram utilizados para financiar a guerrilha direitista, pró-americana ("os Contras"), que lutava contra o regime sandinista na Nicarágua. A operação violava as leis americanas e

---

3 Cf. R. Dallek, *Nixon and Kissinger*; S. Graubard, *The Presidents*.

foi dirigida da Casa Branca. O apoio aos Contras durou anos e incluiu, ao que tudo indica, fazer vista grossa no caso do financiamento dos Contras com o tráfico de cocaína, mesmo que os carregamentos de droga se dirigissem a cidades americanas, onde por fim foram distribuídos. Uma variante conspiratória desses fatos consistiu em assegurar que a própria CIA participou dessas operações de narcotráfico, tendo como objetivo debilitar os consumidores, em sua maioria de raça negra, de bairros pobres e de ideologia esquerdista.

As teorias conspiratórias matam. Uma das mais perniciosas foi a orquestrada pela Okhrana ou polícia secreta czarista, que publicou o libelo *Os Protocolos dos Sábios de Sião*, o qual denunciava uma conspiração judia para dominar o mundo. A primeira versão dos protocolos era uma sátira política contra Napoleão III que apareceu na França em 1864. Em meados da década de 1890, a polícia czarista reeditou o texto e o ampliou, incluindo material antissemita, denunciando uma conspiração semita internacional. Os efeitos desse falso documento foram a perseguição dos judeus durante muitos anos na Europa oriental e na Rússia czarista. O conteúdo do panfleto também serviu como argumento para a perseguição e morte de milhões de judeus na Alemanha nazista. Os judeus são candidatos natos de muitos fabuladores a desempenhar o papel de conspiradores, e são alvo dos ataques de numerosas teorias segundo as quais banqueiros judeus, sionistas, controlam os maçons e outras sociedades secretas. Hoje em dia, o ativista muçulmano negro Louis Farrakhan, líder da americana Nação do Islã, prega que um grupo de judeus controla o mundo secretamente, teoria compartilhada por muitos neoconservadores em seu país[4].

Outras teorias da conspiração estão provocando estragos de modo indireto em nossos dias. Em diferentes países africanos, ministros e até mesmo chefes de Estado defenderam que o vírus da Aids foi desenvolvido em laboratórios americanos para infectar e eliminar a população negra. Algumas autoridades, por exemplo, a ex-ministra sul-africana da Saúde, Manto Tshabalala-Msimang, duvidaram durante anos da idoneidade do uso do preservativo para combater a terrível epidemia e chegaram até

---

4 Cf. H.L. Gates, The Charmer, *The New Yorker*, 29 abr. 1996, p. 116.

mesmo a propor tratamentos disparatados, como o alho, o suco de limão e extratos de ervas locais como a melhor maneira de lutar contra a Aids. Ela não parava por aí e garantia que os retrovirais faziam mais mal que bem aos pacientes infectados pelo vírus, cerca de 5,5 dos 48 milhões de habitantes de seu país. Durante seu mandato, morreram centenas de milhares de doentes que poderiam ter sido salvos com tratamentos ortodoxos. As teorias da conspiração sobre a origem da Aids são muito variadas: o vírus pode ter sido criado por cientistas americanos envolvidos na guerra biológica por encomenda do exército. Outra delas é que o vírus se disseminou através da vacina da varíola que a OMS aplicou em milhões de africanos nos anos de 1970, teoria defendida no passado pelo governo sul-africano. Outra teoria assegura que ela se disseminou nas vacinas ministradas pelas autoridades sanitárias nos Estados Unidos para tratar a hepatite B em homossexuais. Outra mais extrema é a que considera que é um complô dos judeus para eliminar os homossexuais e os que não pertencem à raça branca.

Em princípio, qualquer conspiração pode ser real. A única certeza é que ela carecerá de dados que permitam confirmá-la. As conspirações, como os óvnis e os fantasmas, podem existir e sua verdade não pode ser estritamente negada por ninguém; elas são aceitas por falta de lógica e de provas lógicas. Desse modo, convém tratá-las com todo o ceticismo possível, quando não, rejeitando-as automaticamente. O ônus da prova recai em quem a propõe, que tem a obrigação de apresentar dados irrefutáveis, consistentes, reais e, caso necessário, replicáveis.

Por Que as Teorias da Conspiração São Tão Abundantes?

Nunca há uma verdade que seja suficientemente completa ou exaustiva, sobretudo em acontecimentos complexos, por trás dos quais há grupos, correntes ou interesses sociais variados ou quando se trata de acontecimentos trágicos que, por diferentes razões, são difíceis de serem assumidos. As explicações parecem insuficientes, o acontecimento beneficia ou prejudica fortemente um grupo ou classe social e alguém pode estar se beneficiando de uma desgraça. Não existe uma verdade "básica" que avalize toda a narrativa ou toda a versão oficial apresentada pelos meios de comunicação dominantes ou pelas instâncias oficiais. Como sempre há coincidências chocantes ou coisas inexplicadas, é inevitável que surja a desconfiança. Onde há uma ponta de dúvida, onde há segredos, surge a conspiração.

Em qualquer relato explicativo, seja uma investigação histórica, policial, estatal, sempre há buracos e inconsistências:

- Podem ocorrer coincidências, como as que ocorrem com todos na vida cotidiana.

- Erros, confusões e descuidos mais ou menos graves na inquirição ou na investigação oficial da polícia e dos juízes.

- Realização de atos em desacordo com a metodologia, com o protocolo de ação, com as normas que devem ser seguidas e até mesmo delitos por parte dos próprios investigadores.

- Aspectos ou elementos inexplicados que não foram explorados.

- Perguntas sem respostas, enigmas, mistérios, comportamentos de difícil explicação. Nós mesmos temos dificuldade em explicar por que fazemos coisas sem lógica em nossa vida diária.

Ora, reconhecer ou afirmar que em um relato ou investigação oficial ocorreram um ou mais dos incidentes anteriores não justifica que se dê razão a teorias conspiratórias, frequentemente disparatadas.

A teoria conspiratória oferece uma explicação e procura ordenar o caos e o acaso. Não há muito espaço para o caos e para o acaso em nossa mente. A probabilidade é abstrata e nosso cérebro, concreto. As coisas acontecem porque devem acontecer, elas não acontecem sem qualquer motivo. É mais fácil pensar e está mais de acordo com nossa maneira de ver as coisas que alguém tenha decidido que algo ocorresse de uma determinada maneira.

No enfrentamento político, as teorias da conspiração têm o seu lugar, já que se pode fazer um uso instrumental delas em um duplo sentido. Por um lado, a construção da teoria e a atribuição do papel de vilão servem para denunciar ou para desacreditar um governo, um grupo étnico ou religioso, como os judeus, ou empresários sem escrúpulos, companhias petrolíferas ou o complexo militar de armamentos. Um mesmo fato dramático ou chamativo pode propiciar a construção de diferentes teorias acusando diferentes entidades dependendo das próprias crenças ou posições ideológicas, políticas ou religiosas. Os políticos de extrema esquerda e de extrema direita, e seus seguidores, são especialmente propensos a aceitar teorias da conspiração. Isto se acentua ainda mais porque os fabuladores constroem suas teorias seguindo o "viés da maldade": as conspirações procuram cumprir fins egoístas através da realização do mal. Como observam McConnachie e Tudge, se alguém considera que seu adversário político é malvado, tudo o que ele fizer é dominado pela maldade: não há espaço para a casualidade ou para os acidentes fortuitos, tudo é fruto da intenção malvada do inimigo[5]. Além do mais, em meio a tudo isso, costumam existir segredos. O segredo e a falta de transparência em diferentes âmbitos e instituições alimentam essas teorias. A origem etimológica de conspirar é eloquente: *cum spirare, conspirare*, respirar juntos. Esse uso instrumental é um motor das teorias.

Por outro lado, acusar uma pessoa de criar uma teoria da conspiração é acusá-la de mentir e de construir hipóteses absurdas. Acusar o adversário, que denuncia um fato, de defender uma teoria conspiratória é uma arma branca, um epíteto depreciativo que procura minar a credibilidade da denúncia.

Outro aspecto político é o caráter contracultural, no sentido da desconfiança e da oposição ao poder constituído, que reside nessas teorias. Por diferentes razões como inveja, pobreza, vingança ou ressentimento, ataca-se o poderoso e, muitas vezes, com razão. Qualquer poder pessoal ou institucional pode ser acusado de fazer parte de uma conspiração.

Ocupar posições de poder ou ser favorecido pelo poder faz com que um indivíduo se torne candidato a vilão conspirador, seja como grande

---

5 *The Rough Guide to Conspiracy Theories*

manipulador ou como um de seus subalternos. Essa transição do nada para o protagonismo se evidencia claramente quando se observa o batismo conspirativo de uma pessoa ou entidade que é abençoada ou ungida pelo poder. Desse modo, o papel de malvados desempenhado pelos jesuítas em muitas conspirações foi transferido para a Opus Dei. Independentemente de outros fatores, a inclinação do Vaticano para a Obra, favorecida nos últimos anos e, paralelamente, sua pouca simpatia pela Companhia de Jesus, provocaram uma inflexão na designação de "maus oficiais". Pode-se dizer que o segredismo da Opus Dei contribui para isso.

Além dos judeus, há outros candidatos natos a desempenhar o papel de vilões nas teorias: os maçons, a mancomunagem judaico-maçônica, os comunistas, a máfia, o complexo industrial militar americano ou as grandes multinacionais petrolíferas e automobilísticas. Também há organizações instrumentais que são acusadas de tomar parte na trama e de ter as mãos manchadas com o sangue de inocentes: serviços secretos, Comissão Trilateral, Clube Bilderberg. E, no topo da pirâmide, o governo secreto do mundo, a casa real britânica ou o Vaticano.

A falta de transparência e o segredismo operativos, que ocorrem nas ações do governo, nos serviços secretos, nas grandes empresas e em algumas instituições alimentam essas teorias. A falta de transparência é acompanhada por uma desconfiança crescente em relação às empresas, às instituições e às mensagens transmitidas por elas, o que se reflete em expressões como "dizem-nos apenas o que querem que saibamos". Pode ser que existam coisas que não sabemos, que haja algo oculto, além disso, em uma sociedade cada vez mais complexa, custa-nos entender o que ocorre em torno de nós. Também existe uma separação ou afastamento crescente entre as estruturas de poder (partidos políticos, grandes empresas multinacionais, conglomerados de meios de comunicação, sindicatos) e o homem comum. Contribui para isso a internacionalização da economia e de toda a nossa vida. As coisas que comemos, a forma de nos vestirmos, nossos tipos de diversão, nosso estilo de vida frequentemente se originam de decisões tomadas em empresas situadas a milhares de quilômetros de onde vivemos e são transmitidas com grande velocidade. A teoria da conspiração apresenta uma explicação simples para o que está ocorrendo, uma história de bons ingênuos vítimas de malvados todo-poderosos.

9. Teorias da Conspiração: Um Mundo de Enganações?

O avanço das tecnologias da informação e das comunicações não é alheio a essas circunstâncias. As novas tecnologias permitem um maior controle de governos e de agências e corpos de segurança sobre nossas vidas. Milhares de câmeras nos observam cotidianamente; nossos dados, inclusive os de tipo biológico ou médico, estão armazenados em numerosos arquivos e não sabemos que tipo de pessoas têm acesso a eles e tampouco a serviço de que interesses. Nesse contexto, teorias da conspiração baseadas no controle de muitos por poucos encontram um terreno fértil.

Por outro lado, a internet é um campo propício à difusão ilimitada das teorias da conspiração. O fértil terreno da rede de redes abriga incontáveis páginas nas quais os fabuladores e aqueles que creem neles transmitem e discutem essas teorias. A internet torna as pessoas mais livres e permite que elas se organizem independentemente ou claramente contra os poderes fáticos. Por outro lado, ela amplifica as teorias da conspiração que repetem, na falta de provas, certas ideias básicas à saciedade. Como exemplos podem ser citadas as 36 mil páginas da internet que surgiram após a morte da princesa Diana dedicadas às teorias conspiratórias contrárias à versão oficial, embora isso não seja nada em comparação com as milhões de páginas que defendem as teorias conspiratórias dos atentados de Nova York do 11 de Setembro.

Explicações Psicológicas e Neurocientíficas

Muitas pessoas formulam e lançam teorias conspiratórias porque buscam a notoriedade proporcionada pelo fato de falar sobre um tema que, em um dado momento, está presente nas mentes de todos. Além disso, os temas ocultos possuem *glamour*, atratividade e mistério. Quanto mais engenhosa for a teoria, e às vezes quanto mais disparatada, mais vendas ela conseguirá e o autor do livro atrairá mais atenção. A facilidade com a qual são difundidas e consumidas essas invenções faz com que elas sejam um sucesso editorial quase certo. Em geral, os livros que expõem teorias da conspiração vendem muito bem e são uma boa fonte de ingressos. Portanto, pode-se falar, como no caso de outro tipo de fabulação, na existência de importantes incentivos tanto econômicos como derivados da atenção pública recebida pelo autor, mas dado o caráter irracional de todas elas, há muito mais razões ainda.

Entre elas, fortes impulsos, como a rejeição habitual de assumir responsabilidades individuais para atribuí-las a entes distantes, misteriosos ou desconhecidos. É mais cômodo pensar que as coisas que ocorrem são responsabilidade ou culpa de outros. Essa forma de ver a realidade diminui a iniciativa individual para mudá-la e conduz a um fatalismo no qual tudo o que acontece é atribuído a terceiros ou a forças ocultas.

Por outro lado, o mundo em que vivemos é prosaico, a realidade é dura e custa-nos aceitar a nossa pequenez e o fino fio em que está pendurada a nossa vida, submetida a contingências variadas e imprevisíveis. Queremos acreditar que nossa existência e que as coisas que nos rodeiam possuem mais valor e são mais importantes do que parece. A ideia central é a "insustentável leveza do ser", magistralmente exposta pelo escritor Milan Kundera, que somente pode ser superada através dos sentimentos, como o amor, mas também por meio das ilusões, embora estas sejam construídas sobre falácias, meias verdades, fantasias ou simples mentiras. Acreditamos que somos felizes quando na verdade estamos enganados. Contentes em acreditar no que acreditamos, mas enganados e, sim, transcendentes. O conteúdo de uma teoria da conspiração sempre é mais sugestivo, fantasioso e criativo que a realidade cotidiana, nua e tediosa, como a vida que a maioria das pessoas tem. A existência, não mais provável, mas sim certa de uma conspiração, de um mundo oculto do poder, diz que há algo além dessa trivial e anódina vida cotidiana.

Também existem pessoas com uma mentalidade retorcida ou profundamente inconformistas que nunca acreditarão no que lhes é dito. Talvez por experiências passadas, talvez porque elas próprias em sua vida pessoal e profissional tenham conspirado alguma vez, consideram que as coisas não podem ser assim, como contam os governos ou os jornais: as coisas não são simples. Tem de existir algo por trás ou alguém que quer que se pense desse modo porque isso favorece seus interesses.

Há uma explicação psicológica proveniente do estudo das maneiras de se tomar decisões em situações emocionais ou de incerteza. Nesses casos, procuram-se "atalhos" mentais para tentar compreender e explicar a realidade. Um deles é o modo de interpretar acontecimentos casuais, que ocorrem por acaso e que não possuem ligação com o que está acontecendo, como os autênticos fatores determinantes ou desencadeadores de uma situação. Os psicólogos denominam-nos de vieses de pensamento, ou "heurísticas", que são explicações causais que conduzem a erros sistemáticos na atribuição da causa de um acontecimento a algo que ocorre ao mesmo tempo.

Um exemplo desses vieses de pensamento é o simbolismo ou a confusão entre ruído e sinal. Confundimos um acontecimento que ocorre ao mesmo tempo que outro com sua causa, isto é, confundimos causalidade e correlação. A origem dessa forma de pensar é que o ser humano não está preparado para avaliar e compreender o acaso e a probabilidade. Esta última é um conceito matemático e, portanto, abstrato, quando na verdade estamos preparados mais para entender o que é concreto e imediato. Além disso, prestamos mais atenção aos fatos que nos emocionam e que nos impressionam muito. Por outro lado, tendemos a procurar relações entre fatos que, na verdade, são fruto do acaso. Acreditamos que tudo tem de ter uma explicação e procuramos explicações para coisas que ocorrem aleatoriamente e para aquilo que não entendemos. Preferimos uma explicação absurda ou sem base empírica antes de aceitar que não há explicação para um acontecimento e de admitir que é produto do acaso. Portanto, para nós é difícil ver os acontecimentos como produto do acaso ou como independentes entre si, de tal modo que estabelecemos relações entre eles, ainda que estas não existam.

Desse modo, quando duas coisas ocorrem ao mesmo tempo, pensamos que entre elas pode existir uma relação causal, isto é, que uma ocorre como consequência da outra. Essa tendência é mais forte quando um ou ambos os acontecimentos possuem um caráter emocional que impressiona. Torna-se então mais fácil ignorar o acaso e pensar que existe uma causa por trás daquilo. Surge então o simbolismo ou a tendência de buscar sinais significativos em acontecimentos cuja ocorrência é aleatória. São relacionados acontecimentos que ocorrem por acaso e que não possuem nenhuma importância, estabelecem-se relações destes com outros e por fim chega-se a acreditar que existe entre eles uma conexão, quando na verdade não são "sinais" um do outro mas antes um "ruído de fundo" na vida cotidiana, isto é, insignificâncias. O simbolismo faz parte do pensamento mágico ou supersticioso. Por exemplo, um estudante que passou em uma prova no dia em que vestia uma certa roupa ou usava um determinado perfume passa a pensar que essa roupa ou esse perfume estão relacionados com seu desempenho, já que lhe "trazem boa sorte". A partir desse momento, ele usará a roupa ou o perfume quando precisar fazer uma prova, por mais que isso não tenha nenhuma relação com sua preparação, com a dificuldade da prova, com a forma de realizá-la ou com o seu resultado.

Trata-se de uma forma de pensamento mágico que proporciona a ilusão de que se controla a realidade, mas na verdade isso provém de uma falha na compreensão e no uso das leis da probabilidade, do conceito de correlação (duas coisas que ocorrem ao mesmo tempo), incluindo a minimização do papel do acaso. Esses vieses de pensamento facilitam a crença em teorias irracionais e em uma concepção supersticiosa do mundo. Levada ao extremo, essa forma de pensamento estabelece relações fictícias entre muitos acontecimentos diferentes. Alguns deles são tomados como "símbolos" ou "sinais" de outras coisas ou de acontecimentos importantes e deles é feita uma interpretação ou atribuído um significado do qual carecem totalmente. Nas teorias da conspiração, são estabelecidas ou dadas como existentes relações entre fatos isolados que acabam por justificá-las. Presta-se atenção a todo tipo de símbolo, incluindo gestos, palavras ou números que apontam para o envolvimento de entes ou de seitas ou grupos (maçons, judeus, o grande capital), seguindo o "viés da maldade": se eles são secretos ou não se possui informação sobre eles é porque eles fazem o mal. Qualquer fato relevante pode ser relacionado com outro e desse modo se pode criar uma conspiração a partir do nada.

Diferentes pesquisadores encontraram uma relação entre acreditar em teorias da conspiração e a necessidade de controlar o que acontece na vida da própria pessoa[6]. Quando as pessoas perdem o controle sobre o que ocorre ao seu redor, elas tendem a estabelecer relações entre fatos aleatórios e desconexos. Por meio desse processo mental, elas encontram um sentido para os acontecimentos que permite que reajam frente ao presente e que antecipem o futuro, algo muito importante na sociedade atual, na qual há uma perda de controle e de influência sobre muitos acontecimentos. Essa

---

6 Cf. J.A. Whitson; A.D. Galinsky, Lacking Control Increases Illusory Pattern Perception, *Science*, 322, p. 115-117.

crença restaura parcialmente a sensação de controle e permite compreender por que em épocas de crise ou de incerteza cresce o apoio às teorias da conspiração. De acordo com esses psicólogos, um aspecto positivo dessa crença é, além do da tranquilidade psicológica proporcionada por ela, o de que ela pode ajudar a enfrentar situações adversas.

Os psicólogos descreveram uma forma de pensar, semelhante à personalidade paranoica, própria das pessoas que veem em todos os lugares indícios e sinais de uma conspiração. É típico dessa forma de pensar o fato de atribuir um significado especial a detalhes, gestos, expressões de pessoas na rua ou na televisão, que parecem indicar algo significativo, que o paranoico sempre põe em relação com seus delírios. O pensamento paranoico, os delírios e as manias persecutórias caracterizam alguns pacientes esquizofrênicos.

Os neurocientistas que estudam o comportamento descreveram várias regiões cerebrais, interconectadas entre si, que estariam excessivamente ativas nessas pessoas. Esses sistemas cerebrais são ativados quando as pessoas realizam uma tarefa prazerosa ou quando pensam nela, antecipando-a. Os neurônios desses sistemas cerebrais utilizam uma substância neurotransmissora chamada dopamina. Esse neurotransmissor também está envolvido quando se está concentrado em algo intensamente, nas situações em que são analisados detalhes muito concretos do entorno ou da atividade que se está realizando.

Nas pessoas paranoicas, nos casos extremos que ocorrem em certas crises psicóticas de alguns pacientes esquizofrênicos, que podem apresentar delírios de perseguição, religiosos ou de outro tipo, produz-se um excesso de atividade em alguns dos sistemas cerebrais que produzem ou utilizam o citado neurotransmissor. Essas pessoas atribuem um significado às coisas que as rodeiam que estas não possuem: os olhares ou os gestos dos demais, as mensagens dos anúncios publicitários ou frases soltas que ouvem no rádio ou em uma conversa casual na rua. Automaticamente, estabelecem relações entre esses acontecimentos fortuitos, fruto da casualidade, com seus próprios delírios. Elas fazem algo parecido com o que fazem aqueles que desenvolvem teorias conspiratórias: atribuem importância a acontecimentos insignificantes e procuram estabelecer entre eles conexões inexistentes. Precisamente, os fármacos mais eficazes para reduzir os sintomas psicóticos como os delírios são aqueles que diminuem a atividade da dopamina nesses sistemas cerebrais.

Por outro lado, certas substâncias estimulantes que ativam essas células, como a cocaína e as anfetaminas, possuem a propriedade de aumentar a atenção e a concentração, assim como a associação superficial de ideias. Por trás do aumento na sociabilidade demonstrada pelas pessoas intoxicadas com essas substâncias, está a habilidade que mostram para associar acontecimentos ou coisas entre si e manter uma conversa animada ou soltar uma tirada com agilidade e com uma certa graça. Algumas pessoas desenvolvem crises psicóticas e delírios em consequência do uso dessas substâncias.

Não se pretende aqui dizer que todos os que inventam essas teorias possuam um comportamento paranoico, mas às vezes esse parece ser o caso.

Ciclo de Rolando:
A Morte do Herói ou da Heroína

Um primeiro grupo de teorias da conspiração surge em torno das mortes trágicas, súbitas, de pessoas jovens e famosas. São acontecimentos inesperados, incompreensíveis, aparentemente absurdos, que muitas pessoas sentem dificuldade em aceitar e assumir. Isso é semelhante ao que ocorre com nossa própria existência, na qual frequentemente é difícil encontrar uma lógica para acontecimentos de pouca importância, dificuldade que se acentua diante de acontecimentos graves e, sobretudo, na hora de aceitar a morte quando esta ocorre bruscamente. Esta falta de lógica se intensifica ainda mais no caso do herói ou da heroína. Há uma dificuldade especial em admitir o desaparecimento do ídolo em razão da proximidade proporcionada por sua presença nos meios de comunicação. Os admiradores, por exemplo, sentem que possuem um certo direito sobre a vida do ídolo que, em certa medida, lhes pertence. Eles não costumam aceitar as explicações mais simples. Especialmente quando ocorrem circunstâncias relacionadas com a morbidez ou com o *glamour*, e os principais exemplos a esse respeito são Marilyn

Monroe, John Fitzgerald Kennedy, Elvis Presley e a princesa Diana. Algumas mortes trágicas, envoltas em mistério, como a do líder sueco Olof Palme, também se prestam a uma teoria conspiratória, mas seja devido à idade ou à falta de *glamour*, os fabuladores não encontraram nela motivos suficientes para tratar dela.

Ainda mais difícil é aceitar que não há culpados ou responsáveis, sobretudo quando a morte é trágica, inesperada e não resultante de causas naturais, como uma doença, por exemplo. A teoria da conspiração ajuda a entender aquilo que não possui explicação, o que não é resultado previsível de um processo. A morte se transforma em um espetáculo e aparece a ritualização exagerada, que inclui assumir um papel dentro do mito, como se fosse um exorcismo ou um tributo exorbitante mais ou menos justo ao defunto que está em relação direta com a relevância do falecido. Tanto isso é verdade que a morte do jovem ou da jovem causa uma grande comoção e frequentemente propicia o surgimento de obras em diferentes gêneros literários: romances, poemas, músicas, livros, óperas e filmes.

A Morte da Princesa Diana

Dodi e Diana foram assassinados pelos serviços secretos ingleses por motivos racistas, para evitar que o futuro rei da Inglaterra tivesse um irmão árabe.

Mohamed Al-Fayed, pai de Dodi Al-Fayed e dono da Harrod's

A morte da princesa Diana de Gales em um acidente automobilístico em Paris, no dia 31 de agosto de 1997, gerou uma série de especulações e teorias conspiratórias que foram aceitas pela população: 31% dos britânicos consideram que a princesa de Gales foi assassinada e 26% não têm opinião formada sobre o assunto.

O núcleo das teorias é que Diana estava grávida de seu namorado, Dodi Al-Fayed, com o qual estava comprometida, e ambos foram assassinados por uma conspiração do "sistema" britânico, por trás da qual estaria a família real britânica, incluindo seu ex-marido, o príncipe Charles, e seu pai, o duque Phillip de Edimburgo, e o serviço secreto britânico. A relação de Diana com Dodi incomodaria e seria uma ameaça potencial à família real britânica, à sua estabilidade e à sua permanência no poder. De acordo com Mohammed Al-Fayed, Phillip de Edimburgo ordenou que o serviço secreto britânico MI6 matasse o casal.

Teorias mais disparatadas ainda atribuem a causa do possível assassinato à tentativa de impedir que a princesa revelasse segredos embaraçosos para os Windsor. Também Osama bin Laden teria interesse em sua morte pois não via com bons olhos o matrimônio de Lady Di com um muçulmano pelo possível exemplo pernicioso para as mulheres do Islã.

A versão oficial que culpava em parte a embriaguez do motorista pelo acidente foi desacreditada. Os conspiradores garantem, pelo contrário, que este não estava embriagado e que sua amostra de sangue foi trocada pela de outra pessoa alcoolizada. Afirmou-se que a CIA realizara escutas das conversas telefônicas da princesa e que seu chofer, Henri Paul, trabalhava para o MI6 e para os serviços de inteligência franceses. Mas isso não muda nada: a não ser que se queira pensar que ele a assassinou através de um atentado suicida.

Não faltam dados para os fabuladores e para seus seguidores. A princesa de Gales teria sido objeto de escutas por parte de seu marido, o príncipe Charles. Um especialista contratado em 1994 teria encontrado microfones em seu quarto. Em outubro de 1993, dez meses antes de se divorciar, Diana teria escrito uma carta a seu mordomo, Paul Burrell, na qual declarava o medo de que seu marido preparasse um acidente contra ela para poder se casar com a babá. Posteriormente, Paul Burrell negou diante de um tribunal britânico tanto a existência de um complô como que Diana tivesse a intenção de se casar com Dodi. Ora, para um defensor da teoria da conspiração estas negativas além de não significarem nada são uma prova de que o mordomo também está envolvido na trama.

Outras coincidências jogavam ainda mais lenha na fogueira conspiratória: as câmeras do interior do túnel em que se acidentou seu automóvel estavam avariadas, a demora da ambulância para chegar ao hospital (ao que parece ela parou para facilitar as tentativas de reanimação da princesa) e dois membros do MI6 se encontravam naquele momento na embaixada britânica em Paris (não deveriam estar necessariamente relacionados com o caso). Uma menção especial deve ser feita ao papel de um misterioso

9. Teorias da Conspiração: Um Mundo de Enganações?

Fiat Uno branco com o qual parece ter se chocado o Mercedes em que viajava a princesa em seu trajeto final. Neste último, foram encontrados restos de tinta branca e uma marca que poderiam ser resultado de uma colisão com um automóvel com essas características que nunca pôde ser identificado. Dois anos depois do acidente, foi encontrado dentro de um carro o corpo carbonizado do *paparazzi* James Andanson, que possuía um Fiat Uno branco. Isto fez com que se pensasse, sem qualquer prova, que se tratava de um assassinato para eliminar uma testemunha ou um participante ativo do trágico acontecimento. Na teoria conspiratória de Al-Fayed, o mi6 teria pago o infeliz *paparazzi* para provocar o acidente e deduz-se disso que esse órgão teria alguma relação com sua morte.

Um primeiro processo judicial, com sua correspondente investigação policial, foi realizado na França durante dois anos e concluiu que se tratava de uma morte acidental e que não existiam dados que avalizassem qualquer conspiração. A conclusão foi a de que o motorista teria ingerido uma grande quantidade de álcool, combinada com medicação, que este dirigia em alta velocidade e que fora perseguido pelos *paparazzi*.

Uma segunda investigação policial independente, a pedido do governo britânico e liderada por lorde Stevens, antigo chefe da Scotland Yard, concluiu, depois de quase três anos de duração, em dezembro de 2006, e como a investigação francesa, que a morte da princesa Diana ocorrera devido a um trágico acidente provocado pela embriaguez do motorista, com três vezes mais álcool no sangue que o permitido pela legislação francesa, além de traços de antidepressivos, do excesso de velocidade (cerca de 160 km/h), ao que se somou o comportamento de assédio dos fotógrafos da imprensa sensacionalista que os perseguiam. Ao que tudo indica, nem Diana nem seu namorado estavam com o cinto de segurança. A exaustiva investigação não encontrou nenhum indício de que tenha havido um assassinato, nem tampouco da existência de algum complô para acabar com a sua vida. Ela não estava grávida nem havia qualquer indício de compromisso matrimonial. As declarações de uma amiga íntima confirmaram a inexistência de intenções de contrair matrimônio por parte da princesa de Gales.

Em relação à tese de que os testes de álcool do motorista foram manipulados, confirmou-se que a amostra de sangue deste era genuína, depois da comprovação de seu dna, comparado com o de seus pais.

A Agência Nacional de Segurança dos Estados Unidos negou que tivesse espionado a princesa, embora possuísse documentos que faziam referência a ela. A CIA já desmentira anteriormente que tivesse se ocupado das atividades da princesa Diana.

As teorias conspiratórias são resistentes às provas. Mohamed Al-Fayed, pai de Dodi e ardente defensor da teoria conspiratória, rejeitou de imediato as conclusões da investigação, chamou de "lixo" os resultados da investigação policial e afirmou que o que realmente acontecera foi "acobertado"[7].

Uma segunda investigação judicial, com base no relatório policial anterior, para descobrir o que ocorreu, começou em Londres em 8 de janeiro de 2007. Nesse segundo processo, apareceram dados mais completos que os já conhecidos. As cartas e anotações pessoais de Diana, apresentadas nesse processo judicial, revelam um apaixonado romance com Dodi Al-Fayed e, além disso, tornam ainda mais frias as relações entre a princesa de Gales e seu ex-sogro, o duque de Edimburgo. Os indícios sobre um casamento próximo, conforme defendido por Mohamed Al-Fayed, são contraditórios. Embora Dodi tivesse comprado um anel de noivado, as confissões de Diana às suas amigas íntimas não indicavam que ela levava a relação muito a sério. Também não há qualquer dúvida de que Diana não estava grávida no momento de sua morte. Como se pode perceber, nada novo surgiu. Claro que isto não serve para o defensor das teorias da conspiração, porque tudo foi preparado para que a verdade não seja conhecida. Por fim, e depois de ouvir as declarações de mais de 250 testemunhas, o júri determinou que foi a direção temerária do embriagado motorista Henri Paul, junto com a perseguição dos *paparazzi*, que provocou a morte do casal. Ademais, o juiz concluiu que não existiam provas de nenhuma conspiração, nem do envolvimento do duque de Edimburgo, nem dos serviços secretos, nem do governo britânico. Os advogados de Al-Fayed retrocederam indicando que o que haviam dito era ser "possível" que o MI6 estivesse envolvido. Al-Fayed declarou que não recorreria da sentença, mas continua não aceitando o que ocorreu e ainda defende sua teoria da conspiração.

---

7 Reportagens da CNN, <www.cnn.com>, 14 dez. 2006, 5 jan. e 2 mar. 2007.

Ciclo da Távola Redonda:
O "Governo Invisível"

*– Pois bem, disse o rei, façamos um chamado para que todos
os senhores, cavalheiros e homens de armas se dirijam a um
castelo (chamado Camelot naquela época) e ali o rei celebrará
um conselho geral e grandes justas.*

Sir Thomas Malory, *Le Morte d'Arthur*

A mais fantasiosa das teorias que poderíamos
englobar no "Ciclo da Távola Redonda" defende a existência de uma
grande conspiração de nível planetário, na qual um reduzido grupo de
pessoas forma uma espécie de governo invisível com a pretensão de dominar o mundo e chegar a uma "Nova Ordem Mundial".

Um relato completo desse conjunto de conspirações foi apresentado
pelo escritor e jornalista Eliseo Bayo em seu livro *Descubro y Acuso*. Um
dos maiores defensores da teoria da conspiração global é o economista
e ativista político americano Lyndon H. Larouche, que considera que a
família real britânica, liderada pelo duque Phillip de Edimburgo, controla
grandes questões mundiais e visa a criação de um único império mundial
através de uma série de organizações. Larouche, fundador da revista *Exe-
cutive Intelligence Review*[8], considera que as pessoas são manipuladas por
forças que desconhecem. O centro do mal está em Londres e consiste em
uma oligarquia que procura dominar e escravizar a humanidade. Puseram
Hitler e Mussolini no poder e querem acabar com as nações-estado para
implantar um governo supranacional. Por trás disso, estão as forças financeiras anglo-holandesas que visam a destruição do progresso baseado na
ciência e na depopulação através da provocação de estados de forte carestia.

De acordo com a versão mais difundida, um conjunto de famílias ou
clãs, com origem em nobres linhagens feudais, luta desde o Renascimento
para recuperar e manter seus privilégios oligárquicos. Para esse fim, cria-
ram, e ao que parece continuam criando, uma série de organizações

---

8 Cf. <www.larouchepub.com>

religiosas e políticas, algumas de caráter secreto e iniciático. Agrupadas em sociedades secretas, essas famílias exercem o controle financeiro, em parte através do tráfico de drogas, e o político, por meio dos serviços secretos e de uma série de instituições que influenciam os governos com um interesse egoísta que enfraquece seus próprios países.

No topo da pirâmide está a casa real britânica que, aliada às velhas famílias norte-americanas, em conivência com a aristocracia europeia, pretende reger o mundo. Um de seus instrumentos foi o tráfico de drogas em escala mundial, dirigido por bancos holandeses e britânicos, pertencentes a essas velhas famílias. Os Windsor controlariam o comércio de matérias primas e o sistema bancário mundial. Eles mantêm sua hegemonia sobre o antigo Império britânico através da Commonwealth, e indiretamente por meio da ONU, e dominam e influenciam a maçonaria e outras sociedades secretas.

Na versão da extrema direita americana, um dos objetivos dos conspiradores foi minar o poder dos Estados Unidos provocando guerras contra o Vietnã, o Iraque e o Afeganistão, assim como os conflitos ibero-americanos. Eles também fomentaram a Guerra Fria, o enfrentamento entre as superpotências e a desagregação da União Soviética. Esta última não devia estar em seus planos, pois acabou favorecendo e aumentando a força dos Estados Unidos.

Os elementos comuns dessas teorias são mais ou menos os seguintes:

- Um reduzido grupo de pessoas, como a família real britânica, o "Clube Bilderberg" ou os "Sábios de Sião", constituíram uma rede de sociedades secretas: o próprio Clube Bilderberg, a Comissão Trilateral, a chamada "Mesa Redonda" à qual pertencem o Royal Institute of International Affairs (Chatham House) britânico e sua instituição gêmea nos Estados Unidos, o Council on Foreign Relations. Outros grupos secretos menores seriam a chamada "Sociedade Milner" ou irmandades secretas de estudantes como a americana "Skull and Bones", às quais se somam os grandes financistas e as grandes multinacionais. Naturalmente, todos eles recebem heranças de judeus, maçons, templários e illuminati. Fecha-se o círculo afirmando que existem círculos internos nessas sociedades que conhecem os verdadeiros segredos e a "agenda oculta" de seus criadores, segredos estes que não são acessíveis aos membros ordinários.

- Eles atuariam através de outros governos (como o americano e o britânico, que eles controlam direta ou indiretamente) e entidades como a ONU, a OTAN, a Organização Mundial da Saúde, a União Europeia, a INTERPOL, o Banco Mundial e o Fundo Monetário Internacional. Os serviços secretos, especialmente o Mossad israelense, a CIA e os britânicos MI5 e MI6 também desempenhariam um importante papel operacional. Qualquer grande instituição ou grande empresa é candidata a ser subordinada às anteriores.

- Possuem ou controlam os principais meios de comunicação de todo o mundo, difundem as notícias de acordo com seus interesses e silenciam a respeito das notícias que não lhes convêm.

Essas pessoas e esses grupos visam:

- Implementação de um estado totalitário, policial, no qual possam controlar todo o mundo. Existiria um governo mundial único, uma moeda única e um exército supranacional único às ordens da ONU ou da OTAN. Com um sistema judicial internacional acima das nações. A minoria oligárquica teria o poder real.

- Desindustrialização e retorno a uma sociedade rural, dominada por oligarcas proprietários de terras que atuariam como senhores feudais. A sociedade se dividiria em senhores e escravos. O controle colonial do Terceiro Mundo seria recuperado.

- Diminuição drástica da população através da produção de fomes, guerras e genocídios.

- O controle de toda a população, conseguido, através de forças repressivas, e também por sistemas de hipnose, de controle mental e de microchips implantados. Existiria uma religião única universal. Seriam mantidos baixos níveis de formação e de educação.

Para isso, eles utilizam táticas malévolas como as seguintes:

- Destruição das indústrias em países desenvolvidos e deslocalização industrial. Tentativa de eliminação das classes médias por meio das crises econômicas. Proibição das centrais nucleares que proporcionam energia barata e que garantem a autossuficiência energética. Luta contra o progresso e contra o desenvolvimento científico e tecnológico.

- Minar a soberania nacional através de medidas como subordinar leis e constituições nacionais a acordos, diretrizes, tratados e constituições internacionais, e como diminuir os exércitos nacionais. Eliminação das moedas nacionais e do dinheiro em espécie para assim poder controlar as economias nacionais e a população.

- Criar insegurança nos cidadãos para implantar estritas medidas de controle policial. Criar deliberadamente crises financeiras ou sanitárias que deixem a população alarmada. Implantação de microchips subcutâneos. Passos prévios para isso seriam a utilização de microchips para prevenir o sequestro de crianças, a generalização dos telefones com GPS incorporado para saber onde estamos ou a utilização de localizadores nos automóveis para evitar seu roubo.

- Deterioração das conquistas educacionais e redução drástica do nível de conhecimento da população geral. Ataque ao desenvolvimento científico através do ecologismo, do fomento do lixo televisivo e do ócio de baixo nível cultural. Chegar-se-ia com isso a uma população dócil, preocupada apenas com um trabalho que lhe garanta sua subsistência e em divertir-se o máximo possível: fomento das drogas, da contracultura e dos movimentos *rock* e *punk* para enfraquecer os dissidentes.

Entidades particularmente inclinadas a serem protagonistas de conspirações planetárias são as instituições internacionais que funcionam com certo segredismo, como o Clube ou Grupo Bilderberg e a Comissão Trilateral.

O Grupo Bilderberg nasceu em 1954, em uma reunião de relevantes personalidades europeias e norte-americanas, celebrada no hotel de mesmo nome da localidade holandesa de Oosterbeck. O anfitrião e um de seus principais promotores foi o príncipe Bernardo da Holanda. O grupo é constituído por um grupo fixo de aproximadamente oitenta membros, além de mais alguns convidados. Aparentemente, seus objetivos são o

9. Teorias da Conspiração: Um Mundo de Enganações?

fomento da cooperação transatlântica e a criação de um foro de discussão livre, do qual fariam parte relevantes personalidades políticas, empresariais, financeiras e dos meios de comunicação. Defende e fomenta as instituições europeias e a internacionalização da economia e da sociedade. Eles são acusados de colocar e de tirar presidentes e chefes de governo. A verdade é que convidam políticos de destaque que com o tempo acabam ganhando (Tony Blair, Felipe González, Bill Clinton) ou perdendo (John Kerry, Gary Hart, John Edwards) eleições. Ao convidar líderes da oposição ou políticos emergentes, raramente algum deles não é eleito em pouco tempo. Eles não "colocam" alguém no poder, mas sim fazem a aposta certa. Ora, Ronald Reagan não era membro do clube e ganhou suas eleições presidenciais em duas ocasiões.

A Comissão Trilateral[9] foi criada em 1973, em plena Guerra Fria, e reúne membros da União Europeia, dos Estados Unidos e do Japão, embora ao longo dos anos tenha ficado mais aberta à participação de delegados provenientes de países americanos e asiáticos. Ela foi promovida pela família Rockefeller e celebrou sua primeira reunião em Tóquio. Nela há uma grande concentração de poder econômico e político, mas sua diversidade na verdade provoca uma falta de orientação unitária ou de consenso. Possui um caráter principalmente empresarial e político, defende a internacionalização da economia e é acusada de tentar controlar a economia mundial. Publica relatórios sobre temas políticos e econômicos contemporâneos (claro, mas não seus relatórios secretos, de acordo com as denúncias dos teóricos da conspiração).

O segredismo que rodeia reuniões como as da Comissão Trilateral e do Grupo Bilderberg, assim como as de outras instituições mencionadas, estimula todos os tipos de especulações. O viés da maldade faz pensar que como as reuniões são secretas, algo maléfico é forjado nelas. Ora, o segredo não necessariamente é equivalente a algo maligno. Essas instituições realizam reuniões periódicas de personalidades do mundo dos negócios e da política para discutir problemas comuns, sobretudo de política internacional. Em princípio, não parece existir nada de errado ou de estranho no fato de que as pessoas se reúnam para trocar ideias e

9 Cf. <www.trilateral.org>

opiniões no mais alto nível. Os organizadores convidam líderes e relevantes promessas políticas, como são os candidatos a chefias e presidências de governos. A justificação do segredo se baseia em que uma discussão privada permite maior liberdade de expressão e também um debate mais rico e produtivo. Nessas reuniões são discutidos temas de interesse mundial, de tipo econômico e político, analisam-se conflitos potenciais ou reais. Parece que fomentam claramente a internacionalização da economia e da sociedade, assim como temas relevantes para a União Europeia.

Outras organizações subordinadas que entram no "lote" conspirativo são o Royal Institute of International Affairs[10] britânico e o Council on Foreign Relations (CFR) americano, constituídos por importantes personalidades do governo, da administração pública, das universidades e dos meios de comunicação. O RIIA foi fundado em 1919, em consequência da Paz de Versalhes que se seguiu à Primeira Guerra Mundial, que edita as publicações *International Affairs* e *The World Today*. A esquerda acusa-o de ser uma entidade neoconservadora ("neocon") e neonazista, enquanto a direita o acusa de possuir comunistas infiltrados que querem destruir os Estados Unidos. Os fabuladores atribuem a origem do RIIA à sociedade da Mesa Redonda (*Round Table*), organização de origem maçônica que visava a reunificação da Grã-Bretanha e dos Estados Unidos em um novo Império britânico. Aparentemente, foram criadas várias sociedades desse tipo nas ex-colônias britânicas no final do século XIX e começo do XX.

O CFR, por sua vez, foi criado em 1921 e reúne mais de 3 mil pessoas, que são políticos importantes e altos funcionários das diferentes administrações norte-americanas, juntamente com ex-presidentes e pessoas muito influentes de diversos ambientes: universitários, banqueiros, proprietários de meios de comunicação e diretores de grandes empresas civis e militares. Publica a revista *Foreign Affairs*. Ambos são *think tanks* ou oficinas de ideias que fazem análises sobre a política externa desses países procurando por uma continuidade nela e por linhas de atuação comuns, independentemente de que partido esteja governando. Seria algo como o Real Instituto Elcano na Espanha, embora pareçam ser menos partidários que neste último. De qualquer modo, 3 mil pessoas são pessoas demais para entrar em acordo.

10 Atualmente conhecido como Chatham House, cf. <www.chathamhouse.org>.

9. Teorias da Conspiração: Um Mundo de Enganações?

As Elites Mundiais
e Seus Conluios

Alguns estudiosos desse assunto propõem que diversas razões podem explicar o fato de que pessoas poderosas e influentes se reúnam periodicamente com diversos objetivos, nem sempre nobres. David Rothkopf sustenta que a globalização criou um grupo de privilegiados em todo o mundo, constituído por alguns milhares de pessoas de diferentes âmbitos (políticos, empresários, financistas, ativistas, artistas, jornalistas, cientistas, líderes religiosos, proprietários de meios de comunicação e criminosos) que têm a oportunidade de influenciar um grande número de pessoas. Muitos deles se conhecem pessoalmente. Não é um grupo homogêneo nem tampouco permanente já que vai mudando com o tempo: são elites por poder adquirido e não o contrário. Há políticos e financistas que pertencem a ele durante alguns anos e que depois o abandonam. Vários subgrupos dessa elite (banqueiros, presidentes e ex-presidentes de governo, donos de empresas petrolíferas, proprietários de meios de comunicação) se encontram com uma relativa frequência e fazem reuniões com diferentes motivos: procuram defender os interesses de suas empresas, de seus países, mas também obter poder e influência para si mesmos. Sem sair da Espanha, pode-se falar de um grupo influente de várias centenas de pessoas, principalmente de políticos e empresários, interligados por interesses de diversos tipos, que coincidem em atos e em foros variados. Não é estranho que se reúnam entre si e que existam interesses comuns.

Para as pessoas influentes em nível mundial, os foros tradicionais de reuniões de estadistas (ONU, G8, OTAN) ou as conferências setoriais (Fundo Monetário Internacional, Cúpula Ibero-americana, Liga Árabe) não servem para resolver os novos problemas trazidos pela globalização, que costumam ser de natureza internacional e complexa e que requerem uma solução prática ou pouco retórica. Podem ser problemas de caráter setorial e impossíveis de serem abordados por um único país em nível local ou somente através de contatos entre políticos ou entre empresários. Alguns dos conflitos entre países ou entre empresas requerem encontros frente a frente difíceis de serem realizados nos foros tradicionais. As pessoas influentes que querem resolver assuntos complexos procuram por foros alternativos, para além das visitas de Estado ou de reuniões de cúpula entre países.

O tipo de reunião que serve de exemplo, e que em certa medida substitui as reuniões de Bilderberg e da Trilateral, é a reunião anual do Foro Econômico Mundial na cidade suíça de Davos. Essas reuniões servem para fins muito diferentes: fazer contatos formais e informais entre líderes para resolver problemas ou para conseguir mais influência, para compartilhar ideias ou simplesmente para fazer negócios, assim como para estabelecer relações úteis no futuro, como encontrar um novo emprego quando deixem a política. Esses contatos se dão entre membros da elite mundial, que seria difícil ou impossível reunir em qualquer outro lugar ou ocasião.

Não é difícil que sejam vistas como reuniões conspiratórias, à margem da opinião pública e da soberania nacional. Esses encontros certamente resultarão em consequências legislativas, políticas e sobretudo econômicas. Nessa linha, os fabuladores opinam que são feitos acordos que serão posteriormente transformados nos respectivos países por seus governos em medidas políticas, em leis e em normas. De acordo com eles, estas medidas pretendem converter a sociedade em um regime autoritário no qual uma minoria passa a governar. Também são acusados de provocar guerras e revoluções para atingir seus próprios fins.

As explicações alternativas à teoria conspiratória, além da de Rothkopf[11], foram expostas em muitos lugares. É normal, e uma boa ideia também, o *networking*, isto é, estabelecer relações entre iguais em todos os níveis, incluindo representantes das elites. São estabelecidas alianças, relações de todos os tipos que, em muitos casos, produzem benefício mútuo e que não podem ser criticadas, desde que respeitem a lei. É lógico que pessoas com grandes obrigações e responsabilidades e com uma destacada atividade internacional discutam sobre temas estratégicos, de grande impacto social, político e econômico. Também é lógico que desse foro possam surgir iniciativas legais ou de outro tipo. Não há dúvida de que algumas delas afetaria muitas pessoas. Tampouco se sabe quantas dessas iniciativas não foram seguidas por nenhum resultado. Muitos políticos nacionais ganhariam com o intercâmbio de ideias, razão pela qual pode

---

11 *Superclass: The Global Power Elite and the World They Are Making.*

ser um bom exercício de aprendizagem. Por outro lado, é lógico que grandes empresários aproveitem esses encontros para obter informação útil e para tentar fazer negócios, como é sua obrigação e como eles fazem em outros âmbitos nos quais a oportunidade se apresente.

Nos países democráticos, com suficiente separação de poderes, as atividades legislativas e do executivo estão submetidas ao escrutínio público e a um certo controle por parte da oposição, cujos líderes também participam das reuniões da Trilateral e do Clube Bilderberg, e da imprensa, que também envia membros para assistir a esse tipo de reunião.

Não é fácil acreditar que essas pessoas possam ir além da mera sugestão ou consentimento de uma ou duas boas ideias que discutam ou colham em algum dos encontros. Em outra ordem de coisas, é difícil imaginar a rainha Sofia da Espanha sugerindo ao seu cônjuge, o Rei da Espanha, decisões de alcance social, político ou econômico, ou inclusive dizendo ao presidente José María Aznar o que ele deveria fazer em questões de natureza nacional ou internacional. É mais estranho ainda imaginar Esperanza Aguirre, presidente da Comunidade de Madri, instruindo o presidente Rodríguez Zapatero em temas de grande alcance. Também é difícil imaginar Juan Luis Cebrián, conselheiro delegado do grupo de comunicação Prisa, discutindo os melhores sistemas para implantar microchips que permitam controlar a população.

Em suma, é difícil imaginar que os políticos possam passar por cima de todo o arcabouço jurídico, executivo e administrativo para realizar fins como os descritos. Também é duvidoso que pessoas tão diferentes, com interesses díspares, para não falar de ideologias contrapostas, entrem em acordo para a adoção de medidas ou estratégias de longo alcance. Entretanto, quando são discutidos temas de relevância política e econômica, apresentados por prestigiosos especialistas, não é de causar espanto que algumas conclusões coincidam com decisões políticas dos governos que eles assessoram. Daí a pensar que mandatários e futuros mandatários recebam instruções é um grande salto.

O fato de que uma pessoa seja maçom significa que ela estará de acordo pelo menos com alguns, ou com todos, os princípios sociais, éticos e políticos defendidos pela maçonaria, mas, ainda assim, deverá contar com o apoio da população, de um partido político e dos mecanismos legais oportunos e imprescindíveis para poder implementar as suas ideias. Na verdade, há poucas ideias boas e é muito difícil implementá-las. Se uma ideia é boa para a maioria da população, ela seria aceita e seria concretizada mais cedo ou mais tarde, não importa quem fosse a pessoa a propô-la. Uma ideia egoísta de grande alcance, voltada ao enriquecimento de poucas pessoas e que cause um grande prejuízo a muitos, dificilmente prosperará em uma sociedade democrática assim que ela for detectada e denunciada.

É difícil manter o equilíbrio entre a credulidade absoluta e o ceticismo cego. Seria excessivamente ingênuo pensar que um grupo de industriais e de financistas reúne importantes políticos, ideólogos, prestigiosos universitários e diretores ou proprietários de grandes meios de comunicação, e financia seus encontros somente pelo prazer de presenteá-los com alguns dias de hospedagem grátis em um hotel de luxo para falar e discutir sobre temas relevantes da atualidade e de interesse para o futuro. No mínimo se tentará constituir um *lobby* ou grupo de pressão para influenciar políticas nacionais ou internacionais em uma determinada direção e em vários âmbitos. Talvez através da criação de uma opinião geral favorável a certas iniciativas comerciais ou industriais. Mas não existe nenhum dado que comprove que um tema tratado nas reuniões desses foros se plasme em medidas concretas. Não há para isso nem dados nem provas.

O pouco de jornalismo investigativo que existe a esse respeito lança alguma luz sobre o que se discute e sobre a maneira pela qual são feitas as apresentações. Isto, somado às declarações de participantes e aos seus relatos autobiográficos, indicam mais do mesmo: nas reuniões, há a apresentação e a discussão livre e aberta de grandes temas de interesse social, político e econômico, com ênfase na economia de mercado, na internacionalização da sociedade e muito apoio à União Europeia.

Outra questão é a de se um funcionário público ou um político eleito faz bem ou não em se reunir em segredo com responsáveis por empresas e entidades privadas de outros países, mas esse assunto pertence a um âmbito diferente. Eles deveriam, no mínimo, relatar o resultado de suas atividades, que neste caso entendo como não privadas, e em que isso beneficia os seus eleitores e governados. Grande parte da política é feita em segredo, mas o cargo público está vinculado a compromissos morais

9. Teorias da Conspiração: Um Mundo de Enganações?

com aqueles que o colocaram temporariamente no poder, que merecem respeito e necessitam de informações claras quando suas atividades são relevantes para o bem comum.

Ciclo das Grandes Catástrofes e dos Grandes Atentados

Contaram-me que no dia 10 de setembro de 2001 ausentaram-se de Nova York muitas personalidades hebraicas... E no dia 11 de setembro aconteceu o que sabemos e que surpreendeu a todos.

D. Pastor Petit, entrevistado em *Muy Historia*, n. 10, 2007

Nasceram muitas teorias conspiratórias sobre os tristes acontecimentos do 11 de Setembro de 2001 nos Estados Unidos e do 11 de Março de 2004 em Madri. Esses dois atentados terroristas foram atos de guerra em tempos de paz que surpreenderam a maior parte da humanidade. Eles acentuaram ainda mais a eterna sensação de desamparo do ser humano, de falta de controle sobre o que ocorre ao seu redor.

Foi fecunda a colheita conspiratória em torno dos atentados. Quase a metade dos habitantes da cidade de Nova York acredita que altos funcionários da Administração Bush sabiam sobre os ataques terroristas com antecedência e que não reagiram propositadamente. Para estudar o que ocorreu e evitar possíveis atentados, constituiu-se uma comissão independente, formada por republicanos e democratas, por decisão do Congresso dos Estados Unidos. Seu relatório foi publicado em julho de 2004. No entanto, somente um terço dos americanos considera que a comissão oficial respondeu adequadamente a todas as questões relevantes a respeito dos trágicos acontecimentos. Uma pesquisa de agosto de 2004 revelou que 66% dos nova-iorquinos desejavam uma investigação independente, a cargo do Congresso e da promotoria geral de Nova York, sobre as perguntas acerca do atentado que ficaram sem resposta. A desconfiança em relação ao trabalho da comissão oficial que investigou os atentados é notória.

O Atentado do 11 de Setembro

Os principais argumentos defendidos pelas teorias da conspiração são que o terrorismo muçulmano não foi o culpado e que, se este último foi o culpado, o modo de agir do governo americano facilitou a execução dos atentados. Dentre outras coisas, assegura-se o seguinte:

- Não foi explicado o desabamento das Torres Gêmeas do World Trade Center. Assegura-se, sem provas, que foi uma demolição controlada. Diz-se que o impacto e que o combustível dos aviões não foi suficiente para derrubar os edifícios. Os técnicos não podem explicar a mecânica do desabamento por si só. Por outro lado, é difícil que um profissional, engenheiro ou arquiteto ofereça um modelo ponto por ponto, convincente em todos os seus extremos, de como foi feita a demolição e de que forças mecânicas entraram em ação.

- O edifício 7 do complexo do World Trade Center caiu sem que nenhum avião tenha se chocado com ele. De acordo com a versão oficial, ele colapsou devido a uma série de incêndios nos sistemas de alimentação de gás dos geradores elétricos de vários andares. A versão conspiratória afirma que o edifício ruiu como se fosse uma demolição controlada, razão pela qual deve ter sido uma demolição controlada. O fato de que algumas agências federais (incluindo ao que parece o FBI, a CIA e a agência de coleta de impostos) tinham escritórios nesse prédio reforça ainda mais o caráter suspeito do desabamento: os conspiradores o demoliram para ocultar provas da conspiração.

- O avião que se chocou com o Pentágono parecia mais um míssil. A teoria diz que o Pentágono atacou a si mesmo. Além disso, o piloto era inexperiente demais para realizar uma manobra tão complicada. A verdade é que o vídeo oficial transmitido pela televisão não ajuda muito a entender o que aconteceu.

- Existência de falhas de segurança, já que nenhum caça foi interceptar os aviões sequestrados. Na verdade, eles saíram, mas não sabiam para onde ir nem tampouco receberam ordens concretas de interceptação. Ora, mesmo que tenha ocorrido uma gravíssima falha de

9. Teorias da Conspiração: Um Mundo de Enganações?

segurança e uma incompetência patente, isso não é o suficiente para validar qualquer outra teoria. O fato de não se ter impedido o ataque tampouco implica cumplicidade.

- Falhas do serviço de inteligência antiterrorista, já que se esperava um atentado e nada foi feito. Na verdade, é muito difícil prever um atentado com essas características. Também se assegura, sem provas, que os terroristas que participaram dos atentados eram monitorados há anos.

Outros argumentos:

- Uma crença muito difundida nos Estados Unidos e no resto do mundo, principalmente entre pessoas de ideologia esquerdista, é que o presidente Bush conhecia de antemão os ataques do 11 de Setembro. O atentado é atribuído a políticos ultraconservadores, ao complexo industrial militar e à CIA. Eles sabiam o que estava sendo preparado e não agiram.

- Outro argumento liga Bush a um irmão de Osama bin Laden. A relação provém dos negócios petrolíferos de G.W. Bush, proprietário da empresa Bush Energy, que foi absorvida pela Harten Energy, que tinha como um de seus sócios Saled bin Laden, um dos numerosos irmãos de Osama. Nesses negócios, intervinha James Bath, amigo de George W. Bush e representante de investidores sauditas nos Estados Unidos, que ao que parece vendia armamento americano à Arábia Saudita. Participou dessas operações o Banco Internacional de Crédito e Comércio, que era uma autêntica fábrica de lavagem de dinheiro e um mecanismo de financiamento do terrorismo internacional, utilizado também pela CIA em diferentes operações secretas.

- Os membros da família Bin Laden foram protegidos nos Estados Unidos. Isso certamente foi feito para evitar represálias.

- Ocorreram transações financeiras suspeitas dias antes dos atentados que diziam respeito às companhias aéreas envolvidas ou a empresas com sede nas torres. A comissão oficial concluiu que essas transações não eram relevantes[12].

12 Cf. <www.911truth.org>

Não deve causar surpresa encontrar conexões entre pessoas. Estudos sociológicos demonstram que entre duas pessoas de todo o mundo escolhidas ao acaso, existem no máximo seis "graus" ou ligações de separação que permitem colocá-las em contato dentre si. Todos nós conhecemos alguém que conhece alguém importante. Se procurarmos, encontraremos conexões entre muitas pessoas que a princípio não desconfiaríamos existir.

Chama a atenção a teoria antissemita que defende, naturalmente sem provas, que o serviço secreto israelense, o Mossad, foi o autor dos atentados. Assegura-se que milhares de trabalhadores judeus das torres faltaram no trabalho naquele dia. O fato é que nada menos que quatrocentos judeus morreram no atentado e que a proporção de israelenses falecidos era correspondente à da cidade de Nova York. Outra versão é a de que o Mossad investigou os terroristas e passou a informação para os americanos, mas que estes não fizeram nada. A comissão oficial afirmou que o governo não recebera boas informações ou uma assessoria adequada por parte da CIA e do FBI, o que soma este caso à já longa lista de fracassos da CIA.

Um dos aspectos que a comissão deixou claro, e que é o fato que mais deveria envergonhar o governo americano e seus serviços de segurança, é o de que realmente existiram numerosos avisos prévios da possibilidade de atentados, fazendo-se referência específica ao uso de aviões, assim como ao treinamento de terroristas como pilotos. As explicações não parecem satisfatórias nem tampouco politicamente aceitáveis. Por exemplo, o argumento da existência de milhares de alarmes semelhantes e a falta de coordenação entre os serviços de segurança e inteligência. A falta de resposta facilitou a realização dos atentados. Não deixa de ser verdade que é difícil responder a múltiplos alarmes. A resposta exagerada incomoda a população, como se pôde perceber depois, quando nos anos seguintes aos atentados o governo americano lançou uma série de alarmes sobre possíveis ataques terroristas iminentes, que acabaram não acontecendo e que causaram muito incômodo à população. Esses alertas, felizmente falsos, foram seguidos por uma boa quantidade de piadas e brincadeiras com as autoridades antiterroristas por parte do *establishment* liberal. É fácil falar *a posteriori* sobre as decisões dos outros. A rejeição às medidas preventivas (naturalmente, justamente quando não está acontecendo nada) pode se dever à imprecisão da ameaça. As pessoas não gostam de ser avisadas de um perigo cuja natureza desconhecem. Não estamos preparados nem biológica nem psicologicamente para ameaças desconhecidas.

As teorias apontam para a razão pela qual o governo fez isso: para aumentar o controle social ou para justificar uma guerra, a do Afeganistão, através de um novo Pearl Harbour. Isso tampouco possui muita lógica. Invadiu-se o Iraque praticamente sem nenhum motivo. Por outro lado, a aprovação de medidas de controle social encontra a sua explicação no fato de que se aproveitou uma situação de fato para implantar medidas que em outras circunstâncias sequer seria possível mencionar, mas isso também não é uma prova que valide uma conspiração. A existência de uma boa razão, do ponto de vista do fabulador conspirador ou da oposição ao governo, pela qual o governo apoiou ou não impediu os atentados não é uma prova.

Uma refutação ponto por ponto, feita por reconhecidos especialistas, dos principais argumentos defendidos pelas teorias da conspiração do 11 de Setembro pode ser consultada em popularmechanics.com.

O Atentado do 11 de Março em Madri

O trágico atentado do 11 de Março de 2004 em Madri foi um golpe para toda a sociedade espanhola e teve como repercussão a derrota do Partido Popular (PP) nas eleições celebradas alguns dias depois. Alguns meios de comunicação, particularmente o jornal *El Mundo* e parte do PP, alimentaram durante anos a ideia da existência de uma conspiração que incluía como participantes nos fatos o grupo terrorista basco ETA e, possivelmente, os serviços secretos marroquinos. O Partido Socialista Obrero Español (PSOE), principal beneficiário político, teria agido para encobrir esses fatos em conivência com alguns policiais.

Esta teoria conspiratória se alimentou, como muitas outras, de dados reais mas insuficientes: erros, coincidências, aspectos não esclarecidos e a aparente incompatibilidade de tudo isso com a explicação e versão oficiais. Os principais elementos da teoria da conspiração do 11 de Março são os seguintes:

- A organização terrorista ETA, os serviços secretos marroquinos ou ambos estavam por trás dos atentados. Tratar-se-ia de uma confluência de interesses entre terroristas e serviços secretos. Com o tempo, foi perdendo força na teoria a ideia de que o ETA ou alguém mais teria prestado assistência logística aos terroristas.

- O Partido Socialista Obrero Español (PSOE), que ganhou as eleições em boa medida devido ao atentado e às atitudes do governo do Partido Popular, sabia o que tinha acontecido de verdade e criou obstáculos à investigação, que poderia ter ido mais a fundo seguindo "outras" pistas.

- Membros da polícia colaboraram com o acobertamento dos verdadeiros culpados, destruíram ou ocultaram provas importantes e inclusive fabricaram provas falsas (como uma mochila ou o aparecimento extemporâneo de um automóvel presumidamente utilizado pelos terroristas). Alguns procedimentos policiais foram deficientes ou, pelo menos, tecnicamente discutíveis. A determinação do explosivo utilizado foi bastante rocambolesca; além disso, os restos dos trens foram destruídos um tanto precipitadamente. É possível que a magnitude do atentado tenha impedido que se fizesse um trabalho quase perfeito. Os erros nas diligências policiais foram interpretados, sem qualquer prova, como manipulação das mesmas. Não houve nenhum reconhecimento dos erros policiais, o que, por outro lado, teria retroalimentado as teorias conspiratórias.

- A polícia e os serviços de informação sabiam que algo estava sendo preparado. A maior parte dos envolvidos era de informantes da polícia, ao menos em questões ligadas ao tráfico de drogas. Isto possui alguma relação com um problema similar ao 11 de Setembro e à Guerra do Iraque: em que momento é preciso agir para evitar algo a partir da informação que se possui? Quando pode ser considerada suficiente a informação para agir ou até quando se deve esperar? É um problema tanto dos serviços de inteligência como das pessoas que devem tomar decisões.

- Não se sabe quem planejou e organizou os atentados. Não parece que tenham sido os autores, os processados ou tampouco aqueles que se imolaram semanas depois do atentado, quando descobertos e cercados pela polícia. A escolha da data, poucos dias antes de eleições gerais, indica uma intenção política dos autores, mas isto está de acordo com a ideia de causar mais impacto na sociedade para influenciar as eleições e não aponta para nenhuma inteligência superior ou mais experimentada, muito menos para o partido que ganhou as eleições.

- A maioria dos autores era de magrebinos que moravam na Espanha, radicais islâmicos, ligados à pequena delinquência. Aparentemente eram incapazes de organizar por si sós um atentado dessa envergadura, com a manipulação de duzentos quilos de explosivos e uma organização logística de uma certa complexidade. Nem todo mundo consegue montar uma bomba com um celular seguindo as instruções que aparecem na internet.

A investigação policial, que poderia ter sido muito melhor, não conseguiu responder a todas as perguntas. Os autores materiais estavam ligados à Al-Qaeda, mas sem que se pudesse estabelecer um vínculo contundente com essa organização. Nenhum dado implicava ou envolvia o terrorismo nacionalista basco.

A sentença judicial praticamente pulverizou a teoria da conspiração. No máximo, lançou dúvidas sobre os procedimentos policiais. Os indícios, alguns deles circunstanciais, simples coincidências, incongruências menores entre as declarações policiais, são explicáveis pelo atarefamento do momento. A sentença destaca a ausência de uma prova contundente, a chamada *smoking gun* ou arma fumegante, que pudesse abrir outra pista de investigação. A coincidência mais importante entre a sentença e a teoria conspiratória era que não se sabe ao certo quem planejou e organizou os atentados.

A questão relativa ao tipo de explosivo utilizado é especialmente relevante. Durante anos de atentados terroristas era a primeira coisa que se sabia dos atentados do ETA e o que permitia descobrir rapidamente a autoria do atentado. É desconcertante que se tenha demorado tanto tempo para descobri-lo. Os defensores da conspiração se aferraram às declarações de um policial no sentido de que era difícil determinar exatamente a composição do explosivo utilizado nos atentados. Além disso, houve problemas na análise e na identificação do explosivo. O último relatório, entregue ao juiz no dia 13 de fevereiro de 2007, indicava que estavam presentes vários tipos de dinamite nas mochilas das explosões. Todos os explosivos continham a substância dinitrotolueno, que pode estar presente em vários explosivos, mas não em todos os da dinamite Tytadine própria do ETA. De acordo com o tribunal, os 200 kg de explosivos utilizados provinham da mesma mina asturiana. Nem sequer a falta de coincidência entre os explosivos teria indicado qualquer coisa de especial. Talvez houvesse mais de uma origem, mas não há provas que indicam onde eles teriam sido obtidos.

Como se pode perceber, há dados preocupantes (quais foram os autores intelectuais, quem treinou os terroristas, seu caráter de informantes da polícia), questões em aberto, pontos obscuros, mas nenhum conclusivo nem tampouco sólido, embora todos eles suficientes para construir uma teoria. É justo reconhecer os esforços feitos por jornalistas e voluntários ("os peões pretos") ao perguntar se existia uma conspiração ou não por trás dos atentados. O resultado desse dispêndio de energia foi a obtenção de mais do mesmo: descobrir mais erros na investigação policial e inclusive na instrução judicial, mais coincidências, mais dados sugestivos, mas nada de sólido. De qualquer modo, a teoria serviu como hipótese de trabalho para investigações jornalísticas, razão pela qual não pode ser considerada uma autêntica teoria da conspiração no sentido mais pejorativo, falso e fantasioso do termo.

Comparação Entre as Teorias Jornalísticas do 11 de Setembro e do 11 de Março

Pode-se estabelecer um paralelismo estrutural entre as teorias conspiratórias dos dois atentados a partir de seu tratamento pela imprensa. Por um lado está a hipótese dos jornalistas do Project Censored, conhecidos por seu profissionalismo, suas ideias esquerdistas e sua oposição tanto ao governo Bush como aos grandes grupos de comunicação que defendem a versão oficial. Por outro lado, os jornalistas do periódico *El Mundo*, conhecidos por sua desconfiança em relação à versão oficial e por suas posições mais próximas da direita e opostas ao governo socialista.

Nesses dois casos, a versão oficial é rejeitada. No caso do 11 de Setembro assegura-se que possivelmente seja um acobertamento do fracasso em evitar os atentados: "A existência de todos esses avisos sugere, no mínimo, que as autoridades do governo dos Estados Unidos sabiam que os atentados aconteceriam e que elas permitiram que eles ocorressem"[13].

Na versão norte-americana, os jornalistas do Project Censored não realizaram nenhuma indagação própria e exigiram uma investigação independente. Na Espanha, os jornalistas investigaram, mas não pediram nenhuma comissão independente, possivelmente por falta de confiança nas instituições.

Nos dois casos, diz-se que o governo conhecia os atentados com antecedência, até mesmo que este pode tê-los facilitado e que não agiu. Deve-se observar que no caso espanhol o ataque não se dirige ao governo, mas sim contra o partido socialista, então na oposição, que teria acobertado os fatos quando chegou ao poder. O papel de auxiliar ou de acobertar os atentados é atribuído a elementos da polícia ou dos serviços secretos, dado o caráter de informantes policiais de alguns dos envolvidos, mas sem nenhuma prova direta.

Nos dois casos, existiam avisos prévios de que algo poderia ocorrer. No atentado contra as Torres Gêmeas, existe uma abundante documentação dos avisos prévios provenientes dos próprios serviços de inteligência e de outros países acerca da possibilidade de atentados terroristas. Na Espanha, existiam previamente ameaças diretas e explícitas por parte de Osama bin Laden, incluindo os atentados anteriores em Casablanca. Algumas frases soltas relativas à compra e à venda de explosivos e a bombas acionadas por celulares parecem não ter causado suficiente alarme nas forças de segurança.

No caso dos Estados Unidos, não se pode dizer que não houve nenhuma reação. Em 5 de julho de 2001, de acordo com os jornalistas do Project Censored, "a Casa Branca convocou o FBI e as agências nacionais para pedir que se mantivessem em alerta"[14]. Como foi dito anteriormente, esses mesmos jornalistas que criticam a falta de resposta do governo Bush para prever atentados queixam-se em um alarde de incongruência dos incômodos causados pelos alarmes antiterroristas nos Estados

13 Cf. P. Philips; Project Censored, *Censura*, p. 146.
14 Ibidem, p. 143.

Unidos nos anos posteriores a 2001: "O fato de ameaçar continuamente a população com alarmes de ataques terroristas não é nem proveitoso nem educativo, mas incômodo"[15].

Em ambos os casos, há queixas a respeito da destruição precipitada de provas que teria impedido que se avançasse mais na investigação. Isso tampouco é prova direta de nada e, além do mais, acusa os técnicos policiais. Na verdade, em Nova York houve uma investigação minuciosa por parte das companhias de seguros sobre os restos dos edifícios. Dizer que não se investigou suficientemente logo se traduz em "não se quis investigar", em "estão ocultando algo", e daí em "os autênticos culpados estão acobertando tudo e colocaram a culpa em outros". O fato de não investigar teria beneficiado (não se diz nem se esclarece de que forma) os respectivos governos.

O aspecto instrumental aparenta as duas teorias: atacar o governo e as poderosas agências de segurança (11 de Setembro), o que atrai a simpatia para a mentira do fraco, e atacar a posição ideológica e política (11 de Março) que alcançou o poder, em parte graças ao atentado e à gestão da comunicação do governo nesse momento. Nos dois casos, a força motora da teoria conspiratória era tanto descobrir a verdade como utilizá-la para atacar o governo. Essa instrumentalização, por si só, enfraquece o nobre empenho em saber o que aconteceu e inspira desconfiança. Conduz imediatamente à observação de Ortega y Gasset que diz que a linguagem instrumental, especialmente a política, é um modo de enganar.

Em geral, os jornalistas concordam em que os governos estavam a par dos atentados, que não o impediram e que eles ocultaram a verdade sobre o que aconteceu. Mas, provas mesmo, o que se chama de provas, há muito poucas ou antes, nenhuma. Convém observar a distinção entre "indício" e "prova". O indício aponta uma possível linha de investigação, aponta para um possível autor ou descarta a participação de alguém. Os indícios devem ser explorados até onde seja razoável. A prova, por sua vez, é clara, inequívoca e indica sem qualquer dúvida o autor, cúmplice, ou o aspecto relevante do crime. Um juiz, e até certo ponto um jornalista, é um arqueólogo da verdade, que deve estabelecer, a partir das provas disponíveis, o que aconteceu. A sentença judicial sempre é arrazoada e se

15 Ibidem, p. 194.

9. Teorias da Conspiração: Um Mundo de Enganações?

baseia no que foi provado, na legislação e na jurisprudência. Ela deixará claro o que é claro, e difuso e indeterminado o que assim for. Só se pode condenar com provas irrefutáveis.

O jornalista que defende uma teoria da conspiração age *contra natura*: está enfrentando a si mesmo. Os avanços em sua investigação, no melhor dos casos, proporcionam dados, fatos ou informações relevantes que destroem a ocultação e o mistério contido na teoria conspiratória. A analogia do mito revela que o papel natural do jornalista na verdade é outro: descobrir e divulgar a verdade. Em razão disso, ao mesmo tempo em que destrói o mito, ele se transforma em ator ou protagonista de outro: a façanha de desvendar o oculto, o misterioso e longínquo e de sua difusão. É o roubo do fogo sagrado dos deuses cometido por Prometeu, é Jasão com seus Argonautas em busca do velocino de ouro, é o roubo das maçãs de ouro do jardim das Hespérides perpetrado por Hércules. O trabalho do jornalista experiente é em si mesmo um mitema. Em compensação, o jornalista criador ou propagador de conspirações se aproxima do fabulador, do mau literato que vende a ficção como realidade, com a ressalva exposta acima de que o faça com o empenho de descobrir a verdade. Mas a tentação é grande demais. Quem desejará escrever uma notícia efêmera, que será esquecida em poucos dias, meses (raramente) ou anos (no máximo), quando existe a possibilidade de se criar um mito que acompanhará gerações e gerações, que se transformará em tradição oral e que todos gostarão de narrar ou encenar?

Explicações Alternativas Para Acontecimentos Inexplicáveis e Teorias da Conspiração

Olhando-se com atenção, de um ponto de vista estritamente racional, as próprias teorias conspiratórias, por serem irracionais, poderiam fazer parte dos mecanismos dos próprios complôs que elas denunciam e desse modo agir contra si mesmas. No entanto, se são por si mesmas resistentes aos fatos contrários, elas o são ainda mais aos argumentos racionais.

As teorias da conspiração, dada sua amplitude, possuem um caráter global, que pode abarcar tudo, razão essa pela qual um acontecimento pode passar a fazer parte dela como causa, efeito ou prova da existência do complô.

A realidade sempre terá um lado obscuro: acordos secretos entre empresas à margem da opinião pública, discretos acordos entre estados para favorecer relações comerciais ou para tratar de temas graves como a libertação de reféns, a solução de conflitos graves ou os incentivos estatais para empresas amigas do governo. Além disso, existem segredos de Estado e leis que os protegem. A discrição e o segredo envolvem muitas atividades públicas e são algumas das razões que promovem e sustentam essas teorias. Em quase todos os países, senão em todos, grupos criminosos subornam policiais, funcionários e juízes e estabelecem complexas redes mafiosas com fins exclusivamente delituosos. Essas ações frequentemente se estendem a outros países próximos ou longínquos. Às vezes, são os próprios agentes encarregados de manter a ordem que organizam e lideram os grupos criminosos.

Outros nutrientes dos fabuladores estão ao alcance de qualquer pessoa. Nada está mais longe de minhas intenções que pretender fazer parte de uma teoria da conspiração ou, pior que isso, que alimentá-las ativamente. Dito isto, é preciso observar que na sociedade se produzem grandes correntes de pensamento, de uso de novas tecnologias, modas ou tendências ideológicas que são utilizadas pelos fabuladores conspirativos para inflar suas teorias. Em princípio, são acontecimentos ou tendências sociais pronunciadas que não possuem qualquer motivo para ter algum significado conspirativo, mas que acabam ocupando esse papel de protagonismo. As tendências e os dados são reais, mas eles são desvirtuados por sua imbricação nas teorias da conspiração. Alguns exemplos dessas tendências são os seguintes:

- A diminuição progressiva do desempenho escolar e universitário. Um exemplo da redução de exigências acadêmicas em todos os níveis ou a tendência ao aprendizado e às qualificações em grupo ou em equipe, em detrimento do esforço individual e do espírito crítico. Outro seria a extensão do sistema LOGSE (Ley Orgánica General del Sistema Educativo) à universidade espanhola ou a eliminação do estudo da cultura clássica e da filosofia. De acordo com os fabuladores conspirativos, as medidas visariam destruir o sistema educacional através da queda do desempenho escolar, algo que é detectado pelos relatórios como o PISA (Programme for International Student Assessment), e criar uma sociedade de estúpidos, de pessoas despreparadas e sem opinião própria que querem apenas divertir-se ou ir ao colégio sem precisar fazer qualquer esforço ou esperando que os "motivem". Certamente, para tudo isso não é necessária nenhuma teoria da conspiração, trata-se apenas da lei do menor esforço: se é oferecida a oportunidade de que se obtenha algo sem esforço, as pessoas a aproveitarão sem vacilar.

- Fomento do "lixo televisivo" e de formas coletivas de entretenimento. Avanço da irracionalidade através das correntes espiritualistas *new age*, do fundamentalismo religioso (evangélico, muçulmano) e dos movimentos populistas e indigenistas da América Latina.

- Contínua implicação dos Estados Unidos em conflitos longínquos: Afeganistão e Iraque. O crescimento do indigenismo e do populismo na América Latina contribui para a desestabilização dos Estados Unidos, assim como o narcotráfico. Não faltam dados mais sugestivos para as teorias mais disparatadas: a Guerra do Afeganistão, país ocupado por forças multinacionais lideradas pelos Estados Unidos, provocou o ressurgimento do cultivo de ópio naquele país, maior produtor mundial de ópio.

- Implantação da moeda única europeia e enfraquecimento do dólar.

- Fortalecimento da União Europeia. Esforços para criar uma constituição europeia que esteja acima das leis nacionais e da vontade dos cidadãos de seus diferentes países, que quando puderam opinar votaram majoritariamente "não". Criação de um exército europeu, cujo embrião já existe, e de uma espécie de polícia federal europeia.

- Guerras e genocídio na África: Ruanda e Sudão. As políticas de proteção e de subvencionamento da União Europeia (50% de seu orçamento) e dos Estados Unidos para seus agricultores prejudicam os

agricultores do Terceiro Mundo e contribuem com o empobreci-
mento e atraso dos países subdesenvolvidos.

- Interrupção do progresso através da ameaça da mudança climática,
com o consequente catastrofismo.

As Teorias da Conspiração se Retroalimentam

Qualquer coisa serve para aqueles que defendem as teorias da conspiração.
Estas são fomentadas dos pontos de vista mais variados. Um exemplo dos
nutrientes que alimentam essas teorias é proporcionado por Moisés Naím,
diretor da influente revista *Foreign Policy*, com sede em Washington, e autor
de um livro bem documentado, citado anteriormente nestas páginas, *Ilícito:
Cómo Traficantes, Contrabandistas y Piratas Están Cambiando el Mundo*. Naím
inclui, por volta do final do livro, uma série de sisudas recomendações que
coincidem quase que pontualmente com as que são denunciadas pelos
defensores das teorias da conspiração. Para combater o crime internacional, dentre outras medidas, esse autor propõe as seguintes:

- Utilização de dispositivos de identificação por radiofrequência em produtos, que devem ser acrescentados como etiquetas em passaportes
e em vistos, mas que também poderiam ser implantados sob a pele.

- Uso de técnicas biométricas para identificar as pessoas através de procedimentos como o reconhecimento de voz ou de traços como a forma
ou cores da íris, da mão, do rosto ou da postura ou do modo de andar.

- Uso de dispositivos de detecção, como os chamados "assopradores"
que jogam ar sobre as pessoas e analisam as partículas que se soltam
para detectar drogas ou explosivos.

- Dispositivos de vigilância e de escuta, como as câmeras nas ruas. Do
seu observatório anglo-saxão, também defende o tão criticado sistema
"Echelon" de escuta maciça de comunicações eletrônicas.

- Uso maciço de *softwares* do tipo *text mining* e *data mining* para detectar comunicações ou transações monetárias suspeitas de lavagem de
dinheiro ou de fraude no uso de cartões de crédito, mas que podem

analisar milhões de textos ou de transações bancárias simultaneamente e que podem ser utilizados para espionar milhares de pessoas.

- Descriminalização de alguns tipos de drogas para consumo pessoal, como a maconha, a heroína ou a cocaína, como já ocorre na Espanha. Os teóricos da conspiração dizem que isto é uma maneira de idiotizar e de controlar a população. Alguns vão mais longe e garantem que o tráfico de drogas é controlado, em última análise, pela aristocracia britânica[16]. Caso isso fosse verdade, poderia levar à conclusão de que ela provocou a invasão do Afeganistão para enriquecer ainda mais com o ópio.

- Soluções supranacionais para combater as redes de tráfico de drogas e de armas. Os teóricos da conspiração veem nesse empenho um interesse em que organismos internacionais, como a ONU, controlem, através de forças internacionais, os outros países, destruindo desse modo a soberania nacional. A tese de Naím que reforça essa crença se baseia na fraqueza e na impotência dos governos para derrotarem sozinhos as redes internacionais de delinquentes, amparadas na internacionalização. Uma medida adicional é a avaliação das políticas contra o crime (lavagem de dinheiro, por exemplo) adotadas por um determinado país, comparadas com um padrão de boas práticas. Isto também pode ser interpretado como uma ingerência nos assuntos internos e como uma perda de soberania. Nas palavras de Naím, "depositar parte da soberania nacional em um grupo de sócios de confiança representa um passo imprescindível para combater o comércio ilícito"[17]. Os teóricos da teoria da conspiração não precisam de mais nada para corroborar seus medos e suas hipóteses.

Em suma, trata-se de fazer a distinção entre tendências sociais e econômicas gerais das medidas excepcionais para combater um grave problema mundial e o que poderia ser o resultado ou a manifestação de uma conspiração. O que falta na teoria da conspiração é apenas o senso comum.

Na teoria da conspiração existe uma interpretação enviesada da realidade que visa confirmar as expectativas e os temores de quem a defende.

16 Cf. E. Bayo, *Descubro y Acuso*.
17 *Ilícito...*, p. 323.

É um problema de interpretação da realidade, de avaliação dos detalhes. Para que o senso comum possa brilhar, é preciso ir a fundo nas coisas e interpretar as tendências gerais da sociedade.

É claro que já existiram conspirações, mas como ocorre com a existência dos fantasmas, dos extraterrestres ou da Atlântida, cabe àqueles que defendem sua existência prová-las. Não são suficientes dados isolados nem tampouco conjecturas, é necessário o uso do método científico, para além da dúvida razoável, por mais sugestivas que sejam as explicações ou as hipóteses. A dificuldade da demonstração não é uma boa desculpa hoje em dia.

É saudável manter uma certa incredulidade geral, uma certa desconfiança sã e um certo senso crítico, sem deixar-se levar pelo oculto ou pelo mórbido, pelas emoções ou pelo pensamento desiderativo (*wishful thinking*) que faz acreditar que as coisas são como desejamos. Não se trata apenas de questionar o que dizem os governos, as grandes empresas e os meios de comunicação, mas também o que dizem os defensores da existência de conspirações.

Trata-se também de não cair no simbolismo e no pensamento supersticioso, assim como de distinguir o símbolo ou sintoma, indicador de algo relevante ou importante, do que é a simples anedota, o acontecimento casual e irrelevante, embora ele coincida no tempo com algum acontecimento importante.

Existem certos exercícios intelectuais para reforçar esse espírito crítico frente a determinados acontecimentos que parecem apoiar as crenças de cada um de nós:

- Tentar ver as coisas de pontos de vista diferentes. Mudar de perspectiva. Brincar de ser advogado do diabo: O que você diria sobre o que viu ou ouviu alguém que tem ideias contrárias às suas nesse tema? Que fruto ou que benefício um opositor extrairia do acontecimento em questão? Seus argumentos teriam mais ou menos força? Alguém poderia ter planejado o que aconteceu, a que custo e com que vantagens?
- Pedir a opinião de terceiros que sejam alheios ou neutros em relação à questão.

9. Teorias da Conspiração: Um Mundo de Enganações?

- Ver as coisas friamente. Analisar as consequências possíveis.
- Estudar o caso ou acontecimento de modo analítico, especialmente em seus detalhes: eles possuem algum significado isoladamente?

Entender o papel do acaso às vezes é decisivo para que ocorra algo, muito mais que os desejos de alguém (analise a sua própria vida e poderá comprovar isso). O acaso é importante em nossa vida e na de todos.

Mas, sobretudo, é preciso evitar o viés da maldade e resguardar-se de pensar que nossos inimigos são maus e que, portanto, tudo o que fazem é maléfico, sempre e em todo momento. E que, se acontece algo ruim, foi tudo por culpa dele.

Referências
e Leituras Adicionais

BAYO, E. *Descubro y Acuso*. Barcelona: Plaza y Janés, 1986.

COMISAR, L. Bin Laden y Saddam, "Parientes Incómodos" de Bush. *El Mundo*, 30 abr. 2007.

DALLEK, R. *Nixon and Kissinger: Partners in Power*. London: Allen Lane, 2007.

DE CUENCA, L.A. *Necesidad del Mito*. Murcia: Nausícaä, 2008.

ESTULIN, D. *La Verdadera Historia del Club Bilderberg*. Barcelona: Planeta, 2005.

GATES, H.L. The Charmer. *The New Yorker*, 29 abr. 1996.

GRAUBARD, S. *The Presidents*. London: Penguin Books, 2006.

MARRS, J. *Las Sociedades Secretas*. Barcelona: Planeta, 2006.

MARTÍN, C. *El Club Bilderberg: Los Amos del Mundo*. Córdoba: Arcopress, 2005.

MCCONNACHIE, J.; TUDGE, R. *The Rough Guide to Conspiracy Theories*. London: Rough Guides, 2005.

NAÍM, M. *Ilícito: Cómo Traficantes, Contrabandistas y Piratas Están Cambiando el Mundo*. Madrid: Debate, 2006.

PHILIPS, P.; Project Censored. *Censura: Las 25 Noticias Más Censuradas*. Bologna: Nuovi Mondi Media, 2005.

RAMÍREZ, P.J. La "Joint Venture". *El Mundo*, 15 abr. 2007.

ROTHKOPF, D. *Superclass: The Global Power Elite and the World They Are Making*. Nova York: Farrar, Straus and Giroux, 2008.

WHITSON, J.A.; GALINSKY, A.D. Lacking Control Increases Illusory Pattern Perception. In: *Science*, 322, 2008.

Epílogo

Ele me disse que seu livro se chamava Livro de Areia, *porque nem o livro nem a areia possuem qualquer começo ou fim.*

Jorge Luis Borges, *El Libro de Arena*

Um leitor ou espectador curioso que contemple esta parcial e limitada crônica dos fabuladores e de suas invenções pode facilmente experimentar a crescente e paradoxal sensação de ter entre suas mãos o livro de areia, o volume infinito, sem começo ou fim, mas a mesma sensação poderá tomá-lo de vez em quando ao abrir um jornal, ouvir as notícias ou ler livros de história: aparecerá novamente a narração sem fim da mentira e do engano. Depois de alguns dias, poucas semanas, talvez alguns meses, depois de ler estas páginas, alguém poderá começar um novo relato de histórias semelhantes, mas novas, sem medo de repetir um único caso. Mudarão os protagonistas, os lugares, os detalhes do ocorrido, mas a essência do que foi narrado aqui e do que ocorrerá será a mesma. Surgirá uma nova testemunha que, como se fosse um meticuloso entomólogo, reunirá com esmero e classificará fabuladores, acontecimentos, anedotas e episódios: a eterna e reiterada história do logro, sempre nova e sempre a mesma. De um modo mais comum do que os leitores possam imaginar, comparecerá diante de seus olhos a repetida história da mentira, desde o "Serei eu, senhor, seu guardião?" de Caim até as andanças do último imoral, jovem ou maduro, que tenta conseguir algo em troca de nada, através da elaboração ou da transmissão de trapaças. Sem recorrer à pena, e por simples observação, os leitores poderão construir sua coleção particular de infames fabuladores.

Essa suposição, caso se tornasse real, conduziria a um pessimismo tão extenso quanto infinito é o livro imaginário, mas a reflexão é agridoce porque é acompanhada pela esperança. O simples fato de que esses casos de logro tenham se tornado públicos indica que no fim, cedo ou tarde, tudo foi descoberto. Entretanto isto não significa que todas as mentiras recebem seu merecido castigo, mas sim que na própria descoberta está contida a sua negação, a destruição da credibilidade e da reputação do fabulador.

Contudo, não é um trabalho agradável cavar na miséria humana. Nem a fantasia nem o engenho das mentiras e das invenções, nem a ousadia às vezes grandiosa dos fabuladores, nem os traços singulares ou exóticos do contexto em que surgem compensam o dano e o mal-estar provocados por eles. Somente o distanciamento, no tempo e no espaço, atenua o pouco ou o muito de maldade contido neles. Chega-se a sentir repulsa diante da mentira dos enganadores frente às grandes mentiras e à sua grande quantidade. Esse é o sabor permanente de comida estragada da mentira denunciada por Joseph Conrad no *Coração das trevas*.

Cabe perguntar se aprendemos algo depois de apresentar tudo isso. Algo que possa servir para retificar erros do passado: se podem ser evitadas ou atenuadas as consequências das grandes mentiras e os perniciosos efeitos da conduta dos grandes fabuladores. Também poderia ser útil saber, no nível do indivíduo, se há algo em comum com os fabuladores. Pode-se começar avaliando se estão dadas condições sociais que favorecem ou que prejudicam a extensão da mentira. Talvez a mentira não seja privativa dos caras de pau ou de pessoas muito imaginativas, dotadas para a fabulação. Há mais fabuladores do que parece? Vivemos em uma sociedade mentirosa? É possível melhorar?

Vivemos em uma Sociedade Mentirosa?

Sendo exigentes e mudando o rumo das coisas, pode-se considerar que não são apenas as grandes mentiras que enganam muitas pessoas, mas também as que são cometidas por muitas pessoas, ainda que pequenas, podem alcançar, por direito próprio, a categoria de grandes. Muitas pequenas mentiras ao mesmo tempo ressoam entre si e constituem uma grande. Essas mentiras não transformarão seus autores em fabuladores, por mais que alguns deles sejam dotados de criatividade suficiente e que cheguem a fazer tentativas de fabular em grande escala. O que se conseguirá com isso é que aumente a sensação de que estamos rodeados por mentiras. Em uma sociedade acostumada à mentira e ao engano, é mais difícil detectar os fabuladores, expor suas histórias e puni-los.

Que mentiras são predominantes entre a população? Algumas delas são muito comuns e ocupei-me delas em um livro anterior[1], como os rumores e as fofocas que ocorrem todos os dias, assim como as mentiras inseridas nos currículos ou nas entrevistas de trabalho e situações similares, também as que surgem na sedução ou nas deslealdades dos casais.

Milhares de pais mentem para conseguir levar seus filhos à escola que desejam, seja porque esta se encontra perto de casa, porque o ensino desejado é de tipo religioso ou porque querem reunir irmãos separados em diferentes centros educativos. As falsidades se estendem ao domicílio em que moram, chegando a alugar cômodos de forma fictícia, a criar sociedades comerciais "fantasmas" em regiões próximas à escola, a declarar uma renda menor que a real, a sofrer prejuízos imaginários,

1 Cf. *La Psicología de la Mentira*.

a apresentar falsos certificados de doenças crônicas de seus filhos ou a denunciar casos fictícios de assédio escolar. Até mesmo iniciam processos de divórcio quando os critérios de atribuição de vagas escolares favorecem as famílias monoparentes. Desse modo, quando em 2007 os responsáveis educacionais da Junta de Andalucía decidiram atribuir mais pontos às famílias monoparentais para a obtenção de vagas nas escolas, aumentaram 45% as solicitações de divórcio nos juizados de família de Sevilla no mês de março, quando se pede a vaga escolar[2].

Diariamente, milhares de pessoas mentem nos lugares menos apropriados para fazê-lo: nos tribunais. Os acusados mentem para salvar a si mesmos; as testemunhas e peritos, para apoiar uma das partes. É evidente que nem todos mentem, mas é uma das situações nas quais as consequências do processo são especialmente graves.

Enganar a Receita

Os espanhóis julgam que não é errado enganar a Receita. De acordo com relatórios do próprio Ministério da Economia e da Fazenda, tornados públicos pelo jornal econômico *Expansión*, cerca da metade da população defende e justifica a fraude fiscal. Desse modo, em 2005, 46% dos pesquisados eram partidários da fraude à Receita e, em 2006, essa proporção baixou para 39%, e voltou a subir, em 2007, para 49%[3]. Cerca de 49% dos espanhóis considera que a fraude fiscal é generalizada. As razões para justificar esse tipo de mentira são variadas: a falta de honestidade, a sensação de justiça que provém da crença de que os muito ricos ou as grandes empresas não pagam impostos ou se o fazem pagam menos do que o devido, a ineficiência das medidas para combater a fraude, as dificuldades econômicas que impedem que os impostos sejam pagos ou o descompasso percebido entre o que se paga em impostos e os serviços recebidos. Entre os cidadãos está difundida a ideia de que a fraude fiscal é generalizada.

2 *ABC de Sevilla*, 16 mar. 2008.
3 Cf. <www.diariodirecto.com>

Mais provas desse estado de coisas são o volume da economia informal neste país e a quantidade de dinheiro "sujo", isto é, fiscalmente opaco, existente. Afirma-se que a economia informal represente cerca de 23% do PIB, enquanto a média europeia é de 10%. Nosso país ocupa o terceiro lugar na Europa nessa forma de logro coletivo, atrás da Grécia e da Itália. A população ocupada na economia informal oscila entre 15,5 e 18,1% do total das pessoas que trabalham, proporções que aumentam com a imigração ilegal[4]. No que diz respeito ao dinheiro sujo, costuma-se utilizar como indicador a quantidade de notas de quinhentos euros em circulação, já que esse dinheiro se refugia em notas de elevado valor, por facilitar o armazenamento e o transporte de grandes fundos. Mais de 25% das notas de quinhentos euros em circulação na zona euro está na Espanha, o que equivale a dois terços do total de dinheiro em espécie nesse país.

Ausências no Trabalho

Uma fraude frequente é a falta ao trabalho devido a atestados médicos para doenças fingidas. Faltas às quais, em muitos casos, alguns inescrupulosos dão prosseguimento e estendem sem motivo durante semanas, meses e até mesmo anos. Alcunhou-se a expressão "profissionais das faltas" para referir-se a essas pessoas. Elas podem ser favorecidas pelo comportamento de um médico que, por uma relação de amizade ou um critério frouxo, emitirá atestados médicos falsos para justificar as faltas ao trabalho. Estima-se que 70% das incapacidades trabalhistas de duração inferior a vinte dias são fraudulentas. Jesús Caldera, quando ministro do Trabalho e Assuntos Sociais, reconheceu que 30% das faltas com justificativa médica expedidas pela Seguridade Social são fraudulentas. Outros elevam essa cifra até 50%[5].

Os casos mais leves, por exemplo, fingir uma doença para não ir ao trabalho por um dia, são relativamente frequentes. Nos Estados Unidos, uma pesquisa revelou que 43% dos entrevistados já alegara estar doente

4 *Expansión*, 3 jul. 2007.
5 *Expansión*, 31 maio 2008.

Epílogo

para faltar ao trabalho[6]. Alguns dados indicam que 15% dos pacientes encaminhados a consultas psiquiátricas após um acidente de trabalho simulam ou exageram suas patologias. Por outro lado, é preciso banir o mito do absenteísmo mediterrâneo: as taxas de absenteísmo, fingido ou não, são menores na Espanha (11,78%) do que na Alemanha (18,3%), Países Baixos (20,3%) ou Finlândia (24%)[7]. É relativamente fácil detectar esse tipo de fraude, normalmente feita através do exagero dos sintomas, do caráter vago do incômodo ou das simples contradições. Ora, às vezes é difícil provar a fraude, especialmente em distúrbios psicológicos como as depressões. De acordo com a informação publicada pelo jornal *El Economista* em 22 de maio de 2005, estima-se que entre 2 e 3% das faltas ao trabalho por doença são fraudulentas e a proporção sobe para 10% nas incapacidades de longa duração para trabalhar. O absenteísmo fraudulento, de acordo com o jornal citado, implica em um custo anual para as empresas espanholas de 652 milhões de euros. Essas taxas de absenteísmo aumentam em determinadas circunstâncias: por exemplo, durante o Campeonato Mundial de Futebol da Alemanha de 2006. Porém, quando há desaceleração econômica diminuem as faltas.

Pode-se dizer quase a mesma coisa das fraudes às companhias de seguros. O mundo do seguro é um mundo de fraudes. As seguradoras proporcionam dados que indicam que cerca de 2,5% dos sinistros declarados contêm indícios de fraude, especialmente no ramo automotivo. Os fabuladores recorrem aqui a todo tipo de estratagema: falsificação de documentos de veículos, atropelamentos fictícios entre pessoas em conluio, mortes simuladas, restos de sangue animal que se faz passar por humano e inclusive lesões autoinfligidas. Em 2005, foram detectados 63.526 casos de fraude por 24 companhias de seguros, que economizaram 144 milhões em pagamentos dos 190 milhões de euros supostamente devidos. Em 2007, foram detectadas cifras similares[8].

6 <www.orange.com>, 2 de out. 2006
7 *Expansión*, 17 nov. 2007.
8 Cf. L. Pérez Gil, No Es Seguro Defraudar al Seguro, *El País*, 7 maio 2006; J.M. Sarriegui, Detectives para Tiempos de Crisis, *El País*, 29 jun. 2008.

Há Algum Benefício
em Enganarmos uns aos Outros?

A partir do momento em que a mentira está tão generalizada nas relações humanas, o simples fato de pensar que podem mentir para nós pode ajudar a detectar a mentira, a prever e a evitar suas consequências e a tirar algum proveito da realidade de que estejam nos enganando. É possível que ocorram algumas circunstâncias em que todos enganem, todos saibam o que está sendo feito e que existam benefícios também para todos.

Um exemplo disso é proporcionado pelas bolsas de valores. Uma quantidade importante das transações da bolsa é automatizada, de tal modo que um computador executa um programa (*trading algorithm*) que gera ordens instantâneas de compra e venda quando as ações em questão são negociadas a determinados preços e com determinados volumes. De fato, um terço de todas as transações americanas está automatizado e espera-se que essa proporção aumente no futuro[9]. Em alguns casos, os programas subdividem as vendas de ações em diferentes "pacotes" e ordens de venda ao longo do tempo, assim como em diferentes praças financeiras, de tal modo que "o mercado" não detecte inicialmente e de forma imediata uma grande operação. Isto evita a queda dos preços e uma reação de vendas em cadeia, que pode afetar não apenas os valores da empresa que estão sendo negociados, mas também, dependendo do volume, todo o restante das ações. Desse modo, consegue-se suavizar o efeito da venda, de tal maneira que os preços de uma ação não caiam de modo brusco, "enganando" assim o mercado. Se o vendedor mantiver ações da mesma empresa em seu poder, ele terá se poupado de uma queda na cotação que o teria prejudicado. Essas operações podem ser descobertas em uma investigação minuciosa e demorada, mas com o golpe todos parecem ter ganhado.

---

9 *The Economist*, 23 jun. 2007.

A Cultura da Sinceridade:
É Possível uma Sociedade Que
Aspire a Ser Sincera?

Tendo em vista o item anterior, o pessimismo frente a essa questão é a regra. Não existe uma sociedade sincera a toda prova, a quantidade de fabuladores não diminui e as razões pelas quais se mente e engana são muitas. A figura e as produções do fabulador, encorajado por ser o centro das atenções ou pela expectativa do benefício, sempre nos acompanharão. Nós mesmos podemos ser fabuladores em tempo parcial. A guerra contra a cobiça, a vaidade ou o medo é uma guerra perdida. Somos seres muito irracionais. Teríamos de ser de outra maneira ou nos comunicar de outra forma e este não é o caso. Por conseguinte, devemos nos acostumar a viver com a fraude e com a mentira.

Por outro lado, é inegável que os grandes mentirosos e as grandes mentiras prejudicam muitas pessoas. Torna-se imprescindível explorar as possibilidades da prevenção das grandes mentiras, de seu aprisionamento e punição.

Temos a nosso favor a insatisfação com o que vemos e ouvimos junto com o impulso de denunciar o que acreditamos que não se ajusta à realidade e que nos está prejudicando ou aos outros. Existe a obrigação moral de lutar contra a mentira e de estender a sua denúncia a todos os âmbitos da vida social. Podemos aprender a identificar o enganador, mas nem tudo é sua culpa. Deve-se considerar não apenas a psicologia do fabulador, mas também a do crédulo: que condições, fraquezas, emoções ou erros fazem com que se considere como corretas, às vezes contra toda a lógica, prova ou experiência, as mensagens recebidas.

O Espelhismo da Educação

A pergunta sobre se pode existir uma sociedade que promova a sinceridade possui uma resposta fácil, mas insatisfatória. De modo reflexo, procura-se confiar na educação para resolver o problema. A educação em valores pode incluir uma cultura da sinceridade que premie dizer a verdade e denuncie as consequências e o dano provocado pela mentira. Uma melhor formação ajudaria muito através de um sistema educacional mais exigente tanto para professores como para alunos, sem esquecer que uma grande exigência também conduziria ao logro.

Vivemos em uma sociedade na qual a educação alcançou em extensão, intensidade e meios pessoais e materiais porcentagens elevadíssimas, mas mesmo assim, produzem-se grandes mentiras. Não é suficiente que a educação transmita e inculque valores como a sinceridade. Não faltam exemplos de que a vaidade ou um incentivo econômico suficientemente grande bastam para superar a bagagem e a experiência acadêmica e profissional mais completa. A educação não é tudo.

As pessoas formam-se com o que aprendem na rua, com o que lhes contam os parentes, com os modelos e exemplos dos demais, especialmente das personalidades públicas, dos famosos. O que se pode perceber através dos meios de comunicação também influi de modo decisivo. Nesse sentido, é determinante o papel dos modelos proporcionados pelos assim chamados agentes socializadores: os pais e o conjunto da família, amigos, círculo profissional ou de trabalho, o bairro ou lugar de residência, além dos que estão em ação no sistema educativo.

Sociedade Vigilante ou Sociedade Atenta

A prevenção, detecção e denúncia da mentira é tarefa de todos, indivíduos e entidades, mas diz respeito mais a alguns que a outros. Por exemplo, diversas instituições ou empresas podem se mostrar frente à sociedade com mais transparência para desse modo fomentar a sinceridade, mesmo sabendo-se que a transparência total não existe. Conta-se, além disso, com sistemas de segurança, policiais e judiciais atentos à possível violação da lei.

Uma sociedade vigilante é aquela em que os diferentes poderes (executivo, legislativo e judiciário), as empresas, as universidades e sociedades científicas, os sindicatos, a imprensa e as associações profissionais buscam a verdade e verificam o que ocorre dentro de seu âmbito de atuação. Desse modo, cumprem os objetivos determinados por suas normas ou regulamentos. Não é tanto uma questão de intenções, mas sim de ações. Na vida pessoal, nós nos esforçamos mais em evitá-la e nos queixamos quando a percebemos, enquanto cabe às instituições a diligência na prisão e sanção, se for o caso, dos fabuladores.

Há um efeito da cultura moral geral no comportamento individual. Uma pesquisa de Herrmann e de seus colaboradores realizada com 1120 pessoas de diferentes países e culturas demonstra que, nas sociedades em que as normas de cooperação cívica (em temas como os impostos) e a força da lei (confiança que os cidadãos têm no sistema legal, policial e judiciário) são baixas, há uma tendência maior de castigar aqueles que mostram um comportamento altruísta nos jogos cooperativos[10]. O espírito geral da sociedade influencia no comportamento de confiança mútua entre os cidadãos.

É preciso desenvolver certa intolerância e certo espírito de denúncia contra a grande mentira, contra o fabulador que causa dano. Isso mesmo sabendo que é difícil, e frequentemente até mesmo impossível, conhecer a verdade. Como também é difícil saber quando a mentira se torna intolerável e quando deve se dar a passagem para a denúncia privada ou pública. Seguindo Salvador Giner, diríamos que sempre estaremos em uma situação incômoda: saber o que é a verdade e diferenciá-la da mentira, além de denunciar o fabulador e seus produtos ou manipulações, não é fácil, requer esforço, compromisso e exposição pública[11]. A verdade não é gratuita e tampouco é dada, é preciso empenhar-se para conhecê-la, sem qualquer garantia de que algum dia ela será alcançada.

Alguns podem incluir a sinceridade individual e a denúncia da mentira no civismo ou compêndio de virtudes cívicas[12], por outro lado, as tentativas de definir o que é uma virtude cidadã e sua inclusão nas listas de obrigações sociais necessárias podem cair no autoritarismo ou no absurdo: "A mentira não deve ser utilizada para seduzir". É muito difícil estabelecer normas ou recomendações gerais, e a história da educação,

10 Antisocial Punishment Across Societies, *Science*, 319, p. 1362-1367
11 Tolerancia, em J. Conill (org.), *Glosario para una Sociedad Intercultural*, p. 364-374.
12 Cf. V. Camps, Civismo, em J. Conill (org.), op. cit., p. 43-47.

como a matéria "Formação do Espírito Nacional" ou seus arremedos mais recentes demonstram. A vantagem de investigar casos concretos é examinar como são precisamente as circunstâncias específicas, que permitem avaliar o dano provocado, a ingenuidade que acompanhou o caso e o espanto ou indignação causados. Não se pode julgar ou aconselhar nada no vazio, os acontecimentos ocorrem dentro de um contexto, com antecedentes e resultados. A pessoa é responsável por sua sinceridade, pela ausência dela e por suas consequências.

Mas tampouco é bom perseguir a sinceridade com um zelo excessivo. Como escreveu Ortega y Gasset, a sinceridade excessiva conduz a uma excessiva rapidez em opinar e em criticar, sem avaliar os múltiplos matizes da sociedade: ela pode nos transformar em juízes loucos e cegos[13]. Pela mesma razão de que é impossível a prevenção ou erradicação total da mentira, tampouco se pode criar um clima ou atitude de desconfiança geral. Falar-se-ia, em todo caso, de uma sociedade mais atenta e vigilante, mas tranquila, não preocupada. Uma sociedade que não se atemorize com uma desconfiança saudável, no sentido de que sabemos que cedo ou tarde aparecerá o fabulador, que precisa ser descoberto e exposto, ou na qual muitas coisas que nos dizem e nas quais acreditamos são fábulas.

A confiança mútua, a credulidade *a priori*, é um requisito de nossa vida social, que deve ser assumida com a cautela de que pode ser quebrada a qualquer momento. Precisamos de um marco de atuação amplo que inevitavelmente deixe que ocorra a mentira, mas que, quando esta é produzida e quando é detectada, não deve ser tolerada se suas consequências forem prejudiciais. A complexidade da vida social exige esse círculo amplo de confiança, benéfica, inclusive com o risco que ela carrega de facilitar a grande mentira[14].

Deixando de lado esse critério prático geral, de optar por uma sociedade mais atenta que vigilante, em alguns âmbitos e circunstâncias (poder político, finanças) é preciso ficar mais vigilante que atento. A ausência de controles ou seu caráter frouxo e a oportunidade favorecem a fraude. Depois do que foi visto nestas páginas, tornou-se óbvio que quanto maiores forem os interesses econômicos em jogo, mais fácil será que alguém

13 *El Espectaor.*
14 Cf. M. Catálan, *Antropología de la Mentira.*

Epílogo

minta para muitas pessoas mesmo sabendo o risco que corre. As pessoas são constituídas por uma dupla textura: a que nos conduz ao ganho fácil e rápido, e a que nos empurra a sermos precavidos e a pensar no futuro. Muitos, dada a oportunidade ou se o incentivo for suficientemente poderoso, tenderão a aproveitar o momento e a viver o dia a dia. E isto significa mentir, ser desonesto e aproveitar-se dos demais. Como acertadamente observa o filósofo Mario Bunge, "Nunca acabamos de aprender a combinar a ordem com a rebeldia, o dever com a iniciativa, a inibição com o estímulo, o trabalho com o prazer, a liberdade com o dever"[15]. Não resolvemos esse dilema.

É possível uma sociedade que aspire a ser sincera, mas ela nunca conseguirá atingir essa meta e até certo ponto é bom que seja assim: que sempre haja mentiras e que sempre se lute pela verdade.

O Papel dos Contrapoderes

A sociedade civil, com importantes instrumentos ao seu alcance, pode garantir uma certa capilaridade, ou capacidade de alcançar aqueles setores sociais que podem cair longe do foco de atenção dos poderes públicos. A sociedade civil não é algo abstrato, mas sim o conjunto de numerosas entidades suficientemente independentes entre si que podem, junto com pessoas particulares, denunciar e combater o engodo, mas também propagá-lo.

Em alguns âmbitos, de caráter profissional e comercial, os grêmios, associações e colégios profissionais são os mais interessados em descobrir em seu próprio seio os comportamentos insidiosos e acabar com eles através de sanções. Pode-se dizer a mesma coisa de sindicatos, organizações não governamentais e fundações privadas.

Um papel importante é desempenhado, como já foi dito anteriormente, pelos meios de comunicação, numerosos, livres e independentes.

---

15 *Una Filosofía Realista para el Nuevo Milenio.*

A imprensa alternativa e antissistema, embora costume cair em erros descomunais, como alguns do Project Censored, de tipo conspirativo, com vieses ideológicos, falta de verificação e fontes não confiáveis, também desempenha um papel importante. A diversificação e o aumento das fontes de informação contribuem para detectar a mentira, mas também para difundi-la. A internet devolveu o protagonismo para as pessoas comuns através de instrumentos de difusão desconhecidos até agora. Multiplica-se a possibilidade de descobrir e de difundir os abusos cometidos pelos fabuladores. Tudo isso sem que nos esqueçamos dos inconvenientes da internet, que, por sua vez, também se tornou uma grande fonte de mentiras.

Conclusão

Gostaria de encerrar com um comentário otimista, embora a sensação final seja agridoce, como a própria vida, como um melodrama no qual se alternam sorrisos e lágrimas e os momentos de felicidade não duram muito e a confiança nos demais repentinamente é assaltada pela traição e pelo engodo. Melodrama no qual a credulidade é traída pelos enganadores mais ou menos astutos para conseguir seus propósitos, mas no qual também a grande mentira cedo ou tarde é descoberta.

No centro da trama estão o fabulador criativo e inspirado e o sem-vergonha cara de pau e ousado. Eles são impelidos pela ambição, pela vaidade, pelo dinheiro, pelo medo, pelo ressentimento ou pela insatisfação com a vida que levam. Em alguns casos, serão incitados por seu caráter patológico, possivelmente psicopático. Eles sempre provocarão, no mínimo, fascinação e perplexidade: criam uma personagem, uma trama e os representam. Com maior ou menor graça, inspiração e maldade, dão um salto sobre o vazio à frente do literato, com todas as consequências desse ato. Observam lisonjeados como se tornaram realidades as suas fantasias e chegam não tanto a representar, mas sim a ser outras pessoas para os demais. Triunfo efêmero. Não nos enganemos: eles prejudicam os outros. Sem nos entediarmos, ouvimos espantados suas histórias, ficamos surpresos com sua desfaçatez, nos esquivamos de suas ciladas, doem-nos suas traições, sentimos compaixão pelos afetados, suspiramos pela verdade e bendizemos o alívio de não termos sido pegos, enganados ou humilhados por suas artes. Ficamos sabendo de sua existência na maior parte das vezes através dos meios de comunicação, pela audácia de suas manifestações ou pelos estragos provocados por eles. O pior é ser uma de suas vítimas, desde os que agem em pequena escala em seu círculo de amizades até aqueles que alcançaram uma posição social de uma certa relevância. Todos somos protagonistas do melodrama, mentes brilhantes e criativas ao lado de espertos e aproveitadores, mas sempre ocupados na trapaça e em aproveitar-se dos demais, frente a cidadãos comprometidos e instituições eficazes que os descobrem e que os põem em seus lugares. As intenções mais nobres e os sentimentos mais rasteiros, agridoce como a própria vida que nos mantém acordados, atentos e às vezes vigilantes.

Referências
e Leituras Adicionais

BORGES, J.L. *El Libro de Arena*. Buenos Aires: Emecé, 1975.

BUNGE, M. *Una Filosofía Realista para el Nuevo Milenio*. Lima: Universidad Inca Garcilaso de la Vega, 2007.

CAMPS, V. Civismo. In: CONILL, J. (org.). *Glosario para una Sociedad Intercultural*. Valencia: Bancaja, 2002.

CATALÁN, M. *Antropología de la Mentira*. Madrid: Mario Muchnik, 2005.

GINER, S. Tolerancia. In: CONILL, J. (org..) *Glosario para una Sociedad Intercultural*. Valencia: Bancaja, 2002.

HERRMANN, B.; THÖNI, C.; GÄCHTER, S. Antisocial Punishment Across Societies. *Science*, 319, 2008.

MARTÍNEZ SELVA, J.M. *La Psicología de la Mentira*. Barcelona: Paidós, 2005.

ORTEGA y GASSET, J. *El Espectador*. Madrid: Salvat, 1969.

PÉREZ GIL, L. No es Seguro Defraudar al Seguro. *El País*, 7 maio 2006.

SARRIEGUI, J.M. Detectives para Tiempos de Crisis. *El País*, 29 jun. 2008.

PERSPECTIVA *ÚLTIMOS LANÇAMENTOS*

Estruturas Intelectuais	Robert Blanché [BB}
A Reoperação do Texto	Haroldo de Campos [D134}
O Hedonista Virtuoso	Giovanni Cutolo [D320}
Judaísmo, Reflexões e Vivências	Anatol Rosenfeld [D324}
Dramaturgia de Televisão	Renata Pallottini [D325}
Brecht e o Teatro Épico	Anatol Rosenfeld [D326}
Teatro no Brasil	Ruggero Jacobbi [D327}
40 Questões Para um Papel	Jurij Alschitz [D328}
Teatro Brasileiro: ideias de uma História	J. Guinsburg e Rosangela Patriota [D329}
Dramaturgia: A Construção da Personagem	Renata Pallottini [D330}
Caminhante, Não Há Caminho. Só Rastros	Ana Cristina Colla [D331}
Ensaios de Atuação	Renato Ferracini [D332}
Máscara e Personagem: *O Judeu no Teatro Brasileiro*	Maria Augusta de Toledo Bergerman [D334}
Gilberto Gil: A Poética e a Política do Corpo	Cássia Lopes [E286}
Notas Republicanas	Alberto Venancio Filho [E288}
História do Urbanismo Europeu	Donatella Calabi [E295}
Trabalhar com Grotowski Sobre *as Ações Físicas*	Thomas Richards [E296}
A Fragmentação da Personagem	Maria Lúcia Levy Candeias [E297}
Judeus Heterodoxos: *Messianismo, Romantismo, Utopia*	Michael Löwy [E298}
Alquimistas do Palco: *Os Laboratórios Teatrais na Europa*	Mirella Schino [E299}
Palavras praticadas: O Percurso Artístico *de Jerzy Grotowski (1959-1974)*	Tatiana Motta Lima [E300}
Persona Performática: Alteridade e *Experiência na Obra de Renato Cohen*	Ana Goldenstein Carvalhaes [E301}
Qual o Espaço do Lugar?	Eduardo Marandola Jr., Werther Holzer e Lívia de Oliveira [E302}
Como Parar de Atuar	Harold Guskin [E303}
Metalinguagem e Teatro: *A Obra de Jorge Andrade*	Catarina Sant'anna [E304}
Apelos	Jacques Copeau [E305}
Ensaios de um Percurso: *Estudos e Pesquisas de Teatro*	Esther Priszkulnik [E306}

Função Estética da Luz	Roberto Gill Camargo [E307}
O Interior da História	Marina Waisman [E308}
O Cinema errante	Luiz Nazario [E309}
A Orquestra do Reich: A Filarmônica de Berlim e o Nacional-Socialismo, 1933-1945	Misha Aster [E310}
A Poética de Sem Lugar: Por uma Teatralidade na Dança	Gisela Dória [E311}
Eros na Grécia Antiga	Claude Calame [E312}
Teorias do Espaço Literário	Luis Alberto Brandão [E314}
Haroldo de Campos – Transcriação	Marcelo Tápia e Thelma Médici Nóbrega (orgs.) [E315}
Entre o Ator e o Performer	Matteo Bonfitto [E316}
História do Teatro Brasileiro I: Das Origens ao Teatro Profissional da Primeira Metade do Século xx	João Roberto Faria (direção) [LSC}
Meierhold	Béatrice Picon-Vallin [LSC}
História do Teatro Brasileiro II: Do Modernismo às Tendências Contemporâneas	João Roberto Faria (direção) [LSC}
Cidades Para Pessoas	Jan Gehl [LSC}
Averróis: A Arte de Governar	Rosalie Helena de Souza Pereira [PERS}
Sábato Magaldi e as Heresias do Teatro	Maria de Fátima da Silva Assunção [PERS}
Diderot	Arthur M. Wilson [PERS}
A Alemanha Nazista e os Judeus II: Os Anos de Extermínio, 1939-1945	Saul Friedländer [PERS}
Norberto Bobbio: Trajetória e Obra	Celso Lafer [PERS}
Hélio Oiticica: Singularidade, Multiplicidade	Paula Braga [PERS}
Caminhos do Teatro Ocidental	Barbara Heliodora [PERS}
Profilogramas	Augusto de Campos [S054}
Os Persas, de Ésquilo	Trajano Vieira [S055}
O Ofício do Compositor Hoje	Livio Tragtenberg (org.) [SM14}
Música, Cinema do Som	Gilberto Mendes [SM15}
Teatro Espanhol do Século de Ouro	J. Guinsburg e Newton Cunha (orgs.) [T026}
Tévye, o Leiteiro	Scholem Aleikhem [T027}
Tatiana Belinky: Uma Janela Para o Mundo	Maria Lúcia de Souza Barros Pupo (org.) [T028]

Este livro foi impresso na cidade de São Paulo,
nas oficinas da MarkPress Brasil, em novembro de 2013,
para a Editora Perspectiva.